왕의 복음

| 배기만 지음 |

he Gospel
f the
KING

쿰란출판사

서 문

본서는 신약성경 이야기이다. 그러기에 왕의 이야기요 복음 이야기이다. 성경의 핵심을 한마디로 정의하기란 쉽지 않다. 하나님의 나라, 그리스도, 하나님의 사랑, 언약, 구속, 계시 등등 참으로 무수히 많고도 중요한 주제들을 어떻게 단어 몇 개로 혹은 문장 몇 줄로 담아낼 수 있단 말인가? 그래도 굳이 해야 한다면, 아니 꼭 해야 한다면 '왕의 복음 이야기'라고 정해 본다. '복음'에 '이야기'란 의미가 담겨 있기 때문에, 그냥 '왕의 복음'이라고 쓴다.

신약성경에서 왕의 복음을 3가지 틀에서 정리해 보았다.

· 복음서 : 왕의 오심

(왕국 시작 : 왕국 선포, 제자들 부름, 사람들 치유, 대속/부활/승천)

· 행·서신서 : 왕국 건설

(왕국 확장 : 왕국 교리/조직을 세움, 세상 나라/ 이단들 정복)

· 계시록 : 왕국 완성

(왕국 완성 : 사탄/악의 세력 징벌, 천년왕국–새 예루살렘 도래)

서론에서, 성경에 대한 이해의 가장 중요한 점에 대해 간략히 정리해 보았다. 성경의 본질이 무엇인지 생각하고 정리해 보기 위함이다. 또한 성경 해석의 역사에 대해서도 짧게 살폈다. 개혁주의 안목에서의 성경관이 중요하기 때문이다.

본론에서, 다른 성경 목록들보다 히브리서와 요한계시록의 분량이 많이 차지하였다. 히브리서는 계시-역사적 안목에서 가장 중요한 언약적 가르침을 주는 책이다. 본인의 졸저 《히브리서의 새 언약》에서 다루지 못한 주석적 부분을 좀 더 보충하였다. 요한계시록은 본인이 십수 년 전 남아공 포체스트룸 대학교 박사 과정에서(다 마치지 못하였음) 전공하였던 주제(요한계시록의 특이 구조 연구)를 접목하여 살피다 보니 분량이 많아졌다.

본문 비평과 성경 해석학의 권위자인 본인의 지도 교수 요르단(G.J.C Jordaan)과 남아공의 탁월한 개혁신학자였던 플로어(Floor)와 구찌에(J.C. Coetzee) 교수의 글들을 바탕으로 본인의 창작을 조금 보탠 정도이다.

출간하기가 부끄럽지만 이 중에서도 혹 나누고 취할 수 있는 내용이 조금이나마 있다면 그것으로 감사할 따름이다. 실은 이 글은 본인이 섬기는 개척 교회의 사정상 급히 조성한 책이다. 부족한 점, 넓은 아량과 많은 조언을 바라는 바이다.

왕의 복음이 완성되는 그날을 소망하며, 다시 오실 그 왕을 오늘도 이른 새벽부터 손꼽아 기다려 본다.

마라나타, Our Lord(King of Kings) has come!

2013년 2월 1일

배기만 목사(대구사랑의교회)

목 차

성경 목록 약어표

창세기	창	나훔	나
출애굽기	출	하박국	합
레위기	레	스바냐	습
민수기	민	학개	학
신명기	신	스가랴	슥
여호수아	수	말라기	말
사사기	삿	마태복음	마
룻기	룻	마가복음	막
사무엘상	삼상	누가복음	눅
사무엘하	삼하	요한복음	요
열왕기상	왕상	사도행전	행
열왕기하	왕하	로마서	롬
역대상	대상	고린도전서	고전
역대하	대하	고린도후서	고후
에스라	스	갈라디아서	갈
느헤미야	느	에베소서	엡
에스더	에	빌립보서	빌
욥기	욥	골로새서	골
시편	시	데살로니가전서	살전
잠언	잠	데살로니가후서	살후
전도서	전	디모데전서	딤전
아가	아	디모데후서	딤후
이사야	사	디도서	딛
예레미야	렘	빌레몬서	몬
예레미야애가	애	히브리서	히
에스겔	겔	야고보서	약
다니엘	단	베드로전서	벧전
호세아	호	베드로후서	벧후
요엘	욜	요한일서	요일
아모스	암	요한이서	요이
오바댜	옵	요한삼서	요삼
요나	욘	유다서	유
미가	미	요한계시록	계

1부 서론

Ⅰ. 논의의 출발 : 성경은 하나님의 말씀이다

Ⅱ. 성경 이해와 성경 해석의 역사

Ⅰ. 논의의 출발 : 성경은 하나님의 말씀이다

본 논의는 성경 해석학적 관점에서의 전문적이고 학술적인 논의가 아니다. 일반 평신도의 눈높이에 맞추어 단지 성경 자체에 대한 관심을 높이며, 또 성경 본문(내용)의 중요성을 인식하고자 함이 주목적이다. 그러기 위해 성경과 성경의 해석이 역사적으로 어떻게 진행 및 발전되어졌는지에 대하여 간략한 역사적 개관을 한 후에, 2부에서는 보다 중요한 성경 각론의 내용을 성경 본문을 통해 살피고자 한다.

본격적인 논의에 들어가기 전에 먼저 성경의 책들이 어떻게 교회에서 성경(정경-완전 무오한 하나님의 말씀)으로 받아들여졌는지의 과정에 대해 간략히 알아보자.

먼저 성경의 '영감'(inspiration, 성령에 의한 감동)[1]을 믿는 우리는 성경의 1차 저자는 성령이심을 의심 없이 받아들인다. 그리하여 성령께서 구약성경과 마찬가지로 신약성경의 인간 저자들에게 하나님 자신의 뜻을 일점일획도 틀림없이 잘 나타내도록 감동하셔서, 그러나 기계적이 아닌 인간 저자의 성격과 기질과 모든 은사와 재능, 심지어 용어 선택까지도 유기적(有機的, organic)으로 잘 조화하여, 하지만 죄는 개입되지 않도록 역사하셔서 거룩한 말씀으로 기록하게 하셨다고 믿는다.[2]

---

1) 딤후 3:14-17; 벧후 1:20-21.

2) 개혁주의 성경관의 주요한 원리 중의 하나는 성경의 자증과 영감론이며 이 둘은 서로 연관성이 깊다. 성경은 인간이 기록하였지만 인간의 책이 아닌 하나님의 말씀(The Word

그렇게 초기 사도적 신약 저자들은 각기 거룩한 경전, 성경을 기록하게 되었는데(약 A.D. 50년대~90년 중반까지), 문제는 초기 기독교에서는 지금처럼 단지 27개의 신약 목록만이 존재했던 것이 아니라, 훨씬 많은 문서들이 존재하였다. 수세기를 지나면서 적어도 4세기까지 교회 안에서 그러한 거룩한 책들을 가려내는 작업이 일어나게 되었고(정확히 언제부터 그런 움직임이 일게 되었는지는 알 수 없지만, 아마 성경의 원저자인 성령께서 교회를 통하여 자연히 그런 운동이 일어나도록 역사하셨을 것이다), 과연 수많은 문서들 중에서 어떤 것은 버려지고 어떤 것은 받아들여야 하는가 하는 '정경(캐논, '잣대')성' 논란이 일게 되었다. 그러한 정경의 기준으로 다음과 같은 원리들이 사용되었다.

(1) 사도성의 원리 : 2세기까지 유력하고도 중요한 평가 기준이 되었다. 이 원리는 단지 사도의 이름만 딴 작품이 아니라, 내용에서 진정으로 사도적 권위와 품격을 갖춘 책이어야 한다는 관점이다.

(2) 진리(신앙)의 규칙 : 초대 교회에서는 참 교리와 거짓 교리를 구분하기 위한 중요한 수단으로 이것이 사용되었다. 기독교의 기본적인, 그러면서 중요한 진리들(하나님, 그리스도, 성령, 구원, 천국, 지옥 등)을 내포하고 있는가 하는 관점이다. 이것은 사도적 가르침의 순수한 산물로써, 초기 교회의 신앙 고백인 사도신경이 이 점을 요약적으로 내포하고 있지만 실제는 훨씬 더 포괄적이고 광범위한 신앙 고백적이어야 하고, 각 성경에 대립되거나 비본질적 요소가 포함되어서는 안 된다.

---

of God)이다. 하나님은 인간 저자들로 하여금 성경을 기록하게 하실 때, 단지 기계처럼 글자만 받아쓰게 하시지 않았다. 성령의 강권적인 역사하심에 의해 죄가 개입되지 않도록 하시되, 각 저자 개인의 출생, 배경, 환경 등 모든 것들을 유기적으로 작용하여서 하나님의 뜻을 절대 오류가 없이 기록되도록 섭리하시고 인도하셨다. 그러므로 우리는 성경의 유기적이고 100% 무오류의 영감론을 믿는다(Coetzee, 1997:4-6).

따라서 이것은 기독교 정통성의 기준에 부합하지 않는 작품들을 배격하고, 논란이 되는 책들(안티레고메나)에 대한 최종 결정을 내리는 근거로 사용되었다.

(3) 자증과 영감의 원리 : 성경의 권위는 교회나 다른 무엇에 의해 주어지지 않고 오직 성경 자체에 있다는 뜻이다. '성경 자체가 그 신적인 성격을 드러내며, 그 신적인 성격은 성경 자체 속에서부터 흘러나온다'는 화란 신학자 흐로스헤이드(Grosheide)의 말은 참으로 이에 대해 의미심장하다.

(4) 성령의 내적 증거 : 개혁주의 전통에서 강조되는 원리이지만, 동시에 주관주의와 객관주의의 위험도 도사리고 있다. 그러나 정경성에 대한 특별히 구별된 표준은 어디까지나 그리스도에 대한 증거에 의해 나타난다. 본문에서 확실히 나타나는 그리스도의 증거가 불분명한 성령의 내적 증거들을 더욱 분명하게 해준다는 의미이다.

(5) 그 책이 '그리스도 중심적'인가 : 이 부분은 정경을 가리는 데 가장 중요한 시금석이 되기도 했지만, 초기 기독교 역사에서 성경을 영지주의적 관점에서 취급한 말시온(Marcion)은 그 결과 모든 구약과 심지어 복음서 일부와 바울 서신마저도 그의 정경 목록에서 제외시켰고, 종교 개혁기에 루터(M. Luther)도 이 원리를 너무 구원론적 측면으로만 본 나머지 '히브리서, 야고보서, 유다서, 요한계시록'을(그의 목록에서 제외하지는 않았지만) 2차 정경으로 격하시켰고, 이후 '정경 속의 정경'의 논란(최초 슈바이처에 의해 제기됨)을 야기하게 되는 계기가 되었다.

(6) 교회의 판단 : 로마교의 경우에는 교회의 판단이 정경성을 결정하는 데 절대적이었고, 초기 기독교의 경우에도 이것은 정경 결정에 중요한 역할을 하였다고 본다. 하지만 중요한 것은 성경이 자신을

평가한 근거 위에 행해질 때에만 그 본질적인 의미가 있을 것이고, 결코 성경 자체의 권위보다 앞서지는 못한다. 그러므로 정경성에 대한 본질적인 판단의 주체는 교회가 아니라 성경 자체이며, 교회는 그 사실을 인정하고 고백하는 것으로 충분한 역할을 감당하는 것이지만, 동시에 진지하고 사려 깊은 교회의 권유적(교사적) 결정은 결코 무시되어져서도 안 될 중요한 점이다.

(벨직〈5항〉, 웨스트민스터〈5항〉 신앙 고백), (듀 토잇, (권성수 역) 1988:128-152).

결국 이런 정경성 논란을 통해 4세기에 와서야 비로소 동서방 교회가 공히 지금의 목록들을 거룩한 정경으로 받아들이게 되었지만 여전히 양측은 큰 견해차를 보이고 있었다. 당시 동방 교회는 지금처럼 66권의 목록만을 받아들인 반면, 서방 교회는 구약의 외경까지 받아들여 총 73권의 목록을 폭넓게 받아들였는데, 이것이 이후 서방 교회의 전통을 이은 로마 가톨릭교회가 약 1천 년 동안이나 같은 입장을 고수하게 되는 계기가 되었고, 이후 중세로 가면서 동방 교회에서도 점차 외경의 영향이 더욱 커지게 되었다. 여기에 교회(로마교)가 교황의 해설집 등에 신적 권위를 부여하고, 또 교황의 권위를 성경 위에 둠으로 결국 종교 개혁의 시발점이 되는데, 이 기간 동안에 사제가 아닌 일반 성도 개인이 성경을 구하기란 거의 어려웠다.

1300년에 이르러 중세는 십자군 전쟁의 영향으로 도시가 발달하고 무역과 상업이 성행하면서 중세적 신(God) 중심의 사고에서 자연과 인간에로의 관심으로 이동하게 되었고, 드디어 인문주의와 함께 15세기에 일어난 르네상스는 인쇄술의 발달로 인해 중세와 다르게 개인이 성경을 구입할 수 있게 되었다. 하지만 일부 부자에게만 특혜가 주어졌고, 대다수 일반 신자에게는 힘든 일이었으며 종교 개혁기를 거치면서 서서히 성경이 개인에게 다가갈 수 있게 되었다.

르네상스의 문화적 변혁의 촉구와 함께 성령의 강력한 바람에 의해 일어난 16세기 종교 개혁은 당시의 전통적 교회(로마교)와 성경에 대한 새로운 평가를 불러일으키게 되었다. 중세 때에는 교황이 교회와 성경의 판단 기준과 절대적 권위였다. 종교 개혁가들은 오직 성경(*sola-Scriptura*), 오직 믿음(*sola-Fide*), 오직 은혜(*sola-Gratia*), 오직 그리스도(*solus Christus*)의 원리에 의해 '오직 하나님께만 영광'(*Soli-Deo Gloria*)을 돌리는 목적으로 개혁 운동을 전개해 나감으로써 교회의 참된 판단 기준과 권위는 더 이상 교황이 아닌 성경 말씀이며 하나님이심을 널리 공포하게 되었다.[3]

이 당시 칼빈과 루터를 포함한 개혁가들은 구약의 외경들을 비정경적인 것으로 간주하여 배척하였고, 오직 신구약 66권만을 정경으로 인정하였는데, 이것은 이후 모든 개혁 교회들의 분명한 신앙과 교리의 표준과 지침이 되었다. 하지만 루터 자신은 그리스도 중심적 원리를 너무 협의의 의미로 이해한 나머지 몇몇 신약성경의 권위를 격하시키는 결과를 초래케 하였다.

종교 개혁기를 지나 19세기를 거쳐 현대에 이르러 성경에 대한 바르고 정당한 구속사적이고 계시사적인 접근 방식이 아닌, 자유주의적이고 역사 비평적인 접근 방식에 의해 성경의 권위는 크게 도전을 받게 된다.

역사 비평적 입장에 선 부류의 학자들 가운데는 두 부류가 있다. 하나는 셈러(Semler), 바우어(Bauer), 불트만(Bultmann), 하르낙(Harnack) 같은 부류의 학자들로, 비신화화 혹은 비역사화 작업을 통해 성경을 축소 해석

3) 심상법, 《성경 해석에 있어서 교회와 성경과 비평의 역할》 (신약 연구, 6권 2호, 서울: 한국복음주의신약학회, 2007), 423-424.

하려는 경향이 두드러졌고, 다른 하나는 알트하우스(Althaus), 큄멜(Kümmel), 판 니프트릭(van Niftrik) 같은 사람들로, 성경 계시의 종료성을 인정하지 않고 계속 열어 놓으려는 시도하에 성경을 확대 해석하려는 경향이 강하였다.

이 외에도 성경을 단지 자료적이고 양식적이며 상황적인 그리고 다양한 포스트모던적인 비평 방식으로 이해하려는 시도들이 나타났다. 19세기 이후부터 20세기에 급속히 발전한 비평적 방식들, 특히 벨하우젠(자료 비평)이나 궁켈(양식 비평) 등의 고등 비평적 관점은, 성경이 거룩한 하나님의 말씀이라는 성경적 관점에서 크게 벗어난 이론으로서, 성경을 단지 인간 저자의 산물로 취급함으로 인간 이성에 기초한 여러 다양한 고등 비평을 가하여, 본래적 성경의 권위를 훼손시키는 결과를 초래하였다(그런다고 해서 성경 자체의 권위가 결코 실추되지 않는다).

물론 성경은 그 특성상 문학적 형태를 가지고 있기 때문에 건전한 본문 비평을 통해 가능한 원본을 복원하려는 건전한 사본 비평의 작업은 어느 정도 필요한 것이고, 그것의 문은 가능한 열려 있어야 한다고 보지만, 이것 역시 성령의 의도를 앞서거나 훼손해서는 결코 안 되는 것이다. 성경의 최종 권위는 본문 비평자나 혹은 그 어떠한 비평적 원리들에 의해 밝혀지는 것이 아니라, 이미 하나님의 말씀으로 충분하고도 유효하게 드러나 있기 때문에 항상 성령에게 최종 승인의 결정을 맡겨야 한다는 '성경적 전제와 성경적 관점'이 더욱 중요한 것임을 이후 성경 해석에 대한 역사적 진행 과정을 살펴보는 다음 논의의 과정에서도 내내 명심해야 할 점이다.

Ⅱ. 성경 이해와 성경 해석의 역사

1. 종교 개혁 이전 시대

초대 교회는 당시의 이단들(말시온, 몬타누스, 영지주의 등)과의 투쟁에 더욱 집중해야 하는 환경적 요인으로 인해 성경 이해(해석)에 대한 실천적이고 과학적인 이론은 적었다. 따라서 방법론에 관하여 기원된 새로운 것이 없이 주로 헬라와 유대의 성경 해석 방법들이 채택되어졌다.

1) 신약 이전 시대(pre-New Testament era)

(1) 헬라(Greeks) : 이 당시에는 대표적인 문학 형태인 헬라의 시(poetry)나 문학에 대한 두드러진 양면성을 보인다. '엄격한 문법적 해석법'(아리스토텔레스)의 경우에는 내용에 대한 과학적이고 엄격한 분석을 강조하지만, '풍유적(allegorical) 해석법'은 내용에 숨겨진 상징성이나 암시들을 찾아내고 그 의미를 결정하는 데 주목적으로 사용하여 본문(내용)에 숨겨진 '더욱 깊은 의미'(deeper sense)를 강조하였다.

(2) 유대(Jews) : 헬라의 다분히 철학적이고 풍유적인 이해 방식과는 달리, 당시 유대 랍비들의 방식은 '문자-문법적인 면'을 더욱 강조하였고, 따라서 다양한 유대주의식 주해(설명)서들이 많이 나오게 되었다.

에스라로 시작된 유대 랍비 전통들(소페림에서 가오님까지)은 후에 바리새주의에 크게 영향을 끼치게 되었고, 서기관들의 작업은 주로 전승과 율법의 연구에만 치중하게 되었으며, 모든 이방 학문의 연구와 사상의 자유가 금기시 되어 랍비들의 해석과 랍비주의가 성행하게 되었다.

초기 랍비들은 주로 율법적인 내용들인 '할라카'(Halachah, 율법의 확대된 설명)와 '하가다'(Haggadah, 구약에 첨가된 전통들) 연구에만 몰두하였다. 예수님 시대에 랍비주의의 두 대표적 인물이 있었다. 힐렐과 샴마이이다.

힐렐(Hillel)은 가능한 경쟁자와 논쟁을 피하고 인도주의적이고 실천적인 방식으로 이웃에게 사랑을 실천함으로 율법을 가르친 온유한 성품의 랍비이다. 따라서 그는 율법을 온건한 방식으로 설명하였지만 그 결과는 참담했다. 그는 율법 가운데 모세의 규칙들을 무려 613개로 분류하였고, 그러한 분류 방식에 의해 7개의 복잡한 주석법(율법의 조문과 내용과 규칙들을 설명)을 개발하여 미드라시 해석(더 깊은 본문의 의미를 찾아내어 명백하지 않은 의미를 가려내거나 추출하는 해석법)의 선구자가 되었다.

이에 비해 샴마이(Shammai)는 율법에 대해 엄격하고 딱딱한 설명을 시도하였다. 그는 어떠한 상황도 용납되지 않았고 오직 문자에 따른 원칙에 매여 율법을 엄격히 해석하므로 힐렐파와의 격렬한 논쟁을 야기하였다.

(3) 이후 A.D. 70년에 예루살렘 성전 파괴로 인해 전 세계로 흩어진 디아스포라 유대 민족은 헬레니즘의 영향 아래 있게 되는데, 대표적으로 필로(Philo)의 영향이다. 당시 유행한 플라톤의 사고와 스토아 철학의 풍유적 해석법에 다분히 영향을 입은 알렉산드리아의 필로는 풍유적 해석을 통해 표면적 의미와 이면적 의미를 구분하여서 문자적 의미

뒤에 감추어진 영적이고 풍유적인 의미를 찾아야 함을 강조하였다.

2) 사도적 교부들(1세기~2세기 初)

로마의 클레멘트, 이그나티우스, 파피아스, 서머나의 감독이었던 폴리갑, 순교자 저스틴, 이레니우스, 디다케(12가르침) 등의 사도적 교부들, 소위 '속사도 교부들'은 성경의 권위를 의심 없이 완전히 수용하였다. 이들은 성경에 나타난 문자 이면의 더 깊은 의미를 연구함에 있어서, 문자적 설명에 버금가는 권위를 인정받은 사람들이었다.

이와 함께 이들은 성경에 대해 독단적이고 풍유적이며 예표적인 시도를 하기도 하였다. 구약 본문에서 일방적인 그리스도 예표를 찾는 방식, 구약과 신약의 관계를 풍유적인 방식으로 설명하려는 시도 등이 그러했다.

3) 교회 교부들(2세기~5세기)

이 시기에는 3개의 위대한 학파들이 생겨나게 되었다.

(1) 서구 학파(Western school) : 로마의 클레멘트, 말시온, 터툴리안, 제롬, 어거스틴 등이 이에 속하는 교부들인데, 말시온을 제외한 교부들은 성경에 대한 교회의 전통(tradition)과 사도적 가르침을 존중하며 당시 이교(이단)들과 대항하여 '오직 믿음'의 원리를 강조하여, 이후에 이것이 교회 내에 '교리'로 자리 잡게 된 계기를 마련하였다. 이들의 성경 해석 방식은 풍유를 거부하지도 않았지만 또한 과도한 풍유는 자제하도록 노력하였다.

어거스틴(Augustine)은 성경에서의 하나님 나라의 관점에서 계시의 점진성을 강조하였고, 또한 성경을 무오하고 영감 된 하나님의 말씀이며 신앙의 절대적인 권위로 인정하였다. 특히 성경의 충족성과 명료성을 강조하여, 이후에 종교 개혁의 원동력을 제공한 탁월한 신학자이다. 뿐만 아니라, 그는 성경의 권위와 함께 교회의 권위를 강조하여 '교회를 떠나서는 구원이 없음'을 강조하였다. 그에게 교회와 교리(공교회의 결정을 통해 나온 말씀의 체계)는 불가분의 관계였고, 이 둘이 성도의 신앙을 성숙하게 하여 천국의 도성에 이르게 한다고 보았다.

하지만 그는 히브리어와 헬라어의 빈약한 지식과 그로 인한 70인경과 라틴 역본들에 과도한 의존으로 인해 본문의 역사적 측면을 제대로 이해하는 데 약했으며, 성경의 풍유적 방법을 적극 도입하여 중세의 4중적 의미로 가는 다리를 놓았다는 비판은 면하기 어려웠다.

(2) 알렉산드리아(Alexandria) 학파 : 알렉산드리아의 클레멘트, 오리겐 등이 대표적인 교부들이다. 물론 이들 역시 사도들의 전통을 지지하였지만 그러나 오히려 자신의 신학을 건설하기위한 시도들도 많았다. 이들은 문자적 의미보다 그 뒤에 숨은 더 깊은 영적이고 풍유적인 의미에 강조를 두어 성경의 다양한 풍유화를 야기하게 되었다. 특히 성경을 설명하기 위한 교칙들을 놓은 최초의 교회 교부인 오리겐(Origen)은 그런 면에서 사본 비평의 창시자로 불리며, 또한 성경에 대한 문법적-풍유적 해석의 시조로 불린다. 하지만 70인경과 외경들을 영감 된 권위서들로 인정한 점과 그것들의 문법적 파격들을 풍유적 관점에서 이해한 점은 정경성 논란의 입장에서 용납될 수 없는 점이다.

(3) 안디옥(Antioch) 학파 : 요한 크리소스톰, 데오도르(Theodore of M.) 등이 이에 속하며, 이들은 주로 성경 본문에 대해 엄격한 문법적-역사적 접근 방법을 시도하였다. 이 학파는 당대의 선풍적인 인기를 일으킨 알렉산드리아의 폭넓은 풍유 방식에 대항하여 좁고 날카로운 방식의 문자적이고 문법적인 의미를 강조하였지만, 가끔은 너무 좁은 문자적 의미로 본문을 해석하기도 했다.

4) 중세(The Middle age)

이 시대 대표적 인물로 니콜라우스(Nicolaus of Lyra), 토마스 아퀴나스, 보나벤투라 등이다. 가장 두드러진 특징은 교황의 말과 역할이 곧 권위와 전통으로 자리 잡게 되었고, 성경은 단지 전통을 속박하는 것으로 잘못 이해하게 되었다. 성경의 해석학적 작업이나 방식들도 특별한 진전이 없었다. 독창성이 적고, 대부분 초기 교회의 전통과 사도적 가르침을 빗겨 간 4중적 방식을 통해 만들어진 수많은 주해들(glosses) 성서 주석집들(catenae)이 쏟아져 나왔는데, 니콜라우스는 성경 전체에서 약 50권의 주석을 집필하기도 했다.

4중적 의미란, 매 본문에서 4가지 의미를 발견해야 한다는 뜻으로, 문자적-풍유적-윤리적-신비적(anagogical)(종말론적) 의미를 뜻한다. 하지만 이들 중에 니콜라우스를 제외하고 대부분의 사람들은 어학 능력의 결핍, 분석력 결핍, 변증법 남용 등으로 성경(해석)이 교회(전통)의 시녀가 되게 했다는 평가는 참으로 옳은 지적이다.[4)]

4) 권성수, 《성경 해석학》, (서울: 총신대학교출판부, 1991), 135-137.

2. 종교 개혁 시대(16세기)

16세기에 일어난 종교 개혁의 특징은, 전통(교황, 로마 가톨릭)이 아니라 성경과 성경적 권위가 성경 해석의 출발의 요점이었다. 이제 더 이상 로마 교황(Pope)의 말이 아닌, 오직 거룩한 말씀(*Sola Sacra Scriptura*)이 해석의 유일한 권위이며 판단 기준이었다. 당연히 대부분의 개혁가들은 '성경적 석의'(Biblical exegesis)를 강조하였다.

루터(Luther)는 문자와 영(풍유)을 대조시킴으로 로마 -가톨릭적 풍유에 대항하였다. 그는 문법적이고 문맥적 해석 원리를 따랐지만 무엇보다 본문에서 '그리스도'에게 지나친 관심을 집중하여 '그리스도를 지향하고 그리스도 중심적'이 될 때에만 의미를 부여함으로 바울 서신들을 복음서보다 더 복음적으로 취급하고, 로마서, 요한복음, 베드로전서를 모든 책들의 진수(알맹이)로 이해하며, 동시에 몇 성경 목록들(히, 약, 유, 계)은 2차 정경으로 저급하게 취급하는 오류를 범하고 말았다.

칼빈(Calvin)은 모든 성경은 성령의 영감으로 기록된 하나님의 말씀이라는 관점이 그의 성경(해석)의 출발점이요 핵심이었고, 그의 생애에서 대적들과의 수많은 논쟁에서도 항상 이 입장을 고수하였다. 특히 재세례파와의 논쟁에서 더욱 그러했다. 그는 의심할 여지 없이, 성경에 '문법적-역사적' 접근 방식을 따랐다(오늘날 대부분 개혁파 교회들의 해석학적 전통의 기초가 되었다).

하지만 중요한 점은, 그의 성경 해석의 방식은 전적으로 성경적이고 문맥적 관점과 전제에서 출발하고 시도된 점이다. 그는 오직 성경과 성경의 비교의 방식에 의해 더 선명한 본문들로부터 덜 선명한 본문을 설명하려고 노력했다. 해석의 방식과 전제는 오직 본문에서 본문을 해석하고 적용하는 것이 가장 중요했다. 또한 그는 루터와 같이 적법한 추론들로 인한 신앙의 유추도 인정하였고, 또 구약에서 '그리스도 모형론'도 인정했지만 매우 신중하게 취급했다. 지나치게 되면 풍유로 흐를 수 있음을 경계했기 때문이다.

재세례파(Anabaptism)는 성경의 언약 사상에 기초한 유아 세례를 거부하며 성인 세례만 인정하였고, 본인의 신앙 고백을 통한 재세례를 순수한 신앙 고백으로 간주하였다. 이들은 루터나 종교 개혁가들과 달리 로마 교회의 역사성을 거부하고, 나아가 국가가 종교를 지배한다고 생각하여 국교회도 거부하였다. 이들의 급진적이고 과격한 방식은 이후에 개혁파 교회들과 많은 논쟁을 불러일으키게 된다. 무엇보다 큰 문제점은 이들은 교의의 순수성(purity of dogma)에 관한 종교 개혁가들의 강조를 반대한다. 또한 이들은 성령과 성경을 분리한다. 성령을 내재적인 빛으로 설명함으로 성령은 성경으로부터 매일 다르게 나타난다고 생각하여, 결과적으로 성경의 권위를 평가 절하시켰다. 이들에게 성경은 하나님의 말씀이 아니라 단지 증거이고 묘사이며, 성경 위에 내적인 빛을 더욱 권위 있게 간주하는 오류를 범한 것이다.

3. 종교 개혁 후기(17-18세기)

1) 종교 개혁 정통성의 침체

17세기 종교 개혁 계승자들은 로마교적 전통과 재세례파와의 투쟁으로 인해 보수(반동)신학(reaction-theology)을 이끌었고, 결과적으로 종교 개혁을 침체로 만들었다.

(1) 로마교에 대항 : 성경은 교황의 권위나 로마 가톨릭적 전통 없이 주장되어져야 함을 강조. 하지만 또한 이것은 기계적 영감 교리를 불러일으키게 하였고, 또 성경의 명료성에 대한 인위적이고 강압적인 해설로 나아가게 하였다.

(2) 재세례파에 대항 : 재세례파는 성경에 대한 독단적인 해설을 하였는데 이들과의 치열한 교리적 다툼의 과정에서 결국 신앙의 유추(*analogia fidei*)가 교리적 석의, 곧 교리의 유추로 변질되고 말았으며, 성경의 주해는 '교의(dogma)의 종'이 되고 말았다(단지 성경적 증거로만 쓰임).

2) 경건주의(Pietism)

스페너(Spener), 프랑케(Francke), 벵겔(Bengel), 진젠도르프 같은 학자들이 이 부류에 포함된다. 이것은 당시 정통성에 대한 반동이며, 침체된 교리적 접근에 대한 반동이었다. 이들의 모토 "성경으로 돌아가라"(Back to the Bible)는 '반(反)고백주의'(anti-confessionalism)의 일부가 되었다. 이들에게는 참 경건이 순수한 교리보다 더 중요한 것으로 여겨졌지만, 세상으로부터 후퇴하는 경향을 보이게 되었다.

이들의 관점은 결국 세상과 구분 짓는 기독교를 만들어서 세속주의(secularism)에 많은 도전을 받게 만들었고, 또 학문으로서 신학이 경시받게 하였는데 이후 이것은 이성주의로 그 권리가 완전히 이양된다.

3) 역사 비평주의(Historical Criticism)의 대두

(1) 역사 비평주의의 뿌리 :

이것은 인간의 이성을 강조한 16-17세기 이성주의에서 비롯되었다. 코페르니쿠스(Copernicus)는 "학문은 종교로부터 자유로워야 된다"고 주장하였고, 데카르트(Descartes)는 "인간 이성은 진리를 위한 유일한 규범(Criterium)이다"라고 주장하였으며, 스피노자(De Spinoza) 역시 "인간 이성은 또한 우리를 신학적 진리에로 인도한다"고 주장하였는데, 이들의 사상은 (인간을 강조하는) 항의주의(Remonstrantism)의 기초가 되었다.

이성주의로부터 자라난 18세기의 계몽 운동(Enlightening)이 기초가 되는데, 이는 인간의 이성과 역사 둘 다를 강조한다. 여기에 속하는 그리스바흐(Griesbach), 레싱(Lessing), 아이히롯(Eichrodt) 등은 "성경은 역사의 산물이다. 따라서 보통의 역사 문서처럼 설명되어져야 한다"고 주장한다.

(2) 역사 비평주의의 대표적 주창자들 :

셈러(J.S. Semler, 1771)는 역사 비평주의 아버지이며 "모든 성경이 다 하나님의 말씀은 아니다"라고 말한다.

가블러(J.P. Gabler, 1787)는 역사 비평주의를 넓힌 사람이며, '성경신학'을 단지 하나님에 관한 성경 저자의 견해일 뿐으로 격하시켜서,

성경의 어떤 부분은 오늘 나와 무관한 것으로 만들었다.

바우어(G.L. Bauer, 1800)는 성경을 단지 유대로부터 예수님까지의 종교적 발전의 거울로 본다.

슐라이어마허(Schleiermacher)는 성경을 단지 인간의 종교적 양심의 표현으로만 여긴다.

(3) 18세기 개혁 신학(Reformed Theology)의 진전 :

이러한 역사 비평주의의 거센 도전들 가운데서도 개혁 신학의 사고는 잘 균형 잡힌 방식으로 여전히 지지를 받았다. 자카리아(G.T. Zacharia, 1775)는 성경의 역사적 특징을 허구가 아닌 실제로 보고, 문법적-역사적 석의를 중요시하였다.

4. 역사 비평학파들(Historical Critical School, 19세기–20세기 초)

1) 튀빙겐 학파(The Tübingen School)

'결과적 역사학파'(Consequent historiese school) 혹은 '급진적 역사학파'(Radical historical school)로도 알려졌다.

바우어(F.C. Bauer, 1860년 사망)가 튀빙겐 학파의 수장이며 슐라이어마허의 제자이다. 그는 헤겔의 변증법(역사 진행을 정–반–합으로 이해함)을 그의 신학 방법론에 채택하여 성경의 문제들을 설명한다. 정(Thesis)=율법에 대한 베드로와 다른 사도들의 설교(배타적). 반(Antithesis)=바울의 설교(일반적). 합(Synthesis)=초기 보편주의(참조. 야고보). 따라서 그는 신약을 이 두 파(베드로, 바울) 사이의 평화 문서로 이해하였다. 하지만 참된 신학은 신약의 본문 위에 덮어씌운 어떤 종류의 해석에 기반될 수 없다.

결국 이 운동은 역사적 상황만을 지나치게 강조하므로 신약 본문의 사상은 무시하는 결과를 초래했다. 이 잘못된 방법론은 그의 제자 홀츠만(Holtzmann, 1897)을 통해 역사적 예수 탐구 분야에서 활개를 치게 만들었다.[5] 이 외에 스트라우스(Strauss, 1835), 데이스만(1893) 등이 있다.

2) 종교사 학파(The History of Religion School)

(1) 이 학파의 선구자는 더 베트(de Wette)이며 19세기 초에 활발히

---

5) Donald Guthrie, *New Testament Theology*, 이중수 역, 《하나님, 인간과 세계》, (서울: 성서유니온, 1981), 17–18.

일어났다. 또한 이 학파의 아버지로 불리는 브레데(Wrede, 1897)는 "신학의 목적은 초기 기독교 종교를 조사하기 위한 것"으로 생각하여 신학의 폭을 좁혔다. 이어서 나타난 부셋(Bousset, 1913)은 "기독교는 신비 종교들을 막는 것"으로 설명하고, 레이첸스타인(Reitzenstein, 1927)은 후기 유대 영지주의로부터 기독교를 설명하는 작업들을 하였지만 이들은 그들의 신학적 전제부터 올바르지 않은 가운데 출발하였으므로, 기독교를 탁월한 계시 종교로 보지 않고 단순히 타 종교들과 비교를 통해 일종의 종교적 현상으로 보는 심각한 오류를 범하였는데, 특히 구약 분야에서 심하였다.

벨하우젠, 궁켈, 트뢸치, 그리고 폰 라트 같은 학자들이 여기에 포함되며, 이들은 성경을 계시사적 관점에서 연구하지 않고 사회적이고 종교 역사적인 고등 비평의 관점에서 다루어 성경의 영감성과 계시성에 타격을 입히게 되었다.

(2) 19세기 개혁신학의 진전 :

이 기간 역사 비평학파들에 대항하여 개혁 신학은 여전히 안정적으로 진행하였다. 당시 독일의 보수주의의 견해를 가진 바이스(B. Weiss, 1868)는 성경의 정경성을 인정하고 문법적-역사적 석의를 호소하였다. 하지만 성경 저자들의 신학들(Lehrbegriff) 사이를 구별 짓게 만든 것은 아쉬움으로 남는다. 이 외에 호프만(Konrad von Hofmann, 1850), 슐래터(Adolf Schlatter, 1885), 잔(Theodor Zahn, 1897) 등의 뛰어난 학자들이 있었는데, 특히 슐래터는 성경 연구에 있어서 역사적 접근 방법과 함께 교의적 접근 방식 둘 다를 신중히 취급하여 성경에 대한 구속사(Redemptive Historical)의 흐름을 깊이 연구한 공로가 지대하며, 그의 구속사 연구는 잔(Zahn)에게로 이어지게 된다.

5. 현대주의 시대(Modernism era, 20세기 전반)

역사 비평의 결과는 성경에서 현대인을 위한 메시지가 없게 만들었고, 역사 비평에 대한 반동으로 '새 세대'(New generation) 역사 비평 학자들이 생겨나게 되었다. 이들에 대한 질문은 '성경에서 하나님의 음성을 어떻게 들으며, 현대인에게 어떻게 바른 메시지를 전달할 수 있는가?' 하는 점이다.

1) 변증법적 신학(Dialectical theology)

신정통주의(neo-orthodoxy)로도 알려진 이 신학의 주창자는 칼 바르트(《로마서 개론》1919)이다. 그는 "신학은 반드시 역사 비평주의로부터 탈출해야 한다"고 강조하였지만 그것을 완전히 벗어던지진 못했다. 그는 튀빙겐 학파의 바우어처럼 성경에 변증법적 방식을 도입하여 성경과의 대화를(변증법) 시도함으로, 성경 안에 놓인 역사적 국면을 통해 성경을 이해하려고 하였다.

2) 양식 비평학파(Form Critical School)

이 학파의 주창자는 불트만(Rudolf Bultmann, 1931)이며, 양식 비평주의의 아버지이다. 이 학파는 당시 대세인 실존주의 철학(하이데거, Heidegger)에 크게 영향을 받음으로 "현재(now), 여기(here)의 사람(man)"에게 관심을 집중한다. 그들에게 해석학이란 현대인을 위한 성경적 메시지를 재해석(상황에 맞게)하는 것이다. 역사적 비평주의는 단지 역사적 예수만 바라보았지 우리의 신앙(our faith)에는 무관심했다.

때문에 성경은 역사적 예수(kerygmatic Christ, 선포되어진 예수)를 발견하기 위해 '비신화화'(de-mythologised), '비역사화'(de-historised)해야만 하는 것으로 이해했다. 그리하여 이들은 역사(신약 안에 신화적인 진술들)와 사건(현재의 실천)을 구분하여, 신학은 단지 역사에만 관심을 갖는 것으로 설명하였다.

이러한 독특한 불트만 학파는 이후에 콘젤만(Hans Conzelmann, 1967), 필하우워(Vielhauer, 1969), 클라인(Klein), 스트레커(Strecker), 슈미탈즈(Schmithals)에 의해 이어진다. 이러한 불트만의 작업은 성경에 나타난 역사적 예수와 신앙의 예수를 구분하여서 예수님의 가르침을 대부분 평가 절하시켰고, 단지 신학의 초점을 바울 서신들과 요한복음에만[6] 집중하는 오류를 범하게 하였다.

3) 새로운 해석학(New Hermeneutics)

관련되는 학자들은 푸흐(Fuchs), 에블링(Ebeling), 로빈슨(Robinson) 등이다. 이들은 불트만의 제자들이지만 역사적 예수의 견해에는 반대하였다. 하지만 이들은 불트만처럼 비신화화 방식을 채택한다. 이들은 성경의 언어는 반드시 비신화화해야 한다고 주장하며, 성경의 사건은 언어적 사건으로서 오늘날 언어가 나에게 무엇을 제공해 주는지 밝히는 것을 신학으로 보았다.

---

6) 이러한 정경 속의 정경의 경향은 이전에 루터에게 있었고, 훨씬 이전에 말시온에게서도 찾아볼 수 있다. 듀 토잇은 뢰닝(Lönning)의 증거를 빌려서 "슈바이처(A. Schweizer, 슐라이어마허의 제자)가 '정경 속의 정경'이라는 용어를 최초로 만들어 사용하였다"고 지적한다(듀 토잇, 1988:155).

4) 20세기 중반에서 개혁신학의 진전

오스카 쿨만(Oscar Cullmann)은 성경에 대한 구속사적(Redemptive-historical) 접근 방식을 취했었고, 한편으로 카이퍼(A. Kuyper), 흐레이다누스(S. Greijdanus) 등은 성경에 대하여 계시-역사적(Revelation-historical) 접근을 취했는데, 이들은 모두 성경을 문법적-역사적 석의 방법으로 연구하는 것을 강조하였다.

6. 포스트모던 시대(Postmodernism era, 20세기 중후반)

1) 구조주의(Structuralism)

이 부류에 궤트흐만스(Güttgemanns), 폴스터(W.S. Vorster), 나이다(E. Nida) 등이 있다. 이것은 당시 유행한 '언어 구조주의'(소쉬르, de Saussure)에 의해 영향을 입었다. 이들은 '본문'이란 단지 의미 없는 언어적 표식들(단어가 의미를 가지는 것이 아니라, 의미가 단어를 가진다)에 불과하며, 따라서 본문이란 다른 표식들(성분 분석<componential analysis>에 강조)과의 대조에 의해서만 의미를 갖는다고 보았다. 이 방식은 본문에 대한 두 가지 양상을 갖게 하는데, 긍정적으로는 본문이 석의를 내재하는 것이고, 부정적으로는 본문에 대한 역사적인 측면을 등한시하게 만든 것이다.

이들은 본문에 대한 통시적(역사적) 접근보다 공시적 접근을 선호하였으며, 또한 표면적(surface) 구조(code로서 본문)와 난해한(depth) 구조(밑에 깔린 모호한 의미)를 구분하는 방식의 복잡한 표식들과 구조 분석들을 만들어 내었는데, 이러한 사회 문화적이고 기능적인 측면만을 강조한 나머지 본문의 다양한 내적인 의미를 잃어버리게 하였고, 그 결과 본문에 대한 역사적 의미를 제대로 간파하지 못하는 우를 범하게 하였다.

2) 탈구조(Deconstruction)

이 방식의 과정은 원래 언어학으로부터 신약학 안으로 들어와서 자리를 잡게 된 방식이다. 대표적 주창자는 '데리다'(Derrida, 1967)인데, 그는 구조주의에 대한 반동으로 본문의 탈구조화를 시도하고자 하였다. 이 방식은 본문에서 언어에 의해 말해진 것과 저자는 무엇을 다르게 의미했는가 하는 점이다. 이들이 찾고자 하는 의미는 신약 본문의 의미와 같은 그런 의미가 아니라 완전히 새로운 의미를 찾는 것이다. 이들은 본문은 항상 새로운 의미를 창출하는 것으로 보았다. 따라서 이들에게 본문의 해석은 본문을 새로운 상황 안으로 다시 쓰기 위함이며, 또한 해석학은 항상 본문의 새로운 의미의 연구를 위한 것이라고 이해한다.

3) 다차원적(Multidimentional) 접근

이 방식은 데리다의 탈구조주의에 의해 지지를 받았다. 본문 이해에 대한 새로운 가능성의 연구에 있어서 다양한 학문들로부터 수집된 여러 가지 다른 열쇠들(다양한 방법들 즉 언어, 문법, 구조, 분석, 역사 등)이 중요하였다. 현대적인 모든 본문 분석 방법들을 총동원하여 본문의 의미를 규정하고자 하는 방식이다.

4) 사회학적(Sociological) 접근

여기에 드래퍼(Draper), 믹스(Meeks), 말레르브(Malherbe) 등의 학자가 속하며, 이들에게 신약 본문은 그것의 사회적 상황의 산물이며, 상황 안에서만 의미가 있는 것이다.

5) 문학적 접근

여기에는 4가지 방식이 있다.

(1) 설화론(Narratology) : 브레이텐바흐(Breytenbach), 판 아르더(Van Aarde)와 같은 학자들이 있다. 이것의 신약 본문은 그들의 첫 독자들과의 특별하고 분명한 효력(설화적 방식에 의한)에 의해 밝혀진 실체(*reality*)를 이야기하고, 창조해 내는 것이다.

(2) 수사학(Rhetorics) : 단 비아(Dan Via), 베어드슬리(Beardslee), 와일더(Wilder) 등의 학자들은 고대 수사학의 수단에 의한(본문과 함께) 저자의 의도된 영향력이 본문의 의미를 밝히는 데 결정적으로 중요한 것으로 보았다.

(3) 수용 이론(Reception theory) : 폴스터(W.S. Vorster, 1968)는 수용자(독자)가 본문의 의미를 결정한다고 보고, 신약 본문은 단지 잠재적인 의미이며 각 독자 자신의 해석이 가장 가치 있는 것으로 판단했다.

(4) 어용론(Pragmatics) : 대표적으로 부어타(E. Botha)의 관점은, 독자(그의 상황 안에서)에 관한 본문의 유효한 영향력이 실제 중요한 메시지로 작용한다고 본다.

6) 상황화(Contextual) 접근

수용 이론과 밀접하게 연관되다. 현대 독자가 처한 상황은 본문의 메시지에 대해 결정적이다. 이것은 현대에 와서 수많은 소위 '속격의 신학들'(genitive theology) 즉 상황화 신학들을 낳았다.

여성 신학(성경=여성의 해방에 대한 메시지, Maria de Groot)
물질 신학(성경=가난한 계층을 위한 자유의 메시지, Cluvenot)
흑인 신학(성경=흑인을 위한 자유의 메시지, Cone)
백인 신학(성경=백인을 위한 자유의 메시지, Neser)

해방 신학(성경=정치적 자유를 위한 메시지, Boesak)

이들은 각기 자신들의 상황에 필요한 본문들만 선택적으로 사용함으로 석의에 대한 최악의 결과를 초래하였다.

7) **후기 현대**(Postmodernism) **신학**

이것은 급진적인 신약의 탈구조화 신학이며 모든 종류의 차이를 인정한다. 여기에는 아이헬레(Aichele, 1992), 글레베-묄러(Glebe- Möller, 1992)가 있다. 이들은 하나님이 성경의 본문을 창조하지 않았고, 성경의 본문이 하나님(하나님의 개념)을 창조한 것으로 보았다. 따라서 신학과 종교는 언어의 밖에는 존재하지 않기 때문에, 하나님은 단지 '하나님-가라사대'로 훈련된 비통한 사람을 위해서만 존재한다는 것이다. 절대적 가치는 없고 상대화만 남는다. 이것은 성경에 나타난 참된 계시적 의미는 보지 못하고 단지 문자를 통해 인간의 자의적 해석만 난무하게 만든 전형적인 인본주의적 (신학) 사조이다.

8) **20세기 후반의 개혁 신학의 진전**

앞의 다양한 자유주의적 입장과 반대하여 성경에 대하여 보수적이고 근본주의적(미국을 중심한) 방식을 취하는 학자들이 다수 등장한 것과 함께 개혁주의 진영에서는 전통적 방식으로 구속사적이고 계시사적인 입장을 취하는 학자들이 나타나게 되었다. 구속사적 입장에서의 접근 방식을 따르는 학자들의 대표로 래드(Ladd), 고펠트(Gopelt), 차일즈(Childs), 바(*Barr*) 등이며, 계시사적 접근 방식을 취하는 개혁 신학들로는 스나이만(Snyman), 플로어(Floor), 구찌에(Coetzee), 요르단(Jordaan) 등을 손꼽을 수 있다.

7. 결론

이제까지의 논의를 마치면서, 성경을 올바르게 읽고 해석하기를 원하는 경건한 개혁주의 성도들에게 필요한 성경 해석 방식은 무엇인가 하는 점을 묻게 된다. 그것은 본 논의를 통해 개혁주의 학자들이 지속적으로 강조하던 성경의 '계시사적 혹은 구속사적 접근 방식'임을 알게 된다. 이 방식은 성경에 대한 문법적이고 역사적인 석의 방법이다. '문법적-역사적' 본문 석의에는 다음과 같은 몇 가지 연구 방식이 방법적으로 요구된다.[7)]

1) 단어(뜻)와 메시지(성경 안에서) 사이의 직접적이고 폭 넓은 관계의 연구가 요구된다. 이를 위해 기본적으로 정경론적 연구, 또 사회적이고 역사적 의미(본문이 쓰여진 당시) 연구 등의 연구들이 진행된다.

2) 단어와 단어가 속한 단락을 분석적으로 정의를 내리는 방식이다. 이를 위해 기본적으로 단어(문맥)의 의미 낱말 연구, 성분 분석, 구문론 분석, 사고 구조 분석 등이 진행된다.

3) 본문과 본문, 성경과 성경의 비교 방식을 통해 의미를 결정하는 방식이다. 이러한 본문 비교 방식을 통해 의미가 덜 분명한 본문이 보다 분명한 본문을 통해 비로소 계시-역사적인 선명한 의미가 드러나게 된다. 이 방식은 성경의 통일성을 지지하는 성경적 접근의 한계 안에서는 유용한 것인데, 성경의 영감성과 통일성을 부정하는 상대주

7) Gert Johannes Cornelis Jordaan, *Scriptural viewpoint as decisive factor in Scriptural interpretation*, (Potchefstroom: 1996), 8-11.

의와 역사 비평가들은 자연히 이 방식을 거부한다.

물론 이 외에도 건전한 주석적 방법들은 필요할 것이고 계속 연구되어야 할 것이다.[8] 이러한 바른 성경해석 원리는 우리의 교회 안에서 계속 활발히 논의되고 다음 세대에도 더욱 굳건히 이어져 가야 할 중요한 과제이다. 건전하고 건강한 성경관이 건강하고 올바른 성도와 교회를 세워 나가게 할 것이다.

관점(viewpoint)이 중요하며 전제(premise)가 무엇보다 중요하다. 어떤 색깔의 안경을 끼고 세상을 보는가에 따라 세상과 사물은 달리 보이게 된다. 특히 성경 해석에 있어서 이러한 전제의 중요성을 인식하고 "전제 없는 해석이 가능한가?"라는 물음으로 큰 파장을 일으킨 불트만 자신은 정작 본인이 가진 전제가 얼마나 어리석은 것이었는지 본인 스스로에게 심각하게 물었어야 할 물음이었다.

역사 비평가들의 역사관(전제)은 우리의 것과 다르다. 저들이 말하는 '역사'는 오염되고 변질된 것을 전제한 역사관이다. 성경 안에는 보편타당한 역사적 사건이 아니라, 예수의 제자들에 의해 부풀려진 신화로 가득 찬 것이기 때문에 가짜의 신화 거짓된 역사를 가려낼 때 참된 케리그마(kerygma), 진짜 예수를 발견하게 된다는 주장이 저

8) 이에 대해 변종길(고려신학대학원) 교수는 '영적 해석(Pneumatische Exegese)의 필요성'에 대해 언급한다. 영적 해석이란, 벌코프(L. Berkhof)가 지적한 '신학적 해석'이며 그리고 흐로스헤이드(F.W. Grosheide)가 말한 '종합적 주석'(Synthetische Exegese)을 뜻하는 것으로, 문법적-역사적 해석 위에 영적 해석이 필요함을 강조한다. 특히 이러한 영적 해석의 원리는 한국 교회의 일각에서 행해지고 있는 '잘못된 영해'나 '알레고리'(우화적 해석)를 바로잡기 위한 '기독론적, 교회론적, 실제적 적용'을 다루는 건전하고 유익한 해석의 원리임을 알게 된다.(변종길, 《 영적 해석, 왜 필요한가? 》 신학과 목회 (신학포럼 논문집, 천안: 고려신학대학원, 2012), 78-99.

들의 주장이다. 이것은 성경을 무오한 하나님의 말씀이 아닌 오염되고 오류가 많은 내용을 담고 있는 책이라는 비신앙적이고 인본적인 전제와 역사관으로부터 비롯된 것이다. 이미 전제부터 관점부터 출발부터 잘못된 저들의 주장의 진위 여부는 더 말할 가치도 그에 답할 필요성도 느끼지 못한다.

그러므로 본 논의의 과정 안에서 참으로 중요한 원리를 발견하게 된다. 그것은 신학자나 평신도 모두에게 필요하고 중요한 원리요 전제이다. 그것은 다름 아닌 이전에 칼빈이 행했던 것처럼, (인간들이 평가를 내리기 이전부터 이미 하나님의 말씀인) 성경에 대해 '성경적인 이해와 성경적 관점'의 토대 위에서 순수하고 겸손한 마음과 자세로 성경을 대하는 태도이다. 우리는 이제껏 앞의 논의에서 수많은 비평적(특히 역사비평) 관점에서의 태도들을 살펴보았다.

성경은 '하나님의 말씀이다'는 대전제에서 벗어난 수많은 비평주의의 관점들은 결국 인간 이성과 불신앙적 교만에서 비롯되었음을 보게 된다. 저들은 19세기 이후에 인간중심의 자의적이고 자유주의적 성경해석 원리들과 방식들(고등 비평, 역사 비평, 양식사 비평 등)을 발전시켜 왔지만 여전히 성경이 중요하게 말하고자 하는 참된 계시의 의미들(하나님, 그리스도, 구원, 사랑, 은혜, 언약, 하나님 나라, 죄, 타락, 심판 등), 즉 계시-역사적 의미를 놓치고 있음을 보게 된다.

이러한 성경적 관점은 어떻게 가질 수 있는가! 많은 전문적이고 기술적인 기법들과 방법들을 통해 익혀지는 것이 결코 아니다. 초대교회 사도적 교부들처럼, 칼빈이나 종교 개혁가들처럼 그리고 역사의 시점마다 주님이 예비하신 경건한 개혁주의 학자들과 성도들처럼 성경의 최종 권위는 사람이나 혹은 사람에서 비롯된 그 어떤 방식이 아니라, 순전히 영감 된 성경 말씀 자체와 하나님께 있음을 인정하고,

겸손히 그리고 순수한 마음으로 성경의 음성에 귀를 기울이고자 하는 자세로 나아가는 것이 무엇보다 필요하다. 그렇다고 너무나 경직되게 성경을 대함으로 성경을 통해 기본적으로 누구나 누릴 수 있는 성령 안에서의 기쁨과 감격을 감소시켜서도 안 될 것이다. 진지하면서도 활력 있는 개혁주의 입장을 견지하고자 하는 현대 독자들은 그러므로 '올바른 성경 이해(해석)의 원리들'[9] 또한 충분히 인식하고 습득하는 노력도 또한 중요하다 할 것이다.

이제 다음 작업과 논의는 바로 이러한 관점에서 진행하고자 한다. 특히 복음서에서 출발하는 주제(왕, 왕의 나라, 언약 등)는 모든 신약의 성경들에 공히 흐르고 있는 하나님의 중요한 계시의 의미이며, 요한계시록을 통해 그 의미의 최종 완성을 보게 될 것이다. 신약성경의 핵심 주제인 '왕의 복음'을 '하나님 나라'와의 관계에서 그 의미를 종합해 보고자 한다. 복음서에서, 사도행전과 서신서들에서, 그리고 요한계시록에서 왕의 복음과 그의 왕국이 어떻게 변화되고 발전하는가를 살피는 것이 핵심 관점이 될 것이다.

끝으로, 본 논의의 시도와 관점은 신약성경 전체에 대한 세밀한 주석을 다루는 데 있지 않다. 이것은 결코 신학저서나 주석집이 아니다. 일반 성도들이 읽기에 부담없고 초보 신학도와 목회자들이 참고할 정도의 개관적 성격의 논의에서 적당한 만족을 찾아야 한다. 더욱 자세한 학술적인 자료를 원한다면 주석집을 참고해야 할 것이다.

---

9) 이를 위해 본인의 졸저 《히브리서의 새 언약》의 부록에 수록된 '신약의 주석과 해석학'을 참고하면 적잖은 유익이 있을 것으로 생각된다.

2부 신약성경 각 권별 배경과 내용

Ⅰ. 복음서의 각 권별 배경

Ⅱ. 복음서의 내용 : 왕(예수)의 생애에 대한 연대기적 고찰

Ⅲ. 행 · 서신서와 계시록의 내용

Ⅰ. 복음서의 각 권별 배경

하나님 나라(왕국)의 준비와 시작 : 하나님 나라의 왕이신 예수 그리스도의 생애

마태복음(Matthew) : 하나님 나라의 왕이신 예수 그리스도

1. 정경적 배경

▶ 저자와 수신자

마태복음의 저자는 마태이다. 초대 교회는 만장일치로 열두 사도 중의 한 명인 마태를 이 책의 저자로 여긴다(파피아스, 이레니우스, 오리겐 등). 마태는 부르심 이전의 직업이 세리였으나, 부르심 이후에는 그의 직업을 버렸다.[10] 마가와 누가복음에는 마태를 '레위'라는 별명으로 부르고 있으나, 본서에는 '마태'라는 본명으로 부르고 있다. 특히 '세금'이라는 용어를 마가복음 12장 5절, 누가복음 20장 24절에는 '데나리온'으로 쓰고 있으나, 본서에는 더욱 정확한 '노미스마'(νομισμα)[11]를 사용함으로 세리였던 그의 직업을 짐작하게 한다. 마태는 그의 복음서를

10) 마 9:9.
11) 마 22:19, "세금 낼 돈을 내게 보이라 하시니 데나리온(헬, νομισμα) 하나를 가져왔거늘."

기독교인이 된 이방인을 위해서도 기록했지만 주로 유대-그리스도인들을 위해서였다.

▶ 기록 연대와 장소

역사가 유세비우스는 본서가 마가와 누가복음 이후에 기록되었다고 주장하는데, 적어도 마가복음 이후에 기록된 것으로 널리 알려진다. 저작 연대는 본서에 나타난 예루살렘 성전 파괴가 미래 예언으로 보이므로 A.D. 70년 이전이나 아주 오랜 후이겠지만, 오랜 이후에 대한 근거는 거의 희박하므로 A.D. 60-69년 사이에 기록되었을 가능성이 높으며, 기록 장소는 안디옥일 가능성이 높다.

▶ 주제와 목적

주제는 '하나님 나라의 왕이신, 예수 그리스도의 생애'이다. 주요 목적은 유대인 그리스도인 독자들에게 예수님이 바로 유대인들이 그토록 고대해 오던 메시아이며 진정한 왕이심을 알려서, 세상 나라(로마)의 핍박에도 불구하고 장차 하나님의 나라(언약)가 종국에는 승리(부활, 승천, 심판, 재림)할 것임을 말하고자 함이다.

▶ 특징

1. 복음서에서 '교회'라는 용어가 유일하게 나타나는 복음서이다(3번).
2. '하늘나라'라는 용어는 33번, '하나님의 나라'는 4번 나타남.
3. 예수를 '다윗의 아들'로 호칭(9번), 구약의 내용을 많이 인용함으로(65번) 유대적인 색채가 강함.
4. 본서에만 기록된 사건(8개), 비유(10개), 이적(3개) 등장함.

2. 언약의 주요 모티브

왕의 탄생, 하나님 나라의 선포와 배척, 종말론적 의미들, 하나님 나라의 고난과 승리.

3. 마태복음의 구조

1:1–2:23　하나님 나라 왕의 탄생
3:1–4:11　하나님 나라의 예비
3:1–3:12　세례 요한의 예비
3:13–4:11　예수님의 세례
4:12–16:12　하나님 나라의 선포와 배척
4:12–4:25　왕의 사역 시작과 제자들을 부르심
5:1–7:29　하나님 나라의 규범들과 의미
8:1–11:30　하나님 나라의 능력
12:1–16:12　세상 나라의 배척과 하나님 나라의 확산
16:13–25:46　하나님 나라의 종말론적 의미

- 16:13–16:28　교회와 제자도
- 17:1–18:35　천국 백성의 삶 : 겸손, 용서 등
- 19:1–20:34　천국 백성의 생활 규범과 자격
- 21:1–23:39　승리의 입성과 유대인들에 대한 심판 예언
- 24:1–25:46　대환란과 재림에 대한 예언
- 26:1–28:20　하나님 나라의 고난과 승리

26:1-26:46	예수님의 수난 준비
26:47-26:75	예수님의 체포와 베드로의 부인
27:1-27:66	빌라도의 재판, 십자가 처형, 장사
28:1-28:20	부활과 사명 위임

마가복음(Mark) : 고난의 종이신 예수 그리스도

1. 정경적 배경

▶ 저자와 수신자

오래된 파피아스의 글에, 마가가 베드로의 해석자로서 복음서를 기록했다고 증거하며 클레멘트, 터툴리안, 오리겐, 유세비우스도 마가를 저자로 여긴다. 본서 자료가 대부분 베드로에게서 왔기 때문에 '베드로의 회고록'으로 부르는 이들도 있다.

내용에서 '벗은 몸으로 동산으로 피한 한 청년'[12] 이야기(본서에만 기록)는 아마 저자 자신이 분명할 것이다. 그는 사도행전[13]에 마가 요한으로 불렸고 그의 집은 때로 그리스도인의 모임 장소로도 사용되었다. 골로새서[14]에 바나바의 생질로 알려진 그는 베드로에 의해 개종 후 바울의 1차 선교 여정에 동참하였다가 중도 포기하여, 2차 때는 바울과 함께 못하였지만 약 10여 년 후 바울의 로마 사역부터는 함께 하였다.[15] 본서에 예수님의 계보나 유대법이나 유대 관습들이 거의 나타나지 않는 점과 아람어의 번역[16]이나 헬라어 대신 라틴어[17]를 사용한 점 등을 고려해 볼 때 로마에 있는 그리스도인들을 위해 기록한 것으로 짐작된다.

---

12) 막 14:51-52.
13) 행 12:12-17, 25, 15:37.
14) 골 4:10.
15) 딤후 4:11, "……네가 올 때에 마가를 데리고 오라 그가 나의 일에 유익하니라."
16) 막 3:17, 5:41, 7:34, 15:22.
17) 막 4:21, 6:27, 12:14, 42, 15:15-16, 39.

▶ 기록 연대와 장소

많은 현대 학자들은 본서가 사복음서 중에서 가장 먼저 기록되었다고 믿으며, 저작 연대는 13장 2절[18]의 '예루살렘 멸망'(A.D. 70년)에 대한 해석에 따라 달라진다. 어떤 이는 멸망 이전으로, 어떤 이는 이후로 보지만 '이후'의 견해에는 결정적인 단서가 없어 보인다. 대부분의 학자들은 대략 A.D. 66년의 유대 독립 전쟁(Jewish War) 이전인 60-65년으로 추정하지만, 구찌에(Coetzee, 1986:15-16)는 50년대 후반으로 본다. 따라서 본서의 기록 연대는 다소 넓게 58-65년으로 짐작할 뿐이다. 본서에 라틴풍의 많은 단어들 때문에 장소는 로마로 짐작된다.

▶ 주제와 목적

주제는 '하나님의 아들이시면서, 고난의 종이신 예수 그리스도의 생애'이다. 마가는 독자들에게 예수 그리스도를 복음 사역을 이루신 하나님의 아들로서(1:1), 또한 그의 백성들을 섬기시고 대신 죽으신 고난의 '종'으로(10:45) 나타내고자 하였다. 특이한 점으로, 본문에 예수의 유년기가 없는 많은 기적 소개와 그리스도의 수난과 부활 중심의 (전체 3/2 이상) 사건 전개는 아마 로마에서 고난당하는 독자들을 격려하기 위함이었을 것이다.

▶ 특징

1. 라틴풍의 단어들이 많다(4:21, 5:9, 15, 6:37, 15:16, 39 등).
2. 예수의 가르침(행동)과 예수의 감정을 두드러지게 묘사했다.

---

18) 막 13:2, "예수께서 이르시되 네가 이 큰 건물들을 보느냐 돌 하나도 돌 위에 남지 않고 다 무너뜨려지리라 하시니라."

3. 갑작스런 끝맺음(16장 후반)은 마가의 자연스런 문학 기법이다.

2. 언약의 주요 모티브

하나님 나라의 준비, 사역과 배척, 종말론적 의미, 하나님 나라의 고난과 승리.

3. 마가복음의 구조

1:1–1:13	**하나님 나라의 준비**
1:1–1:8	세례 요한의 예비
1:9–1:13	예수님의 세례와 시험 받으심
1:14–8:26	**하나님 나라 사역과 배척**
1:14–1:20	예수의 사역 시작과 제자 부르심
1:21–2:12	첫 기적들
2:13–4:34	초기 배척들과 성장하는 하나님 나라
4:35–5:43	계속되는 기적들
6:1–8:26	점점 커지는 배척들과 더 왕성한 하나님 나라
8:27–13:37	**하나님 나라의 종말론적 의미**

8:27-8:38	교회와 제자도
9:1-9:32	영광스런 하나님 나라와 제자들의 믿음
9:33-10:52	천국 백성들의 삶의 교훈
11:1-12:44	예루살렘 입성과 유대 지도자들의 배척
13:1-13:37	종말에 대한 예언

14:1-16:20	**하나님 나라의 고난과 승리**
14:1-14:9	예수님 수난 예비(마리아의 옥합 사건)
14:10-14:42	최후의 만찬과 동산의 기도
14:43-14:72	예수님의 체포와 베드로의 부인
15:1-15:47	빌라도의 재판과 십자가 처형, 장사
16:1-16:20	부활, 사명 위임, 승천

누가복음(Luke) : 하나님 나라의 왕이신 예수 그리스도

1. 정경적 배경

▶ 저자와 수신자

저자는 복음의 직접 목격자는 아니므로[19] 12사도에 속하진 않았지만, 교양과 학식을 갖춘 세심한 자이다.[20] 무라토리우스 정경, 이레니우스, 클레멘트, 터툴리안 등의 교부들은 본서와 사도행전을 누가의 저작으로 증언하며, 내용에서도 본서와 사도행전의 서두에 '데오빌로에게 (보낸다)'라고 밝히므로 동일 저자의 작품으로 여겨진다.

본서에는 정확한 의학적 용어들이 나타나고, 바울의 동료[21]이므로, '사랑을 받는 의원 누가'(골 4:14; 몬 1:24)가 저자이다. 그는 1, 2차 바울의 로마 감옥 때도 함께 있었고, 바울의 개인 주치의로서 헬라어와 문학에도 탁월한 재능을 보인 이방인('시리아 안디옥' 출신 유세비우스의 증언) 출신으로, 아마 바울의 선교 역사를 끝까지 지켜본 후 약 20년간 더 복음 사역에 헌신했을 것이다. 누가는 모든 이방 그리스도인들뿐 아니라 데오빌로에게 본서를 썼다.

▶ 기록 연대와 장소

어떤 사람들은 누가복음 21장 20절과 마가복음 13장 14절의 관계를

---

19) 눅 1:2.
20) 눅 1:3-4.
21) 행 15:10-17, 16:10-18, 20:5-21:18, 27장, 28장에 '우리'로 나타남.

들어서 본서의 저작을 A.D. 70년(예루살렘 멸망) 이후로 보기도 한다. 하지만 본서는 적어도 사도행전 이전에 기록되었다. 사도행전에는 바울이 로마에서의 2년간 감옥 생활로 마무리되고(A.D. 60년경), 바울의 순교(A.D. 68년경)가 언급되지 않으므로, 본서는 대략 A.D. 60-67년에 가이사랴나 로마에서 기록되었을 것으로 추정된다.

▶ 주제와 목적

주제는 '하나님 나라의 왕이신 예수 그리스도의 생애'이다. 누가는 본서를 데오빌로에게 보내면서 "각하로 그 배운 바의 확실함을 알게"(1:4) 하기 위해 기록하였으며, 또한 모든 이방 그리스도인에게 예수는 "잃어버린 자를 찾아 구원하시는" 구원자이며 참 왕이신 것을 알리고자, 비교적 이방인의 관점과 배려에서 서술하였다.

▶ 특징

1. 복음서 중에서 다루고 있는 내용과 부피가 가장 많다.
2. 사람에 대한 정보가 많고, 역사적 관점에서 기술되었다.
3. 70인 전도대, 예수님의 유년기 사건 등은 누가만 다루고 있다.

2. 언약의 주요 모티브

왕의 탄생과 하나님 나라 예비, 하나님 나라 사역과 배척, 종말론적 의미, 하나님 나라의 고난과 승리.

3. 누가복음의 구조

1:1-2:52	**하나님 나라 왕의 탄생과 유년기**
1:1-1:56	세례 요한과 예수님의 수태 고지
1:57-2:52	세례 요한과 예수님의 출생과 유년기
3:1-4:13	**하나님 나라의 예비**
3:1-3:20	세례 요한의 예비
3:21-4:13	예수님의 세례와 시험 받음
4:14-9:17	**하나님 나라 사역과 배척**
4:14-4:30	예수님의 갈릴리 전도와 나사렛에서 배척
4:31-6:19	하나님 나라의 초기기적들
6:20-6:49	하나님 나라의 교훈들
7:1-9:17	더 왕성한 하나님 나라의 기적들
9:18-21:38	**하나님 나라의 종말론적 의미**
9:18-9:27	하나님 나라의 신앙과 제자도
9:28-9:45	영광스런 하나님 나라와 제자들의 믿음
9:46-19:27	천국 백성의 삶과 재림에 대한 예언
19:28-21:4	예루살렘 입성과 유대 지도자들의 배척
21:5-21:38	대환란과 종말에 대한 예언
22:1-24:53	**하나님 나라의 고난과 승리**
22:1-22:13	가룟 유다의 배반과 유월절 준비
22:14-22:53	최후의 만찬과 동산의 기도
22:54-22:71	예수님의 체포와 베드로의 부인
23:1-23:56	빌라도의 재판, 십자가 처형, 장사
24:1-24:53	부활, 사명 위임, 승천

요한복음(John) : 하나님의 아들이신 예수 그리스도

1. 정경적 배경

▶ 저자와 수신자

본서에는 저자의 이름이 직접 언급되지 않는다. 일부 자유주의 학자들은 본서를 사도 요한의 저작으로 보지 않는데, 이는 사도와 구분한 '장로 요한'의 존재에 대한 가설에서 비롯된 것이다. 하지만 보수 진영에서는 여전히 본서에 대한 요한의 저작을 의심하지 않으며 고대 전통들도 이를 뒷받침해 주고 있다(클레멘트, 터툴리안, 이레니우스, 유세비우스, 무라토리우스 정경 등).

본서에 나타나는 내증들 역시 요한의 저작을 강하게 증명해 준다. 본서에서 '예수의 사랑하는 그 제자'[22]가 바로 사도 요한과 동일 인물로 여겨진다. 요한은 본서를 당시 흩어진 유대인들과 넓게는 모든 그리스도인들을 대상으로 본서를 기록했을 것으로 추측된다.

▶ 기록 연대와 장소

전통은 본서 저작 시기를 공관 복음서 이후로 돌리고 있다(이레니우스, 알렉산드리아의 클레멘트 등). 이레니우스는 '요한이 에베소에서 본서를 기록했고 또한 로마 황제 트라야누스 시대(A.D. 98년 이후)까지 살았다'고 증거하며, 요한의 제자요 에베소의 감독인 폴리갑은 '요한이

22) 요 13:23, 21:20, 23-24.

에베소에 장사되어 있다'고 증명해 준다. 본서에 예루살렘 멸망의 내용이 배제된 것은 아마 그 시점이 꽤 흘렀기 때문일 것이므로, 많은 학자들은 예루살렘 파괴 후 약 20년 정도가 흐른, 아마 A.D. 90년 전후에 에베소에서 본서가 기록된 것으로 추측된다.

▶ 주제와 목적

주제는 '하나님의 아들이신 예수 그리스도의 생애'이다. 저자는 독자들에게 '예수가 하나님의 아들 그리스도이심을 믿는 믿음을 나타내고자'[23] 본서를 기록했다. 본서는 하나님의 아들 예수에 대한 확고한 '믿음'(성육신, 기적, 하나님과의 관계 등)과 그에 대한 '배척들'이 복음서 중에서 가장 두드러진 대조를 이룸으로, 공관 복음서보다 그 진술과 목적이 훨씬 더 다이내믹한 전개를 이룬다.

▶ 특징

1. 복음서들 중에서 가장 신학적이고 단순 문장 형태로 구성되었다.
2. 8개의 이적들 중에서 본서에만 나타나는 이적들이 6개이다.
3. 그리스도의 신성을 강조 "나는……이다"는 구절들이 7개이다.

2. 언약의 주요 모티브

하나님 아들의 출현, 하나님 나라 사역과 배척, 종말론적 의미, 하나님 나라의 고난과 승리.

---

23) 요 20:30-31.

3. 요한복음의 구조

1:1-1:34	**하나님 아들의 출현**
1:1-1:14	성육신한 하나님 아들
1:15-1:34	하나님 아들에 대한 요한의 증거
1:35-6:71	**하나님 나라의 사역과 배척들**
1:35-51	제자들을 부르심
2:1-12	첫 표적
2:13-5:18	계속되는 표적들과 더해 가는 배척들
5:19-5:47	신성에 대한 하나님 아들의 변증과 권위
6:1-71	생명의 떡이신 하나님 아들과 배척
7:1-12:50	**하나님 나라의 종말론적 의미**
7:1-10:21	예루살렘(초막절)에서 배척과 하나님 아들의 신성
10:22-10:42	예루살렘(수전절)에서 배척과 하나님 아들의 신성
11:1-12:11	베다니에서 배척과 하나님 아들의 신성
12:12-12:50	예루살렘 입성과 유대인의 배척과 심판 예언
13:1-21:25	**하나님 나라의 고난과 승리**
13:1-14:31	다락방에서 제자들의 수난 준비
15:1-16:33	제자들에게 주신 종말론적 가르침
17:1-17:26	자신과 제자들의 사명 위한 예수의 간구
18:1-18:27	예수의 체포와 베드로의 부인
18:28-19:42	빌라도의 재판, 십자가 처형, 장사
20:1-21:25	부활, 사명 위임

II. 복음서의 내용

왕(예수)의 생애에 대한 연대기적 고찰

하나님 나라 왕의 탄생 배경

마태는 복음서 초두에[24] 그리스도의 족보를 가장 먼저 언급한다. 거기에는 '아브라함부터 그리스도까지의 족보를 언급하면서, 아브라함부터 다윗까지 14대, 다윗부터 바벨론 포로까지 14대, 바벨론 포로부터 그리스도까지 14대'[25]라고 설명한다. 아브라함과 다윗과 바벨론 포로기에 이어진 그리스도의 족보는 곧 그리스도가 유대 출신이며, 특히 유대인들이 존경하는 아브라함(하나님 언약)과 다윗 왕의 계보를 이어받은 이스라엘의 언약의 가문이며 왕의 가문임을 말하기 위함이다.

특이하게 누가는 그리스도의 족보를 말하면서 '요셉에서부터 출발하여 창조주 하나님'[26]에게까지 거슬러 올라간다. 이것은 누가가 헬라인 독자들을 위한 관점에서 비롯되었기 때문으로 보인다. 하지만 두 족보 모두의 공통된 핵심은 예수님이 하나님으로부터 비롯되어 하나님의 백성을 구원하실 분(왕, 메시아)이라는 점에서 동일하다.

누가는 그의 복음서를 요한과 예수의 출생에 대한 예고로 시작한다. 누가는 요한을 먼저 언급하고 이어서 예수의 출생을 언급한다. 요한은

---

24) 마 1:1-17.
25) 마 1:17.
26) 눅 3:23-38.

제사장 사가랴와 아내 엘리사벳 사이에서 잉태된다.[27] 천사가 사가랴에게 전한 내용을 보면, 요한은 주님 앞에서 주님을 위해 백성들을 준비케 하는 사명이 있음을 보게 된다.[28] 여섯째 달 후에 이번에는 천사 가브리엘이 요셉과 정혼한 처녀 마리아에게 현몽하여 장차 '하나님의 아들이 태어나는데, 하나님으로부터 다윗의 왕위를 받고 영원히 이스라엘을 왕으로 다스릴 것이며, 그 나라가 무궁할 왕'[29]이 마리아의 몸에서 태어날 것을 예언한다. 마리아는 처녀였지만 그녀를 통해 이룰 구속의 역사를 믿게 된다.[30]

이 대목에서 요한의 예비자의 역할과 예수의 왕의 역할을 짐작해 알게 된다. 이 예언처럼, 요한은 장차 왕(예수)의 앞서서 왕의 출현을 알리며, 왕을 위해 백성들을 분비시키는 선지자의 역할을 하게 됨을 본다.

가브리엘의 현몽으로 성령에 의해 잉태된 마리아는 엘리사벳을 찾아가는데, 마리아의 방문으로 엘리사벳의 복중 태아(요한)가 마리아의 복중 태아(예수)를 미리 알아보고 기뻐한다. 엘리사벳도 성령에 감동되어 마리아에게서 태어날 아이가 주님이시며 또한 마리아에게 복이 있음을 말하게 된다.[31] 마리아 또한 아브라함의 언약에 근거하여 '하나님의 구원이 온 백성에게 미쳐지게 될 것'을 기뻐하며 노래한다.[32]

드디어 기한이 되어 엘리사벳이 출산한다. 그 아이의 이름을 '요한'으로 짓는 과정에서 그동안 말을 못하였던 사가랴의 입이 풀려 말을

---

27) 눅 1:5-25.
28) 눅 1:13-17.
29) 눅 1:32-33.
30) 눅 1:26-38.
31) 눅 1:39-45.
32) 눅 1:46-56.

하게 됨으로 장차 이 아이에 대한 주의 역사하심을 기대케 하고, 또한 사가랴의 예언에서도 "구원의 뿔(그리스도)을 다윗의 집에 일으키시며, 아브라함의 언약을 기억하시므로 이스라엘을 구원해 주실 것"과 또한 "요한은 주의 선지자가 되어 주님 앞서 그 길을 예비하며, 주의 백성에게 죄 사함으로 말미암아 구원을 알게 하는 일을 할 것"을 말하고 있다.[33]

왕의 탄생과 유년기

예수 그리스도는 어머니 마리아와 아버지 요셉이 약혼한 후 동거하기 전에 이미 성령으로 잉태되었다. 요셉에게 주의 사자가 나타나 "이 아이가 성령으로 잉태된 사실과 이름을 예수로 지을 것과 이 모든 일은 주께서 선지자로 하신 말씀(보라 처녀가 잉태하여 아들을 낳을 것이요 그의 이름은 임마누엘이라 하리라)[34]을 이루기 위한 것"임을 알려준다.

이에 요셉이 마리아를 데려오고 동침치 않고서 아이를 출산하여 이름을 예수라 하였다.[35] 헤롯 왕 때 예수가 유대 베들레헴에서 나시자 동방 박사들이 아기 예수를 경배하기 위해 예루살렘에 들렀을 때, 헤롯 왕과 예루살렘은 유대인의 왕, 그리스도의 출생에 대한 소식으로 크게 소동한다. 이 과정에서 헤롯은 미가서 5장 2절의 예언[36]에 따라 베들레헴에서 나시게 된 것을 알고 아기를 죽이려 하지만, 박사들은

33) 눅 1:57-79.
34) 사 7:14.
35) 마 1:18-25.
36) 미 5:2, "또 유대 땅 베들레헴아 너는 유대 고을 중에서 가장 작지 아니하도다 네게서 한 다스리는 자가 나와서 내 백성 이스라엘의 목자가 되리라."

아기 예수께 경배한 후에 성령의 지시를 받아 다른 길로 돌아간다.[37)]

예수의 출생에 대해 누가는 또 다른 정보를 준다. 요셉이 약혼녀 마리아와 함께 호적하러 유대 베들레헴으로 가던 중 마리아가 이미 성령으로 잉태되어 그곳에서 출산케 되었고, 또 천사들이 그 지역 목자들에게 나타나 다윗의 동네에 구주이신 그리스도가 출생하였다는 소식을 전하고 목자들이 아기 예수께 찾아가 경배하였다. 또 정결예식[38)](할례, 희생 제사)을 위해 아기 예수를 예루살렘 성전에 데려갔을 때, 메시아 탄생을 기다렸던 경건한 시므온과 안나는 아기 예수를 보고 그가 이방을 구원하며 이스라엘의 영광(왕)이신 메시아이시며 구주이심을 증거하고 찬양하게 되었다.[39)]

복음서에는 예수의 유년기에 대한 정보가 많지 않다. 마태와 누가만이 일부 제공하고 있다. 마태에 의하면[40)] 요셉은 아기를 출산한 후 꿈에 나타난 주의 사자의 지시에 따라 아기를 죽이려는 헤롯을 피해 마리아와 아기와 함께 애굽으로 피하게 된다. 헤롯이 죽은 후에 주의 사자의 현몽으로 다시 이스라엘로 돌아가지만, 유다로 가지 않고 나사렛 동네로 가는데 이는 예수가 '나사렛 사람이라 칭하리라'는 예언[41)]을 이루려 한 것이다.

누가가 전하는 예수의 유년기는 보다 어른스러운 소년기에 가깝다. 해마다 유월절을 지키기 위해 예루살렘으로 향하는 여정에 12살 소년

---

37) 마 2:1-12.

38) 눅 2:21-24. 모세의 법에 따른 '할례와 희생 제사'를 말한다. 예수님은 여자에게서, 또한 율법 아래 나셨기 때문에 모세의 법을 따르셨던 것이다(갈 4:4). 그렇다고 예수님이 율법에 매이신 것이 아니다. 예수님은 자기 백성을 구원하시기 위해 자신의 몸을 희생 제물로 드리심으로 그 율법을 폐하지 않고 온전히 이루시고 완성하셨다.

39) 눅 2:1-39.

40) 마 2:13-23.

41) 사 11:1.

예수도 부모와 동행하지만, 그는 절기가 끝나서도 부모와 동행하지 않고 성전에 남는다. 소년 예수의 남다른 지혜와 대답에 성전의 선생들도 놀라고, 뒤늦게 그를 찾으러 온 부모에게 성전을 '아버지 집'이라 말하고 '내 아버지 집에 있어야 될 줄을 알지 못하였느냐'고 반문한 소년 예수의 특별한 행적을 "예수는 지혜와 키가 자라가며 하나님과 사람에게 더욱 사랑스러워 가시더라"고 누가는 표현한다.[42)]

그런데 이 왕의 탄생과 역사적 출현에 대해서 요한은 특이하게 기술한다. 태초에 하나님과 함께 계셨던 말씀[43)]이 곧 육신(그리스도)이 되었다고 설명하면서 성육신한 예수가 백성을 비추는 생명의 빛으로 왔음을 강조하며 세례 요한은 바로 이 참 빛에 대해 증언하였다고 말한다.

하나님 나라 사역의 예비(준비)

소년 예수가 자라서 왕 중 왕 메시아로서 본격적인 하나님 나라의 사역을 감당하시기 이전의 예비 단계에 대해 성경은 언급하고 있다. 성경은 세례 요한의 예비(준비)에 대해 먼저 다룬다.[44)] 이 부분에 대해 사복음서는 모두 다루고 있으며, 특히 이 부분에 대한 가장 짧은 본문을 제시한 마가는 이것을 그의 복음서의 첫 주제로 삼고 시작한다.

---

42) 눅 2:40-52.

43) 요 1:1, "태초에 말씀이 계시니라 이 말씀이 하나님과 함께 계셨으니 이 말씀은 곧 하나님이시니라." 여기서 말씀에 해당되는 헬라어는 '로고스'이다. 로고스는 '말하다, 생각하다' 동사 '레고'의 파생어이다. 그런데 보통의 말이 아니라, 신적인 말씀, 생각(뜻)을 뜻하는 철학적 용어를 빌려서 예수님을 설명한 것은 아마 요한이 이 서신을 유대인들뿐 아니라, 이방인들을 위한 배려에서 비롯한 것으로 생각된다.

44) 사복음서는 이 부분을 모두 동일하게 다루고 있다(마 3:1-12; 막 1:1-8; 눅 3:1-18; 요 1:19-28).

당시 백성들에게 회개를 촉구하고 천국이 가까웠음을 선포한 세례 요한의 사역은 이사야의 글[45]에 이미 예언된 바와 같이 그것은 곧 주의 길을 예비하는 사역이었다. 그는 광야에서 죄 사함을 받게 하는 회개의 세례를 전파하여, 그에게 나아온 사람들을 요단강에서 세례를 베푼 것이었다. 요한은 광야에서 지내면서 자기 뒤에 오시는 이를 백성들에게 전파하였는데, 그 내용은 "나보다 능력 많으신 이가 내 뒤에 오시며, 나는 그의 신발 끈을 풀기도 감당치 못한다", 그리고 "나는 물로 세례를 베풀었지만 그는 성령으로 세례를 베푸실 것이다"라는 것이었다.

성경은 또한 예수님이 왕과 메시아로서 본격적인 공생애 사역을 감당하기 이전에 준비하셨던 예비 사역 두 가지에 대해 언급한다.

첫째는, 예수님이 요단강에서 세례 요한에게 세례를 받으심이었다.[46] 마태는 이것에 대해 '오히려 세례 요한이 예수님에게 세례를 받아야 하지만 의를 이루기 위해 이를 허락하였다'고 기록한다.[47] 예수님이 세례를 받으시자 놀라운 일이 벌어졌다. 하늘에서 성령이 비둘기같이 내리고 음성이 나기를 "너는 내 사랑하는 아들이라 내가 너를 기뻐하노라"[48]는 성부의 기쁨의 음성이었다. 이는 하나님께서 '백성을 구원하시는 왕이요 메시아로서 예수님의 공적인 직임을 인정하시고 세상에 선포하신 것'이다.

둘째는, 예수님이 광야에서 마귀의 시험을 받으심이다.[49] 광야에

45) 사 40:3.
46) 마 3:13–17; 막 1:9–11; 눅 3:21–22. 공관복음서는 이것을 공히 다루지만, 요한복음서에는 이 정보가 나타나지 않는다. 이것은 예수님의 생애를 어떤 영적인 주제로 다루고자 한 요한의 특수 목적에 의한 것이지 요한이 이 사건을 몰라서 누락한 것이 아니다.
47) 마 3:14–15.
48) 막 1:11.
49) 마 4:1–11; 막 1:12–13; 눅 4:1–13. 이 부분 역시 요한복음에는 나오지 않는다.

서 40일 금식하신 후에 사탄에게 3가지 시험을 받으신 내용을 마태와 누가는 자세히 기록한다. 금식하여 몹시 주리신 예수님에게 "돌로 떡을 만들라, 성전 꼭대기에서 뛰어내리라, (십자가에서 죽지 말고) 천하만국의 영광을 가져라"는 시험을 예수님은 신명기의 말씀[50]으로 물리치셨다. 이는 예수님이 진정한 하나님 나라의 왕이시요 메시아이심에 대한 내적인 승리요 확신이다.

예수님은 세례 받으심과 또 사탄을 물리치심으로써 이제 내외적으로 왕과 메시아로서의 공적인 지위와 임무를 하나님과 세상으로부터 인정받으시고, 바야흐로 그 일을 시작하시게 된다.

하나님 나라 사역과 배척

이제 본격적으로 예수님이 세상을 구원하실 왕이요 메시아로서 사역을 시작하신다. 예수님의 복음 전파는 단순하면서도 능력이 있었다. 즉 하나님 나라가 가까이 왔으니 회개하고 복음을 믿으라는 것이었다. 세상 나라 로마의 압제 아래 있었던 당시의 유대인들에게 하나님 나라의 외침은 곧 이스라엘의 구원과 회복을 알리는 메시아 대망의 소식이었으며,[51] 동시에 유대인들을 향한 종말론적 신앙의 촉구였다.

---

50) 첫째(신 8:3), 둘째(6:16), 셋째(6:13-14).

51) 예수님의 강력한 하나님 나라의 선포는 구약에 대한 지식을 가진 당시 유대인들에게 다니엘의 예언을 떠올리게 했을 것이다. 다니엘서의 예언대로 '하나님의 나라가 이방 제국의 폐허 위에서 이제 다른 나라에 의해서 멸망되거나 정복되지 않을 한 나라, 영원히 지속할 나라(단 2:44, 7:14, 18, 27)로 건설되어질 때가 왔다'는 메시지를 떠올리게 했을 것이다. 즉 예수님의 선포(때가 찼고 하나님의 나라가 가까웠으니 회개하고 복음을 믿으라, 막 1:15)는, 다니엘의(때가 이르매 성도가 나라를 얻었느니라, 단 7:21) 메아리였다. 이처럼 예수님이 선포하신 하나님 나라의 성격은 다윗 왕국의 왕권 회복이었

예수의 하나님 나라에 대한 강력한 복음 증거는 곧 그의 제자들을 불러 모았고 또한 수많은 병자들과 죄인들을 이 생명 복음의 메시지 아래로 불러서 치유와 구원의 은혜를 얻게 했지만, 그러나 배척하는 세력들 또한 만만치 않았다. 주님이 가장 먼저 부르신 자들은 갈릴리 어부들이었고 제자로 삼기 위해서였다. 안드레와 베드로, 세베대의 아들 야고보와 요한을 부르실 때 그들은 그들의 그물과 배와 심지어 아버지(세베대)를 남겨두고 즉시 예수의 제자로 따르게 된다.[52] 왕의 특별한 부르심 앞에 그들은 망설임 없이 예수를 따라 사람 낚는 어부로서의 험난한 항해에 나선 것이다. 요한복음에는 이 제자들을 부른 다음날 빌립과 나다나엘을 부르셨으며, 이때 나다나엘은 예수께 '하나님의 아들이며, 이스라엘의 왕'이라 고백했다고 증언한다.[53]

마태는 예수님이 전하신 하나님 나라의 복음이 기존 유대교의 낡은 규범과 다른 새로운 규범과 질서라는 사실을 산상수훈에 나타내고 있는데, 당시 이 놀라운 교훈을 전하는 예수님의 권위에 많은 유대인들이 놀라게 된다.[54] 주님이 이같이 하나님 나라를 선포하고 세우는 복음 전파의 현장에는 수많은 사람들이 몰려들게 되었고, 그들은 왕과 메시아로서의 예수님의 당당한 권위와 능력에 놀라게 되었다. 이 놀라운 예수의 복음의 권위에 관하여 요한복음은 몇 가지 사건을 소개

고, 이것은 예수님의 사역과 가르침에서 두드러지게 나타나게 되었다. F.F. 브루스, 《신약사》, 나용화 역, (서울: 기독교문서선교회, 1978), 202-207.

52) 마 4:12-22; 막 1:14-20; 눅 5:1-11.

53) 요 1:43-51.

54) 마 5:1-7:29. 산상수훈의 주요 주제는 다음과 같다. 팔복, 소금과 빛, 예수와 율법, 노함, 간음, 맹세, 악한 자와 원수, 구제, 외식, 참 보물, 비판, 기도, 좁은 문, 좋은 나무(열매)에 대하여. 이러한 주제는 당시 율법과 유대교 전통을 중요시 하던 유대교 기득권자들에게는 심각한 도전이 되었고, 이후 유대교의 기득권자들(대제사장, 서기관 등)은 예수님의 사역에 대해 많은 도전과 배척을 가하게 된다(막 1:21-22; 눅 6:20-38, 41-49, 11:2-4, 9-13, 34-36, 12:22-34, 13:24-27, 14:34-35, 16:13, 18).

한다.

예수님이 니고데모와의 대화를 통해 구원은 하늘로부터 오신 독생자 곧 그리스도(예수)를 통해서만 얻게 된다고 가르치셨고, 또 세례 요한이 예수님에 관해 세례 요한의 제자에게 가르친 내용 중에서도 '예수님은 흥하여야 하고, 자신(요한)은 망하여야 하리라'고 말하면서 예수님은 곧 하나님이 보내신 하나님의 아들이시라고 강조하였다. 또한 예수님과 사마리아 여인과의 대화에서도 마찬가지이다. 예수님이 곧 참된 생수이며, 그녀가 기다리던 메시아임이 밝혀지게 되었다.[55]

또한 예수님은 이때 귀신 들린 자, 나병환자, 중풍병자 등 모든 병자들을 고쳐주시며 심지어 그들의 죄마저도 사해 주시자 많은 이들이 더욱 놀라게 되었다.[56] 요한은 갈릴리 가나의 혼례식장에서 예수님이 물로 포도주를 만드신 첫 이적을 소개하면서, 이 일을 통해 그의 영광을 나타내시며 제자들의 믿음을 굳게 했다고 소개한다.[57]

그런데 이와 함께 나타난 것이 유대인들, 특히 바리새인(서기관)들의 반발과 배척이었다. 예수님이 세리인 레위를 제자로 부르시고 그의 집에서 세리들과 죄인들과 함께 식사하실 때 바리새인들과 서기관들이 반발한다.[58] 요한의 제자들과 바리새인의 제자들은 금식하지만 예수님의 제자들은 금식하지 않는 것에 대해 유대인들이 반발한다.[59] 안식일에 예수님의 제자들이 밀 이삭을 자른 것과 안식일에 회당에서

---

55) 요 3:1-4:42.

56) 마 4:23-25, 8:1-17, 9:1-8; 막 1:23-2:12; 눅 4:38-41, 5:12-26, 6:17-19, 8:22-39; 요 4:43-54.

57) 요 2:1-12.

58) 마 9:9-13; 막 2:13-17; 눅 5:27-32.

59) 마 9:14-17; 막 2:18-22; 눅 5:33-39.

손 마른 자를 고치신 예수님에 대해 바리새인들은 매우 반발하고 심지어 예수를 죽이기로 의논한다.[60)]

요한복음에도 이와 유사한 내용을 증언하는데 예수님이 안식일에 38년 된 불치병 환자를 고치신 일과 또 자신을 하나님과 동등하게 가르친 것 때문에 유대인들이 예수를 죽이려고 했다는 것이다.[61)] 하지만 그럼에도 불구하고 하나님 나라는 멈추지 않고 계속 성장한다. 갈릴리에서와 유대와 예루살렘과 이두매와 요단강 건너편과 두로와 시돈 근처의 많은 무리가 예수께 나아오며 또 많은 병자들이 고침받는 역사가 일어난다.[62)] 또 예수님은 자기와 함께 있게 하시며 또 전도도 하며 귀신을 내쫓게 하기 위해 12제자를 세우신다.[63)] 또한 씨 뿌리는 비유와 겨자씨, 누룩 비유, 그리고 등불 비유 등을 통해 성장하게 될 하나님 나라에 대한 묵시적 의미를 전달한다. 곧 하나님의 말씀은 불신자들에게는 소용이 없지만 믿는 모든 자들을 통해 하나님의 나라가 왕성하게 세워지며 복음이 만방에 전해지며 결국 종국에는 그리스도(왕)의 완전한 통치가 이루어지게 될 것을 뜻한다.[64)]

하지만 성경은 이러한 유대인의 배척과 함께 복음의 기적은 계속 멈추지 않고 일어났음을 보여주며, 또한 그로 인해 더 큰 반발과 배척이 일어났음을 증거한다. 이 시기에 나타난 기적들은 '바람과 바다를 잠잠케 하신 것, 거라사의 귀신 들린 자를 고치신 일, 야이로의 딸과 열두 해 혈루증 앓아 온 여인과 맹인들과 벙어리 등 많은 병자들'을 고치셨다.[65)] 이 일들로 인해 예수님은 유대인들에게 더욱 심한 배척

---

60) 막 2:13-28.
61) 요 5:1-18.
62) 막 3:7-12.
63) 마 10:1-4; 막 3:13-19; 눅 6:12-16.
64) 마 13:1-52; 막 4:1-32; 눅 8:4-18, 13:18-21.

을 받게 된다. 예수님은 고향에서 배척을 당하시며, 예수님의 선구자였던 세례 요한도 헤롯에게 죽임을 당한다.

바리새인과 서기관들은 예수님의 제자들이 손 씻지 않고 떡 먹는 것을 보고 예수님을 향해 장로들의 전통을 어겼다고 비난한다. 뿐만 아니라 바리새인들은 예수님을 시험하며 불신앙의 마음으로 계속하여 표적을 구하였기에 예수님은 이러한 바리새인들과 헤롯의 불신앙적이고 세속적인 누룩을 조심하라고 경고하신다. 요한복음에는 오병이어의 참된 의미를 가르치시고자 자신을 생명의 떡이라고 가르치신 예수님의 교훈이 나타난다. 하지만 이로 인해 유대인들은 불신앙으로 수군거리게 되고, 심지어 제자 중에서도 예수님을 떠나고 배신하는 자들도 생기게 되었다.[66)]

그러나 왕이 선포하시는 하나님의 나라는 이에 쇠하지 않고 계속 왕성하게 부흥해 간다. 예수님이 12제자를 둘씩 짝 지어 전도대로 보내어 전도하게 하자 많은 귀신들이 쫓겨나며 많은 병자들이 고침을 받게 되었다. 예수님은 벳새다 들녘에 모인 무리들에게 오병이어를 통해 5천 명 이상을 먹이셨고, 제자들의 신앙 격려를 위해 바다 위를 걸어서 배에 오르셨고, 또 떡 7개로 4천 명을 먹이시기도 했고, 또 그를 따르는 수많은 병자들을 고치셨다.[67)]

65) 마 8:23-34, 9:18-38; 막 4:35-5:43; 눅 8:40-56.
66) 요 6:22-71.
67) 마 10:1-15, 12:38-16:12; 막 6:1-8:26; 눅 4:16-30, 9:1-17, 11:24-32, 12:54-56; 요 6:1-21.

하나님 나라의 종말론적 의미

능력과 표적들로 인해 많은 무리들이 예수님을 따르자 위기감을 느낀 유대 바리새인과 서기관들의 배척은 더욱 심해지고, 이에 대해 예수님은 제자들과 무리들에게 종말론적 교훈을 가르침으로 더욱 강한 믿음을 갖게 한다. 빌립보 가이사랴 지방에서 주님이 제자들에게 '나를 누구라고 생각하느냐'라고 하신 물음과 '주님은 그리스도시요 살아 계신 하나님의 아들이시라'는 베드로의 고백은 참으로 의미가 깊다.

주님은 자신의 사역의 완성과 절정, 곧 십자가의 죽음을 향해 나아가면서 제자들의 신앙을 점검하고 성숙하게 만들어 가고 있음을 본다. 그러나 좀 전에 귀한 신앙 고백을 한 베드로였지만 주님의 고난과 죽음의 가르침 앞에 주님의 사역을 만류하는 나약한 모습을 보이게 되자, 베드로를 심히 꾸짖고는 주님이 원하시는 제자의 신앙은 '자기를 부인하고 자기 십자가를 지고 주님을 따르는 고난과 희생의 신앙'이라고 교훈한다.[68)]

예수님은 또한 변화산에서 영광스러운 모습으로 변형을 통하여 자신이 메시아이심을 제자들에게 더욱 확고하게 가르치신다. 즉 제자들이 주목하고 따라야 할 분은 모세도 엘리야도 아닌, 오직 그리스도이신 예수님이어야 한다는 것이다. 하지만 제자들의 신앙은 아직도 미흡했다. 귀신 들린 한 아이도 고치지 못했고 또 주님의 죽음과 부활에 대한 바른 이해도 갖지 못했다.[69)] 따라서 왕이신 예수님은 자신의 나라 백성의 삶의 자세와 원리에 대해 교훈하신다. 제자들의 서열에 대한 욕심을 책망하시며 천국에서 큰 자는 섬기는 자가 되어야 한다고 하신다.

---

68) 마 16:13-28; 막 8:27-38; 눅 9:18-27.
69) 마 17:1-23; 막 9:1-32; 눅 9:28-45.

어떤 자가 귀신을 쫓아내는 이적을 행하자 제자들은 자신들의 무리에 소속되지 않았다 해서 그를 금지하는 제자들의 배타적인 이기심을 책망하시고 그를 금하지 말라고 교훈하시며, 또한 예수님은 소자 중 하나에게라도 결코 실족하게 해서는 안 됨을 교훈하신다. 소자에게든 성인에게든 죄에 대한 형벌은 똑같이 무겁고 중한 것이기에 어떤 죄든지 멀리하여 성결한 삶을 살아야 함을 교훈한 것이다.

또 예수님은 당시 쉽게 행하는 이혼 관습을 책망하시고 쉽게 이혼하지 못하게 교훈하신다. 예수님께 데려오는 어린아이를 제자들이 금지하자 이를 꾸짖으시고, 누구든지 어린아이와 같이 순수한 마음으로 받들지 않는 자는 하나님 나라에 합당치 않음을 교훈하신다. 재물 많은 한 청년을 통해 부자가 구원을 얻기가 참으로 힘들다는 교훈을 주시고, 이제 예루살렘에서 당하실 죽음과 부활에 대해 세 번째로 제자들에게 이르심을 통해 점점 고난이 다가옴을 알려 주신다.

그러나 아직도 영적으로 무지한 제자들은 여전히 주님의 나라가 죽음과 부활이 아닌 세상 나라처럼 땅에서 호화로운 나라로 임할 것으로 기대하였기에 야고보, 요한은 주님 나라가 임할 때 자신들에게 높은 자리를 줄 것을 예수님에게 요구하지만, 예수님은 이를 책망하신다. 그러고는 섬기고 받드는 종의 자세를 말씀하시며 '인자가 온 것 역시 섬김을 받으려 함이 아니라 도리어 섬기려 하고 자기 목숨을 많은 사람의 대속물로 주려 함이라'[70]고 가르치신다.

하지만 맹인 바디매오는 비록 제자가 아니지만, 왕이신 주님을 향한 순수한 믿음으로 고침을 받았기에 제자들의 믿음과 대조된다.[71] 요한복음에서 하나님 나라의 종말론적 의미는 독특하게 묘사된다. 요한은

---

70) 막 10:45.

71) 마 18:1-9, 19:1-30, 20:17-34; 막 9:33-10:52; 눅 9:46-50, 17:1-2, 18:15-43.

이것을 '그리스도의 신성과 유대인들의 배척'에 관한 주제로 묘사한다. 그동안 행하신 주님의 표적과 권위 있는 가르치심에 어떤 이들은 예수를 그리스도로 믿지만 그러나 예수님의 형제들도 예수님의 신성에 대해 불신하고, 더욱이 대제사장들과 바리새인들은 예수를 잡아 죽이려고 혈안이 된다. 예수님이 유대인들을 향해 자신이 아브라함보다 큰 존재이며 또한 하나님과 동등한 신성을 가진 인물로 자신을 드러내자, 유대인들은 예수님을 미쳤다고 욕하며 심지어 돌로 쳐 죽이려고 하였다.

예수님에 의해 고침 받은 맹인은 순수한 믿음으로 예수를 그리스도로 믿지만 교만한 유대인들은 오히려 맹인을 책망하고 내쫓았다. 예수님은 선한 목자 비유를 통해 자신이 곧 양들을 위해 자신의 목숨을 바칠 것을 예언하시며, 또한 죽은 나사로를 살리시어 자신이 곧 부활이요 생명이시라는 종말론적 교훈을 가르치시지만, 여전히 불신앙의 바리새인들은 예수님을 죽이려고 모의하고 심지어 나사로까지도 죽이려 하였다고 요한은 증거한다.[72]

그동안의 예언대로 드디어 예수님이 예루살렘에 입성하시므로 이 때부터 수난의 한 주간이 시작된다. 예수님이 입성하실 때 나귀새끼를 타시자 많은 이들이 종려나무 가지를 들고서 주의 이름으로 오시는 이와 조상 다윗의 나라에 대해 환영한다. 이들은 자신들을 로마 압제로부터 구출해 줄 정치적 메시아로서 기대하였다. 하지만 예수님의 예루살렘 입성 목적은 대속의 고난과 죽음과 부활이었다. 이때 예수님은 잎사귀만 무성한 무화과나무에게 저주하시고 또한 성전 안에서 매매하던 자들을 내쫓으시어 '형식만 남은 이스라엘의 영적인 상태를

72) 요 7:1-11:57, 12:9-11.

책망'하셨다.

이와 더불어 대제사장들과 서기관들이 예수를 죽이려는 음모는 더욱 거세진다. 예수님이 행하시는 권위에 대해 제사장들과 서기관들과 장로들이 시비를 걸자 예수님은 악한 농부 비유를 통해서 자신을 죽이려는 그들의 악한 계략을 지적하시고 그에 따른 심판을 경고하신다. 가이사에게 바치는 세금 문제로 예수님을 시험한 바리새인과 헤롯 당원에게 가이사의 것은 가이사에게, 하나님의 것은 하나님에게 바치라고 가르치시며, 부활이 없다 주장하는 사두개인들의 시비에 대해 하나님은 죽은 자의 하나님이 아니요 산 자의 하나님이시라고 가르치신다.

계명 중 가장 첫째가 무엇인가에 대해 묻는 한 서기관의 질문에 '하나님을 사랑하고 이웃을 네 몸과 같이 사랑하라'는 말씀으로 가르치시어, 형식에 얽매인 서기관들을 삼가라는 주의를 주신다. 하지만 주님은 진실하게 드린 한 과부의 헌금에 대해 칭찬하신다.[73)]

당시 유대교의 지도자들인 종교 지도자들(제사장, 서기관, 장로, 바리새인 등)의 신앙은 이처럼 형식과 외식에 빠져 참된 믿음의 열매가 없었으므로 그리스도를 알아보지도 못하고, 예수가 전하시는 하나님 나라와 복음의 진정한 의미도 알지 못한 것을 보게 되며, 결국 저들의 이러한 영적 무지와 교만이 예수를 박해하고 죽음으로 몰고 간 결과를 낳게 되었음을 성경은 지적한다. 결국 예수님은 이런 종교 지도자들과 유대인들의 교만과 불신앙으로 인해 예루살렘 성전이 무너지게 될 것을 예고하신다.

예수님은 소위 감람산 강화를 통해서 이 재난의 징조에 대해 언급하시면서 이 날은 가장 큰 환란의 날이 될 것이라고 경고하신다. 주님은

---

73) 마 21:1-23:39; 막 11:1-12:44; 눅 19:28-21:4; 요 12:12-43.

또한 마지막 날 재림에 관한 교훈도 주시면서 '무화과나무 비유, 충성되고 지혜 있는 종 비유, 열 처녀 비유'를 통해 영적으로 항상 깨어 있어야 할 것을 교훈하시며, '달란트 비유와 양과 염소 비유'를 통해 종말의 때에 각자 맡겨진 은사대로 최선을 다해 주의 일을 잘 감당해야 함을 가르치신다.[74]

요한복음에는 특이하게 예수님의 교훈을 믿지 않는 불신 유대인들에게 마지막 날에 심판이 임하게 될 것을 설교하셨음을 언급한다.[75]

하나님 나라의 고난과 승리

예루살렘에 입성하신 예수님의 가르침은 신적인 권능의 가르침이었으며, 또한 자신의 고난과 죽음을 예견한 종말론적 교훈이었다. 이에 대한 종교 지도자들의 배척은 극에 달하여 드디어 예수님을 죽음의 자리로 몰아넣고 만다. 유월절이 다가오면서 예수님의 고난과 죽음의 그림자는 점점 짙게 드리워진다. 예수님이 베다니 시몬의 집에서 식사하실 때 한 여인이 나아와 옥합을 깨트려 순전한 나드 향유를 예수님의 발에 붓자 제자들은 이 여인을 책망한다. 하지만 예수님은 이 여인이 자신의 장례를 준비한 것이라며 오히려 칭찬하신다.[76] 이처럼 예수님의 고난을 믿음으로 준비한 사람들이 있는 반면, 사탄은 그의 하수인들을 통해 모략과 계략으로 준비한다.

유대의 대제사장들과 서기관들은 예수를 죽이기로 더욱 궁리하며

---

74) 마 24:1-25:46; 막 13:1-37; 눅 21:5-33.
75) 요 12:44-50.
76) 마 26:6-13; 막 14:3-9; 요 12:1-8.

모의하였고, 마침 사탄이 가룟 유다에게 들어가서 대제사장들에게 예수를 넘겨줄 방도를 의논함으로 유다가 그 기회를 찾게 된다.[77] 유다가 자신을 팔아넘길 것을 미리 아시고 계셨던 예수님은 제자들과 함께 있는 자신의 시간이 얼마 남지 않았음을 아시고, 제자들과 마지막 유월절 만찬을 드시면서 제자들을 축복하시고 언약의 피와 살 곧 성찬식을 제정하신다.[78]

하지만 여전히 유다를 제외한 제자들은 이때의 심각성을 깨닫지 못한 채 서로 누가 큰지에 대한 관심으로 서로 다투자,[79] 예수님은 이들의 발을 씻겨 주시면서 겸손과 희생으로 하나님 나라를 받들어야 할 것을 마지막으로 교훈하시며,[80] 고난의 때에 제자들이 모두 자신을 버릴 것이며 베드로도 주님을 부인하게 될 것을 예언하신다.[81]

주님은 제자들과 함께 겟세마네 동산에서 기도하시며 아버지의 뜻대로 이루어지기를 바라는 기도를 드리시고 내려가시다가, 대제사장들과 서기관들과 장로들에게서 파송된 자들과 유다에 의해 체포되시자 제자들이 다 예수를 버리고 도망하게 된다. 공회 앞에 선 예수에 대해 거짓 증언과 심문에 침묵하신 예수님은, 단지 자신이 그리스도이며 장차 이 땅을 심판하실 재림주이심을 증언하신다. 그러자 유대인들은 일제히 예수님을 사형에 처하도록 요구하게 되고, 이때 수제자 베드로마저 주를 모른다고 세 번 부인함으로 주님의 예언이 성취되었다. 이제 고난의 왕은 더 깊은 고난의 자리로 나아가게 된다.[82]

---

77) 마 26:1–5, 14–16; 막 14:1–2, 10–11; 눅 22:1–6; 요 11:45–53.
78) 마 26:17–30; 막 14:12–26; 눅 22:7–23; 요 13:21–30.
79) 눅 22:24–30.
80) 요 13:1–20.
81) 마 26:31–35; 막 14:27–31; 눅 22:31–34; 요 13:36–38.
82) 마 26:36–75; 막 14:32–72; 눅 22:39–71; 요 18:2–27.

유대 종교 지도자들이 임의로 주관한 종교 재판에서 예수님을 사형하기로 결정한 이들은 다시 빌라도 총독에게 넘겨 예수님은 정식 재판에 회부된다. 이때 가룟 유다는 자신의 행동을 후회하지만 때늦은 후회임을 깨닫고 은 30을 성전에 던져 놓고 자살을 택한다.[83] 빌라도의 재판정에서 사탄의 하수인인 대제사장들의 거짓된 많은 증언에도 불구하고 예수님은 침묵하시고 자신의 고난의 마지막을 담담히 준비하신다. 빌라도는 예수님이 죄 없음을 알고 놓아주려 힘쓰지만, 이미 사탄의 권능에 사로잡힌 군중은 예수를 십자가에 못 박으라고 일제히 소리 지른다. 그러자 빌라도는 무리에게 만족을 주고자 결국 예수님을 십자가형에 처한다.

형이 확증된 후에 예수님은 군인들에 의해 가시 면류관을 쓰시고 온갖 희롱을 당하시며 십자가를 지고 골고다 언덕으로 끌려가서 결국 십자가에 못 박히신다. 이 과정에서 구레네 시몬이 잠시 예수님의 십자가를 지기도 했으나, 십자가 아래의 종교 지도자들과 대부분의 유대인들은 고난의 왕 예수님을 조롱하였다. 십자가상에서 형언할 수 없는 육신의 고통과 온갖 모욕을 당하신 고난의 왕은 결국 운명하시자 성소의 휘장이 위로부터 아래로 찢어지는 일이 벌어지게 되고,[84] 이 광경을 지켜본 한 백부장은 예수님을 참 하나님의 아들로 인정하였다. 또한 여러 명의 신실한 믿음의 여인들도 멀리서 이 광경을 지켜보고 있었다.

예수님이 숨지시자, 유대의 공회원이면서 예수의 제자인 아리마대 요셉이 빌라도에게 찾아가 예수님의 시신을 받아서 세마포 옷에 싸서

---

83) 마 27:3-10.

84) 막 15:38. 예수님이 자신을 대속의 제물로 드려 단번에 이루신 새 언약의 제사(예배)는 이제 더 이상 짐승의 제물을 필요로 하지 않는다. 오직 중보자 예수님의 믿음을 통해서만 죄 용서와 함께 하나님과 화목된 구속의 은혜를 누릴 수 있게 되었다(히 7:22-10:18).

돌무덤에 장사하게 되었고, 이를 믿음의 두 여인[85]이 지켜보고 있었다.[86]

안식 후 첫날 일찍 세 여인[87]이 예수님의 몸에 향품을 바르기 위해 돌무덤으로 달려갔지만, 빈 무덤에서 만난 한 천사를 통해 예수님이 자신의 예언대로 부활하셨음을 알게 되었다. 곧이어 부활하신 예수님은 막달라 마리아에게 보이시고, 엠마오로 향하던 두 제자에게와 이후 열한 제자에게 보이시며 그들의 믿음을 더욱 견고케 하시고, 그들에게 천하에 다니며 복음을 전하며 세례를 베풀게 하는 사명을 부여하셨다. 또 이 복음을 믿은 자들에게는 귀신을 쫓아내며, 새 방언을 말하며, 어떤 독을 마실지라도 해를 받지 아니하며 병자를 고치는 은사를 주신다는 약속을 주시고, 제자들이 보는 가운데 하늘로 승천하셨다. 그리고 제자들이 주의 약속대로 두루 나가 복음을 전파할 때 주께서 (성령으로) 함께하셔서 따르는 표적과 함께 복음을 확실히 증거하게 되었다.[88]

유대인의 왕이요 온 인류의 왕 중 왕이신 예수 그리스도의 33년간의 생애는 하나님 나라를 대변하는 복음적인 삶이었다. 예수님은 제자들을 부르시고 병자와 귀신 들린 자들을 고치심으로 죄와 질병과 사망을 이기고 승리하게 될 능력의 하나님 나라의 의미를 가르치셨다. 또한 자기 자신의 인격과 삶의 모습 속에서도 성부와 교감하며 메시아로서 구원을 이루시고 완성하실 하나님 나라의 삶을 사셨다. 예수님 자신이 곧 하나님 나라였다.[89]

---

85) 막 15:47. 두 여인은 '막달라 마리아'와 '요세의 어머니 마리아'였다.
86) 마 27:1-2, 11-61; 막 15:1-47; 눅 23:1-5, 13-56; 요 18:28-19:30, 19:38-42.
87) 막 16:1. 막달라 마리아, 야고보의 어머니 마리아, 살로메.
88) 마 28:1-10, 16-20; 막 16:1-20; 눅 24:1-53; 요 20:1-23. (행 1:6-11).

하지만 예수님은 출생부터 순탄치 못했으며 공생애 기간 동안에도 내내 사탄의 계략으로 인해 고난의 연속이었다. 헤롯 왕을 통해, 유대 종교 지도자들(대제사장, 서기관, 장로, 바리새인)을 통해, 불신 유대 동족들을 통해, 빌라도와 로마 군인들을 통해 온갖 배척과 고초와 수욕을 당하셨고, 결국 십자가에 달려 죽으셨다. 그러나 놀랍게도 메시아이시고 구원의 왕이신 예수님은 당신의 언약대로 3일 만에 죽음에서 부활하시고 제자들에게 보이시며 복음 전파의 사명을 불어넣으시고, 다시 성부의 곁으로 승천하심으로 진정한 하나님나라의 왕(메시아)이셨음을 그의 복음서는 증거한다.

그리스도의 생애를 통해 세상의 왕 사탄은 왕 중 왕이신 그리스도에게 철저히 패하였고, 이후에 왕의 교회와의 싸움에서도 패하게 되어 종국에 이르게 될 마지막 심판 때에 그의 수하인 두 짐승과 함께 불못에 영원히 던져지게 되며, 새 예루살렘 교회에서의 왕국 백성들(성도)은 하늘로부터 현현하시는 하나님과 왕 중 왕 그리스도의 임마누엘을 통한 완전한 복음의 완성과 구속의 완성을 이루어, 비로소 영원한 복락을 누리게 될 것을 사도행전에서부터 요한계시록에 이르기까지 확인하게 된다.

89) F.F. 브루스, 《신약사》, 207-211.

Ⅲ. 행 · 서신서와 계시록의 내용

사도행전(Acts) : 땅 끝까지 확장되는 왕의 복음과 하나님 나라

"그들이 모였을 때에 예수께 여쭈어 이르되 주께서 이스라엘 나라를 회복하심이 이 때니이까 하니 이르시되 때와 시기는 아버지께서 자기의 권한에 두셨으니 너희가 알 바 아니요 오직 성령이 너희에게 임하시면 너희가 권능을 받고 예루살렘과 온 유대와 사마리아와 땅 끝까지 이르러 내 증인이 되리라 하시니라 이 말씀을 마치시고 그들이 보는데 올려져 가시니 구름이 그를 가리어 보이지 않게 하더라 올라가실 때에 제자들이 자세히 하늘을 쳐다보고 있는데 흰옷 입은 두 사람이 그들 곁에 서서 이르되 갈릴리 사람들아 어찌하여 서서 하늘을 쳐다보느냐 너희 가운데서 하늘로 올려지신 이 예수는 하늘로 가심을 본 그대로 오시리라 하였느니라"(행 1:6-11).

1. 정경적 배경

▶ 저자와 수신자

이미 누가복음의 배경에서 살펴보았듯이, 전통적으로 본서 역시 누가의 저작으로 간주된다. 무라토리우스 정경, 이레니우스, 터툴리안, 클레멘트, 순교자 저스틴 등이 본서를 인용하며 누가의 저작으로 말하였다. 또한 본서 곳곳에서[90] 나타나는 복수('우리')는 그가 바울의 동료임을 가리키며, 일반 다른 경우와 달리 누가복음에서와 같이 저자는 의학 용어를 전문적이고 빈번히 사용하는 점, 무엇보다 서두에서 누가복음에 이어 '데오빌로'에게 보내진[91] 서신이며, '의사이며 이방인 출신 역사가인 누가'가 저자이며, 독자는 모든 그리스도인들, 특히 데오빌로에게 쓴 것이다.

▶ 기록 연대와 장소

본서가 유대인 역사가 요세푸스에 의존한다고 주장하는 자유주의자들은 본서의 시기를 후대(1세기 말-2세기 초)로 보지만, 그 근거는 매우 희박하다. 따라서 본서는 적어도 누가복음이 기록된 이후임에는 틀림이 없으며 또한 본서에 로마 황제 네로의 핍박(A.D. 64년), 바울의 순교(A.D. 68년), 예루살렘 멸망(A.D. 70년)에 대한 언급이 없는 점으로 봐서, 본서는 대략 60년 이후에서 바울의 순교 이전(67년)에 아마 로마에서 기록되었을 것으로 본다.

▶ 주제와 특징

본서의 주제는 '땅 끝까지 확장되는 왕의 복음과 하나님 나라'이다(1:8). 또한 본서는 첫째, 1장에서 12장까지 아람어 색채가 나며 전체적으로 탁월한 헬라어로 구성되어 있다. 둘째, 신약 교회의 최초의 사건들(첫 설교, 회개, 이적, 집사들, 순교자 등)이 기록되어 있다. 셋째, '성령'이란 단어가 신약성경 중에 가장 많이 (50번 이상) 나타나고 있다. 넷째, 많은 연설과 설교들(약 12개) 모두가 '복음 증거'에 관한 것으로 구성되어 있는 것이 특징적이다.

90) 행 16:10-17, 20:5-21:18, 27:1-28:16.
91) 행 1:1.

2. 내용 전개

언약의 주요 모티브 : “(약속된) 성령” “(권능의) 증인”

약속된 성령 강림 – 왕의 복음(교회)의 원동력

사도행전 1장의 초반부는 복음서의 말미 특히 누가복음 말미의 메아리와 그 이미지를 떠올리게 한다. 사도행전에서 누가는 그의 첫째 서신(누가복음) 후반부에서 이미 예언된 예수의 승천과 성령 강림으로 이어지는 핵심적인 예수의 구속 언약의 흐름들을 생생하고도 드라마틱한 문학 기법으로 나타내 보이고 있다.

특히 누가는 본서에서 예수의 승천을 역사적인 사건으로 묘사하면서, 동시에 성령 강림 사건 역시 구속 역사의 진전과 흐름 선상에서 나타난 핵심적인 사건으로 다루고 있다. 예수의 십자가 사건 직전에 제자들에게 하신 ‘내 아버지께서 약속하신 것’[92]으로 ‘성령’ 약속은 사도행전 초반부에 와서 예수의 승천 장면과 오버랩 되어 나타나는데, ‘오직 성령이 너희에게 임하시면……’[93] 하는 약속은 결국 며칠 후에 이루어졌다. 오순절 날에 주의 약속을 간절히 믿고 마가의 다락방에 모인 120명의 사람들에게 실제적으로 그 약속된 성령이 드디어 임하게 된 것이다.[94]

특이한 점은, 오순절 성령 강림의 장면을 누가는 ‘불의 혀같이 갈라지는 것들’, ‘급하고 강한 바람 같은 소리’ 등과 같은 생동적이고도 위력적인 장면으로 묘사하고 있는데, 이는 다음과 같은 언약 신학적인

---

92) 눅 24:49.
93) 행 1:8.
94) 행 2:1-13.

중요한 의미가 있다고 보아진다.

(1) 예수의 승천 이후 구속 역사에 등장한 성령은 성부 성자와 함께, 그러나 보다 역동적인 언약의 주체로서 신약 교회를 세우시고 이끄시는 분으로, 바야흐로 왕 중 왕이신 그리스도의 교회와 복음이 이방 세계로 힘 있게 전파되는 계기가 되었음을 뜻한다.

(2) 공생애 동안 예수님이 제자들의 삶의 보증이 되셨듯이 주님의 승천 이후 이제는 성령이 신약 교회와 왕 중 왕 예수의 복음의 든든한 보증이 된 것임을 공적으로 알리는 것이다. 비록 120명 정도의 사람들로 시작된 신약 교회(왕 중 왕 예수의 언약 공동체)는 결코 연약한 것이 아니라, 오순절에 임한 강력한 성령의 보증으로 보다 파워풀한 성령 공동체로서 신약 교회의 본질적 사명인 왕의 복음을 힘 있게 세상 가운데 전파해 감을 암시해 준다.

(3) 사도행전뿐 아니라 바울 서신과 모든 서신서들에 나타난 신약 교회의 다양한 문제들과 종말의 문제들을 바로 이해하는 데 있어서 핵심 열쇠로 성령의 존재와 역할을 알린 것이다. 신약 시대 오순절에 임하신 성령은 교회의 시작부터 교회의 부흥을 직접 관여하시고, 종국에는 왕 중 왕이신 예수의 재림으로 완성될 신천신지의 새 예루살렘 교회를 통하여 교회가 누리게 될 영광스러운 완성의 자리에까지 왕의 백성들(언약 교회)을 든든하게 이끄시게 됨을 암시해 준다.

권능을 입은 왕의 증인들의 힘찬 사역 – 왕의 백성(신약 교회)의 태동, 진보, 확산

본서는 성령 강림의 생생한 약속과 함께 그것으로 인해 나타난 결과들 즉 예수의 제자들이 그 언약의 약속대로 오순절 성령을 체험하고서 그 이전과는 완전히 다른 담대하고도 강력한 복음증인으로서의 사역을 감당하는 모습들과 그로 인한 신약 교회의 부흥의 역사를 보여주고 있다. 특히 누가는 본서 서두(1:8, "오직 성령이 너희에게 임하시면 너희가 권능을 받고 예루살렘과 온 유대와 사마리아와 땅 끝까지 이르러 내 증인이 되리라 하시니라")의 진술에 근거하여 예루살렘에서부터 시작되어 땅 끝까지 진보되며 확장되는 예수의 언약 교회로서의 복음 증인의 사역을 힘있게 묘사하고 있다.

▶ 성령 강림과 신약 교회의 힘찬 출발

1장에서 8장 초반까지에는 예루살렘 지역에서의 복음 사역을 다루고 있다. 구속 언약의 중보자이신 예수 그리스도의 약속하신 성령이 예수의 승천 이후 몇 날이 못 되어 드디어 오순절 날에 임하게 되었다. 예수님의 그 약속을 의지하여 마가의 다락방에서 간절히 기도하며 기다려온 120문도에게 임하신 성령은 너무나 강력하여서 방언과 함께 이들이 낮술에 취했다는 오해를 들을 정도로 신기한 일들이 일어나게 되었고, 자신들뿐 아니라 그날 오순절을 지키기 위해 여러 지역으로부터 예루살렘으로 모였던 디아스포라 유대인들에게까지 엄청난 충격을 주게 되었고, 결국 주 예수의 복음이 각 지역으로 퍼지게 되는 계기가 되었다.[95]

95) 행 1:1-2:13; 벧전 1:1-2.

이 일을 통해 승천 직전 주 예수의 약속된 성령 세례를 받은 베드로를 비롯한 120문도는 역시 예수의 약속대로 능력을 입게 되어서 이전과는 다른 능력의 사람으로 변화되어 베드로를 비롯한 사도들의 표적과 기사로 인해 유대인들 가운데 예수를 믿는 자들이 점점 많이 생겨나게 되었다. 이로써 예루살렘 마가의 다락방에서 모인 120명으로 출발된 이들은 자연스럽게 예루살렘 지역 교회이자 모교회로서의 조직과 기능들을 서서히 갖추게 되었다.

성령 강림을 통한 엄청난 복음의 파워로 인하여 3천 명 혹은 5천 명씩 유대인들이 회개하고 교회 안으로 들어오는 큰 조직체로 불어나게 되었다. 성령의 강권적인 역사하심으로 인하여 숫자와 재정이 폭발적으로 불어나기 시작한 신약 교회는 조직과 운영의 효과적인 사역과 질서들에 대해 고민하게 되었고, 결국 교회는 순수 복음 전파(전도)의 일과 재정의 일을 구분하여서, 사도는 순수 복음 전파에 주력하게 하고 동시에 최초로 7집사를 선출하여 교회 재정을 맡기게 하였다.[96]

이로써 초기 예루살렘 교회는 이후 감독과 교사가 생겨나기까지, 사도와 집사와 일반 성도들로의 기본 조직체로 구성되었으며, 교회 형태는 주로 가정을 단위로 모였던 가정 교회와 성전이나, 보다 큰 특정 장소에서 연합으로 모였던 성전 교회의 형태로 모이게 되었다.[97] 이렇게 신약 교회의 부흥의 기초는 성령 충만하여 외친 사도들, 특히 베드로와 스데반 집사의 설교에 잘 나타나 있다. 이들의 설교의 요지는 예수 그리스도의 고난과 부활을 통한 이스라엘의 주 되심을 증거하는 것이었는데,[98] 스데반의 경우는 특이하게도 유대인의 구원

96) 행 6:1-6.
97) 행 2:46-47.
98) 행 2:14-36, 3:12-26, 4:8-12.

역사를 통한 하나님의 언약 사상에 기초한 예수 그리스도의 언약 성취를 강조하므로 유대인들의 회개를 촉구하게 되었다.[99]

그런데 신약 교회가 성령의 강력한 역사하심으로 왕성한 부흥을 이루자 동시에 어려움과 핍박도 함께 생겨났다. 아나니아와 삽비라 사건,[100] 사도들을 공격하고 위협함,[101] 스데반의 순교,[102] 사울의 등장과 교회 핍박[103] 등으로 인해 주의 제자들은 점점 다른 지역으로 흩어지기 시작한다. 하지만 그 일은 결국 주의 복음이 예루살렘을 넘어 다른 지역으로 전해지는 계기가 된다. 고난과 눈물 가운데 복음의 꽃이 피게 되는 것이 하나님의 구원 섭리임을 사도행전은 특히 보여준다.

▶ 성령과 하나님 나라의 진보

오순절 성령 강림으로 인해 성령의 능력을 입은 120명의 예루살렘 교회는 성령의 능력 가운데 언약 교회의 기초를 세우고 이제 예루살렘을 넘어서 주 예수의 복음은 유대와 사마리아 지역으로 점점 확장되어 간다.[104] 특히 스데반 집사의 순교와 사울의 큰 박해로 인해 예루살렘 교회는 사도 외에 대다수 성도들이 유대와 사마리아 땅으로 흩어지게 된다.

흩어진 성도들 가운데 빌립이 사마리아 지역에서 활발하게 주의 복음을 전하자, 귀신이 떠나가고 많은 병자들이 고침을 받게 되었고,

99) 행 7:1-60.
100) 행 5:1-11.
101) 행 5:17-42.
102) 행 7:54-60.
103) 행 8:1-3.
104) 행 8:4-12:25.

또한 마술사 시몬과 그 지역의 사람들에게 세례를 베풀게 되었다. 하지만 이들이 아직 성령을 알지 못하므로 예루살렘 교회로부터 베드로와 요한이 파송되어 두 사도의 안수로 그들이 성령을 받는다. 하지만 시몬이 악한 생각으로 돈을 주고 성령의 권능을 얻으려고 할 때, 베드로가 크게 책망하고 예루살렘으로 돌아가는 길에 사마리아의 여러 고을에 복음을 전하게 된다.[105] 또한 빌립은 가사 지역으로 내려가는 중에 예루살렘에 예배하러 왔다가 돌아가는 에티오피아 내시를 만나 그에게 이사야의 말씀을 해석해 주고 그에게 세례를 베풀었으며, 또한 아소도 지역의 여러 성에서 복음을 전하다 가이사랴에 이르게 되었다.[106]

이런 가운데 사울이 주의 성도들을 잡으러 다메섹으로 가던 중에 주의 음성을 듣고는 회심의 기적을 체험한다. 눈은 떴으나 보지 못하여 다메섹에 있던 사울은 주의 인도로 만난 아나니아를 통해 자신을 위한 주님의 계획, 곧 '사울을 이방과 임금들과 이스라엘 자손들을 위한 복음의 도구로 삼고, 그 일을 위해 고난을 받게 하실 것'을 알게 되며, 아나니아를 통해 눈도 뜨고 또 세례도 받고 강건케 되었다.[107]

개종 후 사울은 다메섹 회당에서 '예수가 하나님의 아들이시고 그리스도'라 증언하자, 당황한 유대인들은 사울을 죽이기로 공모하지만 성령의 도움으로 탈출하여, 예루살렘으로 돌아와 주의 제자들과 교제하며 담대히 복음을 변론한다. 하지만 거기서도 유대인들의 살해 음모로 인해 사울은 가이사랴를 거쳐 다소로 내려가고, 온 유대와 갈릴리와 사마리아 교회는 든든히 서 가고 더욱 부흥해 가게 되었다.[108]

---

105) 행 8:4-25.
106) 행 8:26-40.
107) 행 9:1-19.
108) 행 9:20-31.

그때 베드로가 룻다에 사는 중풍병자 애니아를 고치니 룻다와 사론 지역의 사람들이 주께 돌아오고, 또 욥바에서 병들어 죽은 여 제자 다비다를 고치매 욥바의 많은 사람들도 주를 믿게 되었다. 뿐만 아니라 가이사랴 지역의 군대 백부장이요, 경건한 믿음의 사람 고넬료가 기도 중에 베드로를 청하라는 천사의 지시로 욥바에 있는 베드로를 청하자, 베드로가 이방인 고넬료 집에서 유숙하며 '주 예수의 십자가와 부활의 복음을 전하고 죄 사함 받는 도리'를 전하자, '이방인 고넬료의 집 사람들에게도 성령이 임하였고' 또 그들에게 세례를 베풀었다.

그런데 이 일에 대해 유대 그리스도인들이 비난하자, 베드로는 예루살렘 교회에 올라가서 이 일은 성령이 보여주신 환상으로 인해 고넬료 가정을 구원하시려는 하나님의 뜻임을 변론하자, 예루살렘 교회는 이방인을 향한 하나님의 구원 계획을 수긍하게 되었다.[109]

또 그때 스데반의 순교로 흩어진 제자들이 안디옥에서 복음을 유대인과 헬라인에게 전하자, 성령의 역사로 인해 많은 회심자들을 얻게 되었다. 그러자 예루살렘 교회가 바나바를 안디옥에 보내어 더욱 권면하여 큰 무리가 주께 더해지며, 또 바나바가 사울을 안디옥에 데려와서 둘이 1년간 무리를 가르쳐서 '안디옥 그리스도인'을 탄생케 하였다. 또한 큰 흉년으로 힘들어 하는 예루살렘 교회에 부조를 보내기도 했다. 그때 헤롯 왕은 예루살렘 교회를 핍박하여 야고보를 죽이고 베드로도 잡아 옥에 가두지만 주의 천사의 인도로 감옥에서 나오게 되고, 주의 교회를 핍박하고 교만하였던 헤롯은 하나님의 징벌로 죽음을 맞는다. 하지만 하나님의 말씀은 더욱 흥왕하여 간다.[110]

109) 행 9:32–11:18.
110) 행 11:19–12:24.

▶ 성령과 하나님 나라의 확산

성령 강림으로 세워진 예루살렘 교회는 왕이신 예수의 복음을 예루살렘을 넘어 유대와 사마리아 지역까지 전파해 갔고, 특히 왕이신 주님의 강권적인 능력에 의해 이방 선교의 도구로 선택된 사울에 의해 본격적인 이방 선교가 시작되어, 1, 2, 3차 전도 여행을 통하여 결국 로마(땅 끝)에 까지 왕 중 왕의 복음이 전파되며, 그리스도의 왕국이 이방을 향해 확장됨을 보게 된다.[111)]

▶ 1차 전도 여행

신실한 주의 일꾼들이 많은 안디옥 교회는 성령이 시키시는 일(세계 선교)을 위해 바나바와 사울을 선교사로 파송한다. 두 사람은 마가 요한을 수행원으로 데리고서 실루기아를 거쳐 구브로의 살라미에서 복음을 전하고, 바보에서는 마술사 바예수(엘루마)를 만나 바울이 크게 꾸짖고 이적을 통해 그의 눈을 멀게 하자, 이를 본 총독 서기오가 놀라서 주를 믿게 되었다.

비시디아 안디옥의 회당에서 '다윗의 후손이신 예수 그리스도가 구주이시며, 그리스도를 믿어 죄 용서함을 받으라'는 복음을 전하자, 많은 자들이 기쁨으로 주의 도를 따랐지만, 회당의 지도자들이 바울 일행을 박해하고 그 지역에서 쫓아내니 그들이 이고니온으로 간다. 하지만 제자들은 그리스도의 복음이 전파되는 것으로 인해 기쁨과 성령이 충만하였다. 이고니온에서도 두 사도가 담대히 주의 복음을 전하고 표적과 기사를 행하자, 유대와 헬라의 많은 무리가 믿게 되었지만 또한 유대인 대적자들의 박해로 인해 루스드라와 더베 근방으로

111) 행 13-28장.

건너가게 되었고, 루스드라에서는 걷지 못하는 자를 고쳐주자 이로 인해 바나바와 바울을 신처럼 대우하려 했지만 이를 제지하였다.

또한 안디옥과 이고니온에서 온 유대인들이 루스드라의 무리를 충동하여 바울을 돌로 치고 그 일행을 핍박하였지만 바울 일행은 복음으로 그 성의 많은 자들을 제자 삼고 다시 첫 출발지인 안디옥으로 돌아와서 교회 앞에서 제1차 전도 여행 보고, 즉 '하나님이 행하신 일들과 이방인들이 믿음의 문을 열게 된 일들'에 대하여 보고를 하게 되었다.[112] 다메섹 도상의 그리스도의 예언처럼, 성령의 역사로 복음이 아시아 지역으로 힘 있게 확장되어 가지만, 바울은 유대인 대적자로 인한 많은 고난을 감당하게 됨을 목격한다. 하지만 왕의 복음이 승리하고 왕국은 퍼져 간다.

▶ 예루살렘 공의회

어떤 유대 그리스도인이 안디옥에 와서 할례를 받아야만 구원 얻는다고 가르치게 됨으로 바울과 바나바 일행과 논쟁이 생기자, 예루살렘 공회가 소집된다. 이때 베드로가 이방인 그리스도인에게 할례의 무효를 변론하며, 바나바와 바울도 자기들로 인하여 이방인 가운데 행하신 하나님의 표적과 기사를 말하니, 예루살렘 교회의 지도자 야고보가 최종 변론하여 이방인들에게 할례를 시행하지 말며, 다만 우상 숭배와 음행과 목매어 죽인 것과 피를 멀리하게 할 것을 결정하고 이를 안디옥에 편지를 부치되, 안디옥 교회는 공의회의 결정으로 인해 위로받고 기뻐하게 되었다.[113] 왕의 교회가 든든히 서고 왕의 믿음의 복음이 율법에 대해 승리하게 되었다.

---

112) 행 13:1-14:28. 바울 일행의 1차 전도 여행.
113) 행 15:1-35.

▶ 2차 전도 여행

공의회가 마친 후 바나바와 바울은 2차 전도 여행을 가기로 정하지만, 마가 요한의 문제로 다투다가 바나바는 마가를 데리고 구브로로 갔고, 바울은 실라를 데리고 수리아와 길리기아로 다니며 주의 교회들을 견고하게 하였다. 바울은 또한 더베와 루스드라에 이르러 디모데를 제자로 데리고 가면서 여러 지역 교회들에게 공의회의 규례를 지키게 하여 그들의 믿음이 더 굳건해지며 부흥되었다.

그러나 성령이 바울에게 아시아에서 말씀을 전하지 못하게 하여 일행이 비두니아로 가지 못하고 드로아로 내려갔는데, 밤에 마게도냐인의 환상을 보고 하나님의 뜻으로 알고 마게도냐로 건너간다. 바울은 마게도냐의 첫 성 빌립보에서 자색 옷감 장수 루디아를 만나 그녀의 모든 식구들에게 세례를 주며, 또한 귀신 들린 한 여인을 고쳐준 일로 감옥에 갇히지만, 감옥 문을 여신 하나님의 기적을 통하여 간수와 가족이 하나님을 믿게 되었다.

데살로니가의 유대 회당에서는 '예수가 그리스도'라는 복음을 전하자 경건한 헬라인과 귀부인들은 바울 일행을 따르나 유대인들은 시기하여 바울을 잡으려 했으나 잡지 못하고, 대신 야손을 붙잡고 심문 중에 "예수가 왕이다"는 바울의 전도 내용이 드러나자 그 지역이 놀라게 된다. 베뢰아 지역에서의 전도는 호의적이어서 믿는 자가 많고 또 헬라의 귀부인과 남자도 적지 않았다. 철학이 발달한 도시인 아덴에서 바울은 에피쿠로스와 스토아 철학자들과도 쟁론하며 전도와 설교로 예수와 부활을 전하였으나, 그들의 지적 교만으로 적은 수의 제자만 얻게 된다. 그 후에 바울이 고린도에서 브리스길라와 아굴라를 만나 같이 천막 짓는 일에 종사하면서, 안식일마다 회당에서 강론하여 유대인과 헬라인을 권면하며 예수는 그리스도라 증언하였다.

또 회당장 그리스보가 온 집안과 더불어 주를 믿고 수많은 고린도 사람이 믿어 세례를 받던 중, 밤에 "두려워 말며 담대히 복음을 전하라. 이 성에 내 백성이 많음이다"라고 말씀하시는 주의 환상을 보고 1년 6개월을 머물며 복음을 가르친다. 유대인들이 바울을 대적하여 아가야 지방 총독 갈리오에게 끌고가 그를 법정에 세웠으나, 중립인 갈리오는 오히려 유대인들을 법정에서 쫓아낸다. 이후에 바울은 브리스길라와 아굴라와 함께 떠나 에베소에서 그들을 머물게 하고 다시 여러 지역을 돌며 제자들을 굳건하게 하고 다시 안디옥으로 돌아온다.

2차 전도 여행은 1차 때보다 더 멀리 왕의 복음을 전파하므로, 그리스도의 왕국이 고린도에까지 확장됨을 본다.[114] 하지만 다메섹 도상의 주님의 예언과 같이, 바울은 여전히 유대인 대적자들로 인해 많은 핍박과 고초를 당하게 되었고 그 고난은 3차 전도 여행을 지나 로마로 이어진다.

▶ 3차 전도 여행

2차 전도 여행을 마친 지 얼마 안 되어 바울은 다시 3차 전도 여행을 떠난다. 갈라디아, 브루기아를 돌며 모든 제자를 굳건히 할 때, 알렉산드리아 출신 아볼로가 에베소에 이르러 능통한 성경과 탁월한 언변으로 예수의 복음을 가르치나 요한의 세례만 아는 그에게 브리스길라와 아굴라가 듣고 하나님의 도를 더 정확히 풀어 이르게 되었다. 이에 아가야로 건너간 아볼로는 공중 앞에서 예수가 그리스도임을 증거함으로 유대인의 말을 이긴다. 아볼로가 고린도에 있을 때, 바울은 에베소에 와서 요한의 세례만 아는 제자들을 만나 주 예수의 이름으로

114) 행 15:36-18:22. 바울의 2차 전도 여행(실라와 디모데와 동행. 고린도에서 브리스길라와 아굴라 만남).

성령의 세례를 경험케 되었다.

바울은 에베소의 회당에서 석 달간 그리고 두란노 서원에서 날마다 말씀을 강론하기를 2년간 했는데, 아시아의 유대인이나 헬라인들이 다 주의 말씀을 듣게 되었다. 또한 바울에게 병도 떠나고 악귀도 떠나는 놀라운 능력으로 인해 믿는 자들이 많아지게 되었고, 또 마술을 행하는 많은 사람들의 책을 불살랐으니, 참 왕이신 그리스도의 말씀이 힘이 있어 흥왕하여 세력을 얻게 되었다. 이 일 후 바울은 로마로 가기로 결심하고는 미리 디모데와 에라스도를 마게도냐로 보낸다.

그런데 에베소에 아데미 신상 모형을 만드는 은장색 데메드리오가 자신의 생업에 지장이 초래되자 직공들을 충동하여 에베소 시를 크게 소란케 하고, 또 가이오와 아리스다고도 붙들렸지만 서기장의 지혜로 무리가 진정되었다. 소요 후에 바울은 제자들과 작별하고 마게도냐와 헬라로 돌면서 제자들을 복음으로 권하고, 다시 드로아로 가서 강론하던 중 난간에서 떨어진 유두고를 살려낸다. 이후 바울 일행은 오순절 안에 예루살렘에 이르려고 아시아에서 지체치 않고 급히 진행하였다.

그리고 밀레도에서 에베소 장로들을 청하여 그 유명한 고별 설교, 그 눈물의 이별을 고한다. 3년간 남다른 애정으로 그들을 복음으로 양육한 바울은 이제 성령에 매여 로마로 가기 위하여 먼저 예루살렘으로 가면서 어떤 일이 벌어질지 모르는 가운데 마지막 이별을 고하며, 사나운 이리들로부터 하나님이 자기 피로 사신 그리스도(왕)의 교회를 잘 지킬 것을 장로들에게 당부하고 떠난다.

밀레도를 떠난 바울 일행은 여러 지역을 지나 예루살렘으로 오는 중에 여러 사람들이 바울에게 예루살렘으로 가지 말 것을 권하지만, 이미 예루살렘에서 죽을 각오를 한 바울은 그 권고를 듣지 않고 결국 예루살렘에 도착한다.[115)]

3차 전도 여행으로 주의 교회는 더욱 굳건해졌지만, 바울은 그 어느 때보다 가장 힘든 복음의 대적자들로 인해 많은 고초를 당한다. 그러나 성령의 뜻과 왕의 뜻은 그를 예루살렘을 거쳐 로마에까지 가게 하여 순교하게 하는 것이다. 하지만 그 순교자의 피 위에 언약 교회는 더욱 든든히 세워지고, 왕의 나라는 세계를 향해 더욱 뻗어가게 하는 것이 왕의 뜻임을 바울은 잘 알고 있었기에 기꺼이 순종하는 모습을 보게 된다.

▶ 로마에로의 전도 여행

예루살렘으로 돌아온 바울은 야고보를 방문하는 가운데, 그동안 선교지에서 있었던 하나님의 놀라운 역사로 인하여 이방인들에게 복음의 놀라운 진보와 확산을 가져왔음을 나누게 되자, 야고보와 장로들은 하나님께 영광을 돌리게 된다. 하지만 그것은 또 다른 염려를 가져온 것이다. 바울이 선교지에서 유대 그리스도인들에게 전한 왕의 복음은 유대의 율법과 전통에 대한 심각한 도전이었고, 그것이 현재 예루살렘에 있는 유대인들을 격동케 하였기 때문에 바울을 위하여 미리 준비한 네 사람을 통하여 결례 예식을 행할 것을 제안한다.

하지만 아시아에서 올라온 유대인들로 인해 선교지에서 행한 바울의 유대-적대적 행동에 대해 고자질하게 되고, 흥분한 유대인들이 소요를 일으켜 바울을 붙잡아 죽이려고 하자, 예루살렘에 파견된 로마 천부장이 군인들을 데리고 가서 소요를 진압하고 바울을 영내로 데려오려 한다. 그런 중에 바울의 부탁으로 천부장의 허락을 받아 자신의 변론을 유대인들에게 하게 된다. 바울은 자신의 출신 배경과 다메섹에

115) 행 18:23-21:16.

서의 회심을 비롯한 왕의 복음을 사실에 근거하여 전하지만, 유대인들은 소동케 되고, 천부장은 유대인들이 왜 바울을 고발하는지 진상을 알고자 제사장들과 온 공회를 소집하여, 공회 앞에 바울을 세워 변론케 한다. 변론 중 부활에 관한 증언으로 바리새인과 사두개인 사이에 분쟁이 나자 천부장은 바울을 보호하여 영내로 데려간다.[116)]

그날 밤 왕 중 왕 주님이 바울에게 나타나 '담대하라. 네가 예루살렘에서 나의 일을 증언한 것같이 로마에서도 증언하여야 하리라'[117)]는 격려와 함께 순교의 사명을 부여한다. 날이 새자 바울을 죽이기로 작정한 40명이 천부장에게 바울을 넘겨받아 죽이기로 모의하였지만, 바울의 생질에 의해 그 사실이 천부장에게 알려져서 천부장은 자신의 책임을 면하기 위해 밤에 몰래 바울을 가이사랴에 있는 벨릭스 총독에게로 이송한다.

벨릭스 총독은 바울이 길리기아 사람인 줄 알고 유대인들보다 호의적으로 대한다. 닷새 후 대제사장과 유대 변호인 더둘로의 고발로 재판이 열려 바울이 유대 신앙을 어지럽게 하였다는 고발 건에 대해 바울이 조목조목 그것이 틀렸음을 반박하니, 총독이 재판을 연기하고 또 자유가 허용된 구금을 한다. 하지만 총독은 유대인의 환심을 사고 또 바울에게도 뇌물을 받고자 하여 2년간 바울을 구금하다가 결국 베스도가 후임으로 오게 된다. 유대인들은 새로 부임한 베스도에게 다시 바울을 고발하지만 뚜렷한 증거를 제시하지 못하고, 바울은 로마 황제 가이사 앞에서 재판을 받겠다고 상소를 청한다.

바울은 아그립바 왕과 버니게와 총독 앞에서도 당당히 복음을 변론

---

116) 행 21:17-23:10.

117) 행 23:11. 이 말씀은 다메섹에 나타나서 아나니아를 통해 이르신 바울을 향한 주님(왕)의 계획(뜻)과 일치하며, 더 구체적으로 밝혀졌다(행 9:15-16).

하는 가운데 특히 다메섹에서의 회심을 통해 역사하신 왕 중 왕 그리스도의 복음을 핵심적으로 변론하자, 그들은 바울이 사형에 해당되는 죄목이 없음을 인정하면서도 결국 그를 로마로 압송한다.118)

바울은 먼저 백부장 율리오의 배에 탔다가 다시 알렉산드리아 배를 갈아타고 항해하던 중, 그레데 해변 근처에서 유라굴로 광풍을 만나서 배에 탄 모든 자들이 여러 날 힘든 고생을 한다. 하지만 하나님의 사자가 바울에게 나타나 '바울아, 두려워 말라, 네가 가이사 앞에 서야 하리라'는 말씀으로 확신과 격려를 준다. 광풍으로 죽지 않고, 하나님의 사명을 감당하게 될 확신으로 인해 하나님은 그 배를 파선케 하시고, 멜리데 섬에 구조되어 그 섬에서 바울이 행한 기적으로 섬의 병자들을 고치고 또 후한 대접을 받고 섬을 떠나게 된다.

알렉산드리아 배를 수리하여 그 배로 여러 지역을 거쳐 드디어 로마로 가게 되고, 거기서 믿음의 형제들의 영접을 받고서 바울은 하나님께 감사하고 담대한 용기를 얻게 된다. 로마에서 바울은 유대인들에게 예루살렘에서의 사건을 변론하고, 또 그에게 찾아오는 자들에게 하나님 나라를 전파하며 왕 중 왕이신 예수에 관한 모든 것을 담대히 증거하였다.119)

이로써 '바울을 택하시어 이방의 선교 도구로 삼으시고 또한 이 일을 위해 그가 엄청난 고난과 핍박을 받게 될 것'이라는 왕의 예언이 실현을 보게 되어, 세상 황제가 있는 로마에서 왕 중 왕이신 그리스도

---

118) 행 23:11–26:32.

119) 행 27:1–28:31. 이후에 바울은 2년 후 감옥에서 풀려나 스페인 지역으로 전도하다가 64년 7월 네로가 주도한 로마 대화재로 인해 시작된 기독교 핍박의 징조가 거세지는 가운데, 아마 66년경 스페인 전도를 마치고 소아시아로 돌아와 그의 대적자들의 신고로 드로아에서 체포당하여 다시 2차 로마 감옥에 투옥되어(딤후 4장), 네로 황제가 죽기(68년 가을) 직전인 68년 봄에 순교한 것으로 짐작된다.

의 복음이 승리를 거두어 왕의 왕국이 세계로 넓어지고, 그리스도의 생명 구원의 복음이 땅 끝까지 증거되어 온 세상을 복음으로 통치해 나가게 되었다.

3. 사도행전의 구조

왕국(교회)의 태동–예루살렘에서 선포되는 왕의 복음(1장–8:3)

1:1–2:47 교회의 태동

3:1–8:3 교회의 능력과 핍박당함

- 3:1–5:16 베드로와 사도들의 표적과 기사
- 5:17–7:60 사도들의 핍박과 스데반의 순교
- 8:1–8:3 사울의 등장과 흩어지는 교회

왕국(교회)의 진보–유대와 사마리아로 뻗어가는 왕의 복음(8:4–12장)

8:4–8:40 빌립의 증거(사마리아, 에티오피아 내시)

9:1–9:31 사울의 개종(유대와 사마리아 지역 교회 부흥)

9:32–11:18 베드로의 증거(룻다, 욥바, 가이사랴에서)

11:19–12:25 초대 교회의 증거(안디옥 교회 설립, 부흥)

왕국(교회)의 확산–땅 끝까지 증거되는 왕의 복음(13–28장)

13:1–14:28 바울의 1차 전도 여행
구브로, 이고니온, 루스드라 등에서 증거

15:1–15:35 예루살렘 공의회

- 15:1–21 이방인의 율법 준수 논쟁과 베드로의 설교

15:22-35 공회의 편지를 안디옥에 보고

15:36-18:22　바울의 2차 전도 여행

15:36-15:41　마가 요한에 대한 다툼

16:1-18:22　빌립보, 데살로니가, 고린도 등에서 증거

18:23-21:16　바울의 3차 전도 여행

18:23-19:41　갈라디아, 브루기아, 에베소에서 증거

20:1-21:16　마게도냐, 드로아, 밀레도 등에서 증거

21:17-28:31　바울의 로마에로의 여행

21:17-26:32　예루살렘과 가이사랴에서 증거

27:1-28:31　로마에서 증거

로마서(Romans)

믿음으로 구원에 이르게 하는 왕의 복음

1. 정경적 배경

▶ 저자와 수신자

바우어 등 급진 비평학자들은 바울 자신이 방문한 적이 없던 도시에 살던 사람들의 이름을 거명한 점이나 본서의 15장과 16장이 일부 사본들에서 빠진 점 등을 들어서 바울의 저작을 의심하였으나, 일찍이 로마의 클레멘트 등의 초대 교부들은 자신들의 저서에 로마서를 인용하였고 심지어 말시온과 무라토리우스 정경도 본서를 바울의 저작으로 인정하며, 내증으로도 바울 자신이 저자임을 직접 밝히고 있다.[120)]

내용에서도 다른 서신서들과의 관련성이나 신학의 일치 등을 보아서 바울이 저자임에 분명하다. 본서는 사도 바울에 의해 당시 유대인들과 다수의 이방인들로 구성된 로마에 있는 모든 그리스도인들에게 보내졌다.

▶ 기록 연대와 장소

고린도전서 후반부와 고린도후서 8-9장에는 당시 가난한 성도들을 위한 헌금이 모아지고 있었기에 바울은 그 헌금을 예루살렘에 전해주려 하였으며, 또한 바울이 약 3개월간 고린도에 머물렀다는 점(행

---

120) 롬 1:1, "예수 그리스도의 종 바울은 사도로 부르심을 받아 하나님의 복음을 위하여 택정함을 입었으니."

20:3-) 등을 토대로, 본서는 바울이 3차 전도 여행이 마칠 무렵이며 고린도후서가 쓰인 3개월 후인 A.D. 57년경에 기록된 것으로 보인다. 이 편지는 로마에 전달해 줄 사람으로 겐그레아(고린도 항구 도시) 교회의 여 집사 뵈뵈[121]를 추천한 점으로 보아서 고린도에서 기록된 것으로 보인다.

▶ 주제와 목적

본서의 주제는 '믿음으로 구원에 이르게 하는 왕의 복음'이다. 바울은 당시 세계 선교의 거점인 로마 교회의 구성원들인 유대인들과 이방인들에게 하나님의 의의 구원(1-11장)을 통해 복음 안에서 서로 조화로운 삶을 살도록(12-16장) 격려하기 위해 썼다. 그것은 그들이 참 구원의 믿음과 확신을 가지며 주님의 한 몸으로 서 가도록 하기 위함이었다.

▶ 특징

1. 로마서는 바울의 가장 긴 작품이며, 다른 서신들에게 예수 그리스도를 통한 이신칭의의 교리적 토대를 제공해 주는 최고의 서신서이다.
2. 죄와 구원관에 있어서 가장 신학적이고 체계적인 소개와 확증을 제공해 준다.
3. 도입부에서 바울 자신의 긴 소개는 아마 로마 교인들에게 얼굴로 낯설었기 때문이었을 것이다.
4. 내용 전개에서 편지라기보다 논문 형식의 논쟁 형태를 취하고 있다.

---

121) 롬 16:1.

2. 내용 전개

언약의 주요 모티브

: 복음, 믿음, 인간의 불의, 하나님의 의

불의한 죄인들에게 선포된 하나님의 의(1:1-3:20) : 죄(자신과의 관계)

인간의 불의 - 불신, 심판 / 하나님의 의 - 이신칭의, 생명

바울은 로마서에서 신약 교회의 복음의 핵심을 선포한다. 그것은 이미 구약 때부터 약속된 것으로, 비록 그들의 악한 죄로 인하여 심판 받아야 할 불의한 죄인일지라도 하나님의 아들 예수를 그리스도로 믿는 믿음으로 살게 되고, 의롭게 되는(이신칭의) 구원의 진리이다. 바울은 이러한 불의한 죄인의 구원에 관한 복된 소식의 핵심을 서신서 초반부인 1장에서 3장 20절에서 제시하면서, 결론 부분[122]을 앞에 두고 설명 부분[123]이 뒤에 따라 나온 것은 논리상 앞에 놓인 결론을 강조하고자 한 것으로 보인다. 이것은 이 서신의 주제가 내용상 논리의 설명이나 해설이 아닌 하나님의 일방적인 선포임을 강조한 것이다.

약속된 복음(하나님의 아들, 왕 중 왕 예수 그리스도) : 바울은 이 서신에서 그가 말하고자 하는 복음에 대한 내용을 점층법을 사용해서 강조하고 있다. 먼저 복음이란 '하나님이 구약의 선지자들을 통하여 그의 아들에 관하여 성경에 미리 약속하신 것'[124]이며, 이러한 복음의 역사성 가운데 놓인 핵심 인물인 '그의 아들'의 존재는, "육신으로는 다윗

---

122) 롬 1:1-17.
123) 롬 1:18-3:20.
124) 롬 1:2.

의 혈통으로, 성결의 영으로는 죽은 자들 가운데서 부활하신 능력으로 하나님의 아들로 인정되신 주 예수 그리스도"[125]라고 밝힌다. 그러면서 바울은 로마 교회를 향하여 이 하나님의 아들 예수를 믿음으로 순종할 것을 권고하면서, 이는 너희(로마 교회)가 바로 그 예수 그리스도의 소유로 부르심을 받았기 때문임을 강조한다.

결국 복음은 관계에 대한 바른 인식과 믿음과 순종의 결과로 주어지는 것임을 말하고자 한 것이다. 결론적으로 바울이 이 복음을 부끄러워하지 않고 지금까지 사도의 직분을 잘 감당하는 이유는 '복음이 모든 믿는 자에게 구원을 주시는 하나님의 능력이 되기 때문'[126]이므로, 이 복음에 나타난 하나님의 의, 즉 하나님의 아들 부활의 주 예수 그리스도를 오직 믿음으로 인해 살게 되고, 의롭게 된다[127]는 결론인 것이다.

불의한 인간 : 바울은 이처럼 복음에는 하나님의 아들 예수를 믿음으로 사람을 살게 하는 능력의 의(하나님의 의)가 나타나 있지만, 그러나 인간은 도무지 의로운 것이라고는 조금도 찾아볼 수 없기에 하나님의 심판에 이르게 됨을 대조적으로 보여준다. 중요한 것은, 이러한 모습이 하나님을 믿는다고 말하는 유대인이나 하나님을 모르는 이방인이나 본질적으로 똑같다는 것이다.

이방인의 경우, 하나님을 알지만 하나님을 믿지 않고 온갖 불의와 죄악으로 하나님의 심판 아래 있으며,[128] 유대인의 경우 역시 자랑할 것이 도무지 없는 것은 유대 율법이나 할례가 사람을 의롭게 하지

125) 롬 1:3-4.
126) 롬 1:16.
127) 롬 1:17.
128) 롬 1:18-32.

못하기 때문이다.[129] 결국 유대인이나 이방인이나 모두가 하나님 앞에서 죄 아래와 심판 아래 있는 것은,[130] 율법의 행위로는 의롭게 되지 못하고, 다만 죄를 깨달을 뿐인 것이다.[131]

의의 적용(3:21-11:36) : 구원론[하나님과의 관계]

바울은 로마서 초반부에서 복음의 핵심, 즉 이신칭의의 진리를 선포하고는 그것을 가지고 다음 단계인 3장 21절부터 11장에서는 의(의인)의 적용 단계로서, 불의한 인간이 어떻게 해서 구원받게 되며, 또 하나님과 의의 관계가 되는지를 구원론에 입각하여 로마서 초반부보다 좀 더 구체적이고 발전적인 형식으로 나타내 보여주고 있다.

바울은 인간 구원의 적용 단계를 설명하는 데 있어서, 먼저 유대인들의 조상이요 믿음의 조상인 아브라함의 경우를 예로 들면서, 사람이 의로워지는 것은 유대인들이 신봉하는 율법이나 인간의 유전을 지키고 행함으로 의로워지는 것이 아니라, 아브라함처럼 오직 믿음으로 의로워진다는 진리를 인물 예화를 들어서 생생하게 교훈한다.[132]

바울은 이것을 5장에서부터 8장에서 더욱 핵심적인 교훈으로 발전시키고 있는데, 즉 믿음으로 의로워지는 구체적이고 핵심적인 이유는 오직 예수 그리스도 안에서 주어지는 믿음으로 인한 하나님과의 의의 관계인 것이다. 불의한 인간은 연약하고 악하여 스스로는 결코 의로울 수 없고 오직 예수를 믿음으로 의롭게 된다. 즉 구약부터 약속하신 하나님의 복음(하나님의 아들, 부활하신 능력의 예수 그리스도)을 믿음으로

129) 롬 2:17-29.
130) 롬 3:9-18.
131) 롬 3:19-20.
132) 롬 4:1-25.

인하여(이신칭의) 하나님과 새로운 관계, 즉 의의 관계가 되었다.

바울은 의의 적용 단계에서도 역시 로마서 초반부에서처럼 인간의 죄와 하나님의 은혜의 관계와 그 결과에 대해 대조적으로 보여줌으로 '하나님의 은혜의 구원'을 강조하고 있다. 인간의 죄와 불의로 인한 율법의 판단과 정죄(심판)는 죽음과 사망이지만,[133] 그러나 복음의 핵심인 하나님의 아들 예수 그리스도 안에서는 하나님과 화평의 관계,[134] 생명과 성령의 관계[135]로서 예수 그리스도에 의해 구원받은 새로운 생명과 영적인 관계가 되었다. 여기서의 핵심 역시 '언약의 중보자 예수 그리스도'임을 알 수 있다.

바울은 앞에서 언약의 중보자요 언약 복음의 중심인 예수 그리스도를 핵심으로 기초한 이신칭의 구원관의 세 번째 단계(9-11장)에서는 이제 개인의 경우를 넘어서 이스라엘 전체의 경우를 예로 들고 있다. 과거 이스라엘의 조상들은 하나님의 영광과 언약과 약속들을 받았었고, 육신으로도 그리스도가 나신 축복받은 민족인 것은 분명하다. 그런데 과거 이스라엘의 모든 영광과 축복은 토기장이처럼 하나님의 일방적이고 주권적인 선택하심에 기인한 것이었지만, 그 이스라엘이 의의 법에 도달하지 못한 것은 행위를 의지함으로써 복음(예수 그리스도)의 믿음으로 온전히 의의 법을 좇지 않았기 때문이었다.[136]

하나님은 과거 이스라엘을 하나님의 주권적인 은혜로 선택하셨지만, 그러나 현재 이스라엘은 자신들의 비신앙으로 그리스도를 믿지 못하고 선지자와 사도들을 통한 그리스도의 복음을 거부하는 현재의 불신앙과 불의의 모습이지만, 그럼에도 불구하고 하나님은 그 배신의

133) 롬 5:12-7:25.
134) 롬 5:1-11.
135) 롬 8:1-39.
136) 롬 9:1-33.

이스라엘에 대해 끝까지 사랑의 손을 놓지 못하시는 분이시다.[137)]

결국 하나님은 미래 이스라엘을 다시금 회복시키실 것을 약속하고 있다. 현재 이스라엘의 불신앙으로 인한 징계 가운데도 믿음에 선 남은 자들(감람나무에 접붙여 있는 자들)을 통하여 하나님은 미래에 반드시 그들을 다시 일으켜 세우시고 하나님 자신의 구원 역사를 완성하시게 될 것을 약속하신다.[138)]

여기서의 강조는 하나님의 신실하신 사랑의 언약과 예수 그리스도의 언약의 중보 사역의 실효성을 강조한 것이다. 비록 현재 이스라엘은 그들의 불의함과 불신앙으로 의롭지 못하고 완전치 못하지만, 하나님은 자기 백성을 끝까지 사랑하시는 자신의 신실하신 언약의 약속과 하나님의 아들 예수 그리스도로 인한 십자가 대속의 완전한 구원 사역에 의해 하나님의 때에 반드시 그들을 구원하시게 될 것을 강조한 것이다.

의의 확대 적용(12-16장) : 성화[교회와 세상과 이웃과의 관계]

불의한 인간이 구원받게 되고 하나님과도 의의 관계가 되는 길은 오직 복음(언약의 주 예수 그리스도)을 믿음으로만이(이신칭의) 가능하다. 이렇게 이신칭의로 인해 하나님과 의의 관계로 변화된 자는 또한 나아가서 언약 공동체와 세상과 이웃과의 관계에 있어서도 보다 적극적인 의의 관계로 살아야 함을 바울은 로마서 12장 이후에서 밝히고 있다.

바울은 앞부분에서 이신칭의로 인한 구원론을 말했다면, 여기서는 이신칭의로 인한 성화론을 말하고 있다. 이 부분에 있어서 핵심적인

137) 롬 10장.
138) 롬 11장.

내용 역시 단지 단편적인 사건이나 내용들이 아니라, 언약의 주 예수 그리스도의 성화의 모범이 핵심이다. 구원론의 핵심에 있어서도, 불의한 사람이 그의 행위로 의롭게 되는 것이 아니라, 오직 언약의 주 예수 그리스도를 믿음으로 의롭게 되고 구원받게 되는 것처럼, 성화론에서도 마찬가지 원리이다.

신약 성도와 교회의 성화의 의미는 단지 성도 그 개인의 도덕적이고 선한 삶에 의해 성화의 진정한 의미가 주어지는 것이 아니다. 우리를 위하여 희생하시고 섬기시고 대속의 죽음으로까지 끝까지 사랑하심으로 악을 이기신 예수 그리스도, 언약의 주님의 진정한 성화의 모범이 우리가 본받고 나아가야 할 참된 성화의 기초가 되는 것이다. 바울은 그의 서신에서 중요한 것을 강조할 때 즐겨 사용한 대조법을 이용해서 이것을 밝히고 있다. 12장과 13장에서 바울은 이신칭의의 성도가 먼저 신앙 공동체와의 관계에 있어서 중요한 성화의 요소들을 밝히면서 그것은 바로 예배와 사랑과 섬김과 순종 등이라고 말하고 있다.[139)]

이것은 단순히 형식적인 예배나 인간 중심적인 교회의 행사가 아닌 것이다. 여기서의 핵심은 신약 시대 교회의 구성원들이 공동체 안에서의 예배와 섬김의 모든 것들은 예수 그리스도로 인해 주어진 의인들의 성화의 표현이라는 사실이며, 그것의 기초는 오직 그리스도 안에서만이 주어지게 된다.[140)] 예수 그리스도로 인해 의인 된 신약 교회는 예수 그리스도 안에서 한 몸이 되어 서로 섬기고 사랑하며 하나님께 예배하는 그리스도의 지체인 것이다. 뿐만 아니라, 가까운 이웃과의 성화의 관계에 있어서 역시 사랑의 요소가 가장 중요함을 말하고 있다.[141)]

---

139) 롬 12:3-13.
140) 롬 12:4-5.

이웃에게 악을 행치 아니하고 이웃을 위한 진정한 이타적 사랑은 오직 예수 그리스도에 의해 참으로 구현되었다. 하늘의 왕좌를 포기하고서 자기 몸을 버리시기까지 다른 사람을 살리신 예수 그리스도의 이타적인 사랑이야말로 이웃 사랑의 절대적인 모범이 아닐 수 없다.

다음으로 바울은 비신앙 공동체와의 관계에 대해서 조언한다. 비신앙 공동체는 하나님 신앙이 주체가 되지 못하고 세상에 뿌리를 두는 곳이기 때문에 그들은 근본적으로 악한 집단들이다. 그들은 우리 기독교와 교회에 대해서 언제든지 핍박과 위해를 가하며 악하게 행사한다. 그러면 이신칭의의 복음으로 무장한 신약 성도와 교회는 그러한 비신앙적인 악한 세력에 대해 어떻게 대처해야 하는가! 바울은 본서에서 강조하기를 그러한 악한 세상의 핍박자들과 권세자들과의 관계에 대해서, '악에게지지 말고 선으로 악을 이기며, 세상 권세자들에게 선을 행하고 복종하라'고 가르친다.[142)]

이신칭의로 변화된 의인들, 믿음의 사람들의 삶은 세상인 들과 분명하게 다르고 차원 높은 성화의 삶인 것이다. 설사 세상의 악인들이 나(우리)에게 악하게 대할지라도 우리는 그들을 악으로 되갚아 주어서는 안 된다. 자기를 욕하고 핍박하는 자들을 위해 도리어 기도해 주시며 사랑으로 대해 주신 선하신 예수 그리스도를 언약의 주로 믿고 따름으로 의인이 된 신약 교회는 주님의 선하심을 본받아 악인들과 핍박자들에게조차 선을 행하게 될 때 진정한 성화가 이루어지게 되고 이것이 그리스도를 따르는 그리스도인들이 세상의 악인들과 핍박자들과 권세자들에게 취할 성화의 태도인 것이다.

특이한 점은 이 구성의 앞[143)]과 뒤[144)]에서 각각 악한 시대 징조

141) 롬 13:8-10.
142) 롬 12:14-13:7.

속에서 영적인 각성의 필요를 강조한 점은, 그만큼 현재적 성화의 삶이 신약 교회의 삶과 위치에 있어서 중요하게 취급되어져야 함을 일깨워 주는 경종의 역할을 한다.

바울은 14장부터 15장 13절까지 성화론 부분의 결론이자, 나아가 구원론과 성화론 전체의 결론을 내린다. 그것은 믿음이 있고 또 믿음이 강한 자들이, 믿음이 연약한 자들에게 나타나는 여러 가지 문제들을 어떻게 대처해야 하는가 라는 실제적이고 결론적인 부분이다. 당시 교회 공동체 안에 들어온 신앙인들 가운데 아직 믿음의 초보 상태에 있기 때문에 유대의 관습이나 전통에 따라 어떤 날을 중히 여기거나 혹은 음식이나 식물의 먹는 문제로 인해 서로 판단하며 거치게 되는 일들이 있었다.

이에 대한 바울의 대답은 앞부분의 경우와 같은 맥락에서 해결을 제시한다. 즉 믿음이 강한 너희들은 믿음이 연약한 자들을 비판하거나 정죄하지 말고, 그들에게 선을 행하여 덕을 세우라는 것이다.[145)]이것은 단지 믿음이 연약한 자들을 인간적으로 동정하고 이해해 주라는 정도가 아니다.

여기서 바울의 주된 관심은 앞부분에서 계속하여 말해 온 대주제로서, '예수 그리스도를 믿음으로 의롭게 된 의인으로서, 어떻게 살아야 하는가!' 이다. 믿음의 의인은 오직 예수 그리스도로 인해 의인이 되었으므로, 따라서 그러한 그리스도인의 존재 목적이나 삶의 목적은 자기 자신을 위한 것이 아니요, 그의 백성을 위해 죽으시고 다시 살아나신 언약의 구주이신 예수 그리스도를 위하는 데 진정한 의의가 주어지는 것이다.[146)]

---

143) 롬 12:1-2.
144) 롬 13:11-14.
145) 롬 14:1-23.
146) 롬 14:6-8.

예수께서 사랑하사 대신하여 죽으신 그 연약한 형제를 함부로 비판하고 판단하는 것은 그리스도를 위하는 일이 아니며,[147] 선한 일도 아니다.[148] 그러므로 믿음의 의인들은 사람의 선이 아니라, 주님의 선하심을 본받아 연약한 자들과 함께 서로 화평에 힘쓰고 믿음 공동체의 덕을 세움으로 주 예수 그리스도의 아버지 하나님께 영광을 돌려야 하는 것이다.[149]

끝으로, 바울은 이 서신의 기록 이유와 목적(로마 방문의 소망)에 대해 재차 밝히며,[150] 독특하게도 사람의 이름을 길게 언급하며 마무리 인사로 끝을 맺는다.[151] 여기서 땅 끝까지 이신칭의의 그리스도 복음을 전하고자 하는 바울의 선교적 열정과 로마 교회를 향한 그리스도의 사랑에 기초한 바울의 애정 어린 관심을 보여준 것이다.

3. 로마서의 구조

로마서는 크게 두 가지 혹은 세 가지 구조로 구성되어 있다. 여기서는 다음과 같은 세 가지 구조로 내용을 구분한다.

1:1-3:20	**불의한 죄인들에게 선포된 의의 복음 : 자신과의 관계-죄**
1:1-7	서론 : 복음의 핵심이신 예수 그리스도의 소개

147) 롬 14:10,15.
148) 롬 14:16, 15:2.
149) 롬 14:16-19, 15:1-6.
150) 롬 15:14-33.
151) 롬 16:1-27.

1:8-17	로마 방문 계획과 목적 : 이신칭의 복음의 소개
1:18-32	이방인의 죄와 하나님의 심판
2:1-29	유대인의 죄와 하나님의 심판
3:1-20	유대인이나 이방인이나 모두 다 죄 아래 있다

3:21-11:36	**의의 적용(1) : 하나님과의 관계-구원**
3:21-31	서론 : 이신칭의 구원 교리의 서언
4:1-25	아브라함의 의
5:1-8:39	예수 그리스도 안에서의 의의 관계
5:1-11	예수 안에서 하나님과 화평의 관계
5:12-21	죄의 유전, 의의 유전
6:1-7:25	죄에 대한 율법과 은혜의 관계
8:1-39	예수 안에서 생명과 성령의 관계
9:1-11:36	이스라엘의 과거, 현재, 미래의 의
9:1-33	이스라엘의 과거의 의
10:1-21	이스라엘의 현재의 의
11:1-36	이스라엘의 미래의 의

12:1-16:27	**의의 확대 적용(2) : 교회, 세상, 이웃과의 관계-성화**
12:1-21	공동체와의 관계
12:1-2	영적인 각성
12:3-13	신앙 공동체와의 관계 : 예배, 사랑, 섬김, 순종 등
12:14-21	박해자, 악인과의 관계 : 선으로 악을 이기라
13:1-7	세상 권세와의 관계 : 선을 행하고 복종하라

13:8-10	이웃과의 관계 : 사랑
13:11-14	영적인 각성
14:1-15:13	믿음이 약한 자들을 대하는 믿음 강한 자들의 태도
14:1-23	믿음이 약한 자들과 관계 : 비판치 말고, 선을 행하라
15:1-13	믿음이 강한 자들의 태도
15:14-33	로마 방문 이유 확인 : 땅 끝을 향한 복음 증거의 열정
16:1-27	문안 인사

고린도전서(1Corinthians)

세상 나라와 싸워 이기는 하나님 나라

1. 정경적 배경

▶ 저자와 수신자

본서가 바울에 의해 쓰여졌다(아마 소스데네가 대필, 1:1)는 데에는 대체적으로 큰 이견이 없다. 로마의 클레멘트가 이 서신을 바울의 저작으로 언급했으며 바나바 서신, 디다케, 이레니우스의 저작들, 터툴리안의 저작들 등에서 이 서신의 구절들을 적극 활용하였다. 내용에 있어서도 저자가 바울임을 여러 차례 언급한다.[152] 바울이 고린도 교회를 설립한 배경은 사도행전 18장에 잘 나타나 있다.

2차 전도 여행 중 아덴에서 고린도로 온 바울은 최근 이탈리아에서 온 브리스길라와 아굴라 부부를 만나 그들과 함께 천막 짓는 일을 하면서, 또 안식일에는 회당에서 복음을 전하여 약 1년 6개월간 고린도에서 사역을 하면서, 비록 많은 숫자는 아니었지만 유대인들 보다 주로 이방(헬라)인 개종자를 얻게 되었고, 그가 고린도를 떠난 후에 아볼로가 지도자로 오게 되었다.

이후 바울은 3차 전도 여행 중 에베소에 있을 때 고린도 교회의 분쟁 소식을 알게 되고,[153] 이후 고린도 교회가 파송한 3명의 대표자들에게[154] 본 서신을 기록하여 보냈는데, 당시 고린도 교인들은 빈부

152) 고전 1:1,12-17, 3:4-6, 22, 4:6, 16:21.
153) 고전 1:10-17.

가 섞여 있는 대다수 헬라 그리스도인들로 보인다.

▶ 기록 연대와 장소

바울은 3차 전도 여행 때 에베소(3년 6개월)에 머물고 있을 동안에, 그리고 아마 오순절 이전까지 머물고 있을 어느 시간 때에[155] 본서를 기록하였을 것이다. 본서의 저작 시기에 대하여 학자들 사이에 다양한 이견이 있다. 하르낙(53년), 디이슨(54년 혹은 55년 봄), 구찌에(54년), 로빈슨(55년), 램지(56년) 등이다. 하지만 거스리(Guthrie, 1990:458)에 의하면 57년 봄을 가장 널리 평가된 저작 시기라고 말한다. 저작 시기를 에베소에서의 후반기와 오순절 시기 등과 연관 짓는다면 이른 시기는 아닐 것이다. 필자는 대략 56-57년일 것으로 짐작된다.

▶ 주제와 목적

본서는 '세상 나라와 싸워 이기는 하나님 나라'가 주제이다. 당시 고린도 교회는 바울에 의해 세워졌음에도 불구하고 바울이 떠난 이후에 특정 지도자에 대한 지나친 선호에 의해 분쟁과 분란이 야기되었다.[156] 뿐만 아니라 음란 등의 윤리 문제, 우상(제물) 문제, 예배와 교리 문제 등으로 인해 교회는 분쟁의 소용돌이에 휘말리고 있었다. 아마 당시 고린도 교인들은 대부분 다소 지적으로 교만한 헬라 그리스도인이었고, 또 고린도 지역은 상업과 교역이 발달한 무역 도시이며 우상(제물) 시장이 발달한 도시였기 때문에, 이러한 이교도적인 사회

154) 고전 16:17, "내가 스데바나와 브드나도와 아가이고가 온 것을 기뻐하노니 그들이 너희의 부족한 것을 채웠음이라."

155) 고전 16:8-9, "내가 오순절까지 에베소에 머물려 함은 내게 광대하고 유효한 문이 열렸으나 대적하는 자가 많음이라."

156) 고전 1:10-17.

배경으로 인해 고린도 교인들은 아마 정통 기독교의 진리에 둔하고 세상 측면에 더 민감한 이유였던 것으로 보인다.

이에 대해 바울은 이런 여러 문제들로 야기된 교회 내의 불일치와 분쟁을 복음으로 바로잡고 또한 공동체가 그리스도의 믿음과 사랑으로 더욱 돈독히 세워지도록 격려하고자 본 서신을 기록하였다.

▶ 특징

1. 단순한 필체와 다양한 문학적 기법(이야기, 풍자 등)을 사용하여 바울의 개인적인 심정과 애정을 가장 잘 표현한 개인적이면서 목회적 서신이다.
2. 교회 내의 분쟁에 대한 탁월한 목회적 지침을 준다.
3. 윤리적 교훈이 탁월하다 : 음행, 신자 간의 소송, 결혼(재혼), 독신, 이혼 등.
4. 교리적 교훈이 탁월하다 : 우상, 예배, 영적 은사, 부활 등.
5. 본서보다 앞서 음행에 대한 경고를 목적으로 보낸 편지(5:9)가 있었으나 분실되었다.

2. 내용 전개

언약의 주요 모티브 : 지혜, 의, 거룩, 구속, 같은 마음(뜻), 십자가, 복음, 지체

왕국(교회)의 언약적 목회관(1)을 말하고 있다. 고린도 교회의 분쟁과 무질서들과 여러 문제들에 관한 목회적 교훈을 제공해 주고 있는

데, 머리이신 예수 그리스도의 복음(지혜, 의, 거룩)으로 구속받은 몸된 언약 교회는 분쟁, 무질서의 유혹을 이기고 한마음 한뜻이 되라는 가르침이다.

분쟁(분파)하지 말고, 왕의 복음으로 연합하라(1–4장)

고린도 교회는 바울이 순회 전도를 통하여 직접 개척하여 세운 교회이다. 하지만 바울은 계속하여 다른 지역으로 순회 전도를 가게 되었고, 초대 지도자가 자리를 비운 사이에 이 교회는 다른 사도들을 선호하는 파벌로 인한 심각한 분쟁이 생기게 되었다.[157] 바울파, 아볼로파, 그리스도파 등의 파벌로 인해 교회는 세워진 목적과 뜻에 하나가 되지 못했고, 교회의 주된 사명인 예수 그리스도의 복음 전파에 지장을 초래하게 되었다.

이에 바울은 몇 가지 실례를 통해서 교회가 다시금 사명을 깨우치도록 실제적인 교훈을 주게 되는데, 그것은 하나님에 의한 부르심과 하나님이 복음을 전하라고 세워주신 복음의 일꾼이라는 사실을 주지하고 있다.[158] 복음의 사명 앞에서 교회는 결코 교만할 수 없으며, 이 사명의 의미를 되새기게 될 때 교회는 겸손과 사랑으로 한마음과 한뜻으로 합하게 되고, 그럴 때 복음의 증거가 나타나며, 복음의 일꾼으로서의 사명을 능력 있게 감당할 수 있다.[159]

윤리적으로 타락하여 나누이지 말고, 왕의 복음으로 연합하라(5–7장)

157) 고전 1:1–17.
158) 고전 1:18–4:5.
159) 고전 4:6–21.

고린도 교회는 여러 가지 우상들이 활개를 치고 있던 우상의 도시인 고린도 지역에 세워진 교회였다. 당시 고린도 시는 상업과 교통의 중심지였으며 또한 발달된 항구로 인해 무역이 활발한 도시였기에 따라서 자연히 부와 쾌락이 발달하였으므로 이러한 돈과 향락을 목적으로 많은 사람들이 이 도시로 찾아들게 되었다. 또한 이 도시에 많은 사당들과 사원들이 주변의 많은 사람들을 불러들였는데, 그 대표적인 사원인 아프로디테 신전에는 당시 약 1,000명에 가까운 히에로둘리(신전 의식을 위한 창녀들)들이 사원에 살고 있었다. 따라서 이곳을 찾는 방문객들은 이들을 마음대로 이용했으므로 이러한 부도덕한 방탕과 매춘의 악한 영향이 지역의 교회에도 영향을 미치게 되어 고린도 교회 안에까지 심각한 윤리적 타락을 초래하게 되었다.

교회에 다니는 사람 중에 근친상간(어떤 사람이 자신의 계모 및 계부와 결혼한 경우)을 하는 자들이 생기게 되었지만, 이에 대해 관용하는 고린도 교회를 바울은 책망한다. 바울은 교회의 본질과 능력에 대해 가르치길, 주 예수의 능력으로 악한 자들을 내쫓을 수 있는 교회, 육신은 멸하나 영은 마지막 날에 살릴 수 있는 교회, 누룩 없는 정결한 교회, 유월절 양 그리스도의 희생으로 세운 교회라는 점이다.[160)]

아마 바울은 이전에도 다른 서신을 통해 이 음행의 문제를 다룬 것 같다.[161)] 바울은 그런 음행하는 자들과 모든 사회적인 교류를 금한 것이 아니다. 그러나 그러한 자들과 깊게 사귀거나 신앙적인 교제는 하지 말아야 한다고 교훈하며, 결국 교회 밖의 불신자들은 하나님이 심판하시지만, 교회 안의 부도덕한 자들은 교회가 연합하여 그러한 자들을 징계하고 출교시켜야 함을 가르친다.[162)]

---

160) 고전 5:1–8.
161) 고전 5:9, "내가 너희에게 쓴 편지에 음행하는 자들을 사귀지 말라 하였거니와."

또한 바울은 신자 간에 생겨난 문제를 가지고 세상 법정에까지 가지고 가는 일들에 대해 책망한다. 바울의 핵심은 교회가 세상을 판단하고 심판해야지 세상이 교회(성도)를 판단하고 심판해서는 안 된다는 것이다. 교회의 본질은 그리스도와 연합된 교회이므로, 심지어 천사들도 판단하는데, 하물며 세상일은 두말할 것도 없는 것이다. 만일 성도 간의 판단의 문제가 생겼을 때 교회 안의 지혜 있는 지도자에게 맡겨야 함에도 불구하고 굳이 세상에 고소한다면 차라리 불의를 당하고 속는 편이 더 낫다는 가르침이다.[163]

여러 가지 음행이나 성적 부도덕의 문제들이 생겨나게 되었다. 바울은 사람의 몸은 음란을 위해 존재하는 것이 아니라, 주를 위해 존재하는 그리스도의 지체이며 거룩한 성령의 전이기 때문에 음행을 피하고 그리스도의 피로 값 주고 사신 몸을 주를 위해 일하고 드려서 하나님께 영광을 돌려야 함을 가르친다.[164] 뿐만 아니라, 바울은 이에 대한 현실적이고 합당한 조언들을 한다.

결혼한 부부인 경우에는 기도할 시간 외에는 분방하지 않으므로 사탄이 음행으로 틈타지 못하도록 해야 한다는 것이며, 또한 독신으로 지낼 자들은 독신으로 지내는 것이 좋지만 정욕이 불타면 차라리 결혼이 낫다는 것이다. 둘 다 신자의 경우 불가불 이혼 시에는 그대로 지내든지 혹은 다시 그 남편(아내)과 합하는 것이 좋고, 둘 중 한쪽만 신자일 경우 불신자 배우자가 함께 살기를 원하면 그를 버리지 말고, 그가 이혼을 원하면 이혼하되 화평을 더욱 힘써야 함을 강조한다.

바울은 할례와 무할례, 종이나 상전과 같은 비본질적 요소가 결혼

162) 고전 5:10-13.
163) 고전 6:1-11.
164) 고전 6:12-20.

(이혼)에 중요한 것이 아니라, 하나님의 계명(뜻)과 원리대로 순종하는 것이 중요함을 가르친다.[165] 처녀와 과부의 경우도 마찬가지이다. 임박한 환난과 주를 위한 온전한 헌신의 이유에서는 독신을 추천하지만 결혼이나 재혼도 잘못이 아니며, 더 중요한 것은 주님을 기쁘시게 하기 위한 결혼(재혼)이 되어야지 세상적인 염려(남편을 기쁘게, 아내를 기쁘게)를 위한 것이 되어서는 안 된다는 것이다.[166] 결혼과 재혼과 독신의 기준이 무엇이냐, 하나님의 말씀(뜻)의 부르심과 선택이 가장 중요하고, 그 말씀의 뜻대로 순종하는 것이 핵심이며, 사람이나 세상의 기준으로 행해서는 안 된다는 것이다.

교리적 이탈로 나누이지 말고, 왕의 복음으로 연합하라(8–16장)

고린도 교회는 이렇게 윤리적으로 타락하고 문란하였던 고린도 도시의 특성으로 인해 음행이나 성적으로 부도덕한 많은 비윤리적인 문제들로 인해 어려움을 당했을 뿐 아니라, 당시 왕성한 우상 문화의 활동지였던 그 지역의 특성 때문에 고린도 교회에는 아울러 여러 가지 교리적인 문제들이 교회 안에도 생겨나게 되었다. 바울은 이로 인해 고린도 교회가 심각한 영적인 도전에 직면하게 되자 다시금 교회의 본질적인 특성과 사역에 대해 강조하고 가르치게 되었다.

바울은 고린도 교회 안의 교리적인 가르침이나 영적인 질서가 무질서하거나 분쟁이 생기는 것을 원하지 않았다. 교회 안에 생겨난 당파와 파벌로 인해 신성하고 영적인 가르침에 있어서도 분열과 분쟁의 조짐이 생기게 되었다. 교회 내에는 바울의 영적인 가르침을 따르는

165) 고전 7:1–24.
166) 고전 7:25–40.

자들도 있었고, 또 아볼로의 가르침을 따르는 자들도 있었으며, 어떤 이들은 둘 다와 거리를 둔 채 독자적인 그리스도의 가르침만을 따르고자 하는 자들도 생겨나게 되었다.

이에 대한 바울의 강조는 교회 내의 교리적이고 영적인 가르침은 여러 가지 혼란스러운 것이 아니라 오직 한 가지이며, 그러기에 확실한 진리라는 통일성과 연합을 강조하고자 하였다. 그래서 바울은 말하기를 아볼로의 지혜(가르침)도 바울의 지혜(가르침)도 그리스도의 것이며, 그리스도는 하나님의 것이라고 강조하기에 이르게 된 것이다.[167] 교회의 복음은 그리스도와 하나님 안에서 분명 한 가지 가르침이며 교리적이고 영적인 가르침 역시 같은 하나이다. 주의 교회는 이렇듯 예수의 십자가 구원의 복음에 있어서 한 가지 통일된 진리를 가지게 되는데, 그러나 고린도 교회 내에 잘못된 인간 지혜의 가르침에 근거한 여러 가지 영적인 문제들에 대하여 바울은 분명한 조언을 하기에 이르렀다.

당시 우상 앞에 바쳐진 제사 음식에 대하여 먹을 것인가, 먹지 말아야 할 것인가 하는 문제가 생기게 되었다.[168] 뿐만 아니라 수건을 쓰고 기도하는 것에 대하여,[169] 성찬으로 인해 제기된 문제에 대하여,[170] 당시 교회 안에 영적인 은사들을 가진 자들로 인해 나타난 교만과 무질서의 문제들에 대하여,[171] 나아가 죽은 자의 부활에 대한 신앙을 갖지 못한 자들에 대하여[172] 확실한 조언을 하게 되었다.

167) 고전 3:1-23.
168) 고전 8:1-10:33.
169) 고전 11:1-16.
170) 고전 11:17-34.
171) 고전 12:1-14:40.
172) 고전 15:1-58.

이에 대한 바울의 해답은 오직 예수 그리스도 안에서 즉 복음 안에서 말하고 있다. 성령을 통해 역사하신 택하신 몸 된 교회와 성도를 위하여 십자가 고난당하시고 부활하신 능력의 주 예수 그리스도와 그분에 대한 올바른 신앙 안에서 이 모든 혼란스럽고 무질서한 영적인 문제들이 하나로 통일될 수 있음을 바울은 말한다. 결론 부분에서 바울은 당시 어려움에 처해 있는 예루살렘 교회를 위하여 연보하는 일에 대해 강조하면서, 역시 예수의 복음 사역 안에서 언약 교회의 연합을 당부한다.[173)]

3. 고린도전서의 구조

1-4장	**교회의 분쟁에 대한 조언**(왕의 연합의 복음 안에서 해결)
1:1-17	교회 분쟁의 개요(파벌)
1:18-4:5	실례(부르심, 증거, 일꾼)를 통한 교훈 : 하나님이 부르셨다
4:6-21	결론 : 교만하지 말고, 겸손과 사랑의 마음으로
5-7장	**윤리적 문제들에 대한 조언**(왕의 연합의 복음 안에서 해결)
5:1-13	근친상간에 대한 조언
6:1-11	신자 간의 송사에 대한 조언
6:12-7:40	음행에 대한 경고와 해결 : 결혼, 독신, 재혼

173) 고전 16:1-24.

8-16장	**교리적 문제들에 대한 조언(왕의 연합의 복음 안에서 해결)**
8:1-10:33	우상 재물에 대한 조언
11:1-16	수건을 쓰고 기도하는 것에 대한 조언
11:17-34	성찬에 대한 조언
12:1-14:40	영적인 은사 사용에 대한 조언
15:1-58	부활에 대한 조언
16:1-24	연보에 대한 조언과 끝인사

고린도후서(2Corinthians)

세상 나라와 싸워 이기는 하나님 나라

1. 정경적 배경

▶ 저자와 수신자

고린도전서(소스데네가 대필)와 마찬가지로 고린도후서(디모데가 대필) 역시 바울이 썼다. 디이슨(Thiessen, 1943:306)은 그의 책 《신약 개론》 에서 본서의 외증으로 다수의 자료들을 언급한다. 폴리갑, 터툴리안, 알렉산드리아의 클레멘트, 이레니우스, 무라토리우스 정경 등에 본서가 언급되고 있다. 내증으로 저자가 바울임을 본서에 두 번 나타난다.174)

본서의 통일성에 의심을 품는 자들은 바울의 부드러운 음성으로 기록한 1-9장과 엄한 음성의 10-13장을 분리하면서 '분실된 엄한 편지'의 상당한 부분이 10-13장 사이에 보존되어 있다고 말하나, 두 음성의 차이는 편지의 대상의 차이에서 기인한 것으로 이해해야 할 것이다. 전반부(1-9장)에서 바울은 사랑스런 일반의 교인들을 대상으로 기록하였으나, 후반부(10-13장)는 그를 반대하는 대적자들을 염두에 두고 쓴 차이이다.

두 부분 모두 바울의 서신이며, 잃어버린 첫째 서신과 셋째 서신(엄한 편지)과 함께 그러나 각기 다른 객체로서 고린도전후서가 모두 바울

174) 고후 1:1, 10:1.

의 저작임을 의심할 만한 다른 근거는 없다. 바울은 본서를 디도를(다른 두 형제와 함께. 헌금 수송 위원)[175] 통해 고린도와 아가야 지역의(1:1) 모든 성도들에게 아마 회람용으로 전달하였다.

▶ 기록 연대와 장소

후서의 기록 연대는 고린도전서보다 1년 이내였을 것이고,[176] 아마 고린도전서가 기록된 후 얼마 되지 않은 시점에 기록되었을 것이므로 대략 57년 말에서 58년 초일 것으로 추정된다. 바울은 이전에 에베소에 있을 때 디모데를 고린도에 보낸 적이 있었고, 고린도에서 바울을 배척하는 소식을 전해 들은 바울은 이 문제로 인해 고린도에 고통스러운 방문(두 번째)을 한다. 고린도에서 다시 에베소로 돌아온 바울은 반대파 추종자를 징계할 것에 대한 '슬픔의 편지'(분실되었음)를 써서 디도 편으로 보낸다.[177]

바울은 돌아오는 디도를 만나기 위해 드로아를 거쳐 마게도냐로 갔고, 거기서 디도로부터 고린도 교회의 회개와 긍정적 변화에 대한 보고를 듣고 안심했으나 소수의 반대자들은 남아 있었다(10-13장). 따라서 본서는 마게도냐에서 기록된 것으로 보인다.[178]

▶ 주제와 목적

본서의 주제는 '세상 나라와 싸워 이기는 하나님 나라'이다. 바울은 본서를 기록하기 전에 두 번째 고린도에 방문하여 자신을 반대하는 악한 자들을 엄히 책망한 적이 있었다. 그런데 다시금 본서를 기록하

175) 고후 8:16-24, 12:18.
176) 고후 8:10, 9:2.
177) 고후 2:1-11, 7:8.
178) 고후 2:12-17, 7:5-16, 8:1-5.

여 책망하는 것은 세 번째 방문 때는 책망과 근심보다는 기쁨과 위로의 방문이 되기를 위함이었다.[179] 따라서 본서는 바울의 사도적 권위에 대하여 비방하는 반대파들에 대한 변증[180]과 지지자들에 대한 격려[181]를 목적으로 기록되었다.

세부적인 기록 목적은 (1) 아시아에서 당한 환란 때문에 고린도 교회 방문 계획을 변경한 데 대한 변증(1:3-2:4), (2) 근심하게 한 자(범죄자)에 대한 처리 지침(2:5-11), (3) 고린도 교회의 복음 사역의 승리와 기쁨(2:12-7장), (4) 조속하고 풍성한 헌금에 대한 권면(8-9장), (5) 자신의 사도권 변증(10-13장) 등이다.

▶ 특징

1. 디모데후서와 함께 바울의 가장 자서전적 서신이면서 목회 서신이다. 다른 서신들에 나오지 않는 개인적 성품, 감정, 일화 등 개인적인 삶이 소개된다.
2. 율법에 비해 복음의 탁월함을 잘 나타낸다. 새 언약, 영적 싸움, 보배(복음)의 가치, 부활과 심판, 화목의 직분, 하나님의 성전, 거룩과 회개 등.
3. 옛 언약과 새 언약의 비교를 통해 새 언약의 일꾼의 탁월함을 강조한다.
4. 1-9장은 부드러운 어조이며, 10-13장은 엄한 책망의 어조이다.

---

179) 고후 1:23-2:4.
180) 고후 10-13장.
181) 고후 1-9장.

2. 내용 전개

언약의 주요 모티브 : 위로, 소망, 새 언약의 일꾼, 영광, 새로운 피조물, 약속

왕국(교회)의 언약적 목회관(2)을 말한다. 고린도 교회에 대한 바울의 사도적 변론을 통해 왕국 백성들은 세상과의 영적 싸움에서 그리스도의 새 언약의 복음으로 승리하게 됨을 보여주는 목회 지침서이다.

옛 언약의 일꾼 vs 그리스도 안에서 새 언약의 일꾼(1–9장)

1장에서 2장까지 바울은 교회를 향한 사탄의 실패의 계략과 그리스도 안에서의 승리에 대해 대조적으로 밝히고 있다. 바울은 환경적이고 세상적인 악조건 가운데서 여전히 세상과의 영적 싸움에서 연약하고 고난당하는 고린도 교회를 향하여 먼저 하나님의 위로를 전하면서 이 서신을 시작한다. 바울은 이전에 아시아에서 경험했던 수많은 고난의 복음 사역만큼 하나님의 위로 또한 넘쳤음에 대해 하나님께 감사하며, 고린도 교회 역시 능력의 하나님만 소망하고 의지하라는 위로와 격려의 메시지를 주고자 하였다.[182]

바울은 고린도 교회를 다시 방문하고자 했던 계획을 변경하였던 이유를 밝히면서 그것은 바울 자신이 약속을 어긴 실패의 사건이 아니라, 약속에 신실하신 그리스도 안에서 신실하시고 미쁘신 뜻이 있는 하나님의 섭리임을 밝히고 있다.[183] 교회를 어지럽힌 자들을 그리스

182) 고후 1:1–11.
183) 고후 1:12–24.

도의 사랑으로 용서하지 못하는 것, 곧 사랑 없는 징계는 사탄의 궤계이며,[184] 교회의 연약함이며 실패이기에 바울은 그들을 사랑하고 용서함으로 승리할 것을 권면한다. 바울은 개인적으로 고린도 교회를 방문할 시에는 교회를 어지럽혔던 어떤 자들을 징계하려 했을 것이다. 그러나 바울은 그보다 교회를 아끼고 사랑하는 심정이 더 컸으므로 징계의 마음으로 나아가지 않았고, 또한 교회를 근심하게 한 자를 그리스도의 사랑으로 용서할 것을 권면하였다.[185]

바울은 또한 마게도냐에서의 복음 사역 역시 만나고자 한 디도를 만나지 못한 것이 불편하고 실패하였던 일이 아니라, 오히려 그리스도 안에서 이기게 하시고 그리스도의 생명의 향기가 되게 하신 하나님께 감사한다고 밝힌다.[186] 참으로 하나님은 여러 가지 고난과 역경의 환경들 가운데서도 모든 것들을 합력하여 주님의 오묘하신 섭리 안에서 선이 되고, 기쁨과 감사가 되게 하시고 결국 이김과 승리를 주시는 능력과 소망과 위로의 하나님이시다.

3장 이후 6장까지 새 언약의 일꾼과 옛 언약하의 거짓 일꾼에 대해서 대조적으로 보여주고 있다. 3장에서 바울은 추천서를 가진 어떤 사람들(고린도 교회 거짓 교사들)에 비해 비록 자신은 추천서가 없을지라도 자신이 세운 고린도 교회가 바로 추천서임을 밝힌다. 고린도 교회와 바울의 관계는 돌판이나 종이나 먹으로 쓴 계약서나 추천서의 관계가 아니라 언약의 관계였다. 즉 고린도 교회는 바울에게 있어서 먹으로 쓰지 않고 하나님의 영으로 (그들의) 마음판에 쓴 그리스도의 편지인 것이다.

직분 역시 그들은 옛 언약하의 일꾼이며 바울은 새 언약의 일꾼인

---

184) 고후 2:11.
185) 고후 2:1-11.
186) 고후 2:12-17.

것이다. 돌판에 새긴 옛 언약의 율법 조문은 정죄하며 죽이는 것이지만 영의 직분, 의의 직분인 새 언약의 직분(일꾼)은 살리는 직분이며 더욱 영광스러운 직분인 것이다.[187]

4장에서 6장까지 바울은 새 언약의 일꾼으로서 사역의 자세와 동기에 대해 밝힌다. 바울의 복음 증거의 사역의 핵심은 오직 그리스도 예수의 주 되심이었다. 이러한 분명한 사명감을 가진 사도 바울이었기에 비록 박해받고 위험한 환경 가운데도 담대히 복음을 증거하며, 부활의 소망을 따라서 천국에서의 영원한 영광과 천국의 영생을 믿었으며 이것은 최후 심판으로 확증되어질 것을 확신하였다.[188] 바울은 따라서 새 언약의 일꾼으로서 그리스도의 사랑에 근거한 화목하게 하는 직분을 주셨기에 너희도 하나님과 화목하며,[189] 고난도 참으며,[190] 구별되고 거룩한 삶을 살 것[191]을 권면한다.

나아가 바울은 자신의 편지로 고린도 교회가 잠깐 근심함으로 회개에 이르게 된 사실로 인하여 기뻐하였으며,[192] 또한 힘든 형편에서도 아낌없이 연보한 마게도냐 교회처럼, 고린도 교회도 복음 사역의 일에 자원하는 마음으로 힘껏 연보하여 줄 것을 당부하고 있다.[193]

육체를 자랑하는 거짓 교사 vs 그리스도 안에서 약함을 자랑하는 사도(10-13장)

187) 고후 3:1-18.
188) 고후 4:1-5:10.
189) 고후 5:11-21.
190) 고후 6:1-13.
191) 고후 6:14-7:1.
192) 고후 7:2-16.
193) 고후 8-9장.

고린도후서에는 디모데후서와 함께 바울의 자서전적인 심정과 견해가 많이 나타나 있는데, 본서는 바울의 가장 개인적인 서신으로 보이며, 특히 본서의 후반부(10-13장)는 더욱 그러하다. 본서 후반부에는 사도행전에 소개되지 않은 바울의 선교 행적들이 나타나고 있는데, 선교 때 경험한 크나큰 핍박과 고난에 대한 개인적 회고,[194] 다메섹에서의 탈출에 대한 회고,[195] 낙원에 대한 개인적 환상과 계시,[196] 자신의 고통의 문제(육신의 가시)에 대한 개인적 고백[197] 등이 나타나고 있다.

바울은 본서 10장과 11장에서 자신의 대적자들의 거짓 훼방에 대해 자신의 사도직을 담대히 변호한다. 바울은 거짓 교사들과의 육신적인 싸움이 아닌 하나님의 능력을 의지하는 겸손한 자세로서 자신의 약함을 자랑한다.[198] 하지만 바울은 고린도 교회를 미혹하는 거짓 사도(교사)들과 또한 그들을 단지 외모로만 판단하고 용납한 교회를 향하여 엄히 책망한다. 바울은 사탄의 일꾼인 거짓 교사들처럼 거짓으로 속이거나 외모나 조건이나 육체를 자랑하지도 않았고, 정작 고린도 교회를 목양하는 일에 있어서 교회에 비용을 탐하거나 누를 끼치지 않았다.[199] 바울의 자랑과 수고는 오직 복음을 위하여 당한 극심한 고초와 수고를 자랑함으로 자신의 사도권이 참된 것임을 말하고자 한 것이다.[200]

바울은 또한 자신이 하나님께 받은 환상과 계시에 대해 언급하면서

194) 고후 11:23-27.
195) 고후 11:32-33.
196) 고후 12:1-27.
197) 고후 12:7-10.
198) 고후 10:1-5.
199) 고후 10:6-11:15.
200) 고후 11:16-33.

하지만 하나님이 너무 자만하지 않도록 육체에 가시를 주셨음을 고백하고 자신의 약한 것을 자랑한다는 겸손을 보인다.[201] 바울은 세 번째 고린도 교회를 방문하려는 계획을 보이지만 그 일로 교회에 다툼과 혼란이 있을까 염려하는 애정 어린 부모의 마음을 밝히면서,[202] 동시에 교회를 혼란케 하는 자들에게 내려질 책망에 대해 엄중하게 경고하면서,[203] 마지막으로 위로와 평안을 전하는 인사와 함께 끝을 맺는다.

3. 고린도후서의 구조

1–9장	**옛 언약의 일꾼 vs 그리스도 안에 승리하는 새 언약의 일꾼**
1:1–11	교회를 향한 사도의 애정 : 위로와 능력의 하나님만 의지
1:12–2:17	거짓 교사들의 훼방 vs 사도의 확신
3:1–18	옛 언약의 율법 vs 새 언약의 직분(더욱 영광스러움)
4:1–7:1	새 언약 일꾼의 사역 자세 : 복음, 부활, 화목, 고난, 거룩
7:2–7:16	사도의 기쁨 : 고린도 교회의 근심이 구원에 이르는 회개
8:1–9:15	사도의 부탁 : 예루살렘 교회를 위한 연보

201) 고후 12:1–10.
202) 고후 12:11–21.
203) 고후 13:1–10.

10–13장	**거짓 교사 vs 그리스도 안에 약함을 자랑하는 사도**
10:1–18	사도의 영적 권위 : 외모(육체)가 아닌, 하나님의 능력
11:1–12:13	영적 권위의 증거들 : 그리스도 위한 능욕, 박해, 약함
12:14–13:13	세 번째 방문에 임하는 사도의 자세 : 애정과 위엄

갈라디아서(Galatians)

율법의 구속에서 자유케 하는 왕의 복음

1. 정경적 배경

▶ 저자와 수신자

로마의 클레멘트, 폴리갑, 터툴리안 등 초대 교부들이 본서를 인용하였으며, 일부 급진적 화란 신학자를 제외한 대부분의 학자들(심지어 튀빙겐 학파까지도)이 본서를 바울의 저작으로 인정한다. 첫 구절에서[204] 바울 자신이 저자임을 밝히고 있고, 내용에서도 바울이 친히 기록했음을 알 수 있다.[205] 본서는 바울이 1차 전도 여행 때 설립했던 갈라디아 지역의 여러 교회들에 보내졌다.

▶ 기록 연대와 장소

바울이 1차 전도를 마치고 돌아와서, 예루살렘 공의회 이전인 약 A.D. 48-49년경에 본서를 기록한 것으로 보는 남갈라디아설(던컨, 브루스, 리델보스, 램지 등)과 바울의 3차 전도 중인 A.D. 55-56년경에 기록된 것으로 보는 북갈라디아설(라이트풋, 큄멜, 모펫 등)이 있다. 본서의 내용과 로마서나 고린도 서신 등과의 밀접한 교리적 연관성과 또한 사도행전에서 누가가 사용한 지역 도시 이름 등은 본서의 후대 기록을 좀 더 지지해 주는 것 같지만 정확하지 않다. 장소는 아마 에베소나

204) 갈 1:1.
205) 갈 5:2, 6:11.

마게도냐일 것으로 추측된다.

▶ 주제와 목적

본서의 주제는 '율법의 구속에서 자유케 하는 왕의 복음'이다. 바울은 1, 2차 선교 여행 때 갈라디아 지방을 순회하며 교회를 세우고 돌보았지만 유대교의 반대와 핍박이 심했다. 바울은 3차 선교 여행 때도 갈라디아 지방을 돌며 복음을 굳게 하였는데, 에베소에 이르러 갈라디아에 대한 나쁜 소식(유대교 선생들의 거짓 가르침 "유대인들처럼 할례받고, 율법을 지켜야 구원받는다")을 접하고서 그들을 엄히 책망하므로, 교회에 이신칭의와 성령의 진리를 가르쳐서 율법으로부터의 참 자유를 알게 하고자 본서를 기록하였다.

▶ 특징

1. 복음의 핵심과 교리들을 로마서 못지않게 더욱 간결하고 핵심적으로 잘 나타내었다.
2. 서두에 일반적인 감사, 인사 등이 빠진 것은 저자가 말하려는 주제의 긴박성과 중요성을 나타내려는 의도이다.
3. 고린도후서 다음으로 바울의 자서전적 편지이다.

2. 내용 전개

언약의 주요 모티브 : 복음, 율법, 믿음, 의, 약속, 자유

갈라디아서는 로마서와 함께 왕국 복음의 핵심을 말하고 있다. 사람

이 의롭게 되는 것은 율법의 행위에서가 아니라 예수 그리스도를 믿음으로 말미암음이며, 특히 예수 그리스도의 믿음 안에서 누리게 되는 자유에 대해 밝히고 있다. 갈라디아서는 구조 면에서 로마서의 축약판이라 해도 과언이 아니다. 로마서의 구조는 일반적으로 세 부분으로 나누어지지만(복음의 교리, 복음의 적용〈구원론〉, 복음의 적용〈성화론〉), 크게는 두 부분으로도 나눌 수 있다. 복음의 교리(1:1–3:20)와 복음의 적용(3:21–16장)이다. 갈라디아서의 구조 또한 두 부분으로 나눌 수 있는데, 복음의 교리(율법과 믿음 : 1–4장)와 복음의 적용(자유의 삶 : 5–6장)이다.

이신칭의의 복음의 교리(1–4장) : 복음 "율법의 행위로 의롭게 되는 것이 아니라, 예수 그리스도를 믿음으로 의롭게 된다"의 변론

그리스도에 대한 믿음은 가졌지만 동시에 율법을 통한 행위에 의존하려는 갈라디아 교인들의 잘못된 복음의 인식을 바로잡기 위하여 바울은 안타까운 심령과 동시에 부모와 같은 책망의 심령으로 본서를 쓰게 되었을 것이다. 바울은 본서에서 복음의 핵심적인 교리를 설명하면서 이 부분의 절반(1–2장)을 복음의 기원과 그것의 권위와 핵심이 무엇인지를 말하는 데 할애하고 있다.

첫 부분에서부터 바울은 매우 단호한 어조로 말한다. 복음이란 결코 사람(혹은 율법의 행위)에게서 비롯된 것이 아니라는 것이다. 바울은 이것을 '다른 복음을 좇는 것'으로 간주하고 있으며, 다른 복음은 없는데 교회에 가만히 들어온 교사들[206]의 거짓 가르침이 교회를 요란케 하

206) 갈 2:4.

여서 그리스도의 복음(이신칭의)을 변하게 하려한 것[207]이라고 말하며, 만일 그러한 거짓된 '다른 복음(인간이나 율법의 행위에 기초한)'을 전하면 천사라도 저주를 받게[208] 될 것임을 엄중히 경고한다. 바울은 자신이 사도가 된 배경을 예로 들면서 복음은 '사람의 뜻을 따라 된 것이 아니라, 예수 그리스도의 계시(뜻)로 말미암은 것'임을 분명히 밝히고 있다.[209]

2장에서 바울은 이렇게 하나님으로부터 기원된 복음이란 무엇이며 구체적으로 어떤 내용인지를 밝히고 있다. 바울은 자신의 경험을 말하면서, 그것은 곧 예루살렘에 있던 다른 사도들도 인정한 것으로 '율법으로부터 자유하는 그리스도인의 자유'에 관한 것이었으며, 잠시 외식에 빠진 베드로를 책망하기까지 '율법으로부터 참으로 자유하는 문제'의 중요성에 대해 설명하면서,[210] "사람이 의롭게 되는 것이 율법의 행위에서 난 것이 아니라 오직 예수 그리스도를 믿음으로 말미암아 의롭게 되는 것(이신칭의)"이고,[211] 그럴 때 진정 율법으로부터 자유하는 그리스도인이 될 수 있음을 가르친다.

3장과 4장의 내용은 2장 결론 부분의 보충 설명이다. 사람이 의롭게 되는 것이 율법 행위에서가 아니라, 예수 그리스도를 믿음으로 된다는 복음에 대한 변론을 바울은 여러 가지 대조를 통해서 밝히고 있다. 3장에서는 율법과 믿음, 하나님의 약속과 율법, 율법(몽학 선생)과 예수 그리스도의 대조로 그리고 4장에서는 율법의 종과 하나님의 아들, 거짓 선생들의 인간적 열심과 바울의 복음의 열정, 계집종의 자녀와

207) 갈 1:6-7.
208) 갈 1:8-9.
209) 갈 1:11-24.
210) 갈 2:1-14.
211) 갈 2:16-21.

자유하는 여자의 자녀 등의 대조를 통해 기독교 복음의 핵심인 이신칭의의 복음을 확증하고 있다.

이신칭의의 복음의 적용(5–6장) : 왕(그리스도)을 믿는 왕국 백성들의 자유의 삶

5장과 6장은 앞서 주장한 바울의 복음 교리(율법이 아니라, 예수 그리스도를 믿음으로 의롭게 된다)의 적용 부분이다. 여기에서 바울은 복음 안에서 누리게 되는 그리스도인들의 자유의 삶에 대해 여러 가지 내용으로 열거하고 있다. 바울은 그것을

A 할례는 무효력, 성령과 사랑으로써 역사하는 믿음의 삶
B 이웃에게 사랑으로 섬기는 삶
C (육체)의 소욕을 버리고 성령의 열매를 맺는 삶
B' 성도의 짐을 서로 지는 사랑과 선행의 삶
A' 할례(육체)를 자랑하는 것이 아니라, 그리스도의 십자가만 자랑하는 성령으로 거듭난 새로운 삶

이라고 강조한다.

여기서 특징적인 구조를 발견하게 되는데, C를 중심으로 AB와 B'A'가 상호 긍정적 대칭을 이루는 대칭 구조로 되어 있다는 점이다. 이러한 구조적 특징이 보여주는 바는 C의 내용, 즉 성령의 열매 맺는 삶이 율법으로부터 자유하고 믿음으로 의롭게 된 그리스도인의 진정한 자유의 삶이라는 것을 말해 주고 있다. 그러므로 성령의 역할은 복음의 관점에서 볼 때 참으로 놀라운 것이다.

성령은 믿음으로 의인된 그리스도인으로 하여금 율법과 할례와 인간의 모든 소욕들로부터 구원해 내어서 적극적으로 사랑과 희락과 화평과 오래 참음과 자비와 양선과 충성과 온유와 절제로 나타나는 긍정적이고 창조적인 자유의 삶을 살게 하는 원동력인 것이다. 참으로 성령 안에서 거듭난 성도만이 이웃과의 관계에서(5:13-15)뿐만 아니라 성도와의 관계에서도[212] 그리스도의 사랑과 선행으로 온전히 섬기고 사랑할 수 있게 되는 것이다.

그리스도인의 자유의 삶을 가능하게 해주는 요소로서 '성령'과 함께 무엇보다 중요한 요소는 역시 '그리스도 예수에 대한 온전하고 신실한 믿음'이다. 바울의 강조는 여기에 있다. 이것이 있기에 성령 안에서의 역사와 성령의 열매들이 가능해진다. 바울은 이것을 율법과 육체와 함께 대조해서 설명함으로 더욱 돋보이게 한다. 율법이나 할례는 그 효력이나 유익이 없는 반면에, 그리스도 예수 안에서 사랑으로써 역사하는 믿음은 참으로 비교되지 않을 만큼 크고 위대함은 예수 그리스도의 대속의 사역과 사랑의 말씀을 통해 왕성하게 이루어진 복음의 역사를 볼 때 알게 되는 것이다.

우리 그리스도인들과 신약 교회의 믿음은 오직 주님이 이루신 십자가를 통한 구속 역사, 그 위대한 사랑의 구속사에 기초하며 근거하는 것이다. 그래서 진정한 믿음의 성도는 오직 그리스도 예수의 사랑의 십자가만 자랑할 수밖에 없는 것이다.[213]

---

212) 갈 6:1-10.
213) 갈 6:14.

3. 갈라디아서 구조

1:1–5:1	**이신칭의의 복음 : 그리스도를 믿음으로 의롭게 됨**
1:1–5	인사
1:6–24	복음의 기원(사람에게서 아니라, 하나님에게서)
2:1–21	복음의 권위와 복음의 핵심(이신칭의)
3:1–5:1	율법 행위가 아니라, 믿음으로 의롭게 되는 복음에 대한 변론
3:1–14	율법과 아브라함의 믿음
3:15–22	은혜로 주신 하나님의 약속(언약)과 율법
3:23–29	율법(몽학 선생)과 예수 그리스도
4:1–11	율법의 종과 하나님의 유업을 이을 아들이다
4:12–20	거짓 선생들의 인간적 열심과 바울의 복음의 열정
4:21–5:1	계집종의 자녀와 자유하는 여자의 자녀
5:2–6:18	**이신칭의의 적용 : 복음 안에서 자유의 삶**
5:2–12	효력의 할례를 버리고 성령과 사랑으로 역사하는 믿음의 삶
5:13–15	이웃과 관계 : 사랑으로 섬기는 삶
5:16–26	육체의 소욕을 버리고 성령의 열매를 맺는 삶
6:1–10	성도와 관계 : 짐을 서로 지는 사랑과 선행의 삶
6:11–15	육체의 자랑이 아니라, 그리스도의 십자가만 자랑하는 성령으로 거듭난 새로운 삶
6:16–18	끝인사

에베소서(Ephesians)

하나님 나라의 정체성 : 풍성한 축복들과 거룩한 사명들

1. 정경적 배경

▶ 저자와 수신자

본서의 저자는 내증[214]에서 분명히 바울로 나타나고 있으며, 내용의 전개에서도 자신만의 독특한 형식(감사 인사, 내용, 결론, 끝인사)을 따르고 있고, 고대 전통(클레멘트, 폴리갑, 이레니우스 등) 역시 본서를 인용하고 있다. 하지만 튀빙겐 학파는 본서의 어휘와 문체가 바울의 다른 서신들과 달라서 골로새서의 확대판으로 주장하며, 따라서 디모데, 누가, 두기고 혹은 오네시모와 같은 바울의 제자나 추종자가 썼다고 가정하지만 본서 서두에서 분명히 저자의 이름을 명백히 밝히고 있으므로, 본서는 바울이 에베소 교회와 소아시아 지역의 그리스도인들을 위해 기록한 것으로 보인다.

▶ 기록 연대와 장소

두기고가 본서와 골로새서의 전달자이므로,[215] 골로새서와 거의 같은 시기인 A.D. 60년 초(아마 60-61년), 바울의 감금 때[216] 본서를 쓴 것으로 보인다. 기록 장소는 사도행전에 따르면 바울은 빌립보

---

214) 엡 1:1, 3:1.
215) 엡 6:21; 골 4:7-9.
216) 엡 3:1, 4:1, 6:20.

(16:23), 예루살렘(21:33), 가이사랴(23:25), 로마(28:16)의 감옥에 갇힌 적이 있어서, 어떤 학자들은 가이사랴나 혹은 에베소 등을 장소로 가정하지만 대부분의 학자들은 전통적으로 로마를 기록 장소로 보고 있다.

▶ 주제와 목적

본서의 주제는 '하나님 나라의 정체성 : 복과 사명'이다. 바울은 로마 감옥에 있으면서 골로새로부터의 이단 세력들이 에베소 교회를 위협한다는 내용을 전해 듣고, 두기고를 통해 이 경계의 서신을 전달했다. 바울은 에베소 교회가 하나님의 언약 교회로서 예수 안에서 구속의 은혜와 풍성한 사랑을 입은 사실에 대해 말해 주며, 또한 신자들로 하여금 그리스도 안에서 주어진 언약 백성으로서의 거룩한 사명(삶, 관계, 용사)을 잘 깨닫게 하기 위하여 본서를 기록하였다.

▶ 특징

1. 골로새서와 거의 내용이 흡사한 쌍둥이 서신이다.
2. '그리스도 안에서'라는 단어가 신약에서 가장 많이 언급되었다(35회).
3. 그리스도 안에서 '교회'(성도)의 연합과 평등을 강조한다.
4. 성령과 그리스도인의 강력한 영적인 삶에 대해 강조한다(참조. 6:10-17).

2. 내용 전개

언약의 주요 모티브
: 그리스도 안에서, 풍성, 거룩

에베소서는 하나님 나라(교회)의 언약적인 축복과 사명을 말하고 있다. 그것은 곧 그리스도 예수 안에서 언약적 관계로 주어진 하나님 나라의 풍성한 축복들과 거룩한 사명들이다.

하나님 나라의 축복은 그리스도 안에서 '풍성'이다(1-3장)

에베소서는 언약 교회가 주께 받은 축복과 사명의 선언문과 같다. 바울은 먼저 서신 초반부(1-3장)에서 에베소 교회의 풍성한 축복들에 대해 말한다. 바울은 가장 먼저 교회를 향하신 주님의 구속의 사랑에 대한 찬양으로 시작한다. 만세전에 우리를 그리스도 안에서 택하시고 거룩하게 하신 주님의 구속의 사랑과 은혜는 교회를 향한 주님의 모든 풍성한 축복들과 거룩한 사명의 기초와 근거가 된다. 그 구속은 곧 그리스도 안에서 주어진 그의 은혜의 풍성함과 주님의 피로 죄 사함 받은 거룩함의 뿌리인 것이다.[217]

그러므로 오늘날 언약 교회는 이 구속의 복음을 듣고, 믿어, 약속의 성령으로 인 치심을 받은 주의 기업(소유)이므로 (주의 뜻에 따라) 죄 사함을 받고 주의 영광을 찬양하는 사명이 있다.[218] 바울은 에베소 교회가 이 계시(주의 뜻, 구속)의 비밀을 알기 위해 교회에 지혜와 계시

217) 엡 1:3-7.
218) 엡 1:14.

의 영을 달라고 주께 기도한다. 계시의 영이 임하여 성도의 마음의 눈이 밝혀져야 비로소 부르심의 소망이 무엇이며, 기업의 영광의 풍성이 무엇이며, 우리에게 베푸신 능력의 크심이 어떤지를 알게 된다고 말한다. 우리를 교회로 부르사 주의 기업이 되게 하시고 이 교회를 향한 소망과 영광의 풍성함과 교회에 베푸신 크신 능력은 세상의 그것들보다 훨씬 뛰어나며, 결국 만물 위에 교회의 머리가 되신 주님은 그의 몸 된 교회 안에 충만하게 존재하신다.[219)]

바울은 이토록 풍성하게 베푸신 주의 구속의 은혜를 바탕으로 2장과 3장에서 주님이 교회에 베푸신 축복의 실례들을 언급하면서, 주의 구속의 은혜로 변화된 이방인의 신분 변화와 축복에 대해 말한다. 그 구체적인 실례들로서, 구속의 은혜로 인해 구원받은 이방인의 변화와 축복이다. 그리고 그것은 행위에서가 아닌 오직 주님의 말할 수 없이 지극히 풍성한 은혜에 기인한 믿음으로 주어지는 이신칭의의 변화와 복이기에 더욱 귀한 하나님의 선물이며 풍성한 축복이다. 또한 그 변화는 그리스도의 피로 말미암아 하나님과 화목되어서 이제는 성전으로 함께 지어져 가는 이방인의 변화와 축복이다.[220)]

아울러 그것은 복음으로 말미암아 그리스도 안에서 함께 상속자요 언약 백성으로 변화된 이방인의 변화와 축복이며, 또한 측량할 수 없는 그리스도의 풍성한 사랑을 입은 이방인의 변화와 축복이라고 바울은 강조한다. 전반부의 끝에서 바울은 에베소 교회에 임할 하나님의 영광의 풍성과 충만을 위한 기도로 마무리한다.[221)]

---

219) 엡 1:15-23.
220) 엡 2:1-22.
221) 엡 3:1-21.

하나님 나라 사명의 특징은 그리스도 안에서 '거룩'이다(4-6장)

본서의 전반부에서 주로 언약 교회의 풍성한 축복들에 대해 언급한 바울은 이제 후반부(4-6장)에서 언약 교회의 사명의 특징인 거룩에 대해 주로 언급한다. 바울은 여기에서 이 거룩의 특징을 거룩한 삶, 거룩한 관계, 거룩한 용사에 대한 3부분으로 나누어 설명하면서 거룩에 대한 보다 구체적이고 세밀한 의미를 제공해 준다. 바울은 먼저 그리스도 안에서, 그리스도로 인하여 풍성한 구속의 축복을 부여받은 언약 교회는 이제 그의 삶의 사명은 거룩이며, 거룩한 삶으로 나타나야 한다고 강조한다.

신약 백성의 특징은 과거 주님을 모르고, 주님과 상관없던 옛사람을 벗어 버리고, 주 안에서 성령으로 변화된 새사람을 입은 거룩한 삶으로 나타나야 한다.[222] 이렇게 그리스도 안에서 성령으로 변화된 새 언약 백성(새사람)의 거룩한 삶의 특징은 어떤 것인가? 한 분이신 하나님의 뜻대로 주 안에서 부르심의 한 소망을 따라 살고, 또한 이 한 가지 소망을 따라 주의 몸 된 교회를 세우고 섬기는 일에 있어서도 하나 되게 하는 사명(직분)을 수행하게 된다.

거룩한 삶의 특징은 무엇보다 구습을 좇는 옛사람을 벗는 것이고, 의와 진리의 거룩함으로 지으신 새사람을 입어 주 안에서 새롭게 사는 것이다. 그는 과거 세상 가운데 행했던 거짓과 악한 행실을 버리고, 이제 그리스도 안에서 덕을 세우며 주님처럼 서로 용서하는 용서의 삶을 산다.[223] 또한 그는 음행이나 탐욕과 같은 어둠의 모습을 버리고, 주 안에서 빛의 자녀로 행하며, 세상 사람과 같은 지혜 없는 모습

222) 엡 4:1-5:21.
223) 엡 4:1-32.

이 아니라 주의 신령한 뜻을 따라서 참으로 지혜로운 자로 살게 되는 것이다.[224)]

바울은 그리스도 안에서 풍성한 구속의 축복을 받은 언약 교회의 사명은 삶에서뿐만 아니라 주변 사람들과의 관계에서도 주 안에서 거룩한 관계로 나타나야 한다고 강조한다. 가정에서 부부의 관계도 그리스도와 교회와의 거룩의 관계를 표준 삼아서 서로 사랑하고 존경하는 거룩한 부부 관계로 나타나야 하며,[225)] 부모와 자녀의 관계도 주 안에서 순종하고, 주의 교훈과 훈계로 양육하는 믿음과 거룩의 관계로 나타나야 하며, 사회에서 종과 상전의 관계도 마찬가지이다. 주님을 표준으로 그리스도께 순종하듯 종은 성실한 마음으로 상전에게 순종하고, 상전은 그들 모두를 주관하시는 하늘의 주님이 계시기에 종들을 사랑의 마음으로 대할 것[226)]을 가르친다.

바울은 그리스도 안에서 풍성한 구속의 축복을 받은 언약 교회의 사명은 끝으로 영적 전쟁에서 싸워 이겨야 할 거룩한 용사로 나타나야 할 것을 말한다. 바울은 에베소 교회가 간사한 마귀와의 영적 전투에서 승리하기 위해서는 무엇보다 하나님의 전신 갑주를 입어야 한다고 강조한다.[227)] 영적 전투에서 거룩한 용사가 입어야 할 거룩한 갑옷은 곧 진리의 허리띠, 의의 흉배, 복음의 신, 믿음의 방패, 구원의 투구, 성령의 검, 기도와 간구이다.[228)]

그런데 바울은 이러한 거룩한 갑옷이 마귀와의 영적 전투에서 효과가 나타나기 위한 방편으로 거룩한 용사가 '주 안에서'[229)]와 '성령

224) 엡 5:1-21.
225) 엡 5:22-33.
226) 엡 6:1-9.
227) 엡 6:11, 13.
228) 엡 6:14-18.

안에서'[230] 즉 사탄을 이기시고 승리하신 주님을 의지하고 성령 충만하게 될 때 마귀를 이기고 승리하게 되는 진정한 거룩의 용사가 되는 비결을 제시하고 있다. 그러므로 신약 교회의 축복과 사명은 교회의 머리이신 그리스도 안에 존재할 때 영광스럽고 풍성한 복을 알고 누리며, 또한 사탄의 권세를 이기신 그리스도로 인하여 거룩한 백성의 삶과 관계와 용사로서의 진정한 의미가 주어지게 된다. 끝으로 바울은 안부와 함께 끝인사로 마무리를 짓는다.[231]

3. 에베소서의 구조

1:1-3:21	**하나님 나라(교회)의 풍성한 축복**
1:1-2	첫인사
1:1-23	**교회에 주어진 풍성한 축복의 근거** : 구속의 풍성한 은혜
1:3-14	교회의 축복과 사명의 근거 : 그리스도의 구속의 은혜와 속량
1:15-23	부르심의 소망, 기업의 영광의 풍성을 알기 위한 계시의 영
2:1-3:13	**교회에 주어진 풍성한 축복의 실례들**
2:1-10	구속의 은혜로 인해 구원받은 이방인의 변화와 축복
2:11-22	그리스도의 피로 하나님과 화목된 이방인의 변화

229) 엡 6:10.
230) 엡 6:18.
231) 엡 6:21-24.

와 축복

3:1-6 그리스도 안에서 상속자(언약 백성) 된 이방인의 변화와 축복

3:7-13 측량 못할 그리스도의 풍성한 사랑 입은 이방인의 변화와 축복

3:14-21 바울의 기도 : 교회에 임할 하나님의 영광의 풍성과 충만

4:1-6:24 하나님 나라(교회)의 거룩한 사명

4:1-5:21 **거룩한 삶** : 옛사람을 벗고, 그리스도 안에서 성령으로 변화된 새사람을 입으라

4:1-16 주 안에서 교회의 하나 됨을 위한 부르심과 사명

4:17-24 옛사람을 벗고, 주 안에서 의와 진리와 거룩의 새사람을 입으라

4:25-32 악한 일을 버리고, 주 안에서 덕을 세우고 서로 용서하라

5:1-14 음행과 탐욕을 버리고, 주 안에서 빛의 자녀로 행하라

5:15-21 지혜 없는 자같이 말고, 주님 뜻대로 지혜 있는 자같이 행하라

5:22-6:9 **거룩한 관계** : 가정과 일터(사회) 구성원과 관계 〈주 안에서〉 사랑, 존경, 순종, 섬김, 진실 등

6:10-20 **거룩한 용사** : 영적 전쟁에서 필요한 그리스도의 전신 갑주를 입으라
〈주 안에서, 성령 안에서〉 진리의 허리띠, 의의

	흉배, 복음의 신, 믿음의 방패, 구원의 투구, 성령의 검, 기도와 간구
6:21-24	안부와 끝인사

빌립보서(Philippians)

하나님 나라의 기쁨

1. 정경적 배경

▶ 저자와 수신자

바우어를 비롯한 자유주의 학자들은 본서의 바울 저작과 통일성을 의심하지만 추리에 불과하다. 고대 전통들(이그나티우스, 클레멘트, 폴리갑, 이레니우스, 터툴리안, 말시온 정경, 무라토리우스 정경)은 대부분 본서를 인용한다. 내증에서도[232] 저자가 바울 자신임을 밝히고 있으며, 무엇보다 본서에 나타나는 역사적 사실들이나 언어와 문체, 어조 등은 본서가 바울의 저작임을 강하게 시사해 줌으로, 맥기퍼트(McGiffert)의 다음의 말은 정확한 것이다. "이 서신의 순수성에 관해 회의를 일으킬 요소가 이 서신에는 아무것도 없다."

본서는 바울이 빌립보에 있는 그리스도인들을 대상으로 기록한 서신이다.

▶ 기록 연대와 장소

대부분의 학자들은 본서가 다른 옥중 서신들이 기록된 시기(A.D. 60-61년)보다 조금 더 늦게 기록되었다고 본다. 그렇다면 아마 60-62년경일 것이고 바울이 로마에서 1차로 수감되었다가 연금 생활 말기에

---

232) 빌 1:1, "그리스도 예수의 종 바울과 디모데는……."

본서를 썼을 것으로 추정된다.[233] 장소에 있어서 일부는 가이사랴 혹은 에베소라고 주장하지만 로마 저작을 암시하는 몇 구절[234]과 함께 전통적으로 로마를 지지한다.

▶ 주제와 목적

빌립보서의 주제는 '하나님 나라의 기쁨'이다. 바울은 자신에게 헌금을 보내준 빌립보 교회에 감사의 뜻을 전하면서, 자신의 투옥으로 인한 성도들의 염려와 빌립보 교회의 여러 문제들(분열, 율법, 유대교 등)에 대한 해결로서 그리스도와 함께하는 기쁨을 통해 참된 언약 교회의 모습(연합, 겸손, 참 지식, 평강 등)을 가지게 하고자 본서를 기록했다.

▶ 특징

1. '복음'에 대한 특별한 강조(1:5, 7, 17, 27, 4:3, 15, 6:12 등).
2. 바울 서신 중 가장 개인적이다('나'라는 단어가 52회 사용됨).
3. 그리스도인의 '기쁨'을 강조.('기쁨'이라는 단어가 18회 사용됨).
4. 그리스도인의 '생의 목적'이 강조(1:20, 3:10-11 등).
5. 빌립보 교회에 대한 바울의 인간적인 따뜻한 애정과 관심이 나타난다.

2. 내용 전개

언약의 주요 모티브 : 기쁨, 복음, 겸손, 지식, 평강

233) 빌 2:23-24.
234) 빌 1:13, 4:22.

빌립보서는 하나님 나라(교회)의 삶의 특징을 말하고 있다. 그것은 왕이신 그리스도와 함께 누리는 기쁨의 삶이다. 그런데 바울이 여기서 말하는 기쁨의 진정한 의미는 구체적으로 무엇을 뜻하는가? 단지 추상적이고 철학적인 의미에서의 기쁨인가? 그게 아니다.

바울은 본서에서 언약 교회가 누려야 하는(세상적이지도 혹은 막연한 추상적이지도 않은) 주님 안에서의 신령한 기쁨에 대한 분명하고도 확실한 근거와 이유에 대해 본서에서 각 장별로 4가지 특징으로 구분해서 말하고 있다. 어떤 상황에서도 그리스도인이 기뻐할 수 있는 분명한 근거와 이유는 다음과 같이 "그리스도의 복음, 그리스도의 겸손, 그리스도를 알아가는 지식, 그리스도의 평강" 때문이라고 말한다. 즉 복음이시며, 겸손하시며, 참 지식이시고, 참 평강이신 그리스도와 함께 누리는 기쁨과 행복이라고 사도는 말하고 있다.

그리스도의 복음 안에서 누리는 기쁨(1장)

바울은 그가 얼마나 빌립보 교회를 향한 남다른 애정을 가지고 있는지를 말하면서, "내가 예수 그리스도의 심장으로 너희 무리를 얼마나 사모하는지 하나님이 내 증인"[235]이라고까지 말한다. 이것은 빌립보 교회를 향한 그의 평소의 기도의 내용에 담겨져 있다. 바울이 이 교회를 향한 남다른 애정과 연모는 크게 2가지 방식 즉 '생각과 기도'로 표현되는데, 그는 그에게 특별한 이 빌립보 교회를 '생각할' 때마다 하나님께 감사하며, 또한 '기도할' 때마다 기쁨으로 항상 간구했다고 고백한다. 그 이유는 무엇 때문일까?

---

235) 빌 1:8.

그것은 빌립보 교회가 바울의 복음 사역에 신실하게 참여하고 지금까지도 복음과 함께 교제해 오고 있기 때문이다.[236] 한마디로 '복음' 때문이었다. 그리스도의 복음 사역에 동참해 온 빌립보 교회의 복음의 모습 때문에 바울은 하나님께 감사와 또한 교회를 향한 기쁨의 간구, 즉 그들의 사랑, 지식, 선한 분별력이 더욱 풍성하여서 예수 그리스도의 의의 열매가 가득하고 하나님의 영광(찬송)이 되기를 바라는 기도를 하기에 이른다.[237]

뿐만 아니라, 바울은 복음 사역에 있어서 빌립보 교회의 믿음의 진보를 기뻐한다고 말한다. 바울의 매임, 즉 그가 감옥 안에 갇힘이 오히려 복음의 진보가 되었듯이 빌립보 교회의 영적인 매임, 즉 어떤 이들은 선한 뜻으로 복음을 전파하고 또 어떤 이들은 다툼으로 복음을 전파하였지만 오히려 그리스도만을 전파하는 믿음(복음)의 진보가 되었던 것임을 강조한다. 그러기에 교회는 그리스도의 복음에 합당한 삶을 살아야 할 것임을 사도는 당부한다. 복음의 삶이란 곧 복음 신앙을 위하여 상호 협력하는 것과 대적자들로 인한 고난 앞에서도 두려워하지 않는 당당한 고난의 삶임을 말한다.[238]

그리스도의 겸손의 미덕 아래에서 누리는 기쁨(2장)

2장에서 사도는 '겸손'에 대해 말한다. 바울은 앞 장에서 '순전치 못하여 다툼으로 복음을 전파하는 어떤 이들'[239]과 '한마음 한뜻으로 복음 신앙을 위하여 협력할 것'[240]에 대해 말한 것으로 보아서, 빌립

236) 빌 1:3-7.
237) 빌 1:9-11.
238) 빌 1:12-30.
239) 빌 1:17.

보 교회 안에는 아마 (복음 전도하는 어떤 일로 인하여) 서로 다투고 분열하는 세력들이 있었음에 틀림없다.[241] 따라서 바울은 빌립보 교회가 그리스도 안에서 누려야 할 언약 교회의 소중한 축복인 기쁨에 대해 말하면서, 그것을 위해 그리스도의 '복음'에 이어서, 그리스도의 '겸손'이 참으로 중요한 요소임을 강조하고 있다.

언약 교회와 성도는 '하나님의 본체시나 종의 형체를 가지사 사람의 모양으로 나타나사 우리 위해 십자가에 대신 죽기까지 성부의 뜻에 복종하신 겸손하신 예수 그리스도의 겸손'의 미덕 아래에서 온전한 기쁨과 행복을 누릴 수 있는 것이다.[242] 사랑과 복음의 공동체가 한마음 한뜻이 되지 못하여 서로 다투고 교만한 가운데서 어떻게 진정한 기쁨의 역사가 나타나겠는가.[243] 먼저 남을 배려하는 겸손한 마음에서, 더 나아가 그리스도의 거룩한 구속의 겸손 안에서 세상의 허영이나 교만에 때 묻지 않고 또한 그것과 비교되지 않는 신령하고도 거룩한 기쁨, 참 기쁨과 만족을 누릴 수 있는 것이다.

이어서 바울은 빌립보 교회가 비록 자신이 없을 때에도 복음에 복종하는 겸손한 삶을 살 것을 당부하면서, 빌립보 교회의 믿음과 섬김 위에 드려지는 제물과 같은 수고를 감당한 바울 자신의 겸손에 대해 밝힌다.[244] 또한 빌립보 교회에 파송할 디모데에 대해 소개하면서 복음을 위한 그의 수고와 겸손한 인격에 대해 말하고,[245] 복음을 위해 자기 목숨을 돌보지 않을 정도로 수고하다가 병들었지만 하나님이

---

240) 빌 1:27.
241) 빌 4:2. 여기에 보면 그들은 '유오디아'와 '순두게'를 중심으로 한 두 세력이었을 것으로 짐작된다.
242) 빌 2:5-11.
243) 빌 2:1-4.
244) 빌 2:12-18.
245) 빌 2:19-24.

고쳐주사 살아난 에바브라디도의 겸손[246]에 대해 말하고 있다.

이것은 그리스도의 겸손을 바탕으로 복음 사역자들이 취해야 할 겸손의 모습에 대해 강조한 것이다. 나를 먼저 돌아보지 아니하고 남을 위하고, 교회를 위하고, 복음 전도 사역을 위하여 수고하고 병까지 든 사역자들의 겸손한 사역의 자세에는 그 중심에 우리를 위하여 십자가를 지시고 죽기까지 겸손하신 그리스도의 거룩한 구속의 겸손함이 바탕되어 있음을 알게 될 때, 오늘날 언약 교회와 성도의 겸손이 어떠해야 하고, 그로 인해 주어지는 참된 기쁨과 만족이 어떠한 것인가를 알게 된다.

그리스도를 아는 지식에서 누리는 기쁨(3장)

3장에서 바울은 지식과 기쁨에 대해 말한다. 그런데 여기서의 지식은 세상의 지식이나 율법의 지식이 아닌 그리스도 안에서의 지식이며, 그리스도를 아는 지식이다. 그리스도인들과 언약 교회는 세상의 그 어떤 지식 때문에 행복한 것이 아니라 모든 지식보다 뛰어나고 가장 고상한 지식인 주 예수 그리스도를 아는 복음의 지식을 통하여 참된 행복과 기쁨을 누리게 되는 것이다. 당시 율법과 할례를 통하여 의롭게 된다는 유대 율법주의의 잘못된 가르침에 대하여 바울은 그들을 개들과 행악하는 자들이라고 엄중히 경고하면서, 성령으로 봉사하고 그리스도 예수로 자랑하고 육체를 신뢰하지 않는 자신들이 곧 (참된) 할례파라고 말한다.[247]

바울은 이 진리를 자신의 경우를 들어서 강조하고 있다. 8일 만에

---

246) 빌 2:25-30.
247) 빌 3:1-3.

할례를 받고 이스라엘 족속이고 베냐민 지파요 히브리인 중에 히브리인이며 율법으로는 바리새인이며 열심으로는 교회를 박해하였고, (그랬기에) 율법의 의로는 흠이 없던 자기 자신이었지만, 그러나 그토록 자랑스럽고 신뢰할 만한 육체의 자랑을 그리스도를 위하여 해로운 것으로 여기고 다 배설물로 여겼다고 고백한다. 그 이유는 주 그리스도 예수를 아는 지식이 가장 고상하기 때문이며, 그렇기에 그러한 자신의 의는 자신이 가진 인간적인 율법의 자랑이나 '율법의 의'가 아니라 오직 그리스도를 믿음으로 말미암은 '믿음의 의'라고 고백하고 있다.[248]

이렇듯 육체적인 자랑이나 교만을 모두 내려놓았던 자기 자신이었기에, 바울은 '아직 잡은 줄로 여기지 아니하고, 오직 뒤에 있는 것(육체의 자랑)은 잊어버리고 앞에 있는 것(믿음의 의)을 잡으려고 푯대를 향하여 그리스도 예수 안에서 하나님이 위에서 부르신 부름의 상을 위하여 달려간다'고 겸손히 고백한다.[249] 바울은 이전의 고백에서 율법의 의와 믿음의 의가 이처럼 분명한 차이가 있듯이, 율법의 지식은 결국 십자가의 원수로 행하는 결과를 낳고, 그러나 반대로 구주 그리스도 예수를 소망하는 믿음의 지식은 결국 하늘의 시민권을 통한 구원의 소망을 갖게 된다는 분명한 대조를 또한 보여준다.[250]

세상과 육체의 지식들은 세상을 살아가는 하나의 방편에 불과하며 오히려 그것들은 우리를 피곤하고 지치게 하는 것들이 많은 것이 사실이다. 오직 고난과 죽음을 이기시고 부활하신 그리스도 예수 안에 주어지는 거룩한 지식들(믿음), 즉 구원과 부활의 능력과 영생의 소망

248) 빌 3:4-10.
249) 빌 3:11-16.
250) 빌 3:17-21.

만이 우리에게 온전한 기쁨과 소망과 행복을 누리게 한다.

그리스도의 평강 안에서 누리는 기쁨(4장)

4장에 와서 사도는 평강과 기쁨에 대해 말한다. 여기서의 평강은 세상적인 기준이나 혹은 환경에 따라 변하는 평강이 아니다. 이것은 주님 안에서 언제나 변함없는 참된 평강과 화평이다. 바울은 당시 빌립보 교회 안에서 불화한 관계로 있었던 두 명의 실력자의 이름(유오디아, 순두게)을 언급하면서 그들이 주 안에서 같은 마음을 품음으로 평화할 것을 요구하고 있으며, 더 나아가 빌립보 교회가 그 두 여인들의 일(복음 전도)을 도와 복음 안에서 화평한 관계를 맺으며, 또한 글레멘드와 다른 바울의 복음 동역자들과도 복음 사역 안에서 화평한 관계를 맺을 것을 당부한다.

사역자들 간에도 서로 주님(복음) 안에서 평화하고, 또 교회도 복음 사역자들을 돕는 일을 통한 평화의 관계일 때, 교회와 사역자는 상호 진정한 기쁨과 행복을 누리게 되는 것이다. 그러나 사역자들 간에 다투고 불화한 관계에서는 결코 어떤 기쁨이나 행복도 기대할 수 없고, 단지 갈등과 다툼으로 인한 염려와 근심만이 나타나게 될 것이다. 따라서 바울은 이런 배경하에서 교회에 당부하기를, 성도 간에 염려와 갈등을 버리고, 오직 주 안에서 〈사람들과〉 양보(관용)하고, 주 안에서 〈하나님과〉 감사의 기도 생활을 하여, 하나님의 평강이 임하게 될 것을 가르친다.[251]

바울은 나아가 개인적으로 항상 기뻐할 수 있는 기쁨의 삶의 비결을

---

251) 빌 4:1-9.

고백하면서, 자기 자신은 아무런 능력이 없지만 오직 능력의 주 안에 있게 될 때 모든 것을 할 수 있기에[252] (능력의) 주 안에서 크게 기뻐한다고 고백한다. 능력 주시는 자 주님과 하나님 안에 있을 때(평강의 관계가 이루어질 때), 그럴 때 풍부와 궁핍의 어떠한 환경과 형편에서도 만족하며 자족할 수 있는 진정한 기쁨(행복)을 누릴 수 있게 된다는 복된 원리를 제공해 준다.[253]

끝으로 바울은 빌립보 교회가 자신의 선교 사역에 물질로 동참한 것을 언급하며, 격려와 칭찬과 함께 하나님의 복을 빌어준다.[254] 불신자들이 주님 앞으로 돌아와서 하나님과 화평하고 구원받는 평화의 사역에 물질로 동참하는 선교 헌금은 위대한 복음 사역에 동참하는 평강을 위한 선교 사역이며, 그러기에 이 일은 무엇보다 하나님을 기쁘시게 한 것이라고 바울은 극찬을 아끼지 않는다.[255] 언약 교회가 추구해야 하는 참된 기쁨과 행복은 상황에 따라 변하는 세상의 평강으로부터 오지 않는다. 잠시 왔다가 다시 사라지고 또다시 분쟁과 갈등이 나타나게 된다.

그러나 모든 능력의 근원이신 주님 안에서의 평강을 얻게 될 때, 어떤 상황에서도 결코 변치 않는 영원한 행복과 기쁨으로 충만하게 되는 것이다. 사역자들 간에도, 사람들과 사이에서도, 어떤 환경 가운데서도, 심지어 물질의 사용조차도, 부활의 권능으로 세상을 이기시고 승리하신 모든 능력의 주 예수 그리스도 안에서 (비록 우리는 부족하고 연약할지라도), 온전히 자신을 순종의 제물로 드려 우리를 성부와 화평하게 하시고, 성령 안에서 교회가 연합하게 하신 부활의 주님의 권능

252) 빌 4:13.
253) 빌 4:10-13.
254) 빌 4:14-20.
255) 빌 4:18.

안에서, 우리는 어떤 형편에서도 서로 기뻐하며 모든 일에 자족하는 참된 기쁨의 삶을 누릴 수 있게 되는 것이다.

3. 빌립보서의 구조

1장 그리스도의 복음 안에서 누리는 기쁨

1:1-2	첫인사
1:3-11	기쁨. 복음 안에서 참여와 교제
1:12-26	복음의 진보
1:27-30	복음에 합당한 삶(복음 신앙위한 협력과 고난)

2장 그리스도의 겸손 안에서 누리는 기쁨

2:1-4	기쁨. 겸손의 미덕
2:5-11	그리스도의 겸손
2:12-18	바울의 겸손
2:19-24	디모데의 겸손
2:25-30	에바브라 디도의 겸손

3장 그리스도를 아는 지식의 기쁨

3:1-16	기쁨. 그리스도를 아는 지식의 고상함 (의의 믿음) 그리스도인의 의-율법이 아닌, 그리스도의 믿음
3:17-21	율법의 지식-십자가의 원수로 행함 믿음의 지식-하늘의 시민권을 가짐

4장 그리스도의 평강 안에서 누리는 기쁨

4:1-3	기쁨. 동역자들과 평강-주 안에서
4:4-9	평강을 위한 기도-주 안에서
4:10-13	모든 일에 평강-주 안에서
4:14-20	평강의 선교 사역-그리스도 안에서 축복
4:21-23	끝인사

골로새서(Colossians)

하나님 나라의 머리(왕)와 몸(교회)의 탁월함

1. 정경적 배경

▶ 저자와 수신자

독일의 튀빙겐 학파와 불트만 학파 등은 본서에 대한 바울의 저작을 의심하였는데, 그것은 본서에 나타나는 반영지주의적 교리, 다른 바울 서신들과의 신학적 차이, 단어와 문체의 차이 등의 이유를 들지만 설득력이 희박하다. 2세기 이전에도 영지주의와 유사한 사상이 존재하였고, 그리스도의 선재론은 다른 바울 서신(참조. 빌립보서)에도 나타나며, 무엇보다 본서의 특별한 주제와 골로새의 이교도에 관하여 저자는 새로운 단어들이 필요했을 것이다. 이그나티우스, 터툴리안, 오리겐 등의 교부들은 본서를 바울의 저작으로 인정하였고, 내용에서도[256] 저자를 바울 자신이라고 밝히고 있다. 바울은 본서를 두기고와 오네시모 편으로[257] 대부분 이방인들로 구성된 골로새 그리스도인들에게 보내었다.

▶ 기록 연대와 장소

바울이 로마의 감옥에 투옥(A.D. 61-63년)되던 대략 A.D. 60년 초(60-61년)에 기록되었으며, 장소는 로마로 보인다. 바울의 동료들은

256) 골 1:1, 23, 4:18.
257) 골 4:7-9.

에베소 옥중보다는 로마가 아마 출입이 훨씬 자유로웠을 것이며, 다른 옥중 서신들의 배경과의 연계에서도 로마가 유력하다.

▶ 주제와 목적

본서의 주제는 '하나님 나라의 머리와 몸의 탁월함'이다. 바울은 골로새 교회가 비록 자신이 직접 세운 교회는 아니었지만('에바브라'의 설립 추정), 이 교회에 침투한 이단 사상들(유대교, 영지주의, 금욕주의 등)에 맞서서 그리스도와 그리스도의 교회가 그것들보다 훨씬 더 우월하므로, 이에 교회는 타락한 세상과 달리 믿음의 터 위에 굳게 서며(1:23), 모든 면에서 거룩하고(3-4장), 복음으로 자라고 열매 맺도록(1:10) 하고자 기록했다.

▶ 특징

1. 55개 이상의 단어들이 에베소서와 매우 흡사하다.
2. 이교도에서 사용된 용어들(지식, 충만 등)을 통해 영지주의와 혼합종교의 사상을 강하게 비판한다.
3. 구약의 인용이 나타나지 않는다.
4. 신약 중에서 가장 수준 높고 탁월한 기독론을 소개하고 있다.

2. 내용 전개

언약의 주요 모티브 : 복음, 교회, 머리, 몸, 그리스도, 탁월

본 서신은 앞서 에베소서와 매우 흡사한 단어와 특징들을 가지고

있다. 둘 다 전반부는 그리스도의 사역과 교리에 관한 내용으로 후반부는 그리스도인(교회)의 사명과 역할에 대한 것으로 기록되었다는 점이다. 그러나 차이점은 에베소서의 핵심은 교회의 관점(교회론, 즉 교회의 풍성한 축복들과 교회의 사명)에 집중되어 있는 반면, 본서는 기독론(그리스도의 사역과 그리스도로 인한 결과)에 보다 많은 관심을 보이고 있다는 점이다.

앞서 밝혔듯이, 본서는 사도 바울의 저작으로 당시 유행하던 영지주의의 이단적 가르침에 비해 신약 교회의 핵심 교리인 그리스도의 사역과 능력이 그것들보다 비교할 수 없을 만큼 더욱 우월하고 탁월하다는 것을 강조하기 위해 기록한 것인데, 곧 교회의 머리이신 그리스도의 탁월하심과 교회의 몸인 그리스도인의 탁월함에 대해 강조하고 있다.

하나님 나라의 머리이신 그리스도의 탁월성(1-2장)

바울은 본서의 전반부인 1장과 2장에서 교회의 머리이신 그리스도의 탁월하심에 대해 말하면서 가장 먼저 골로새 교회가 받은 복음에 대한 말로 시작한다. 바울은 골로새 교회가 그리스도의 신실한 일꾼인 에바브라에게 그리스도의 복음을 듣고 배웠기에, (그 결과) 그리스도 예수 안에서 교회의 믿음과 사랑의 모습들을 에바브라를 통해 전해 듣고 하나님께 감사한다는 고백을 한다. 골로새 교회의 믿음과 사랑은 곧 그리스도의 탁월한 복음의 결과였다는 것이다.

이어서 바울은 골로새 교회가 복음의 열매가 더욱 풍성히 자라도록 아낌없는 축복 기도(신령한 지혜, 총명, 열매, 능력, 기쁨, 인내, 기업……)를 쏟아 부은 후에, 골로새 교회가 받은 복음의 핵심과 그러한 변화의 원인이신 그리스도가 어떤 분인지에 대해 구체적으로 말하기 시작한다. 그분은 바로 우리의 구속주이시고 또한 만물의 창조자이시며 몸인 교회의 머리가 되신 분으로서, 십자가에 죽으사 (하나님과) 화평을 이루신 탁월하신 그리스도이시라고 말한다. 바울은 이것이 바로 만민에게 전파된 복음이요, 바울 자신 또한 이 복음의 일꾼이기에, 이 복음 위에 너희의 믿음과 소망이 흔들리지 말 것을 당부하고 있다.[258)]

또한 바울은 복음의 일꾼으로서 일한 자신의 수고를 말하면서, 각 사람들에게 복음을 전하고 가르친 핵심은 만대로부터 감추어진 비밀이신 그리스도에 대한 것이며, 그 안에서 무엇보다 탁월한 지혜와 지식의 모든 보화가 숨겨져 있다고 말한다.[259)] 그러므로 바울은 참 지식과 지혜의 보화가 숨겨 있는 그리스도 안에서 행하고 그 안에 뿌리를 박고 세움을 받아 믿음에 굳게 서서 감사함을 넘치게 할 때, 세상의 지식이나 헛된 속임수(영지주의)에 빠지지 않게 된다고 가르친다. 그리스도는 잘못된 유대 율법 증서나 헬라의 철학들이나 세상의 정사와 권세들을 당신의 십자가와 부활로서 그것들을 무력화하시고 승리하신 참으로 탁월하신 주님이시다.[260)]

이어서 바울은 세상의 먹고 마시는 일과 절기 지킴과 천사 숭배는 머리를 붙들지 아니한 그림자이며 헛된 것이라고 책망하고, 그리스도가 탁월하게 몸의 실체이며 머리이신 것을 가르친다. 따라서 바울은 세상의 것들에 비해 탁월하신 그리스도를 따르는 언약의 교회는 세상의 초등 학문에서 그리스도와 함께 죽었기에 더 이상 세상의 하등한 규례들을 따라서는 안 된다고 경고한다.[261)]

---

258) 골 1:3-23.
259) 골 1:24-2:5.
260) 골 2:6-15.
261) 골 2:16-23.

하나님 나라의 몸인 교회의 탁월성(3-4장)

본서의 전반부(1-2장)에서 세상의 하등한 초등 학문들에 비해 월등히 탁월하신 그리스도에 대해 교리적이고 실제적인 교훈을 한 바울은, 이제 후반부(3-4장)에서는 전반부를 토대로 기독론의 적용을 말한다. 즉 세상 것들에 비해 탁월한 그리스도를 믿고 따르는 주의 언약 교회 역시 세상의 삶에서 우월하고 탁월한 모습으로 살아야 하며, 그에 대한 구체적이고 실제적인 삶에 대한 교훈과 적용을 말한다. 바울은 이것을 논리적으로 점점 확대 적용해 나간다. 처음에는 각 개인이 가져야 할 생각에서부터 출발하여 다음에 행실에 대해, 그러고는 가정과 일터와 거룩한 사명에서의 삶의 자세에로까지 점점 확대 적용해 나가고 있다.

먼저 언약 교회와 성도로서 갖추어야 할 기초요 기본은 생각이다. 바울은 부활하사 하늘 보좌에 계신 그리스도를 따르는 영적 공동체인 언약 교회는 당연히 땅에 생각을 버리고 하늘의 생각, 영적인 생각을 품을 것을 가르친다.[262] 이어서 생각의 결과인 행동과 행실에 대해 바울은 말하면서, 음란과 탐욕 등의 옛사람의 행실에 비해 우월하고 탁월한 새사람의 행실로서 긍휼과 겸손과 용서와 사랑과 평강의 삶을 살아야 한다고 가르친다.[263]

이어서 바울은 가정과 일터와 사명의 삶에서의 거룩한 모습에 대해 가르치면서, 가정에서는 사랑과 복종과 순종의 모습으로,[264] 일터에서는 순종과 성실과 의와 공평의 모습으로,[265] 전도와 선교를 위한

262) 골 3:1-4.
263) 골 3:5-17.
264) 골 3:18-21.
265) 골 3:22-4:1.

사명의 모습에서는 기도와 지혜와 은혜의 말로 옛사람에 비해 탁월한 새 언약 교회의 거룩하고 변화된 삶을 살아야 한다고 가르친다.[266] 바울은 마지막으로 자신의 동역자들을 소개하며 문안 인사로 끝을 맺는다.[267]

3. 골로새서의 구조

1-2장 : 하나님 나라의 머리이신 그리스도의 탁월하심

1:1-2	첫인사
1:3-8	골로새 교회의 믿음과 사랑 - 그리스도의 탁월한 복음
1:9-23	구속주, 창조주, 교회의 머리이신 그리스도의 사역 - 십자가의 피로 화목을 이룬 탁월한 그리스도의 사역
1:24-2:5	만대에 숨겨져 온 탁월한 비밀의 영광 - 지혜와 지식의 모든 보화이신 그리스도
2:6-15	그리스도 안에서 뿌리 박아서, 헛된 속임수에 빠지지 말라 - 율법, 철학, 정사, 권세를 십자가와 부활로 승리하신 그리스도
2:16-19	음식, 절기, 천사 숭배는 몸의 그림자요 헛된 것을 붙드는 일

266) 골 4:2-6.
267) 골 4:7-18.

	– 온몸의 실체이며 머리이신 탁월한 그리스도
2:20–23	그리스도의 교회는 세상 초등 학문에서 그리스도와 함께 죽음

3–4장 : 하나님 나라의 몸인 교회의 탁월함

3:1–4	위의 것을 생각하고 땅의 것을 생각지 말라
3:5–11	옛사람의 행실 : 음란, 부정, 사욕, 정욕, 탐욕
3:12–17	새사람의 행실 : 긍휼, 겸손, 인내, 용서, 사랑, 평강
3:18–4:6	가정과 일터와 사명에서의 거룩
3:18–21	가정에서의 거룩 : 사랑, 복종, 순종
3:22–4:1	일터에서의 거룩 : 순종, 성실, 의와 공평
4:2–6	전도(선교)를 위한 거룩 : 기도, 지혜, 은혜의 말
4:7–18	바울의 동역자 소개와 끝인사

데살로니가전서(1Thessalonians)

하나님 나라의 종말론적 복음의 삶

1. 정경적 배경

▶ 저자와 수신자

19세기 일부 급진 자유주의 학자들(튀빙겐 학파 등)이 본서의 교리적이고 해석적인 문제를 빌미로 바울의 저작권을 부인하며 그 시기를 후대로 정하려 했지만 널리 받아들여지지 않는다. 하나님의 영감을 저버린 인본주의 관점은 인본주의 결과만 찾으려고 안달한다. 2장 14-16절 등의 해석도 사도행전의 배경과 함께 넓게는 다른 유사 본문들과의 관계에서 종합적으로 주의 깊게 판단되어져야 한다.

데살로니가전후서에 중복된 종말론적이고 교리적인 내용과 정도의 차이는 얼마든지 있을 수 있다. 기록 당시 저자가 가지고 있는 여러 가지 정보와 영적(심적) 상태에 따라 두 서신에 대한 주제와 교리적 강조가 다르게 표현될 수 있는 것이다. 그것은 전적으로 성령의 필요나 요구에 의해 얼마든지 다른 각도와 표현으로 다르게 강조될 수 있는 문제이다.

바울 서신들에 나타나는 교리적이고 신학적인 가르침은 각기 다르게 표현되어 있지만 모두 바울의 작품이다. 외증도 이를 뒷받침한다. 다디케, 이그나티우스, 말시온 정경, 무라토리우스 정경, 이레니우스, 터툴리안 등이 본서를 널리 인용하였고, 알렉산드리아의 클레멘트는 본서를 바울의 저작으로 밝힌 최초의 인물이다. 내증 역시 분명하다. 1장 1절, 2장 18절에 기록자를 바울 자신이라고 밝힌다. 사도라고 밝히지 않은 점은 특별한 친밀성 때문이었을 것이다.

본서(2:2, 17, 3:4)와 사도행전(16:22, 18:5, 17:5)의 사건의 일치점들(2:2, 17, 3:4)뿐만 아니라, 특히 3장에서 저자와 디모데와의 밀접한 관계에서의 사건의 진행은 저자가 바울임을 확실히 말해 주며, 성경 자체의 보다 폭넓은 계시-역사적인 관점에서 볼 때 본서의 문체나 역동성, 교리적 탁월함 등은 분명 바울의 작품임을 말해 준다.

▶ 기록 연대와 장소

데살로니가 지역에서 복음을 전한 내용은 사도행전 17장 1–9절에 나타나며, 보다 넓은 배경은 사도행전 15장 36절–18장이다. 바울은 2차 전도 여행 출발 시 바나바와 헤어진 후 실라와 디모데를 데리고 마게도냐 지방을 순회하던 중 첫째 성인 빌립보를 전도한 후에, 두 번째 큰 도시인 데살로니가에 들어가서 그곳 회당에서 복음을 전하자 다수의 이방인 개종자들을 얻게 되었다. 그러자 이를 시기한 유대인들의 방해로 소동이 일어났고, 바울과 실라를 잡으려 했으나 잡지 못하고 바울 일행을 접대한 야손 일행이 대신 붙잡혀 고초를 겪고 풀려난다(행 17:1–9).

이후 바울과 실라는 베뢰아로 피신했지만 데살로니가 유대인들의 집요한 추적과 방해로 바울은 실라와 디모데에게 아덴에서 만나기로 하고 먼저 아덴으로 떠난다(행 17:10–16). 이후 바울은 실라와 디모데를 아덴에서 재회하고, 디모데를 데살로니가로(실라는 마게도냐로) 보내며(3:1–2), 이후에 아덴 사역을 마친 바울은 고린도에서 그들과 재회하는데(행 18:1–5), 고린도에서 디모데가 전해 준 복음의 반가운 소식

(3:5-10)에 대한 답장으로 본서를 기록하였을 것으로 보인다.

기록 연대는 당시 총독 갈리오의 재임 시점(50-54년)과 바울이 갈리오 앞에서 재판받던 시점(행 18:12, 1년 6개월 이후)을 종합해서 고려한다면, 디모데가 고린도에 돌아온 직후에 썼을 것인데, 대략 51-52년 어간에 고린도에서 기록한 것으로 짐작된다.

▶ 주제와 목적

주제는 '하나님 나라의 종말론적 복음의 삶'이다. 바울은 데살로니가 지역을 전도할 때 비록 오래 머물지는 못했지만(유대인들의 박해 때문) 남다른 애정을 가지고 자급자족하면서 최선을 다해 복음을 전했다. 바울은 자신이 떠난 후에 염려 가운데 있었지만 디모데를 통해 듣게 된 복음의 좋은 소식으로 인해 기뻐했다(1:3-10). 하지만 여전히 기독교 신앙을 박해하는 유대교의 위협과 또 이교도적 삶의 환경 가운데 처한 고난 받는 성도들을 향한 믿음의 격려와 소망을 주고자 본서를 기록했다.

바울은 데살로니가 교회 복음 사역을 위해 수고한 자신의 고난을 언급하면서, 동시에 유대인들로부터 믿음의 고난을 겪고 있는 데살로니가 교인들을 위로하고 격려한다(2-3장). 이교도적 악한 삶의 환경 가운데서 가져야 할 복음적인 삶의 원리들을 제시하고(4:1-12), 또한 잘못된 재림관(2:9, 4:11, 5:14)에 대하여 성경적 바른 부활과 재림관을 제시한다(4:13-5:11). 그리함으로 복음 안에서 누려야 할 바른 종말론적 소망과 신앙을 갖게 하는 목적으로 기록했음을 내용을 통해 알게 된다.

▶ 특징

1. 신약성경 중에서 가장 일찍 기록된 서신이다.

2. 종말론적 재림 사상과 교리가 탁월하다. 본서 전체에 재림에 관한 종말론적 교훈이 두루 나타난다(1:10, 2:17, 3:13, 4:13-18, 5:1-11, 23).
3. 이신칭의의 체계적 교리가 나타나지 않음으로 봐서 바울의 초기 작이며 갈라디아서보다 이른 시기에 저작된 것으로 보인다.

2. 내용 전개

언약의 주요 모티브 : 교회, 종말, 거룩, 사랑, 근신, 소망

본서는 비록 하나님 나라(교회)가 세상에서 고난 가운데 처해 있을지라도 복음 안에서 누리는 위로와 소망을 가져야 함을 보여준다. 그것은 곧 현재의 고난 속에서도 장차 임할 주의 재림을 소망하며 살아야 할 종말론적 신앙(소망)의 삶을 말한다.

하나님 나라의 종말론적 신앙의 태도(1-3장) :
고난 가운데서도 복음으로 인해 나타나는 위로와 종말론적 소망

바울은 본서의 전반부(1-3장)에서 데살로니가인들에 대한 관심과 사역에 대해 언급하면서 그들을 향한 격려와 또한 염려도 동시에 말한다. 당시에 바울의 애정 어린 소아시아 여느 교회들(에베소 교회, 빌립보 교회 등)처럼 데살로니가 교회를 향해서도 바울은 남다른 기억을 담아서 하나님께 감사 기도를 한다고 말한다.[268]

바울은 이 교회가 예수 믿기 이전에 우상을 섬긴 이방인이었고 또한

그러기에 많은 환란이 있었지만, 그런 가운데서도 바울의 전한 복음을 성령의 기쁨으로 듣고 하나님께로 돌아와서 믿음의 역사를 일으키고, 사랑의 수고와 주 예수에 대한 소망의 인내를 가진 좋은 믿음의 교회로 자라나서 마게도냐와 아가야 지방에 모든 믿는 자들의 본이 되었다. 나아가 이 교회의 믿음의 소문이 각처에 퍼져서 이 교회에 나타난 복음의 증거들(회개, 참되신 하나님을 믿음, 죽은 자들 가운데서 다시 살아나신 그의 아들이 하늘로부터 강림하실 것, 장래의 노하심에서 건지실 예수)의 소문들이 계속 퍼져 나가고 있음에 대해 칭찬해 주고 있다.[269]

여기서의 핵심은 교회의 인간적인 부흥과 물리적인 변화에 있지 않다. 핵심은 이방인을 불러 교회로 삼으시고 믿음의 역사를 일으키신 복음과 성령의 능력에 있으며 그 중심에 '장래의 노하심에서 우리를 건지시는 예수'가 있다. 예수의 복음의 위력은 참으로 놀라운 변화와 진보(믿음의 역사, 사랑의 수고, 소망의 인내)를 나타낸다.

2장에서 바울은 이 놀라운 복음의 변화와 진보는 특별히 고난의 상황과 현장에서 나타나게 되었음을 말한다. 고난 가운데서 낙심하고 실패한 것이 아니라 예수의 복음으로 인하여 오히려 위로와 소망의 진보를 얻게 되었다고 말한다. 2장에서 바울은 이러한 놀라운 복음의 진보와 변화가 있기까지 전도자(바울)와 피전도자(데살로니가 사람들)의 삶의 과정과 형편에 대해 설명해 준다.

먼저 바울은 전도자 자신의 형편과 처지에 대해 말하면서, 앞서 빌립보 지역에서 당한 고난과 수고처럼 이 데살로니가 지역에서도 비슷한 수고와 고초가 있었다고 언급한다.[270] 바울은 데살로니가 지

268) 살전 1:2.
269) 살전 1:2-10.
270) 살전 2:1-2.

역 전도 사역에 있어서 인간적인 수단이나 방편, 즉 간사함, 부정, 속임수 등을 조금도 사용치 않았다. 바울의 전도 팀은 사람을 기쁘게 하려는 아첨이나 탐심의 말을 하지 않았고 오직 하나님을 기쁘시게 하기 위해 복음을 당당히 외쳤다. 이렇게 사람 눈치 보지 않고 우상 섬기는 지역에서 우상의 죄를 지적하고, 회개를 촉구하고, 예수의 복음을 당당하게 전도했으니, 그 지역 사람들로부터 또한 지역 유대 율법주의자들로부터의 핍박이 얼마나 심했겠는가!

나아가 바울의 전도 팀은 데살로니가 사람들에게 물질적인 피해를 주지 않기 위하여 밤낮으로 일하면서 무보수로 순수 복음 전도 사역을 감당하였다. 그러니 전도 사역에 있어서 실제 그들의 생활이 얼마나 궁핍했으며, 재정적인 여러 부분에서 얼마나 수고와 애로가 많았겠는가![271] 하지만 바울은 데살로니가 사람들을 위한 그러한 고난과 수고가 오히려 재림의 주님 앞에서 자신들의 자랑과 기쁨이며 또한 하나님이 알아주시리라 믿는 종말론적 소망이라고 고백한다.[272]

자신의 고난과 수고에 대해 언급한 다음 바울은 이어서 데살로니가 사람들이 당한 고난과 고초에 대해 언급한다. 바울은 이것에 대해 언급하기를, 마치 유대에 있는 하나님의 교회들이 동족 유대인들로부터 고난을 받은 것처럼 데살로니가 사람들도 그들의 동족들로부터 고난을 받았다고 언급한다. 복음으로 인한 새로운 삶의 질서와 변화는 그들의 동족인 헬라인들로부터 비난과 왕따를 당하는 아픔과 고난이었다.

하지만 이것은 예수로 인한 복음의 새롭고 놀라운 축복과 변화를 경험한 사람에게는 누구나 겪는 당연한 것임을 바울은 언급하여 그들

---

271) 살전 2:2-12.
272) 살전 2:19-20.

을 격려하고자 한다. 주 예수님과 선지자들도 동족 유대인들에게 죽임의 고난을 당했고, 또한 바울 전도 팀들도 동족 유대인들로부터 복음을 전하지 못하도록 쫓겨다니는 고난을 겪고 있다고 말하면서, 또한 그렇게 복음 사역을 반대하고 핍박하는 자들(유대인들)에 대해 하나님의 진노하심이 임하게 될 것을 말해 주어 고난 가운데 있는 이들의 복음의 신앙을 격려하며 소망의 신앙을 주고자 한다.[273)]

바울은 또한 2장 후반부와 3장에서 데살로니가 교회를 향한 간절한 애정을 다시 한 번 더 나타낸다. 바울은 복음의 방해자와 핍박자들로 인해 데살로니가 교회에 오래 머물지 못하고 교회를 떠나온 후 다시 교회를 방문하기를 열정적으로 원했지만, 사탄의 방해로 인해 그곳에 다시 가지를 못했다. 하지만 사탄(핍박자)의 방해와 그로 인한 바울의 전도 팀의 고난이 있었지만 그것으로 끝이 아니었다. 바울은 데살로니가 교회를 복음 가운데 굳건하게 하고 그들의 믿음에 대해 위로와 소망을 주고, 그들 중에 아무도 환란 중에 흔들리지 않도록 하기 위해 자기 대신 디모데를 파송하였다.

뿐만 아니라, 바울은 파송 받은 디모데가 돌아와서 전해 준 사랑과 애정의 보고를 통해 또한 위로를 받았다고 고백한다.[274)] 사도와 교회는 이같이 애절한 만남과 교제에 있어서 어려운 여건과 환난 중에도 피차간에 상호 위로를 주고받는 복음의 진보가 있었다. 이어서 바울은 본 교회를 향한 사랑의 중보 기도를 통해서도 복음 안에서의 위로와 종말론적 소망을 주고자 한다.[275)]

273) 살전 2:13-16.
274) 살전 2:17-3:10.
275) 살전 3:11-13.

하나님 나라의 삶과 죽음에 대한 종말론적 태도(4-5장)

바울은 본서의 후반부(4-5장)에서 삶과 죽음에 대한 언약 교회의 종말론적 태도와 결단에 대해 언급한다. 먼저 바울은 4장 전반부(1-12절)에서 언약 교회가 취해야 할 '삶에 대한 종말론적 태도와 결단'에 대해 세 가지로 언급한다. 즉 '거룩'과 '형제 사랑'과 '근면 성실'이다.

바울은 당시 성행위가 수반된 헬라의 신전 의식이 보편화된 영향으로 사회 전반이 성적으로 문란했던 헬라 사회 속에서 살아가던 데살로니가 교회를 향하여 음란을 버리고 거룩해야 할 것을 권면하면서, 부부 관계에서 또한 다른 가정과의 관계에서도 성결해야 하고, 이를 저버리는 행위는 성령을 주신 하나님을 저버리는 일이라고 엄히 경고하고 있다. 바울은 또한 지금까지 형제 사랑의 실천을 잘 행하고 있는 데살로니가 교회를 칭찬하면서 앞으로 더욱 이 일에 힘쓰라고 격려하고 있다.[276)]

뿐만 아니라 바울은 데살로니가 교인들이 그들이 처한 환경과 삶이 신앙적으로 영적으로 마치 주의 재림의 때와 같은 역경과 고난이라고 해서 들뜬 마음으로 생업을 포기하거나 소홀히 하여 불신자들에게 좋지 않은 인상을 주지 말고, 맡겨진 생업의 일에 근면 성실히 임하여 외부인들에게도 좋은 인상을 주고 생활에도 궁핍이 없도록 하라고 권면한다.[277)] 바울은 이러한 명령을 주 예수의 복음으로 말미암아 이미 저들에게 가르쳤던 바라고 말한다.[278)]

하지만 저들이 이미 바울을 통해 이 복음을 전해 들었다 하더라도

276) 살전 4:1-10.
277) 살전 4:11-12.
278) 살전 4:2.

이 명령을 지킨다는 것은 결코 쉬운 일이 아니었다. 왜냐하면 그들이 예수 믿기 이전에 속해 있었던 이방 사회의 문화와 전통을 저버리는 일은 저희들의 삶의 기반이요 터전인 사회의 동족과 친구 친척들로부터 핍박과 고난을 자처하는 일이었다. 하지만 바울을 통하여 주 예수의 복음을 듣고 배움으로 깨달은 더욱 중요한 사실은, 하나님이 저희를 부르심은 거룩하게 하심이요, 하나님의 거룩한 사랑을 바탕으로 형제자매가 서로 사랑해야 하는 것이며, 처한 환경이 재림의 시대와 같이 환란과 역경의 때라고 해서 주어진 삶과 일을 등한히 해서는 안 되고 주어진 삶에 최선을 다해 근면 성실히 임하는 것임을 깨달았다.[279)]

성적으로 음란한 헬라 사회의 이방 문화와 전통 가운데서 주 예수의 거룩의 복음을 통해 거룩한 백성으로의 삶을 살며, 거룩한 사랑을 실천하고, 근면 성실한 모범적인 삶을 산다는 것은 그들에게 있어서 동족으로부터의 이탈과 핍박과 고난을 각오한 목숨 건 종말론적 삶의 결단이 요구되었던 일이었을 것이다.

또한 바울은 4장 후반부(13-18절)와 5장 전반부(1-11절)에서 언약 교회가 취해야 할 '죽음에 대한 종말론적 태도와 결단'에 대해 두 가지 경우를 들어서 언급하는데, 즉 '개인적 종말'과 '우주적 종말'이다. 바울은 먼저 4장 후반부에서 데살로니가 교회에 부활의 소망을 심어주며 이러한 내용으로 서로 위로할 것을 권하고 있다.[280)] 바울은 데살로니가 교인들에게 성도의 죽음에 대해 소망이 없는 이들처럼 슬퍼해서는 안 된다고 권면한다. 이는 주 예수의 부활을 믿기 때문에 이 신앙 가운데 예수 믿는 성도들도 예수님처럼 부활하게 된다는 것과

---

279) 살전 4:7, 9, 11.
280) 살전 4:18.

그리스도의 강림 때 두 가지 부활이 있는데, 죽은 자들의 부활이 먼저이고, 다음으로 마지막 때 살아남은 자들의 부활이 있다고 언급함으로 이 교회에 성도의 죽음에 대해 위로와 소망을 주고자 한다.[281]

또한 바울은 5장에서 데살로니가 교회에 주의 재림의 시기에 대해 언급하면서 우주적 종말에 대해 말하고 있다. 데살로니가 교인들은 그들의 삶이 이방 우상의 문화 가운데 심한 핍박과 역경으로 인해 주의 임박한 재림 신앙을 갖게 되었을 것이다. 따라서 주의 재림의 시기에 대해서도 많은 관심을 가지게 된 그들에게 바울은 주의 재림의 시기에 대해서는 정확히 아무도 알 수 없으며 단지 밤에 도둑같이 불시에 임하기 때문에, 빛의 아들이요 낮의 아들인 주의 성도들은 믿음으로 주의 날을 잘 준비하며 살아야 할 것을 강조하는데, 밤에 속한 이들처럼 영적인 잠을 자지 말고 깨어 정신을 차려야 하고, 믿음과 사랑의 방패를 붙이고 구원의 소망의 투구를 쓰고, 피차 권면하고 서로 덕을 세우는 삶을 살 것을 권면한다.[282]

바울은 나아가 종말을 대비한 삶에 필요한 여러 교훈들을 언급하면서 믿음의 스승들을 존귀히 여길 것과 성도끼리 서로 화목하며 또한 게으른 자들과 연약한 자들을 권계하며 격려하며 모든 사람에게 오래 참음으로 누구에게든지 악하게 대하지 말고 항상 선을 따를 것을 권면하면서,[283] 특히 '항상 기뻐하고 쉬지 말고 기도하고 범사에 감사하는 삶을 사는 것이 그리스도 예수 안에서 너희를 향하신 하나님의 뜻'이라고 권면한다.[284] 바울은 본서의 끝에도 그리스도의 강림의 주제로 문안하며 끝을 맺는다.[285]

---

281) 살전 4:13-18.
282) 살전 5:1-11.
283) 살전 5:12-22.
284) 살전 5:16-18.

3. 데살로니가전서 구조

1:1-3:13	**종말론적 신앙의 태도 : 고난 가운데 누리는 복음의 진보**
1:1	첫인사
1:2-10	환난 가운데서 복음으로 인해 나타난 교회의 진보
2:1-16	복음 전파의 고난 가운데 얻게 된 복음의 진보
2:17-3:13	만남(상봉)의 고난 가운데 위로를 받음
4:1-12	**종말론적 삶의 태도 : 거룩과 형제 사랑과 근면 성실**
4:1-8	거룩함
4:9-10	형제 사랑
4:11-12	근면 성실
4:13-5:11	**종말론적 죽음의 태도 : 깨어라, 믿음, 사랑, 구원**
4:13-18	개인적 종말
5:1-11	우주적 종말
5:12-22	종말을 대비한 현재 삶의 여러 교훈들
5:23-28	끝인사

---

285) 살전 5:23-28.

데살로니가후서(2Thessalonians)

하나님 나라의 종말론적 복음의 삶

1. 정경적 배경

▶ 저자와 수신자

일부 자유주의 신학자들(슈미트, 홀츠만, 하르낙 등)은 데살로니가전후서의 비교를 통해 두 서신의 주제와 어조와 수신자가 서로 다르다는 주장에 따라 데살로니가후서를 바울의 저작으로 보지 않는다. 그들은 성경을 인간의 책으로만 보려 하기 때문이다. 데살로니가전서에서의 지적과 같이, 성령의 필요에 따라 또 바울의 영적(심적) 상태에 따라 두 서신 간의 주제와 용어와 강조와 정도의 차이는 얼마든지 있을 수 있으며, 혹 대필자가 다르다면 더욱 그랬을 것이다.

핵심은, 큰 틀에서 성령의 의도가 무엇인지를 살피는 것과 또 본문 안에서 제2저자인 바울의 신학적 논리와 주제의 흐름을 살피는 것이 더욱 중요한 과제인데 저들은 그것을 놓친 결과이다. 외증의 지지는 데살로니가전서보다 더욱 풍부하다. 디다케, 이그나티우스, 폴리갑, 순교자 저스틴, 이레니우스(본서의 명칭을 붙여서 바울의 저작으로 인정한 최초의 인물), 터툴리안, 알렉산드리아의 클레멘트, 무라토리우스 정경, 말시온 정경 속에 본서의 전부 혹은 일부가 인용되고 있다. 내증에 있어서도 1장 1절, 3장 17절에 저자 자신을 바울이라고 밝힌다. 내용에서 언급된 실라와 디모데와의 친밀감, 독특한 인사법(은혜와 평강의 인사) 그리고 고난, 복음, 그리스도의 영광, 재림의 신학(교리), 바울풍의 많은 어체들 등은 본서의 저자가 바울임을 확실히 말해 준다. 수신인은 데살로니가 교회(1:1)인데, 사도행전 17장의 배경을 통해 볼 때 대부분 헬라인 그리스도인들이었을 것이다.

▶ 기록 연대와 장소

사도행전에서 바울은 그가 사람(구두)이나 편지를 어느 교회에 보내면 반드시 그곳에 대한 빠른 소식을 기대한 것을 보게 된다. 이 경우에도 바울은 데살로니가전서를 보낸 후에 다시 그곳으로부터 전달된 구두 혹은 편지로 데살로니가 교회의 소식을 빨리 듣게 되었을 것이고 그 즉시 이 편지가 쓰여졌을 것이다. 본서는 데살로니가전서를 기록한 후 그리 오래되지 않은 시점에서 기록했을 것으로 짐작된다. 따라서 바울이 실라와 디모데와 함께 고린도에 있을 때 데살로니가전서를 보낸 얼마 후인 아마 51-53년에 이 둘째 편지가 쓰여졌을 것으로 짐작된다.

▶ 주제와 목적

주제는 '하나님 나라의 종말론적 복음의 삶'이다. 바울이 보낸 전서를 통해 일부 성도들은 오해하여 마치 재림이 이미 임했다고 착각하고 그들의 삶이 규모 없이 게으르게 되었다. 바울은 이 문제를 바로잡고 더불어 여전히 교회 내에 존재하는 유대인들로부터의 핍박과 고난에 대해 위로와 소망을 주기 위해 본서를 썼는데 구체적인 목적은 다음과 같다.

여전히 유대인 대적자들로 인해 신앙의 고난을 당하는 성도들을 위로하고 격려하기 위해(1:3-12), 주의 재림은 진리이지만 불법의 사람(사탄)이 나타나기 전까지는 주의 날이 이르지 않을 것을 알리기 위해(2:1-12), 바울이 가르친 복음의 전통을 굳게 붙잡고 상호 기도와 격려를 주기 위해(2:13-3:5), 게으른 자를 복음으로 경책해서 규모 있는 부지런한 삶을 살게 하기 위해(3:6-15)서이다.

▶ 특징

1. 심판(악인)과 보상(의인)의 개념을 재림과 대비하여 탁월하게 설명한다(요한계시록).
2. 주의 날(재림)에 대한 교리적 순서와 실제적 적용이 탁월하다.
3. 영적인 대적들의 실체를 다양하게 묘사한다 : 불법의 사람, 멸망의 아들, 대적자, 불법의 비밀, 불법한 자, 악한 자, 사탄, 거짓 기적, 불의의 속임, 멸망하는 자, 미혹의 역사(2:3-12).

2. 내용 전개

언약의 주요 모티브 : 고난, 종말, 주의 날

본서는 데살로니가전서에 이어서 왕의 재림에 대한 왕국 백성들의 종말론적 복음 교리(신앙)와 삶에 대해 말하고 있으며, 특히 '주의 날(종말)에 대한 올바른 복음적 가르침과 삶'을 탁월하게 제시해 주고 있다.

왕국 백성들의 고난과 하나님의 공의로운 심판(1장)

바울은 본서 1장에서 고난 중에 있는 왕의 백성들이 가져야 할 종말론적 신앙의 태도에 대해 언급한다. 먼저 바울은 데살로니가 교회의 믿음이 더욱 성장함과 사랑의 풍성함에 대한 칭찬과 함께 사악한 이방

문화와 환경으로 인해 겪는 신앙의 박해와 환난을 믿음과 인내로 견디고 있는 것에 대해 여러 다른 교회에 자랑한다고 말하며, 또한 무엇보다 그들의 고난을 하나님이 아시고 공의로운 심판으로 갚아주실 것을 말하므로 그들을 위로하고 격려하고 있다.

바울은 '환난을 받게 하는 자들에게는 환난으로, 환난을 받는 너희에게는 안식으로 갚으시는 것이 하나님의 공의'라고 말하면서, 특히 왕 중 왕 주님이 재림 때에 그의 백성들을 핍박하던 대적자(하나님을 모르는 자들, 복음에 복종치 않는 자들)들을 영원한 형벌의 고통으로 보응하시고, 믿음을 지키기 위해 고난당하는 왕의 백성들은 안식과 영광을 누리게 해주실 것에 대한 소망을 주고 있다.[286]

왕의 강림에 대한 복음적 설명과 권면(2장)

1장 후반부(7-10절)에서 왕의 강림에 대해 언급한 바울은 2장에서 왕의 귀환 때에 나타날 현상들에 대해 복음적으로 차근차근 설명해줌으로써, 데살로니가전서를 통한 종말 신앙에 대한 오해를 바로잡고자 한다. 바울은 가장 먼저 왕의 백성들이 왕의 재림과 종말의 문제로 인해 조금도 마음이 흔들리거나 미혹되어서는 안 된다고 강조하고 있다. 바울은 종말의 징조로는 먼저, 배교하는 일과 또한 적그리스도의 출현을 언급하며 이런 현상이 있기 전에는 종말이 오지 않는다고 강조한다.[287]

바울은 적그리스도를 '불법의 사람, 멸망의 아들, 대적하는 자'라고 말하며, 그의 사악한 활동에 대해 '하나님의 성전에 앉아 자기를 하나

---

286) 살후 1:3-12.
287) 살후 2:1-3.

님이라고 내세움. 불법의 비밀이 이미 활동하였으나, 사탄의 활동을 따라 모든 능력과 표적과 거짓 기적과 불의의 모든 속임, 미혹의 역사를 그들에게 보내사 거짓 것을 믿게 하심' 등으로 언급하고 있다.[288]

그러나 왕의 귀환 때에 왕 중 왕 예수께서 그 입의 기운으로 적그리스도를 죽이시고 강림하여 그들의 악한 활동을 폐하실 것이며, 또한 그 때에는 진리를 믿지 않고 불의를 좋아하는 모든 자들에게 심판이 임하게 될 것임을 말하므로,[289] 바울은 왕의 귀환을 고대하던 왕의 백성들에게 종말로 인해 쉬 동요되지 말고, 믿음에 충실하고 잘 준비된 삶을 살도록 가르친다. 아울러 바울은 교회가 굳건하게 서서 가르침을 받은 복음의 전통을 잘 지켜나갈 것을 당부하고, 또한 고난당하는 성도들에게 영원한 위로와 소망의 하나님이 저들을 위로하시고 모든 선한 일과 말에 굳건하게 하시기를 기도한다.[290]

종말을 대비한 실천적인 지침들(3장)

바울은 3장에서 끝으로 데살로니가 교회가 종말을 대비한 삶을 사는 데 있어서 필요한 실제적이고 실천적인 몇 가지 중요한 권면을 주고 있다.

첫째, 바울은 교회가 선교적 기도의 삶과 말씀에 대한 실천적인 삶을 살 것을 권면한다. 바울은 교회를 향하여 자신의 전도 팀을 위한 선교적 중보 기도를 해줄 것을 당부함에 있어서 무엇보다 주의 말씀이 널리 퍼져 나가는 일과 또한 전도 팀들이 전도 사역 가운데 악한 사람

288) 살후 2:4-11.
289) 살후 2:8, 12.
290) 살후 2:13-17.

들로부터 건져 달라는 내용이다. 바울은 교회가 주의 복음의 명령을 실제적으로 행하는 실천적인 삶을 살아가게 될 것을 확신한다.[291]

또한 바울은 잘못된 종말 교리로 인한 영향으로 실제 삶에 있어서 게으름과 나태함에 대해 엄중히 경계하고 있다. 교인 중 어떤 사람들은 주의 임박한 재림에 대한 잘못된 기대감으로 들뜬 나머지 일하지도 않고 게으른 삶을 사는 사람들이 있었는데, 그들을 향해 '누구든지 일하기 싫어하거든 먹지도 말게 하라'고 명령한다. 또한 '그리스도 안에서 권하기를 조용히 일하여 자기 양식을 먹으라'고 권한다.[292]

본서를 통해 언약 교회는 재림의 때와 시기와 상관없이 주어진 일터에서 최선을 다해 성실히 일하면서 항상 낮과 같이 단정히 행하고 깨어 있어서 언제 주님이 재림하시든지 기쁨으로 주를 맞이할 수 있는 실천적인 믿음과 행함이 있는 종말론적 신앙의 삶을 살아야 할 것을 강조하고 있다.

3. 데살로니가후서 구조

1:1-2	첫인사
1:3-12	왕의 백성들의 고난과 하나님의 공의로운 심판
2:1-17	왕의 재림에 대한 복음적 설명과 권면
3:1-3:15	종말을 대비한 실천적 지침들 : 선교적 중보 기도의 삶, 행하고 실천하는 삶, 게으르지 않고 일하는 삶
3:16-18	끝인사

291) 살후 3:1-5.
292) 살후 3:6-15.

디모데전서(1Timothy)

복음에 기초한 하나님 나라의 조직

1. 정경적 배경

▶ 저자와 수신자

초기에 말시온이 디모데전후서, 디도서의 바울 저작권을 부정한 이후 19세기 몇몇 독일 신학자들(슈미트 등)이 그 뒤를 이었으나, 여전히 본서의 저자는 바울로 자리매김한다. 비평가들이 문제 삼는 연대기적 반대, 문체적 반대, 교회 직분(행정)적 반대에 대한 긴 논의는 성경의 순수성에 해를 끼치는 인본적 발상에서 기인된 것이기에 논의를 생략한다(신약 개론 책을 참고하길 바람).

19세기 튀빙겐 학파의 논란이 제기되기 전까지 본서의 바울 저작권은 거의 의심받지 않았다. 이그나티우스, 폴리갑, 알렉산드리아의 클레멘트, 터툴리안, 이레니우스, 무라토리우스 정경에 본서를 인용하고 있으며, 내용에서 1장 1절에 저자가 바울이라고 밝히며 본서에 자주 나타나는 독특한 바울적 어풍들(율법, 복음, 주의 은혜, 그리스도 예수 안에, 구원, 대속물, 기도, 소망, 진리, 믿음, 사랑, 인내, 등), 어린 후배에게 노련하고 원숙한 가르침으로 지도하는 사도적인 태도(3:1-6:2), 저자와 디모데와의 특별한 관계(1:2-3, 18, 4:12-16, 5:23), 사도행전에서의 연대기적 배경(1:3) 등은 본서의 저자가 바울임을 충분히 입증해 준다. 수신자는 디모데이다(1:2).

▶ 기록 연대와 장소

학자들은 디모데전후서의 기록 연대를 대체로 늦은 시기로 잡는다. 그것은 바울이 로마 감옥에서 1차 풀려난 때(아마 61년)를 기준으로 정하기 때문이다. 바울은 그 후에 다시 마게도냐로 전도 여행을 떠나기 전에 디모데를 에베소에 머물게 한다(1:3). 그 후 바울은 다시 에베소로 와서 디모데와 상봉하기를 원했으나 지체하게 될 것을 대비하여 미리 본 서신을 기록한 것이다(3:14-15). 추측한다면, 바울은 61년에 석방된 후에 마게도냐 지방에서의 약 1년간의 전도 기간이 걸렸을 것이고, 또한 스페인에서 약 2년 정도 사역을 했다고 가정한다면(롬 15:24), 대략 64-65년 사이에 아마 마게도냐에서 기록했을 것으로 짐작된다.

▶ 주제와 목적

주제는 '복음에 기초한 하나님 나라의 조직'이다. 바울이 연소한 디모데를 에베소 교회의 감독(사도적 기능)으로 머물게 한 후에 마게도냐로 떠나 있으면서, 디모데를 생각할 때 누구보다 에베소 교회 형편을 잘 아는 바울로서는 예상되는 크고 작은 문제들이 많았을 것이다. 바울은 에베소로 돌아오기를 간절히 원했으나 여건상 지체됨을 알았기에 도착하기 전에 미리 디모데에게 서신으로서 목회적 교훈을 주고자 본서를 썼다.

서신의 핵심 메시지는 왕의 복음의 바른 교훈으로 목회하며, 은혜의 부르심에 감사하라(1장), 바른 영적 사역(2장), 바른 일꾼(3:1-13), 바른 교리(3:14-4장), 바른 관계(4:1-6:2), (이를 위해) 말씀과 경건으로 믿음의 선한 싸움을 싸우라(6:3-21) 등이다.

▶ 특징

1. 바울 서신 중에서 가장 탁월한 목회적 서신이다.
2. 거짓 교훈(신화, 족보, 율법) vs 영광의 복음에 대한 탁월한 대조를 말해 준다.
3. 초기 기독교의 감독, 집사의 자격과 성도들 사이의 관계에 대한 모범서이다.
4. 다양한 신론, 기독론 표현들 : 소망의 그리스도(1:1), 복되신 하나님의 영광의 복음(1:11), 능하게 하신 그리스도(1:12), 그리스도 예수 안에(1:14), 죄인을 구원하신 그리스도 예수(1:15-16), 영원하신 왕, 홀로 한 분이신 하나님(1:17, 2:5), 대속의 중보자 그리스도(2:5-6), 예수의 성육신~승천(3:16), 구주(1:1, 2:3, 4:10), 만물을 살게 하신 하나님, 본디오 빌라도를 향해 선한 증언을 하신 그리스도(6:13), 재림의 주(6:14-15), 유일한 주권자 만왕의 왕, 만주의 주(6:15), 죽지 않고 가까이 가지 못할 빛에 거하시고 어떤 사람도 보지 못하였고 또 볼 수 없는 분(6:16), 모든 것을 후히 주사 누리게 하시는 하나님(6:17).

2. 내용 전개

언약의 주요 모티브 : 은혜, 구원, 중보자, 감독, 집사, 교회, 경건

본서는 내용의 특성상 목회 서신으로 분류된다. 바울은 아들과 같은 디모데에게 편지하면서, 목회 경험이 많지 않은 젊은 목회자가 영적으로 힘든 목회 현장에서 경험하게 되는 다양한 목회적 상황들을 고려하

여, 영원한 왕이신 그리스도의 복음을 통하여 세워진 왕국(교회)의 목회에 있어서 갖추어야 할 '바른 목회 원리와 교훈들'을 제공해 주고 있다. 그것은 곧 '바른 영적 질서, 바른 일꾼, 바른 교사, 바른 치리' 등에 관한 교훈들이다.

바른 교훈을 가르치며, 주 예수의 은혜의 부르심에 감사하라(1장)

바울은 인사에서 수신자인 디모데를 향하여 '믿음 안에서 참 아들 된 디모데',[293] 또한 다른 서신들과 달리 '은혜와 긍휼과 평강이 네게 있을지어다'라는 표현으로 보아서 아들을 향한 사랑과 애정이 가득 담긴 아버지의 마음으로 본서를 기록하고 있다. 마치 나이 많은 아버지 목회자 바울이(그동안 자신이 갈고닦았던 노하우를 바탕으로), 젊은 아들 목회자 디모데에게 목회 전반에 관한 지혜를 전수해 주는 목회 지혜서와 같다. 아버지의 심정이었기에 바울은 본서에 더 많은 애정을 담았다.

그러기에 바울은 1장부터 인사 이후 곧장 디모데에게 명령에 가까운 훈계와 권면을 쏟아 놓고 있다. 1장 전반부[294]의 주제는 '다른 교훈'과 '바른 교훈'의 대비이다. 바울은 디모데를 에베소에 목회자로 남겨 둔 목적에 대해 말하면서 그것은 에베소에 어떤 사람들을 명하여 다른 교훈을 가르치지 말며 신화와 끝없는 족보에 몰두하지 말게 함이라고 밝힌다.[295]

아마 바울이 교회를 떠나고 세월이 흐른 뒤 당시 에베소 교회의

293) 딤전 1:2.
294) 딤전 1:3-11.
295) 딤전 1:3-4.

어떤 사람 중에 바울의 복음을 벗어나서 '신화나 족보나 율법주의 같은 다른 교훈'을 가르치는 자들이 생기게 되었다. 바울은 이 같은 다른 교훈으로 인한 교회의 심각한 혼란에 대해 지적하기를, 심지어 율법조차도 옳은 사람을 위하여 세운 것이 아니며 바른 교훈을 거스르는 자를 위하여 세운 것이므로, 이것에 대한 바른 깨달음이 없는 헛된 변론이나 말장난은 교회 내에 하나님의 경륜을 이루는 것이 아니라고 경고한다.[296)]

그러나 바울을 통해 전수 받은 디모데의 교훈은 바른 복음이며 그것은 곧 복되신 하나님의 영광의 복음을 따르는 것이기에,[297)] 이 교훈의 목적은 (변론이나 헛된 말이 아니라) 청결한 마음과 선한 양심과 거짓 없는 믿음에서 나오는 사랑이라고 말하며,[298)] 그러기에 에베소 교회에 하나님의 영광의 복음에 기초한 바른 교훈을 가르치라고 권면하는 것이다.

바울은 이어서 나오는 후반부[299)]에서는 은혜의 부르심에 대한 감사와 함께 디모데에게 명령의 권면[300)]을 주고 있다. 바울은 이 은혜의 부르심에 관한 교훈에서 자기 자신의 경우를 예로 들면서, 이전에 주님에 대해 비방자요 박해자요 폭행자였던 자신을 도리어 충성되이 여겨 (사도) 직분을 맡기신 것은, 그리스도 예수 안에 넘치도록 풍성한 주의 긍휼과 은혜를 입었기 때문이기에 예수 그리스도께 감사한다고 고백하며,[301)] 죄인을 구원하시기 위해 세상에 임하신 주님 앞에서

---

296) 딤전 1:4, 6-10.
297) 딤전 1:11.
298) 딤전 1:5.
299) 딤전 1:12-17.
300) 딤전 1:18-20.
301) 딤전 1:12-14.

자신은 죄인 중에 괴수이고, 이렇게 자기가 긍휼을 입은 이유는 주님의 오래 참으심으로 영생 얻는 자들에게 본이 되게 하시려 함이며, 그 영원하신 영광의 하나님께 존귀와 영광을 돌리고 있다.[302)]

바울은 자기처럼 이토록 죄인 중에 괴수 같은 죄인을 불러서 직분까지 맡기신 것은 오직 주의 사랑이 넘치도록 풍성한 '은혜의 부르심'이라는 사실을 디모데에게 강조하면서, 그 이면에 디모데가 받은 직분과 부르심 역시 이러한 주의 은혜의 부르심이고, 그러기에 디모데가 처한 어려운 현실 가운데서도 오히려 주님께 감사해야 한다는 의미가 내포된 것이다.

끝으로 바울은 양심을 저버리고 믿음에서 파선한 후메네오와 알렉산더를 언급하면서, 디모데에게 '복음의 선한 싸움을 싸워나가며 믿음과 착한 양심을 가져야 함'을 명령한다.[303)] 힘들고 어려운 목회 현장일지라도 지도자가 주님 앞과 교회 앞에서 복음의 바른 교훈을 기초한 착한 양심과 거짓 없는 믿음을 지켜나갈 때 거기에는 변론이나 헛된 말이 아닌 주의 사랑과 은혜의 역사가 일어나게 되는 것이다.[304)]

하지만 사탄은 복음의 목적을 거슬러, 믿음과 양심을 저버리는 말과 행동을 하게 하여 사랑과 은혜가 아닌 변론과 다툼을 일으키게 하여서, 자신들도 타락할 뿐더러 또한 주의 교회에 심각한 혼란과 분열을 야기하므로, 이런 거짓 교훈을 일삼은 후메네오와 알렉산더를 통해 경고와 경책의 교훈을 주고 있다(후메네오와 알렉산더를 사탄에게 내준 것은 그들로 훈계를 받아 신성을 모독하지 못하게 하려 함이라).[305)]

---

302) 딤전 1:15-17.
303) 딤전 1:18-20.
304) 딤전 1:5.
305) 딤전 1:20.

하나님 나라의 영적인 사역에 관한 교훈(2장) : 바른 영적 사역

바울은 2장부터 왕국의 목회에 관한 실제적 교훈을 주고 있다. 그것은 교회 내의 영적인 사역에 관한 부분이다. 바울은 여기에서, 왕국의 지도자와 성도들이 해야 할 영적인 일(예배, 기도 등)에 대한 바른 규범과 역할을 제시해 준다.

첫째, 바울은 디모데에게 교회의 지도자로서 감당해야 할 중요한 영적 사역으로서 '모든 사람들을 위한 중보 기도를 하되 특히 높은 지위에 있는 모든 사람들을 위해 하라'고 권한다. 당시 유대인에게만 구원이 주어진다는 잘못된 이단의 가르침에 대하여 바울은 반론하기를 '하나님은 모든 사람이 구원 받으며 진리를 아는 데 이르기를 원하신다'는 것과, '하나님과 사람 사이의 중보자 예수 그리스도께서 모든 사람을 위하여 자기를 대속물로 주셨다'는 것과, 바울 자신의 사역에 대하여 '믿음과 진리 안에서 내가 이방인의 스승이 되었다'고 강조하고 있다.[306)]

따라서 교회 지도자는 특정인 몇몇 사람들을 위한 차별적인 복음 전파나 중보 기도를 해서는 안 되며, 만인을 위한 주님의 구속 사역의 정신을 따라서 구별이나 차별 없이 모든 자들을 위한 영적 사역을 감당해야 하는 것이다. 나아가 바울은 교회 지도자가 아닌 평신도 남녀의 영적 사역과 역할에 대해 언급하면서, 남자 성도는 각처에서 기도하기를 힘쓰고, 여자 성도는 남을 가르치는 일이나 남자를 주관하는 일로 나서지 말고 순종함으로 배우고 선행과 정절로 자신을 단장하도록 가르치라고 교훈한다. 아마 이것은 당시 교회 내에서 여성의

306) 딤전 2:1-7.

주도적 역할을 강조하는 영지주의의 잘못된 가르침에 대한 지적임과 동시에, 하나님의 창조 질서에 위반되는 것이라는 점에서도 고쳐져야 하는 교훈임에 분명하다.[307)]

따라서 교회 지도자는 영적 사역의 대상자에 대해서 출신 성별을 따지거나 차별을 두어서는 안 되지만, 그러나 가정이나 교회 내에서 하나님의 창조 질서에 따른 남녀의 역할과 영적 질서는 분명히 구분하여 질서 있게 지키도록 해야 하며, 그럴 때 가정도 교회도 말씀의 원리 가운데 바로 세워지게 되는 것임을 깨닫게 된다.

하나님 나라의 일꾼들의 자질에 대한 교훈(3장) : 바른 일꾼

바울은 3장에서 왕국의 일꾼인 감독과 집사에 대한 바른 자질과 그 중요성에 대해 교훈한다. 먼저 그는 감독의 자격에 관하여 말하면서, 한 아내의 남편으로 단정하여 도덕적으로 큰 흠이 없어야 하며, 가정에서 자녀를 공손함으로 잘 다스리고, 또한 새로 입교한 자도 말며 또한 외부인에게도 선한 증거를 얻는 자라야 된다고 말한다.[308)] 다음으로 집사의 자격에 관하여도, 한 아내의 남편으로 자녀와 자기 집을 잘 다스리는 자이며 도덕적으로 깨끗한 삶을 사는 믿음의 사람이어야 하는데, 먼저 시험 후에 책망할 것이 없으면 직분을 맡겨야 하고, 여자 집사도 도덕적으로 정숙, 절제, 충성된 자라야 하는데, 이 직을 잘 감당한 자는 '아름다운 지위와 그리스도 예수 안에 있는 믿음에 큰 담력을 얻는다'고 교훈한다.[309)]

---

307) 딤전 2:8-15.
308) 딤전 3:1-7.
309) 딤전 3:8-13.

따라서 초대 교회 일꾼의 자질은 그 기능적인 면을 강조하기보다는 도덕적이고 경건한 신앙의 인격과 삶을 더 강조하고 있음을 보게 될 때, 주님의 교회를 돌보고 위하여 일하는 교회 일꾼들의 인격과 자질이 어떠해야 하고 또한 그 일에 합당한 직분 수행이 얼마나 중요한 일이며, 나아가 그 일꾼 본인에게는 얼마나 아름다운 지위와 큰 믿음의 축복을 받고 누리는 일인가를 알게 해준다.

그런데 오늘날 교회 지도자와 일꾼들은 어떠한가! 기능과 이름만 존재하고 그 이면에 실제적으로 중요한 도덕적이고 영적인 모범은 사라진 지 오래지는 않는가! 참된 경건으로부터 나오지 않은 섬김과 사역의 모습에서 무슨 성령의 능력이 나타나겠는가! 나 자신부터 내 가정부터 돌아보게 된다.

하나님 나라의 교리에 관한 교훈(3:14-4장) : 바른 교리

바울은 또한 3장 후반부터 4장까지 하나님 나라의 바른 교리에 관하여 교훈한다. 바울은 여기에서 디모데에게 편지 쓰는 목적을 밝히면서, 교회(왕국) 내에 가르쳐야 할 참 교리와 또한 그렇지 않은 거짓 교리와 거짓 교사들에 대한 주의를 주고 있다. 바울이 밝힌 참 교리는 '이 집은 살아 계신 하나님의 교회요 진리의 기둥과 터'와, 또한 경건의 비밀인 '육신으로 나타난 바 되시고, 영으로 의롭다 하심을 받으시고, 천사들에게 보이시고, 만국에서 전파되시고 세상에서 믿은 바 되시고, 영광 가운데서 올려지신 분'에 대해서다.[310)]

따라서 바울이 강조하는 바는 '진리의 기둥과 터인 하나님의 교회'

---

310) 딤전 3:14-16.

가 거짓 교리의 가르침을 받아서는 안 된다는 점과 그러기에 이 하나님의 교회의 유일한 진리는 '성육하시고 죽음, 부활, 승천하시어 만국의 주가 되신 예수 그리스도'가 참 교리(진리)의 핵심이라고 강조한 것이다. 이전에도 지금도 우리를 죄에서 구원하시기 위하여 하늘 보좌를 버리시고 인간의 몸을 입으시고 이 땅에 오셔서 십자가로 죽으시고, 그러나 부활, 승천하시어 만국인의 주요 그리스도가 되신 예수 그리스도만이 온 세상을 구원하는 참 길과 진리와 생명인 것이다(참조. 요 14:6; 빌 2:6-11).

바울은 또한 '혼인을 금하고, 어떤 식물은 먹지 말라'고 가르친 거짓 교리에 대해 언급하면서, 이것은 '자기 양심이 화인 맞아서 외식함으로 거짓말하는 어떤 자들이 믿음에서 떠나 미혹의 영(귀신)의 거짓된 가르침을 따른 것이라고 말하며, 음식도 하나님이 지으신 것이므로 믿는 자들이 감사함으로 받으면 버릴 것이 없다는 바른 교훈을 주고 있다.[311]

아마 이것은 당시 에베소 교회에 침투한 극단적 금욕주의자들에 대한 바울의 엄중한 경고와 책망의 메시지로 보인다. 따라서 어떤 사물이나 대상에 대한 금지나 허용의 기준은 그 대상이나 대상의 상태에 원인이 있는 것이 아니라, 그것을 대하는 사람의 마음과 자세에 달려 있는 것이다. 선하신 하나님의 창조의 관점에서 모든 것을 바라보는 믿음과 진리와 창조적 세계관에 달려 있다. 특히 세상을 구원하신 그리스도의 사랑과 생명의 원리에서 볼 때, 혼인과 식물은 금지의 대상이 아닌 감사와 기쁨의 대상인 것이다(물론 질서와 절제의 아름다운 조화가 기초되고 전제되어야 함은 당연하다).

---

311) 딤전 4:1-5.

그러므로 바울은 이 진리의 바른 교리에 기초하여 형제들을 깨우치며, 디모데 네 자신도 허탄한 신화를 버리고 금생과 내생에 약속이 있는 경건에 이르도록 힘쓰며, 네 연소함을 업신여기지 못하도록 말과 행실과 사랑과 믿음과 정절에 있어서 믿는 자에게 본이 되라, 또한 바울이 이를 때까지 이것을 읽는 것과 권하는 것과 가르치는 것에 전심전력하여 네 성숙함을 다른 사람들에게 나타내라는 등의 다소 무거운 명령을 한다. 하지만 이 명령의 중심에는 '살아 계신 하나님과 믿는 자들의 구주이신 예수님께 두는 우리의 소망'[312]이 있기 때문에 결코 무거운 것이 아니며, 그러기에 바울은 디모데에게 '네가 이 일을 계속하므로 네 자신과 네게 듣는 자도 구원하게 될 것'이라는 위로와 격려의 메시지를 또한 주고 있는 것이다.[313]

오늘날 우리 교회의 기둥과 같은 교리와 진리는 무엇인가! 교단의 헌법이나 규칙들은 어떤 원리에 의해 세워지고 실제로 적용하고 있는가! 세상적 기준이나 사람들의 논리에 의해 교회의 교리가 세워져서는 안 될 것은, 환경이나 사람의 생각과 논리에서 나온 이야기들은 시간의 흐름 속에서 변질되는 허탄한 신화와 같은 것이 대부분이다.

그러나 영원토록 변치 않는 진리와 교리는 단 하나이다. '살아 계신 하나님과 구주 예수 그리스도', 이것이 진리의 기둥과 터인 하나님의 집에서 세대를 지나서 계속하여 세워지고 지켜져야 할 유일한 진리요 참 교리이며 경건이다. 때문에 이 교리와 경건의 기초인 성경 말씀을 읽고 묵상하여 경건에 이르도록 힘쓰는 일이야말로 거짓 교리들과 비진리로 혼탁한 세상 가운데서도 성도 개인과 교회에 결코 흔들리지 않는, 예수 그리스도의 구원에 이르는 지혜와 확신을 가지게 하는

312) 딤전 4:10.
313) 딤전 4:6-16.

영적 유익을 가져다 주는 일에 있어서 무엇보다 중요한 일이라 할 수 있겠다.[314)]

하나님 나라의 다양한 왕국백성들과의 관계(5장-6:2) : 바른 관계

바울은 디모데에게 교회 내의 다양한 목회 분야에 관한 실제적인 교훈을 전해 줌에 있어서 본 단락에 와서는 마지막 교훈을 준다. 그것은 왕국(교회) 내의 다양한 계층의 사람들과의 관계성에 관한 교훈이다. 특히 바울은 5장에서 교회의 지도자가 남녀 성도들, 과부, 장로와의 관계에서 갖추어야 할 바른 태도와 관계성이 어떠해야 하는지에 대한 바른 지침을 준다. 교회 안의 남녀 성도에 대하는 태도로서 늙은이는 꾸짖지 말고 권하여 아버지에게 하듯 하며, 젊은이에게는 형제에게 하듯 하고, 늙은 여자에게는 어머니에게 하듯 하며, 젊은 여자에게는 깨끗함으로 자매에게 하듯 하라고 권한다.[315)]

과부에 관하여는 긴 조언을 하는데, 나이가 60이 넘고 한 남편의 아내였던 자이며, 선한 행실의 증거가 있어서 과부 명부에 올릴 참 과부를 존중하며, 동시에 재정적인 지원도 베풀 것을 권면하면서도, 또한 정욕과 게으름으로 인해 교회에 덕을 세우지 못하는 젊은 과부를 경계해야 하고 그들에게는 오히려 재혼을 하도록 권하고 있다.[316)]

장로에 관해서는 말씀과 가르침에 수고하는 장로들을 존경할 것과, 장로에 대한 고발과 징계는 엄중하고도 공평하게 처리해야 하며, 또한 아무나 장로로 안수하지 말고 다른 사람의 죄에 간섭하지 말고 네

314) 딤전 4:6-8, 13(딤전 6:3-6; 딤후 3:14-17).
315) 딤전 5:1-2.
316) 딤전 5:3-16.

자신을 영육 간에 잘 지켜서 정결하게 할 것을 당부한다.[317] 이어서 상전과 종의 관계에 있어서 믿는 상전을 모신 종은 상전을 믿음의 형제라고 해서 가볍게 여기지 말고 더욱 잘 섬기게 하라고 교훈한다.[318]

앞의 가르침을 통하여 이 모든 관계성에는 바른 교훈의 기초인 예수 그리스도의 복음(사랑과 섬김)과 경건의 가르침이 밑바탕 되어 있음을 짐작할 수 한다. 그리스도의 복된 사랑과 희생과 섬김 안에서, 왕국의 지도자와 성도들(남녀 성도와 과부와 장로)과의 관계와 또한 주종의 관계 역시 불공평이나 무사안일이나 일방적 군림의 관계가 아니라 진실하고 온전한 사랑과 섬김의 관계로 나아갈 수 있음을 알게 된다.

결론 : 교만과 탐심을 버리고, 믿음의 선한 싸움을 싸우라(6장)

바울은 6장 3절 이후, 이제껏 앞에서 언급한 내용들에 대한 최종 결론을 내린다. 바울은 3절 초두에 "누구든지"라는 말로 시작하면서, 디모데를 포함한 성도 전체를 향한 결론의 조언을 주고 있다. 첫째는 그들이 버려야 할 것을 중심으로, 둘째는 적극적으로 취해야 할 것을 중심으로 교훈한다.

첫째 부분에서 바울은 그들에게 있어서 경건에 해악을 주는 교만과 돈에 대한 탐심을 버리고 자족의 마음을 갖도록 권면한다. 예수 그리스도의 말씀과 경건에 관한 바른 교훈이 아닌 다른 교훈을 따르게 된다면 교만한 마음이 들게 되고, 그 결과 변론, 투기, 분쟁, 비방, 악한 생각, 심령 부패, 진리 상실, 다툼을 초래하지만, 자족하는 마음

317) 딤전 5:17-24.
318) 딤전 6:1-2.

이 있으면 경건에 큰 유익이 된다고 언급한다. 그런데 바울은 자족의 마음에 큰 해를 끼치는 것이 부하려는 욕심과 돈을 사랑하는 탐심이며, 욕심과 탐심이 결국 사람을 파멸과 멸망에 빠지게 하고, 믿음에서 떠나 많은 근심으로 자기를 찌르게 된다고 경고한다.[319]

둘째 단락에서 바울은 디모데에게 개인적이고 적극적인 권면을 준다. '의와 경건과 믿음과 사랑과 인내와 온유를 따름으로 믿음의 선한 싸움을 싸우고, 영생을 취하라'고 말하며, 이를 위해 종말론적 신앙으로 이 명령을 지키라고 엄히 명하면서, 부자들이 지켜야 할 물질의 바른 사용과 디모데 개인에게 주는 요약의 당부를 끝으로 본서를 마무리한다.[320]

3. 디모데전서 구조

1:1-20	**바른 교훈을 가르치며, 주 예수의 은혜의 부르심에 감사하라**
1:1-11	다른 교훈과 바른 교훈(복되신 하나님의 영광의 복음)
1:12-20	주 예수의 은혜의 부르심에 대한 감사와 명령
2:1-15	**하나님 나라의 영적인 사역과 질서 : 바른 영적 사역**
2:1-7	지도자로서 구별이나 차별 없이 모두를 위한 중보기도

319) 딤전 6:3-10.
320) 딤전 6:11-21.

2:8	교회 남성의 영적 사역 : 각처에서 손을 들고 기도함
2:9-15	교회 여성의 영적 사역 : 선행, 순종, 정절
3:1-13	**하나님 나라의 일꾼(감독, 집사)의 바른 자질 : 바른 일꾼**
3:1-7	감독의 자질과 중요성
3:8-13	집사의 자질과 중요성
3:14-4:16	**하나님 나라의 뼈대인 바른 교리 : 바른 교리**
3:14-4:5	참 교리(경건)와 거짓 교리(금욕주의)
4:6-16	허탄한 신화를 버리고, 경건(바른 교리)에 힘쓰라
5:1-6:2	**하나님 나라의 다양한 백성들과의 관계 : 바른 관계**
5:1-25	모든 성도, 과부, 장로를 대하는 바른 태도
6:1-2	상전과 종의 바른 관계(태도)
6:3-21	**결론 : 교만과 탐욕을 버리고, 믿음의 선한 싸움을 싸우라**
6:3-10	교만과 탐욕을 버리고 자족의 마음을 가지라
6:11-21	믿음의 선한 싸움을 싸우고 영생을 취하라

디모데후서(2Timothy)

하나님 나라의 사명 : 복음과 함께 고난을 받으라

1. 정경적 배경

▶ 저자와 수신자

저자에 대해 전서에서 자세히 살폈듯이, 본서의 저자는 사도 바울이다. 로마의 클레멘트, 이그나티우스, 폴리갑, 바나바 서신, 순교자 저스틴, 터툴리안, 무라토리우스 정경 등에서 본서를 인용한다. 무엇보다 본서 1장 1절에 저자가 바울임을 밝힌다.

내용에 있어서 디모데전서의 경우처럼, 디모데를 아들이라고 부르고 있고(1:2, 2:1) 또 디모데의 개인 성향과 가정사를 세밀히 아는 점(1:3–8, 3:14–15), 디모데와 에베소 교회와의 관계를 잘 아는 점(1:15–18, 2:14–21, 4:14), 1차 전도 여행 때 디모데의 출신지인 루스드라에서 당한 고난을 알고 있는 점(3:11; 행 13–14장), 저자의 많은 동료들(4:9–21) 등과 용어에서도 저자 특유의 어체들(인사법, 기쁨, 능력, 사랑, 믿음, 복음, 고난, 예수 그리스도 안에, 은혜, 구원 등) 등을 종합해 볼 때, 저자가 바울이 아닌 것이 이상할 정도이다. 바울은 본서를 두기고[321]를 통해 디모데[322]에게 전하였다.

---

321) 딤후 4:12.
322) 딤후 1:2.

▶ 기록 연대와 장소

바울은 로마의 네로 황제가 죽기(68년 6월) 이전에 사형을 받은 것으로 짐작된다. 따라서 본서는 바울이 사형 집행 전에 기록되어졌을 것이며, 아마 그는 드로아에서 체포되기 전에 급히 챙기지 못했던 물건들과 함께 무엇보다 겉옷이 필요했던(4:13) 것으로 보이며, 그것은 로마의 습한 감옥 환경과 또 추운 날씨 때문인 것으로 짐작되고, 또 디모데에게 겨울 전에 속히 오라(4:9, 21)고 재촉한 것을 종합해 볼 때, 대략 67년 늦가을에 로마 감옥에서 본서를 기록했던 것으로 짐작된다.

▶ 주제와 목적

주제는 '하나님 나라의 사명 : 복음과 함께 고난을 받으라'이다. 바울이 로마에서 두 번째 감옥에 투옥되었을 때의 상황은 1차 때와는 완전히 달랐음을 내용(4장)을 통해 짐작한다. 셋방을 얻어서 자유로이 손님을 맞이했고, 또 복음을 전할 수 있었고, 그의 주변에 많은 조력자들이 있었던 1차 때의 형편과는 달리, 2차 때는 모든 것이 힘든 상황이었고, 무엇보다 그의 주변에 조력자들이 남아 있지 않았던(누가만 곁에 있음) 현실이 외로웠다. 그래서 더욱 디모데가 그리웠을 것이다.

특히 그의 사형 집행이 가까웠음을 직감한 바울은 그의 최대의 동역자요 또한 그리운 영적인 아들인 디모데를 마지막으로 보고 싶었으며, 더불어 기독교 안팎으로 박해의 조짐이 거세지는 상황에서 디모데에게 정말 필요한 목회 지침(장차 고난과 어려움이 뒤따르더라도 주어진 목회 사역을 잘 감당하고 복음과 함께 고난을 받아라)을 주고자 본서를 기록하였다.

▶ 특징

1. 바울의 마지막 서신이며, 목회 서신이다.
2. 디모데에게 주는 많은 명령어들이 나타난다. 실제적, 실천적 교훈이다.
3. 독특한 은유법이 사용되었다. 교사, 군사, 경기자, 농부, 그릇, 종 등.
4. 복음의 기초인 성경의 성격에 대해 탁월한 정의를 준다(3:14-17).
5. 말세의 현상에 대한 종말론적 예언을 준다(3:1-5, 4:1-8).

2. 내용 전개

언약의 주요 모티브 : 복음, 고난, 은혜, 성경, 말씀전파, 의의 면류관

본서는 왕국 백성들이 신실하게 감당해야 할 복음 증거의 문제들과 또한 복음 전도자의 사명과 자세에 대해 교훈을 준다. 앞서 목회 전반에 걸친 실제적인 교훈들로 구성된 디모데전서와는 달리 후서는 바울의 개인적 권면, 특히 복음 전도와 전도자의 사명에 초점을 맞추어 보다 개인적인 명령과 인간적인 고백들이 담겨진 서신이며 또한 사도 바울의 마지막 서신이다.

특히 본서에 많은 명령어들과 함께 내용에 있어서 크게 두 부분으로 나누어 교훈한 것으로 보여진다. 첫째는, 바울 당시의 복음 전도의 현장과 디모데의 영육 간의 상태를 고려한 현재의 복음 전도자의 사명과 태도에 대하여 교훈하고, 둘째 단락에서는 보다 포괄적인 의미로서

말세 때 복음 전도자가 취해야 할 종말론적 복음 전도자의 사명과 태도는 어떠해야 하는지에 대한 교훈을 준다.

현재의 하나님 나라의 복음 사명(1–2장)

바울은 본 서신에서 첫인사를 건넨 후, 믿음의 아들이자 복음의 동역자인 디모데에게 교훈하는 1장에서의 핵심은 '복음과 함께 고난을 받으라'는 말씀이다.[323] 바울은 디모데가 그의 외조모(로이스)와 어머니(유니게)에게로부터 이어받은 거짓 없는 믿음에 대한 확신을 가진 후에, 하나님이 주신 마음은 두려워하는 마음이 아니라 능력과 사랑과 절제의 마음이라고 언급하면서, 복음을 전하다가 옥에 갇힌 바울을 부끄러워하지 말고 오직 하나님의 능력을 따라 복음과 함께 고난을 받으라고 말한다.[324]

바울은 자신을 구원하시고 또한 복음 전도자로 부르신 거룩한 소명은 자신의 행위에서가 아니라, 사망을 폐하시고 복음으로써 생명과 썩지 아니할 것을 드러내신 예수 그리스도 안에서의 은혜 때문이므로, 자신이 이 복음을 위한 선포자와 사도와 교사로 세우심을 입었기 때문에 복음(전도)으로 말미암아 고난을 받되 부끄러워하지 않는 것은 하나님이 지키실 줄 확신하므로, 디모데 역시 예수 안에 있는 믿음과 사랑으로써 바울에게 들은 바 바른말과 성령으로 인하여 부탁한 아름다운 것(복음 전도)을 지키라고 명령한다.[325]

아마 바울은 이전 편지에서 디모데가 겪고 있는 에베소 교회에서의

323) 딤후 1:8.
324) 딤후 1:3–8.
325) 딤후 1:9–14.

힘든 목회 형편(교리, 직분, 관계 등)과 함께 디모데의 병약한 육체[326)]와 연약한 심성[327)]으로 인해 영육 간에 크게 위축된 디모데에게 다시금 복음을 위한 불타는 용기와 하나님의 은사를 불일 듯 일게 하여서, 비록 자신이 겪는 고난과 어려운 환경 가운데서도 사망을 폐하시고 복음으로 생명을 나타내신 예수 그리스도 안에서 하나님이 지키실 줄 확신하고, 복음(전도) 사역을 담대히 감당해 나가도록 격려하고 있는 것이다.

바울은 1장 후반부[328)]와 2장에 와서 복음 전도에 대한 더욱 실제적인 교훈을 준다. 복음 전도자가 당할 고난과 받을 상급에 대한 교훈과 또한 복음 전도자가 피해야 할 것들과 적극적으로 따라야 할 것들에 대한 교훈이다. 바울은 복음 전도의 현장에서 만난 사람 중에 부겔로와 허모게네의 이름을 거명하면서 그들처럼 자신을 버린 사람들도 있지만, 그러나 옥에 갇힌 바울을 부끄러워하지 아니하고 그에게 자주 찾아와서 격려하고 위로해 준 오네시보로에 대해 고마워하며 그를 칭찬한다.

복음 전도의 현장에는 배반자들로 인한 고난도 있지만 또한 신실하고 충성된 자들로 인하여 입게 되는 주의 위로와 은혜도 있음을 보여줌으로써, 고난 받는 디모데의 복음 전도 현장에 임할 주님의 위로와 은혜에 대해 말하고자 한다. 복음 전도의 현장에는 고난만 임하는 것이 아니고 실은 주의 은혜가 더 많이 임하게 됨을 알게 된다. 그러므

---

326) 딤전 5:23, "이제부터는 물만 마시지 말고 네 위장과 자주 나는 병을 위하여는 포도주를 조금씩 쓰라."

327) 딤후 1:7-8, "하나님이 우리에게 주신 것은 두려워하는 마음이 아니요 오직 능력과 사랑과 절제하는 마음이니 그러므로 너는 내가 우리 주를 증언함과 또는 주를 위하여 갇힌 자 된 나를 부끄러워하지 말고……."

328) 딤후 1:15-18.

로 전도자는 고난으로 인해 소심해하지 말고 주님의 은혜와 믿음 가운데 더욱 강해야 한다.

이 '고난-은혜'의 원리는 2장 전반부[329]에서도 계속된다. 디모데 역시 그리스도 예수 안에 있는 은혜 가운데서 강해야 하고, 그럴 때 많은 증인 앞에서 바울에게 들은 복음을 충성된 사람들에게 부탁할 수 있다. (그러면) 그들이 또 다른 사람들을 가르칠 수 있을 것이라는 복음의 위탁 혹은 복음 재생산의 원리를 말해 준다. 이러한 복음 전도 사역과 복음 재생산의 원리에서 핵심은 전도자가 주의 은혜 가운데서 강하고 견고해야 한다는 점에 있다. 왜냐하면 전도의 현장, 즉 복음 재생산의 과정이 쉽고 수월한 것이 아니라 고난과 역경이 따르기 때문이다. 이 점에서 전도자에게는 주의 은혜와 고난은 동시에 주어진다는 것을 알 수 있다.

바울은 이 점을 군인, 운동선수, 농부의 3가지 비유를 들어서 교훈하고 있다. 군인의 임무에 충실한 군인, 규칙대로 열심히 운동하는 운동선수, 최선을 다해 수고하는 농부처럼 그리스도 예수의 좋은 군사는 이처럼 고난도 마다하지 않고 복음을 위해 죽도록 충성해야 하며,[330] 또한 동시에 그러한 고난과 열심 가운데 반드시 하나님이 은혜와 영광과 복을 주신다는 것을 분명히 가르치면서 바울은 이렇게 고백한다.

> "내가 택함 받은 자들을 위하여 모든 것을 참음은 그들도 그리스도 예수 안에 있는 구원을 영원한 영광과 함께 받게 하려 함이라 미쁘다 이 말이여 우리가 주와 함께 죽었으면 또한 함께 살 것이요"(딤후 2:10-11).

---

329) 딤후 2:1-13.
330) 딤후 2:3-7.

2장 후반부[331]에서 바울은 디모데에게 복음 전도자가 경계해야 할 것들에 대해 교훈한다. 말다툼과 망령되고 헛된 말이나 청년의 정욕과 어리석고 무식한 변론들은 버려야 한다고 엄히 명한다. 이것은 당시 에베소 교회에 침투한 후메내오와 빌레도 같은 이단들이 나타나서 부활은 이미 지나갔다고 주장함으로 부활의 역사성과 육신의 부활을 불신앙할 뿐만 아니라, 다른 사람들과 다툼을 야기하였고, 다른 이들의 믿음마저 무너뜨리게 하였기 때문이다. 바울은 이러한 이단들의 악한 상태를 '망령되고 헛됨, 불경건, 악성 종양이 퍼져 나감, 불의, 마귀의 올무에 매인' 상태라고 지적하면서, 그러나 디모데가 적극적으로 행해야 할 것은 '진리의 말씀을 옳게 분별하며, 부끄러울 것 없는 일꾼으로 자신을 하나님께 드리며, 자신을 깨끗이 하고, 또 주를 깨끗한 마음으로 부르는 자들과 함께 의와 믿음과 사랑과 화평을 따르며, 모든 이들에 대해 온유하며 가르치기를 잘하고, 참으며, 거역하는 자는 온유함으로 훈계하라'고 가르친다.

불의하고 악한 환경 가운데서 신실한 주의 일꾼들이 경계해야 할 것들은 과거에나 지금에나 꼭 같은 요소들임을 확인할 수 있다.

하나님 나라의 종말론적 복음 사명(3-4장)

앞서 1-2장에서 당시(현재)의 전도의 현장과 그에 따른 복음 전도자의 사명과 자세에 대해 언급한 바울은 이제 3장 이후부터는 종말론적 입장에서의 전도 현장이 어떠하며, 복음 전도자가 취해야 할 사명과

331) 딤후 2:14-26.

자세는 어떠해야 하는지에 대해 교훈한다.

먼저 바울은 3장에서 마지막 시대, 즉 말세의 삶의 현장과 사람들의 모습은 어떠하며, 그러나 복음의 위력은 어떠한지에 대해 언급하고 있다. 본서에서 종말의 특징에 대해 어떻게 말하고 있는가? 바울은 말세의 사람들과 삶에 고통을 주는 원인에 대해 열거하면서 "자기 사랑, 돈 사랑, 자랑, 교만, 비방, 부모 거역, 무감사, 비거룩, 무정, 원통, 모함, 무절제, 사나움, 선한 것을 좋아하지 않음, 배신, 조급, 자만, 쾌락 사랑, 경건의 능력을 부인함" 때문이라고 언급한다.[332)]

바울은 당시 에베소 교회에서 남의 집에 가만히 들어가 어리석은 여자를 유인하여 거짓 교리를 가르쳤던 거짓 교사들의 활동에 대해 언급한다. 이 어리석은 여자도 자신의 죄를 중히 지고 여러 가지 욕심에 끌려서 항상 배우지만 결국 진리의 지식에 이를 수 없는 허망한 결말에 이르고, 거짓 교사들 또한 얀네와 얌브레가 모세를 대적한 것처럼 진리를 대적하나 결국 그들의 어리석음이 드러나는 결말을 보게 된다고 언급한다.[333)]

이에 비해 참 교사인 바울의 결말은 어떠한가? 바울은 복음 전도의 현장에서 수많은 박해(안디옥, 이고니온, 루스드라)와 고난을 당했지만 주께서 건지셨다는 승리의 고백이다. 그러면서 디모데에게 말하기를, 누구든지 그리스도 예수 안에서 경건하게 살고자 하는 자는 박해를 받으리라고 말한다.[334)] 그러므로 종말론적인 말세의 현상들과 거짓 교리의 유혹 속에서 복음 전도자가 (바울처럼) 주님의 구원과 승리의 삶을 살기 위하여 말세의 사람들과 거짓 교사들로부터 당하는 박해와

---

332) 딤후 3:1-5.
333) 딤후 3:6-9.
334) 딤후 3:10-12.

역경들이 예상된다. 하지만 그들의 결말은 허망함과 어리석음으로 인하여 경건에 무능력한 삶이지만, 복음으로 인한 확신에 찬 믿음의 삶은 구원은 물론이고 하나님의 사람으로 온전해지고 또한 모든 선한 일을 행할 능력, 곧 복음의 능력의 삶을 살게 되는 것임을 말해 준다.[335)]

그리스도 예수 안에서 경건하게 살고자 하는 자에게 종말론적 세상으로부터의 박해와 고난은 당연한 것이다. 그러나 죽음의 고난에서 부활 승리하시고 구원의 주가 되신 언약의 중보자 예수 그리스도의 언약의 말씀(성경)에 대한 확신 있는 믿음이 있을 때 구원과 승리의 삶은 보장된다.

바울은 4장에서 종말론적 복음 전도자의 사명과 자세에 대해 가르친다. 바울은 전반부[336)]에서 디모데에게 여러 가지 어렵고 힘든 상황에서도 기꺼이 고난을 받으며 복음 전도자의 직무에 최선을 다하라고 명령한다. 바울이 디모데에게 하는 엄한 명령은 오직 때를 얻든지 못 얻든지 항상 말씀을 전하고 가르치는 일에 힘쓰라는 것이다. 비록 말세에 사람이 바른 교훈을 받지 않고 자기 사욕을 따를 스승을 많이 두고 진리에서 돌이켜 허탄한 이야기를 따를지라도, 그러나 디모데만은 고난 받는 전도자의 직무에 충실할 것을 명령한다.

바울은 이제 자신은 세상을 떠날 날이 곧 임박했음을 알고 믿음의 아들이자 복음의 신실한 동역자에게 마지막 당부이자 위대한 고백을 한다.

"나는 선한 싸움을 싸우고 나의 달려갈 길을 마치고 믿음을 지켰으니

335) 딤후 3:13-17.
336) 딤후 4:1-8.

이제 후로는 나를 위하여 의의 면류관이 예비되었으므로 주 곧 의로우신 재판장이 그 날에 내게 주실 것이며 내게만 아니라 주의 나타나심을 사모하는 모든 자에게도니라"(딤후 4:7-8).

이 위대한 스승의 뒤를 따라 고난의 길을 마다않는 모든 후배들에게 보여주는 이 얼마나 소망스럽고 아름다운 귀감인가! 종말론적 복음 전도자의 길에 비록 수많은 고난과 눈물의 골짜기가 있을지라도 그 선한 싸움의 끝에 주가 주시는 의의 면류관과 주의 의로우신 재판이 우리를 기다리고 있기에 그 영광의 날을 사모하며 오늘 나에게 주어진 (그것이 크든 작든) 전도자의 직무에 충실하며 최선을 다해 달려가야 한다.

끝으로 바울은 후반부[337]에서 디모데에게 개인적 부탁과 끝인사를 하면서, 여러 사람들의 이름을 거명한다. 이런저런 이유로 모두 바울 곁을 떠났고, 지금은 누가만 남았다. 대사도인 바울조차도 외로웠을 것이다. 그러니 더욱 디모데가 그리웠을 것이고, 또 그와 함께 마가를 데려오도록 당부한다. 바울은 마가와 소원했던 관계가 이미 해소되었든지 아니면 이 기회에 그에게 맡길 어떤 중요한 임무가 있었던 것 같다.

바울은 몇 해 전에 로마 감옥에서 풀려난 후 스페인 전도를 마치고 소아시아의 드로아에 도착하여 가보의 집에 잠시 머물렀는데, 그때 유대 대적자들의 신고로 로마 군인에게 붙잡혀서 로마로 압송되었다. 때문에 급히 체포당하느라 가보의 집에서 미리 챙겨오지 못했던 겉옷과 필요한 책을 디모데가 오는 편을 통해 가져다 줄 것을 부탁한다. 특히 1차 로마 감옥 때와 달리 2차 투옥 때는 춥고 힘든 형편이었으며, 계절도 아마 가을로 접어들어 쌀쌀하고 추운 날씨가 되었기에 무엇보

337) 딤후 4:9-22.

다 겉옷이 절박하게 필요했을 것이다. 그랬기에 가능하면 겨울 전에 속히 와주기를 바랐을 것이다.

이후 바울은 어떻게 되었을까 궁금하지만 정확히 알 수 없다. 다만 전승에 의하면, 바울은 기독교를 극렬히 박해했던 네로 황제가 죽던 해인 68년(봄)에 순교한 것으로 전해진다. 디모데의 이후의 사적 역시 정확히 알 길은 없지만 당시 에베소에서 드로아를 거쳐 로마에 왔었을 것이고, 이후 남은 생애 동안 에베소 교회의 목회를 잘 감당하다가 전승에 의하면 도미티아누스 황제(81-96년) 때의 박해로 순교한 것으로 추측할 뿐이다.

사도행전과 바울 서신을 통해 나타난 바울의 생애는 선교의 생애였음을 본다. 그러나 그의 불같은 선교 생애는 순교로 끝나지 않는다. 그의 신실한 제자(디모데, 실라, 누가, 마가……)들을 통해, 그리고 1, 2, 3차 선교 여행과 땅 끝 로마에서 바울이 전한 그리스도의 복음을 듣고 온 세계로 흩어진 수많은 그리스도인들에게 복음과 선교의 역사는 계속 이어져 갔고, 그것이 지금 우리에게도 이어져 왔음을 알게 된다.

바울은 평생을 복음 전도에 헌신하고 열정을 받쳤지만, 유대인 대적자들에게 수많은 고난과 박해를 당하였다. 매순간 치열하고 고단한 선교 현장에서 바울은 그 자신이 다시 오실 주님을 간절히 소망하였고, 동시에 고난당하는 성도들에게도 재림의 소망을 전하였다. 바울에게는 매일이 선교요, 고난이었다. 그러기에 항상 죽음을 예비하고 각오하였던 종말론적 복음 전도자의 삶을 살았다. 누구보다도 그 자신이 복음과 함께 고난 받았던 고난의 전도자, 바울을 통해 오늘날 그리스도의 복음을 고난과 함께 감당해야 할 그리스도인의 삶이 어떠해야 하는지를 돌아보게 된다.

3. 디모데후서의 구조

1-2장	**현재의 하나님 나라의 복음 사명**
1:1-14	복음 전도자의 사명 : 복음과 함께 고난을 받으라
1:15-2:13	복음 전도자가 당할 고난과 받을 상급
2:14-26	복음 전도자가 경계해야 할 것과 따라야 할 것
3-4장	**하나님 나라의 종말론적 복음 사명**
3:1-17	종말론적 전도자가 만나는 종말의 현장과 복음의 위력
4:1-8	종말론적 사명 위임 : 고난 받는 전도자의 직무를 다하라
4:9-22	바울의 개인적 교훈

디도서(Titus)

왕국의 지도자, 성도

1. 정경적 배경

▶ 저자와 수신자

본문에서 저자가 바울 자신임을 밝히고 있으며,[338] 바울의 믿음의 아들 디도에게 이 서신을 보냈다.[339]

▶ 기록 연대와 장소

본서는 63-65년 사이에 기록된 것으로 보이며, 정확한 기록 장소는 알 수 없지만 그리스나 마게도냐로 추정한다.

▶ 주제와 목적

주제는 '왕국의 지도자, 성도'이다. 바울은 1차 투옥 후 석방 기간 동안 디도와 함께 전도하던 중 그레데 섬에 그를 남겨두어 목양의 일을 일임했다. 하지만 아직 잘 정비되지 못한 교회 조직과, 당시 교회 내의 이단 가르침에 대한 바른 목회 지침을 주고자 본서를 썼다.[340]

▶ 특징

338) 딛 1:1.
339) 딛 1:4.
340) 딛 1:5.

본서는 디모데전후서와 함께 목회 서신으로 분류되는데 교회, 조직, 직분, 이단 문제, 성품 등 목회 전반의 주제를 다루고 있다.

2. 내용 전개

언약의 주요 모티브 : 바른 지도자, 바른 목회

하나님 나라의 올바른 언약적 목회 지침과 행동 지침을 말한다.

하나님 나라의 올바른 지도자를 세우는 원리(1장)

1장에서 바울이 디도에게 준 임무는 그레데 교회의 영적 지도자를 세우고자 함이라고 밝히고는, 그에 필요한 바른 지도자 세움의 원리들을 제공한다. 바울은 서두에서 디도에게 인사를 건네면서 바울 자신의 사도로서의 역할과 사역의 목적에 대해 먼저 언급한다. 하나님과 예수 그리스도께서 자신을 사도로 세우신 목적은[341] '하나님이 택하신 자들에게 믿음과 경건에 속한 진리의 지식과 영생의 소망을 갖게 하기 위해서라고 말하면서, 이 영생은 하나님이 영원 전부터 약속하신 것인데 자기 때에 자기 말씀을 전도, 곧 하나님이 바울에게 맡기신 것으로 나타내셨다'라고 언급한다.

여기서 바울은 디도에게 왜 자신의 사도직의 역할과 목적을 강조한 것일까! 그것은 아마 바울이 5절에서 디도에게 말하고자 하는 목적과

341) 딛 1;1-3.

연관이 있기 때문일 것이다.

바울은 아들과 같은 디도를 그레데에 남겨둔 것은 교회 내에 영적인 문제들을 바로잡고, 또한 이후에 더 이상 이단들이 자리를 잡지 못하도록 각 지역의 지도자를 세우고자 함이었다. 따라서 바울은 자신의 사도로서의 역할과 목적을 바탕으로 앞으로 이단들과 싸움에서 강한 영적 지도자로서 리더십을 발휘해야 할 디도에게와 또한 이후에 세워져야 할 그레데 교회의 지도자들에게 필요한 영적 교훈과 모범을 주고자 함이었다.

교회 지도자가 감당하는 모든 사역의 기본과 본질은 하나님과 예수 그리스도에게서 비롯된다. 이 본질적 소명을 기본으로 할 때, 그에게 주어진 진리와 영생의 소망을 전파하는 전도의 사명을 통하여 하나님에게 영광이 되고, 더 이상 이단들이 서지 못하는 생명과 진리의 교회로 든든히 세워지게 되는 것이다. 이러한 본질적 사명에 대해 언급한 이후에 바울은 이제 교회 장로와 감독을 세우는 일에 있어서 실제적인 몇 가지 원리들을 제시한다.[342)]

(1) 가정에서 : 방탕치 않고, 한 아내와 믿는 자녀를 둠.
(2) 사회에서 : 하나님의 청지기로서 책망할 것(고집, 분냄, 술 즐김, 구타, 더러운 이득 탐함) 없고, 나그네 대접과 선행을 좋아하며, 신중, 의, 거룩, 절제.
(3) 사역에서 : 말씀의 교훈을 신실하게 지킴.

바울이 이런 기준과 원리를 제시하는 이유로 당시 교회 내에는 진리를 거스르는 이단자들이 있었기 때문이다.[343)] 그들은 할례파 유대주

342) 딛 1:5-9.
343) 딛 1:9-16.

의자들로서 진리에 불순종하여, 헛된 말과 속이는 말로 더러운 이득을 취하고자 이단 사상을 가르쳐 교회의 가정들을 무너뜨리는 자들이며, 그들의 마음과 양심이 더러워서 입으로는 하나님을 시인하지만 행위로는 부인하는 가증한 자, 복종치 않는 자, 모든 선한 일을 버리는 자라고 규정하고 그들을 엄히 책망하여 믿음을 온전케 하고, 진리를 배반하는 가르침을 따르지 않도록 하라고 조언한다.

유대주의나 영지주의 등과 같은 이단의 가르침은 (생명 구원 목적이 아닌) 더러운 이득을 취할 목적이므로 가정과 교회가 무너지게 되는 심각한 암적 존재와 같다. 따라서 예수 그리스도로 인한 영생의 소망과 진리의 지식을 전파하고 가르쳐서 온 가정과 교회를 진리와 생명의 터 위에 든든히 세울 책임이 교회 지도자들에게 주어진 막중한 소임이며, 동시에 이것은 그리스도의 말씀을 믿음으로 따르는 교회 전체의 소임임을 알게 된다. 이것이 무너지면 가정이 무너지고 교회도 무너지는 결과를 초래하게 되므로, 진리의 말씀과 복음의 정신으로 무장된 교회의 지도자의 역할과 교리 교육이 얼마나 중요한지 새삼 깨닫게 된다.

하나님 나라의 질서를 세우고 선한 일을 행하기 위한 원리(2-3장)

바울은 1장에서 하나님 나라(교회)의 지도자를 어떻게 세워야 할 것인가에 대한 원리를 언급하고서, 이제 2장 이후에서는 왕국의 질서를 어떻게 세우며 그리하여 세상에서 감당해야 할 선한 일들을 어떻게 준비하며, 그것을 위한 필요한 행동 지침은 무엇인지에 대한 원리를 제공한다.

바울은 먼저 교회 내 남녀노소 다양한 계층들에게 필요한 합당한 행동 지침을 준다.[344] 늙은 남자는 절제, 경건, 신중, 믿음과 사랑과 인내에 온전케 한다. 늙은 여자는 거룩한 행실, 모함이나 술의 종이 되지 말며, 선한 것 가르치는 자 되게 한다. 젊은 여자는 남편과 자녀 사랑, 신중, 순전, 집안일을 하며, 선하고, 남편에게 복종케 한다(하나님의 말씀이 비방 받지 않도록). 젊은 남자는 신중, 선한 일, 교훈에 부패치 않고, 단정, 책망할 것 없는 바른말을 하게 한다(대적자가 부끄러워 우리를 악하다 할 것이 없게 하도록). 종은 상전에게 범사에 순종하여 기쁘게 하고, 거슬러 말하지 말며, 훔치지 말고, 신실성을 나타내게 한다(범사에 구주 하나님의 교훈을 빛나도록).

이어서 바울은 이러한 행동 지침을 통해 교회의 질서가 바로잡히고 진리가 바로 세워지기 위해 반드시 필요한 것이 있음을 주지시키면서, 그것은 모든 사람에게 구원을 주시는 '하나님의 은혜'라고 말한다.[345] 바울은 하나님의 은혜로 성도들이 양육 받아 세상의 정욕들을 버리고 경건으로 살고, 복스러운 소망과 우리의 크신 하나님 구주 예수 그리스도의 영광이 나타남을 기다리게 하신 것은, 우리를 대신하여 자신을 주심으로 모든 불법에서 우리를 속량하시고 깨끗하게 하사 선한 일을 열심히 하는 자기 백성이 되도록 하기 위한 목적이라고 교훈한다.

2장 마지막에 하나님의 은혜의 백성이 열심히 감당해야 할 일이 '선한 일'이라고 언급한 바울은 이제 3장에서 그 '선한 일'이 무엇이며, 어떻게 하는 것이 '선한 일을 열심히 하는 것'인지에 대해 교훈을 준다.[346] 바울은 먼저 교인들이 세상의 권세자들에게 복종하는 것이 선한 일을 위한 준비라고 말하면서 그리하여 아무와도 비방이나 다투

344) 딛 2:1-10.
345) 딛 2:11-15.
346) 딛 3:1-11.

지 말고 관용과 온유로 대하게 하라고 지도한다. 그 이유는 우리도 전에는 그들처럼 불순종하고 다투는 죄인이었으나, 그리스도 예수로 말미암아 성령을 부어주사 그 은혜를 힘입어 의롭다 하심을 얻어 영생의 소망을 따라 상속자가 되게 하셨기 때문이다.

그러므로 믿는 자들로 조심하여 선한 일을 힘쓰는 것은 아름다우며 사람들에게 유익하다고 강조한다. 결론적으로 어리석은 변론, 족보, 율법에 대한 다툼은 피하고 또한 이단에 속한 자는 훈계 한 후에 멀리하라고 권한다.

바울의 편지는 매우 논리적이며 교훈적이다. 교회 내의 영적, 교리적(이단) 문제를 바로잡고자 먼저 바른 지도자를 세우고, 그러고는 지도자뿐 아니라 교회 내의 남녀노소 모든 성도들이 합당하게 행해야 할 행동 지침(임무)을 알게 하여서, 이제는 그 관심과 일을 세상으로 돌리게 한다. 교회의 영적 문제와 질서를 바로잡고 다음은 주님이 교회에 주신 선교적 사명, 세상 가운데 선한 일을 위해 힘쓰라는 것이다. 세상의 권세자들과 세상 사람들과의 관계에서 믿는 성도들이 행해야 할 행동과 삶의 표준은 세상적이고 윤리적인 기준에서의 '선'이 아니라, 참으로 선하신 예수님께 있다.

주님은 시간과 환경을 초월하여 또한 모든 사람에 대해 절대 '선하신 하나님'이시다. 성령님과 하나님의 은혜를 힘입어 의인의 삶, 선한 삶을 살아가는 그리스도인들은 세상 사람들과의 관계도 선한 영향력을 끼치며 살게 된다. 하나님의 은혜로 하나님의 백성으로 불러주신 이 거룩한 삶의 목적 가운데, 우리는 믿는 자의 선한 선교적 삶의 행동 규범들을 발견하게 된다.

3. 디도서의 구조

1장	**하나님 나라의 지도자를 세우는 원리**
1:1-4	서론 : 사도직의 역할과 목적 : 진리와 영생의 소망을 갖도록
1:5-9	바른 지도자를 세우는 원리
1:10-16	거짓 지도자의 특징과 경계
2:1-3:15	**하나님 나라의 질서를 세우고 선한 일을 행하는 원리**
2:1-10	교회 내에서 각 계층(남녀노소)에 필요한 행동 지침
2:11-15	하나님의 은혜로 양육 받아야 할 이유와 목적
	이유 : 세상 정욕을 버리고, 그리스도의 영광이 나타남을 기다림
	목적 : 선한 일을 열심히 하는 자기 백성이 되도록
3:1-11	세상과 사회에서 행해야 할 선한 일에 대한 행동 지침
1-2	권세에 복종 : 아무와도 다투지 말고, 관용과 온유로 대하라
3-8	이유 : 죄인이었으나, 주의 은혜로 구원받았기 때문
9-11	결론 : 어리석은 변론, 족보, 율법의 다툼을 피하라 이단에 속한 자는 훈계 후에 멀리하라
12-15	마지막 부탁과 끝인사

빌레몬서(Philemon)

왕국 백성의 성숙하고 변화된 성품

1. 정경적 배경

▶ 저자와 수신자

본서는 바울이 오네시모를 통하여 빌레몬과 그의 가정 교회에게 전달한 편지이다.[347)]

▶ 기록 연대와 장소

본서는 대략 60-62년에 기록된 것으로 추정되며, 장소는 아마 로마인 것으로 추정된다.

▶ 주제와 목적

주제는 '왕국 백성의 성숙하고 변화된 성품'이다. 오네시모는 전에 빌레몬의 집에서 종으로 살다 주인의 재산을 가지고 도망하던 중에 바울의 전도를 받고 그리스도인으로 변화되었다. 바울은 전에 죄인이요 도망자인 오네시모를 빌레몬에게 돌려보내면서, 이제 그리스도 안에서 변화된 그를 형제로 용서하고 맞아줄 것을 부탁하고자 본서를 썼다.

---

347) 몬 1:1-2, 10-12.

▶ 특징

본서는 1장으로만 된 짧은 서신이지만, 언약 교회인 왕국의 백성이 가져야 할 성품이 무엇인지(사랑과 용서와 순종과 섬김)를 잘 가르치고 있다.

2. 내용 전개

언약의 주요 모티브 : 사랑, 믿음, 변화, 순종

왕의 복음 안에 살아가는 왕국 백성의 언약적 성품을 말한다. 사랑의 용서와 복음의 순종을 말한다.

바울의 감사와 칭찬-빌레몬의 성숙한 성품(사랑과 믿음)

먼저 본서의 전반부[348]에서 바울은 빌레몬을 생각하며 하나님께 드리는 감사 기도의 내용을 통해서, 빌레몬의 성품과 바울의 감사 이유에 대해 밝히면서 결과적으로 빌레몬을 칭찬하고 격려하고 있다. 바울은 빌레몬이 주 예수에 대한 믿음과 모든 성도를 향한 사랑을 가진 자라고 소개하면서, 이렇게 (믿음과 사랑의 성품을 통한) 그의 믿음의 교제가 바울과 빌레몬 사이에서도 하나님의 선하심을 나타내었고, 또한 그리스도에게까지 미치게 되었다는 것이 감사의 이유이다.

따라서 바울은 빌레몬의 그러한 성숙한 성품의 결과로 교회가 평안

---

348) 몬 1:1-7.

을 얻게 되었고, 또한 바울도 많은 기쁨과 위로를 얻게 되었다고 언급하면서, 그러한 빌레몬의 성숙한 성품과 모습을 칭찬하고 격려하고 있음을 보게 된다.

바울의 부탁과 천거-오네시모의 변화된 성품(순종과 섬김)

본서의 후반부[349]에서 바울은 오네시모의 변화된 성품에 대해 언급하면서, 변화된 오네시모를 그의 옛 주인인 빌레몬에게 다시 돌려보내는 바울의 천거를 통해 빌레몬과 오네시모 사이에 주 안에서 성숙하고 변화된 용서와 화해를 촉구하고 있다.

바울은 이 단락에서 오네시모의 변화된 모습에 대해 말하기 이전에, 현재 자신의 형편과 그리고 자신과 오네시모의 관계에 대해 밝혀 자신의 부탁과 천거가 정당함을 말하고자 한다. 바울은 현재 복음을 위해 일하다가 감옥에 갇혀 있으며, 그런 감옥살이 중에 오네시모를 만나서 복음을 통해 그가 그리스도의 사람으로 변화되어 과거에는 종이었지만 이제는 바울의 영적 아들이 되었다고 말한다. 그리고 그를 위해 빌레몬에게(바울은 명령할 수 있는 관계지만, 명령이 아니라 오히려) 정중하고도 간절한 부탁을 하고 있다.

이어지는 바울의 부탁의 내용에는 오네시모의 변화의 모습과 성품이 소개된다. 전에는 무익하였으나 후에는 유익하며,[350] 전에는 빌레몬의 종이었으나 후에는 바울의 섬김이이며,[351] 전에는 종이었으나 후에는 사랑받는 형제이며,[352] 전에는 하인이었으나 후에는 바울과

---

349) 몬 1:8-25.
350) 몬 1:11-12.
351) 몬 1:13.
352) 몬 1:14-16.

같은 동역자이며,[353] 전에는 빚진 자였으나 후에는 자유자가 되었다[354]고 밝히면서, 이제 바울이 주 안에서 기쁨과 평안을 누리도록 변화된 오네시모를 향한 빌레몬의 용서와 용납을 부탁한다. 동시에 이 부탁을 빌레몬이 순종할 줄 확신하고 있음을 보게 된다.

아마 오네시모는 과거 빌레몬의 집에서 일하는 종이었는데, 어떤 일로 그 집에서 도망을 하게 되었고, 뿐만 아니라 빌레몬에게 재산상 큰 피해를 입힌 도둑이요 도망자였던 것으로 짐작된다. 그런데 그런 그가 감옥에서 사도 바울을 만나 복음을 듣고는 바울의 영적 아들로 변화되었다. 오네시모는 과거에 큰 죄를 범하여 빌레몬에게 무익한 자였지만 이제 복음 안에서 믿음의 사람으로 변화되어 바울과 빌레몬에게 유익한 자가 되었기에, 주 안에서 칭찬받는 빌레몬의 성숙한 믿음과 사랑의 성품으로 이제 그를 용서하고, 종이 아닌 복음의 동역자로 다시 받아 줄 것을 간곡히 부탁한다.

이러한 내용의 언약적 진리는 무엇인가! 이것을 통해 오네시모를 위해서도 동시에 빌레몬을 위해서도 얼마나 섬세한 배려와 관심과 애정을 갖고 있는 바울의 심정을 엿보게 되며, 동시에 그것은 곧 성령을 통해 주신 주님의 사랑과 용서와 배려의 마음인 것을 알게 된다.

그래서 바울은 여러 차례 '주 안에서'와 '그리스도 안에서' 이 부탁을 한다고 강조한다. 주님의 사랑과 용서의 마음이 없이는 사람 사이에 미워하고 정죄하는 문제들로 인해 상처받은 마음이 어떻게 치유되고 회복되겠는가. 주님의 사랑의 마음이 없이는 당사자들은 늘 불안과 초조로 그 마음들이 무거울 것이다. 그러나 주님의 사랑과 용서의 은혜가 그 마음에 임할 때 사도 바울처럼 비로소 그리스도의 평안과

353) 몬 1:17.
354) 몬 1:18-19.

기쁨으로 채워지게 되는 것이다.

이런 측면에서 빌레몬뿐 아니라 바울의 성품이 참으로 아름답고 위대하다는 것을 엿보게 된다. 그는 3자의 입장에서 빌레몬에게 부탁한 것이 아니다. 마치 당사자와 같은 심정에서 호소한 아름답고 성숙한 성품이었다. 이것은 인간의 죄를 대신 지시고 골고다에서 피 흘려 죽어 주심으로 인간에 대한 하나님의 용서와 화목을 이루신 그리스도 예수의 대속의 사랑을 떠올리게 한다. 그리스도의 자기희생의 십자가로 이루신 용서와 화목의 사역은 모든 인간의 용서와 화해를 초월한 위대하고도 영원한 사랑과 용서의 모델이다. 참된 용서와 화해에는 믿음 안에서 주님과 같은 자기희생과 사랑의 수고가 따라야 함을 깨닫게 된다.

3. 빌레몬서의 구조

1:1-3	**첫인사**
1:4-7	**빌레몬의 성숙한 성품–사랑과 믿음**
4	바울의 감사 기도
5	(내용) 빌레몬의 성품 : 사랑, 믿음
6	(이유) 빌레몬의 성품의 영향
	– 선을 알게 하고, 그리스도께 미치도록 역사함
7	(결과) 빌레몬의 성품으로 인해
	– 교회가 평안함, 바울이 기쁨과 위로를 얻음
1:8-25	**오네시모의 변화된 성품–순종과 섬김**

8–9	바울의 형편–감옥에 갇혀 있음
10	오네시모와의 관계–옥중에서 만나 복음으로 낳은 영적 아들
11–12	변화 : 전–무익, 후–유익
13	변화 : 전–빌레몬의 종, 후–바울의 섬김이
14–16	변화 : 전–종, 후–사랑받는 형제
17	변화 : 전–종, 후–바울과 같은 '동역자'
18–19	변화 : 전–빚진 자, 후–자유자
20	부탁–바울이 누리게 될 '주 안에서 기쁨과 평안'
21	확신–빌레몬의 순종
23–25	문안과 끝인사

히브리서(Hebrews)

왕의 탁월한 대제사장적 사역

1. 정경적 배경

▶ 저자와 수신자

전통에 의하면, 바울이 본서의 저자로 간주되었지만 오늘날은 그것이 받아들여지지 않는다. (1) 바울은 결코 익명의 문서를 쓰지 않는다, (2) 문체에서 바울의 다른 저작들과 큰 차이점, (3) 바울의 다른 편지들과 다른 신학적 강조점들, (4) 히브리서 2장 3절에서 저자가 사도들에게 복음을 받았다고 진술하는 점(갈라디아서 1장에서 바울은 사도들에게서 복음을 받지 않았다고 진술) 등이다. 그 외에 "바나바, 아볼로, 누가, 로마의 클레멘트, 실라, 스데반, 브리스길라-아굴라" 등 많은 가설들이 있지만, 저자가 누구인지 정확히 알 수 없다.

언어와 내용에서 볼 때 저자는 유대교-헬레니즘 기독교인이며, 또한 바울 계열로부터 왔던 사람인 것으로 보인다(참조. 히 13:23 등. 혹 아볼로?). 수신자로 '제사장들, 리쿠스 계곡의 거주민들, 이방인들' 등이 제안되었지만, 쿰멜이나 브루스의 견해처럼 유대계 기독교인들일 가능성이 높다.

▶ 기록 연대와 장소

본서에는 예루살렘 멸망과 성전 파괴의 사건에 대한 언급이 없는 걸로 보아서 A.D. 70년 이전, 아마 60-69년(67~69?)에 기록된 것으로 보이며, 본서 13장 24절을 통해 이탈리아를 장소로 추정할 수 있지만, 동시에 이것은 이탈리아에 있는 독자들에게 쓰인 것이라는 암시일 수도 있다. 기타 예루살렘이나 로마(현대 많은 학자들)를 장소로 보는 견해가 있으나 예루살렘이 좀 더 가능하게 여겨진다.

▶ 주제와 목적

본서의 주제는 '왕의 탁월한 대제사장적 사역'이다. 전에는 유대교였다가 그리스도교로 개종하여 믿은 지 오래되었으나 핍박과 박해가 두려워서 다시 유대교로 돌아가려는 유대계 그리스도인들에게[355] 저자는 그리스도의 존재나 사역이 구약(천사, 모세, 제사장, 제물들)보다 우월하므로[356] 배교에 대한 경고를 주며, 강한 믿음의 결단[357]을 촉구하고자 본서를 기록했다.

▶ 특징

1. 초대 교회 역사에서 저자 문제 등 정경성 논란이 오래되었다.
2. 문체, 언어, 양식에서 바울서신, 일반 서신들과 확연히 다르다.
3. 본서는 저자명, 기록 목적, 인사 등 서신적 요소가 결여되었고, 처음부터 결말까지 회당 설교의 독특한 구조를 보여준다.

355) 히 3:12-6:8.
356) 히 1:1-10:18.
357) 히 11-13장.

2. 내용 전개

언약의 주요 모티브 : 옛 언약, 새 언약, 대제사장(제물), 중보자, 믿음

히브리서는 왕국의 새 언약의 탁월함을 피력한다. 특히 히브리서 저자는 그의 책의 핵심에 있어서 그 존재와 사역의 측면에서 옛 언약의 그것들 보다 훨씬 더 우월한 새 언약의 중보자 예수 그리스도의 성자로서의 존재와 또한 자신의 몸을 단번의 제물로 드림으로 이룬 탁월한 구속 사역을 통하여 왕국 백성들이 갖게 된 새 언약의 우월한 믿음에 대하여 그 위대함과 본질을 중요하게 취급하고 있다. 또한 언약에 대한 저자의 이러한 지극한 관심만큼이나 실제 히브리서는 내용에 있어서 신약성경의 보석이며, 신구약성경 전체에서도 이사야서나 갈라디아서 등과 함께 성경의 핵심적 주제인 언약 사상의 진수를 선명하게 보여주는 '언약 신앙과 언약 신학의 최고 중의 최고의 책'이라 할 수 있다.

존재의 우월성(선지자, 천사, 모세보다 우월함)[358]

본서의 문학 형식을 서신(편지)으로 보는 소수의 지지자가 있었지만, 내용상 저자의 이름, 편지의 목적, 마지막 인사 등과 같은 전형적인 서신적 요소(Epistolo-graphical element)가 결여되어 있고 오히려 저자의 논리적 주장을 논증하고 설득하는 논문의 특성을 더 많이 내포하고 있는 것으로 보여진다. 때문에 거스리(Guthrie, 1990:707-717)나 요르

358) 히 1:1-4:13.

단(Jordaan, 1996A:4)과 같은 건전한 신학자들의 견해에 의하면 히브리서는 문학 형식의 독특한 특성상 설교문에 가까운 글이며, 또한 이 글의 저자가 누구인지도 정확히 알 수 없다고 지적한다.[359] 그럼에도 불구하고 히브리서를 기록한 저자는 성경의 다른 그 어떤 저자들보다 성경을 기록하게 하신 하나님의 의도를 잘 아는 사람, 성령의 감동에 사로잡힌 사람이며, 그러기에 신구약성경의 핵심적인 틀인 '하나님의 언약'의 관점에서 시종일관 이 글을 쓰고 있다.

특별히 하나님의 언약의 핵심인 예수 그리스도에 대해 언급하면서 특히 구약의 우월한 존재들인 천사, 선지자, 모세, 제사장(제사제물)들보다 훨씬 우월하신 새 언약의 중보자로서 그리스도의 존재론적 우월성에 대해 그 초점을 맞추고 있다.

설교 시작 : 하나님의 아들(왕)에 관한 소개

저자는 그의 글의 초두,[360] 즉 설교의 초두에서 그의 설교의 주제를 언급하고 있다. 그것은 다름 아닌 '하나님의 아들'에 관한 어떤 중요한 이야기를 하고자 하는 것이 이 설교의 핵심이란 것을 알게 한다. 저자는 여기서 하나님의 아들을 소개하면서 특별한 방법을 사용한다. 그것은 첫째, 이 아들은 옛 언약과 연관성이 있는 분으로서, 옛 언약의 실체이며 또한 보다 중요한 새 언약의 출발점이라는 점이다.[361] 이러

359) 히브리서의 정경적인 다양한 문제들에 관해서는 본인의 졸저 《히브리서의 새 언약》(영문, 2008) 제3장 1에서 자세히 다루고 있다.

360) 히 1:1-4.

361) 히 1:1-4. 이것은 구약과 신약의 연계성과 역사성을 보여준다. 1절의 옛적과 2절의 모든 날 마지막에 말씀하신 계시의 주체자는 동일하신 하나님이시다. 또한 1-2절에서 저자가 강조하려는 내용은 2절의 '아들'인데, 이 아들은 역사의 현장에 우연히 혹은 갑자기 등장한 인물이 아니라, 내용상 1절의 내용과 연계해서 출현하였으며, 그러나

한 언약의 연계성과 역사성의 중심과 그 정점에 이 아들이 존재한다는 사실이다.

둘째, 옛 언약의 계시의 시점과 도구들인 '옛적, 선지자들, 여러 부분과 여러 모양, 조상들'[362]에 비해 새 언약의 그것(모든 날 마지막, 아들, 우리)[363]은 과거의 것들에 비해 단순하지만 훨씬 새롭고 탁월하다는 것을 보여준다.[364] 특히 그중에서 아들의 존재와 능력은 새 언약에 있어서 가장 중요한 핵심이라는 것을 2절 하반절 이하부터 잘 보여주고 있다. 저자는 이 하나님의 아들의 특별함을 다음과 같이 열거한다.

(1) 존재의 탁월함 : 만유의 상속자, 세계의 창조주, 하나님의 영광의 광채, 본체의 형상(1:2b-3a).

(2) 사역의 탁월함 : 능력의 말씀으로 만물을 붙드심, 죄를 정결케

1절에서의 계시의 수단과 다른 특별한 모습으로 출현한 인물이라는 것을 보여주며, 이 아들의 존재의 특별함은 1절 하반절 이후에서 자세히 나타난다. 특히 이 아들에 대한 주요한 의미를 히브리서 전체의 구조에서 살펴볼 때, 히브리서 1장 2절 하반절부터 4절의 의미는 이 아들(하나님의 아들)의 특별한 존재와 능력에 대해 천사의 그것들과 비교해서 언급한 히브리서 1장 5-14절의 내용의 함축적인 의미이며, 나아가서 히브리서 전체에서 보여주는 아들의 존재의 우월함을 함축적으로 보여주는 핵심적인 구절임을 알게 된다.

362) 히 1:1.

363) 히 1:2a.

364) 히 1:1-2a. 여기서 저자는 구약과 신약의 두드러진 비교를 잘 보여준다. 옛 언약은 '옛적'에 맺으신 것이지만, 새 언약은 '모든 날 마지막'에 맺으셨다. 옛 언약은 '힘없고 부족한 인간들인 선지자들을 통해 여러 부분과 여러 모양으로' 말씀하셨지만, 새 언약은 '아들을 통해' 말씀하셨다. 옛 언약은 불순의 백성들이었던 우리 백성들에게 말씀하신 것이지만, 새 언약은 불순종 가운데서도 하나님 아들 예수 안에서 구원받을 우리에게 말씀하신 언약이다. 그러므로 새 언약은 수없는 선지자(제사장)들과 수없는 제사 제물을 통해 맺은 옛 언약에 비해, 단 한 사람을 통해 맺어진 단순한 것이며, 새 시대에 새로운 방식으로 맺어진 완전히 새로운 것이며, 무능하고 부족한 인간들을 통해 수없이 많은 제사 제물들을 바치지만 여전히 죄가 남아 있는 옛것에 비해, '단번에 자신을 드리므로 모든 죄를 사하신'(히 7:27-28) 능력의 아들, 곧 새 언약의 중보자(히 9:11-15)를 통한 언약이기에 구약에 비해 훨씬 새롭고 탁월하고 우월한 언약인 것이다.

함(1:3b).

(3) 결과의 탁월함 : 하나님 우편에 앉으심, 천사보다 훨씬 뛰어남, 천사보다 더 아름다운 이름을 기업으로 얻으심 (1:3c-4).

설교 본문[365]

창조주(왕)이신 하나님의 아들, 예수

저자는 여기서[366] 하나님의 아들의 존재의 우월성을 말하면서, 이 아들은 단순히 사람이나 혹은 천사와 같은 피조물이 아니라 피조 세계를 창조하는 일에 동참하신 창조주이며 구원의 왕이시라고 말한다. 이러한 주요한 주제를 내포하는 이 단계의 출발은 실은 이미 앞 구절인 4절에서 시작되는데, 그런 의미에서 본서 1장 4절[367]은 이 단계의 주제에 대한 동기이자 결론이다. 저자는 이 단계에서 두 가지의 측면(하나님의 창조 사역과 구원 사역의 측면)에서 고려해 볼 때 아들(예수)의 존재가 어떤 다른 피조물보다 월등히 우월하다고 강조한다.

여기서 저자는 아들의 우월성을 강조하기 위해 아들(그리스도)과 '천사'를 비교하는데, 비교 대상자로 하필 왜 천사를 등장시켰을까? 창세기 등의 구약성경에 나타나는 창조 사건을 통한 계시 역사적 관점에서 볼 때, 천사의 존재는 하나님의 창조 사건과 더불어 죄로 인해 타락한 인생을 구원하는 구속 사건에 있어서 절대적으로 중요한 위치에 있음을 보게 된다. 창조주이신 하나님과 피조 세계 또한 구원자이신 하나

365) 히 1:5-13:19.

366) 히 1:5-2:18.

367) 히 1:4, "그가 천사보다 훨씬 뛰어남은 그들보다 더욱 아름다운 이름을 기업으로 얻으심이니."

님과 죄인 사이에서 하나님의 뜻을 전달하고 시행하는 전달자요 대리자이며 또한 중보자로서 그 역할을 감당하였음을 알게 된다. 그러기에 그들은 선민인 이스라엘 백성들에게 있어서 참으로 존귀하고 아름다운[368] 존재로서 여겨졌을 것이다. 하지만 이러한 그들조차도 아들과는 도무지 비교할 수 없는 열등한 존재라는 것을 말하고 있다.

첫째,[369] 하나님의 창조 사역의 측면에서 볼 때 아들이 월등히 우월하다는 것이다. 저자가 보여주는 천사의 존재와 역할은 '하나님의 아들에게 경배'해야 하며(6절), '바람이나 불꽃처럼 사용되는 도구'이고(7절), '섬기는 영으로 구원받을 상속자들을 위해 섬기는 존재'이다(14절). 하지만 이에 비해 아들의 존재와 위치는 '하나님 아버지의 아들'이며(5절), '천사들의 경배의 대상'이시며(6절), '주의 나라의 왕'이시고(8-9절), '창조자요 주관자'이시고(10 -12절), '하나님 보좌 우편에 앉으신 자(그리스도)'이시다(13절). 결국 저자는 하나님의 아들(그리스도)이 창조 사역에 있어서 성자요 왕이요 창조자이며 승리한 그리스도로서, 천사와 도무지 비교되지 않는 월등히 우월한 지위를 가진 존재임을 말한다.

둘째,[370] 하나님의 구원 사역의 측면에서 볼 때 역시 아들이 천사에 비해 월등히 우월하다는 것이다. 저자는 우선적으로[371] 구원이 '말씀'의 통로를 통해 이루어진다는 진리를 전제로 말하면서 구약과 신약의 구원을 비교한다. 이 비교의 차이점은, (1) 구원의 말씀이 구약 시대에는 천사들을 통해 말씀하셨고, 신약 시대에는 아들(그리스도)로 말씀하신 것이다.[372] (2) 구약에 천사들을 통한 구원의 말씀이 견고하여

368) 히 1:4, "……더욱 아름다운 이름을 기업으로 얻으심이니."
369) 히 1:5-14.
370) 히 2:1-18.
371) 히 2:1-4.

범죄자와 불순종자에게 공정한 보응을 받았듯이, 신약에 주님(그리스도)을 통한 구원의 말씀 역시 견고하여 공정한 보응이 반드시 이루어진다. 신약의 구원은 '큰 구원이며 더욱 견고한 것'임을 하나님도 표적과 기사들과 또한 성령의 증거들과 함께 증언하셨기에, 신약의 보응은 구약의 그것에 비해 더욱 크고 중대하게 이루어질 것임을 짐작하게 한다.[373)]

그러기에 이 큰 구원의 말씀을 받은 신약의 언약 백성들에게 임한 구원의 책임과 의무 또한 구약 백성들에 비해 훨씬 중하다는 사실을 일깨워 주며 경고한다.[374)] 이처럼 구약 시대 천사들을 통해 선포하신 구원의 말씀도 그 위력이 대단하였지만, 그러나 신약 시대 그리스도를 통한 구원의 말씀의 위력은 더욱 크고 놀라운 것이었음을 통해 결국 이 아들(그리스도)의 존재의 우월성이 강조되고 있다.

나아가[375)] 저자는 이 아들의 우월적인 존재를 그의 구원 사역을 통해 더욱 구체적으로 설명한다. 여기서 저자는 하나님이 장차 올 세상, 즉 세상 만물을 천사들에게 복종케 하심이 아니라, 아들에게 복종케 하셨다고 말한다.[376)] 그런데 이렇게 하나님이 만물을 아들에게 복종케 하신 방법은 다름 아닌 고난(죽음)이라고 말하면서, 하나님이 이 아들을 '구원의 창시자'로[377)] 삼으시고 그에게 고난을 통하여

372) 히 2:2, "천사들을 통하여 하신 말씀이……." 히 2:3, "……이 구원은 처음에 주(Lord)로 말씀하신 바요 들은 자들이 우리에게 확증한 바니."

373) 히 2:2. vs 히 2:3-4.

374) 히 2:1, "그러므로 우리는 들은 것에 더욱 유념함으로 우리가 흘러 떠내려가지 않도록 함이 마땅하니라."
히 2:3, "우리가 이같이 큰 구원을 등한히 여기면 어찌 그 보응을 피하리요……."

375) 히 2:5-18.

376) 히 2:5, 8.

377) 히 2:10, "그러므로 만물이 그를 위하고 또한 그로 말미암은 이가 많은 아들들을 이끌어 영광에 들어가게 하시는 일에 그들의 구원의 창시자를 고난을 통하여 온전하게

온전하게 하셨으므로, 그 결과 그의 백성들이 거룩함을 입었고 그 거룩한 자들을 형제와 자녀로 삼으셨다. 나아가 그의 죽음을 통하여 마귀를 멸하시고, 또한 죄에 매여 종노릇하는 모든 자들을 놓아주시게 되었음을 '구약의 시편과 이사야의 본문들'[378]을 인용하여 강조하고 있다.

그러면서 저자는 이 단락의 후반에서 한 번 더 강조하기를,[379] 이로 보건대 하나님이 확실히 천사들을 붙들어 주려 하심이 아니라 오직 '아브라함의 자손'[380]을 붙들어 주려 하심이라고 말하면서, 이는 아들이 신실한 대제사장이 되어 백성의 죄를 속량하시고 또한 시험을 받아 고난을 당하셨은즉 시험받는 자(백성, 자녀)들을 능히 도우실 수 있는 존재라는 사실은 그가 구약의 천사의 역할과 비교하여 월등히 우월한 존재임이 분명한 것이다.

과연 여기서 저자의 강조처럼 예수 그리스도의 고난과 죽음을 통해 우리의 모든 죄가 속량되어 주의 거룩한 교회로, 형제로, 자녀로서의 영광스런 신분으로 변화하게 되었고, 혹 시험 중에도 주님(그리스도)을 믿고 의지함으로 시험을 이기고 승리할 수 있게 된 것은 그가 곧 천사의 존재와 비교할 수 없으신 잠시 동안만 천사보다 못하게 되셨다가 영광과 존귀의 관을 쓰신[381] 구원의 창시자시요 또한 만물을 발아래에 복종케 하신 만물의 왕이요, 창조자이신 예수[382] 그리스도이심을

하심이 합당하도다."

378) 히 2:6-8a, 12-13(참조. 시 8:4, 22:22; 사 8:17, 8:18).

379) 히 2:16-18.

380) 히 2:16. 헬라어 다른 사본에는 '아브라함의 씨'로 표기됨. 내용과 문맥상 이것은 신약의 그리스도를 뜻하는 것이다.

381) 히 2:7.

382) 히 2:9, "오직 우리가 천사들보다 잠시 동안 못하게 하심을 입은 자 곧 죽음의 고난 받으심으로 말미암아 영광과 존귀로 관을 쓰신 예수를 보니……." 저자는 이 구절에서 비로소 '예수'의 이름을 언급한다. 이것은 저자가 앞에서 언급하고 강조하고자 하는

나타내는 것이다.

사도이신 하나님의 아들, 예수

여기서[383] 언급한 '사도'란 하나님의 말씀과 뜻을 백성에게 전달하는 사람을 의미하는 것으로 구약의 선지자와 유사한 의미이다. 구약 시대에 선지자들을 통하여 조상들에게 말씀하신 하나님은 신약 시대에 아들이신 예수님을 통하여 우리에게 말씀하신다고 앞에서 이미 언급하였다.[384] 저자는 여기서 구약의 사도(선지자)의 대표인 모세와 여호수아를 언급하면서 그들과 비교하여 월등히 우월한 존재이신 예수 그리스도에 대해 강조하고 있다.

첫째,[385] 하나님의 아들이신 예수는 신약 시대의 참 사도이며 대제사장으로서, 이 예수를 깊이 생각하고 예수에 대한 믿음을 굳게 붙들라고 권고한다. 저자는 여기서 이것을 강조하기 위해 예수와 모세를 존재론적으로 대비한다. 즉 신약의 예수 그리스도는 참 사도로서 구약의 사도인 모세보다 월등히 우월한 존재라고 대조하고 있다. 성부 하나님에 대한 신실한 면에서는 예수와 모세 둘 다 신실했지만, 모세는 종의 신분으로 예수는 아들의 신분으로 신실하셨기에 이 예수를 믿는 신약의 언약 성도들은 소망의 확신과 자랑을 끝까지 굳게 잡을

인물인 '하나님의 아들'에 대한 실제적 인물인 것을 알게 한다. 여기서 '아브라함의 자손', '대제사장', '속량' 등의 의미와 예수를 연관시키고 있는 것은 아마 유대교 제사 제도에 익숙한 유대교 그리스도인인 수신자들을 배려한 것과 함께, 이후 그가 말하고자 하는 주제에 대한 암시적 의미인 것을 짐작하게 한다. 실제로 저자는 본서 4장 후반부터 특히 8장 이후에 구약의 제사장과 제사 사역과 비교한 예수의 대제사장적 직분과 사역에 대해 본격적으로 자세히 다루고 있음을 보게 되며, 이것이 이 책의 핵심을 이루고 있음을 보게 된다.

383) 히 3:1-4:13.

384) 히 1:1-2.

385) 히 3:1-19.

것을 권면한다.[386]

그러므로 저자는 이 확실한 대비를 바탕으로 그의 수신자들에게 예수에 대한 더욱 확고한 신앙과 확신을 가질 것을 경고한다. 저자는 이것을 강조하기 위해 과거 모세가 맡았던 이스라엘 백성들의 불순종과 불신앙으로 인해 약속의 땅과 안식에 들어가지 못하고 하나님으로부터 책망과 징계를 받게 된 역사적 사건을 예로 들면서,[387] 하지만 신약의 언약 교회는 이것을 교훈 삼아 '악한 마음으로 불신앙을 갖지 말고, 피차 권면하여 죄의 유혹으로 완고하게 되지 말며, 처음부터 확신한 것을 끝까지 붙잡으면 그리스도와 함께 참여한 자가 될 것'[388] 이라고 당부하고 있다.

둘째,[389] 우리가 믿는 사도(대제사장)이신 예수가 제공하는 참 안식에 들어가기 위해 하나님의 말씀을 굳게 붙들라고 권고한다. 저자는 이것을 강조하기 위해 여기서 예수와 여호수아를 대비시킨다. 즉 예수 그리스도는 신약의 사도로서 구약의 사도인 여호수아보다 월등히 우월하다는 것을 강조한다. 앞의 첫째 단락에서 모세의 경우에서도 다루어지는 주제가 약속의 땅에 대한 신앙 즉 안식에 대한 순종의 믿음(구약의 광야 백성들은 불순종으로 인한 불신앙이었다)이었듯이, 여기 여호수아의

386) 히 3:5-6, "또한 모세는 장래에 말할 것을 증언하기 위하여 하나님의 온 집에서 종으로서 신실하였고 그리스도는 하나님의 집을 맡은 아들로서 그와 같이 하셨으니 우리가 소망의 확신과 자랑을 끝까지 굳게 잡고 있으면 우리는 그의 집이라." 여기서 모세가 종으로서 섬긴 하나님의 집은 이스라엘 백성이지만, 아들이신 그리스도가 맡으신 집은 언약 교회이며 성도이다. 그러므로 모세와 그리스도의 대비에서도 그리스도가 우월하듯이 구약의 이스라엘 백성과 신약의 언약 교회(성도)의 대비에서도 신약의 언약 교회가 우월함을 알게 된다. 계시 역사적 차원에서 볼 때, 신약 언약 교회에게 베푸신 하나님의 풍성하신 구속의 은혜와 그 모든 사랑의 정도는 구약의 그것들에 비해 참으로 비교되지 않는 풍성한 혜택들을 누리고 있음을 알게 된다.

387) 히 3:7-11, 15. 이 구절들은 구약 시편 95편의 일부(7절 이하)를 인용한 것이다.

388) 히 3:12-14.

389) 히 4:1-13.

경우에서도 역시 안식과 그것에 대한 이스라엘 백성들의 믿음에 대해 다루고 있다. 저자는 역시 여기서도 구약의 이스라엘 백성들을 안식으로 이끌었던 여호수아의 사도적 역할이 온전하지 못함[390]과 이스라엘 백성들의 불순종[391]에 대해 말하면서, 신약의 언약 교회(성도)는 그리스도와 그분의 약속(말씀)에 대한 온전한 신뢰를 통해 그의 안식에 들어가기 위해 순종과 믿음의 모습을 견지할 것을 권고하고 있다.

여기서의 핵심은 '그리스도 안에서의 사도적 기능, 즉 하나님의 말씀의 역할과 능력이 참으로 모든 것을 감찰하고 분별하는 탁월한 것'[392]이라는 사실과, 또 하나는 '이 말씀을 대하는 자들의 믿음의 자세, 즉 말씀에 대한 순종 혹은 불순종의 자세'[393]가 참으로 중요함을 강조하고 있다. 그래서 저자는 히브리서 4장 2절에서 "……들은 바 그 말씀이 그들에게 유익하지 못한 것은 듣는 자가 믿음과 결부시키지 아니함이라"고 경고하고 있다.

때문에 저자는 모세나 여호수아가 이끌었던 구약 백성들처럼 마음이 완고하여 지도자들을 통한 사도의 말씀에 불순종과 불신앙으로 참된 안식에 실패하고 도리어 징계받았던 교훈을 계속하여 상기시키면서, 구약의 사도보다 우월하신 참 사도이신 그리스도를 순종과 신앙으로 굳게 붙들 것을 간곡히 권하고 있다. 이 경고는 오늘날 세속화의 영향으로 교회 안에서조차 불신앙과 불화와 미움과 탐욕으로 인해

390) 히 4:8, "만일 여호수아가 그들에게 안식을 주었더라면 그 후에 다른 날을 말씀하지 아니하셨으리라."
391) 히 4:3, 5-7.
392) 히 4:12-13, "하나님의 말씀은 살아 있고 활력이 있어 좌우에 날선 어떤 검보다도 예리하여 혼과 영과 및 관절과 골수를 찔러 쪼개기까지 하며 또 마음의 생각과 뜻을 판단하나니 지으신 것이 하나도 그 앞에 나타나지 않음이 없고 우리의 결산을 받으실 이의 눈앞에 만물이 벌거벗은 것같이 드러나느니라."
393) 히 4:9-11.

형식과 외식만 남은 채 말씀의 참된 사도적 기능을 제대로 발휘하지 못하여 하나님의 복된 안식과 평안을 누리지 못하는 교만하고 오만한 현대 교인들이 마음 깊이 새겨야 할 '칼과 같은 말씀'인 것이다.

사역의 우월성(구약의 제사장들, 제사 제물들보다 우월함)[394]

앞서 살펴보았듯이, 앞 단락에서 창조주(왕)이시며 사도이신 하나님의 아들 예수 그리스도의 우월성에 대해 존재론적으로 언급한 저자는, 이제 여기서는 그분의 사역적인 우월성에 대해 강조한다. 이 단락 역시 여러 사역적인 측면에서 신약의 예수 그리스도와 구약의 제사장들(제사 제물들)과의 뚜렷한 대조의 방식을 통해 결국 옛 언약의 사역들보다 더 나은 새 언약의 중보자이신 예수 그리스도의 사역의 우월성을 보여준다.

여기서부터 저자는 예수의 대제사장적 모습과 사역을 그려가기 시작하는데, 이 부분에 대한 사고 구조 분석을 비롯한 종합 분석을 통한 주요 문맥의 흐름을 살펴볼 때 이 단락이 히브리서 전체에서 중심에 해당되는 것임을 나타내 보여준다.[395]

예수는 우리의 약점을 체휼하시는 대제사장

이 단락[396]에서 저자가 그리는 예수의 사역은 우리의 연약과 약점들을 체휼하시는 긍휼이 많으시고 자상하신 대제사장의 모습이다. 저자는 대제사장이신 예수와 구약의 대제사장들과의 공통점과 차이

394) 히 4:14-10:18.
395) 이 단락에 대한 여러 다양한 종합 분석들과 결론에 대해서는, 본인의 졸저 《히브리서의 새 언약》 제3장 3과 4에서 자세히 다루고 있다.
396) 히 4:14-6:20.

점에 대해 언급한다.

1) 공통점

(1) 신약의 예수나 구약의 대제사장들은 스스로 그 존귀한 직분을 취한 것이 아니다.[397)]

(2) 둘 다 하나님의 부르심에 의해 대제사장으로 세워졌다.[398)]

(3) 둘 다 자신들도 사람의 연약함을 가졌음에도 불구하고 백성들의 속죄를 위하는 일에 헌신했다.[399)]

2) 차이점

(1) 구약의 대제사장들은 사람 가운데서 택해진 자들이지만,[400)] 예수는 하나님의 아들로서 낳으신 자이시다.[401)]

(2) 구약의 대제사장들은 아론의 반차를 따라 세워졌지만,[402)] 예수는 멜기세덱의 반차를 따라 세워졌다.[403)]

(3) 구약의 대제사장들의 사역은 온전치 못하였다. 그들은 자신들의 연약함 때문에 백성들을 위한 속죄제뿐 아니라 자신들을 위한 속죄제도 드려야 했다.[404)] 하지만 예수의 대제사장 사역은 온전하였다. 예수는 아들이면서도 고난의 사역을 순종으로 완수하시므로 자기에게 순종하는 모든 자들에게 영원한 구원의 근원이 되셨다.[405)]

---

397) 히 5:4-5.
398) 히 5:4-5.
399) 히 5:1-3, 7-9.
400) 히 5:1.
401) 히 5:5, "……오직 말씀하신 이가 그에게 이르시되 *너는 내 아들이니 내가 오늘 너를 낳았다* 하셨고." 이탤릭체는 구약 시편 2편 7절의 인용구이다.
402) 히 5:4.
403) 히 5:6, 10.
404) 히 5:2-3.

여기서의 결론적인 비교는 이것이다. 구약의 대제사장들은(비록 아론의 반차를 따라 하나님에 의해 세워졌다 할지라도) 본질상 연약한 모습을 가진 인간이며, 그러기에 그들의 대제사장적으로서의 속죄 사역 또한 온전치 못하였다는 점이다. 하지만 예수는 하나님의 아들이시지만 친히 인간의 연약한 몸을 입고 이 땅에 오셔서 십자가 고난의 대속 사역을 순종으로 감당하시어 구원 역사를 온전히 이루시고 구원의 근원이 되셨다는 사실이다. 구약의 수많은 인간 대제사장들의 모습과 그들의 사역에 비해 예수의 아들로서의 대제사장적 모습과 사역은 참으로 비교 불가인 월등히 우월한 사역이다.

여기서 한 가지 중요한 핵심이 있다. 저자가 이 단락의 초반에서 언급했다시피, 예수의 긍휼하신 체휼의 사랑[406]이 그것이며, 히브리서 5장 5-10절에 잘 그려져 있다. 예수의 본질은 인간 대제사장들의 그것과 다르다. 예수는 하나님이 낳으신 하나님의 아들이시다. 본질상 신이요 신의 아들이신 이 예수는 신적인 본성을 가졌음에도 불구하고, 죄로 타락한 인간을 구원하시려는 사명을 수행하시기 위해 이 땅에 오실 때 육체를 입으시고 인간이 되셨다. 그 거룩한 사명 수행을 위해 철저히 인간으로 사셨고, 인간으로서 온갖 시험을 받으시고(하지만 죄는 없으셨다), 급기야 극심한 육체의 고난과 고통을 당하시는 중에도 성부께 눈물의 간구와 소원을 아뢰시고, 마침내 그 소원을 이루시고 자기의 언약 백성들에게 영원한 구원의 근원이 되셨다.

이 대목에서 과연 예수 그리스도의 자기 백성들을 이토록 사랑하시는 체휼의 사랑을 알게 된다. 사실 하나님이신 예수님은 굳이 인간의

---

405) 히 5:7-9.

406) 히 4:15, "우리에게 있는 대제사장은 우리의 연약함을 동정하지 못하실 이가 아니요 모든 일에 우리와 똑같이 시험을 받으신 이로되 죄는 없으시니라."

육체를 입지 않아도 얼마든지 인간 성품을 다 아실 수 있는 전능한 분이시다. 하지만 주님의 선택은 그것이 아니라 그 자신이 굳이 인간과 같이 육의 몸을 입으시고 육체의 연약과 고통을 친히 당하시는 선택이었다. 그 방식으로 자신의 인간 백성들을 이해하시고 용서하시고 자신이 대신 죽어 주시기까지 사랑하셨다.

창세 이후 첫 인간 아담의 연약과 그의 자손들의 범죄 이후 이어져 내려왔던 그 오랜 세월 동안 육의 몸을 입은 인간들은 온갖 죄와 시험에 대해, 악한 환경에 대해 너무 연약하여서 스스로는 구원의 길을 찾을 수 없었고, 심지어 그러한 인간 가운데 세워진 인간 제사장들을 통한 속죄 제사도 온전치 못하였기에(이것은 후반부, 특히 8장 이후에 더 자세히 다루어지고 있다), 결국 하나님이신 예수님이 육을 입으시고 오셔서 다른 동물 제물이나 혹은 죄인 당사자 대신 주님 자신의 몸을 십자가에 찢으시고 피 흘려 죽으시는 온전한 속죄 제물이 되어 주심으로, 드디어 인간의 본질적인 죄와 고통의 문제가 해결되어진 것이다. 이것이 창세 이래 성경과 인류 역사의 복음이며 언약이며 사랑, 특히 그리스도의 대제사장적 사역을 통해 이룬 체휼의 사랑의 본질인 것이다.

이후 저자는 수신자들을 향해 복음과 사랑에 기초한 언약 신앙을 확립할 것에 대한 권면과 격려를 쏟아내기 시작한다. 특히 히브리서 5장 11절-6장 20절에는 수신자들을 향한 엄중한 경고와 격려가 담겨 있다. 앞서 언급한 멜기세덱에 대한 수신자들의 영적 이해의 수준이 연약함을 안타깝게 여긴 저자는 히브리서 5장 11절-6장 8절에서 수신자들의 미숙한 영적 초보의 단계에서 벗어나 완전한 성숙의 단계로 나아갈 것[407]을 당부하면서도, 그러나 만일 그렇지 못하다면 그리스

407) 히 5:11-6:3.

도를 다시 십자가에 못 박아 욕되게 하며 하나님으로부터 버림받고 불살라지게 된다[408]는 배교에 대한 경고가 이 책의 중간 중간에 자주 나타나는 것을 발견하게 된다.

하지만 저자의 보다 주요한 관심은 경고에 있지 않음을 알게 된다. 앞 단락의 이러한 경고에 이어 히브리서 6장 9-20절에서 곧바로 저자는 그의 수신자들을 이해하고 사랑하는 소망과 격려의 메시지를 아끼지 않고 있다. 이 단락의 첫 서두에서 저자는 "사랑하는 자들아"라고 호칭하면서 "너희에게는 이보다 더 좋은 것 곧 구원에 속한 것이 있음을 확신하노라"[409]는 확신에 찬 어조로 수신자들을 격려하기 시작한다.

본서에서 저자가 이러한 확신을 갖게 된 이유와 배경에 대해 언급하면서 '그동안 수신자들이 사랑으로 성도를 섬긴 섬김과 사랑의 행위에 대해 하나님이 잊지 않으신다'는 칭찬과 함께 '게으르지 않는 믿음과 인내를 통해 소망을 굳게 붙들 것'을 당부한다.[410] 나아가 저자는 이렇게 인내를 통해 약속을 받은 본보기로 아브라함을 예로 들면서,[411] 수신자들도 우리 위해 앞서 휘장[412] 안으로 들어가신 영원한

---

408) 히 6:4-8.

409) 히 6:9, "사랑하는 자들아 우리가 이같이 말하나 너희에게는 이보다 더 좋은 것 곧 구원에 속한 것이 있음을 확신하노라."

410) 히 6:10-12.

411) 히 6:13-15. 참조. 14-15, "이르시되 내*가 반드시 너에게 복 주고 복 주며 너를 번성하게 하고 번성하게 하리라* 하셨더니 그가 이같이 오래 참아 약속을 받았느니라." 여기서 이탤릭체는 창세기 22자 16-18절에서 아브라함이 이삭을 제물로 바친 시험을 통과한 이후에 하나님이 아브라함에게 약속하신 자손의 번성과 복에 대한 내용을 저자가 각색한 형태이다.

412) 구약 시대에 성막이나 성전 안에는 성소와 지성소 사이에 이 휘장이 세워져 있었다. 대제사장은 일년에 한 번 백성들의 죄를 속죄하기 위해 짐승의 피를 가지고 성소의 휘장을 지나 지성소 안으로 들어가서 그 피를 뿌리는 속죄 예식을 거행하였다. 구약의 아론 계열의 대제사장들을 통한 휘장 안의 속죄 예식은 해마다 반복되는 온전치 못한 것이었지만 신약의 멜기세덱의 반차를 따라 영원한 대제사장이신 예수 그리스도는

대제사장이신 예수에 대한 소망을 굳게 붙잡을 것을 당부하고 있다.[413)]

왕이신 예수의 우월한 직임 : 레위의 반열로 된 불완전한 제사장들 vs 멜기세덱의 반차를 따라 나신 특별하고 영원하신 대제사장[414)]

저자는 앞서 멜기세덱에 관해 언급한 바 있었다.[415)] 하지만 수신자들의 영적 미성숙의 상태를 고려하여 그들의 영적 신앙 상태를 점검한 후에 다시금 예수에 대한 신앙의 성숙으로 권면할 필요가 있었다. 저자는 이전 단락에서 수신자들을 향한 경고와 격려를 통하여 그들의 신앙 점검을 마친 후 이제 여기서 본격적으로 멜기세덱에 관한 메시지를 다시 언급하면서, 핵심적으로 하나님의 아들 예수가 멜기세덱과 같은 살렘 왕이며 영원한 대제사장으로서 레위 반열의 대제사장들보다 우월하다는 것을 강조하고 있다.

이 단락에서의 강조는 대제사장으로서의 직, 즉 '직분'과 '직임'에 대한 강조이다.[416)] 레위 반열의 구약 대제사장들의 직임과 멜기세덱 반열의 예수의 영원하신 대제사장 직임에 대한 비교가 핵심이다.

십자가를 통해 단번에 자신의 몸을 찢으시므로 성전의 휘장이 찢어지게 되었고(히 10:20), 이제는 짐승의 피를 해마다 가지고 들어갈 필요가 없게 되었고, 영원한 대제사장이신 예수의 믿음을 가진 자는 누구나 이 믿음을 통해 언제든지 예수가 열어 놓으신 새롭고 산 길인 휘장 안으로 들어가 우리를 구속하신 하나님을 뵙는 영광의 대면이 가능하게 되었다(참조. 출 26:33; 마 27:45-51; 막 15:33-39; 눅 23:44-47; 히 7:26-10:18. 특히 9:11-15).

413) 히 6:19-20.

414) 히 7:1-28.

415) 히 5:6-10.

416) 본문의 내용과 저자의 논리적 순서를 따라 살펴볼 때, 7장에서는 대제사장 '직(임)'의 우월성에 대하여, 8장-10장 18절에서는 '제사 제물'의 우월성에 대하여 강조하고 있음을 보게 된다.

저자는 이 사실을 강조하기 위해 먼저 멜기세덱의 출생과 배경에 대해 언급하면서 이어서 예수와의 연관성을 맺기 시작한다. 히브리서 7장 1-3절에 나타나는 멜기세덱에 대한 정보는 구약 창세기 14장 17-20절을 바탕으로 한 내용이다.[417] 저자는 이 내용에서[418] 멜기세덱이 아브라함에게서 노략물 중 10분의 1을 받은 사건을 바탕으로 레위 계통의 제사장들과 멜기세덱의 경우를 비교한다. 이 비교의 핵심은 이것이다.

(1) 아브라함의 허리에서 난 레위의 아들들은 자기 형제들에게서 10분의 1을 취하기만 했지만, 레위 족보에 들지 않은 멜기세덱은 아브라함에게서 10분의 1을 취하고 또 그를 위해 복을 빌었다.[419]
(2) 여기는(레위 반열의 제사장들) 죽은 자들이 10분의 1을 받으나, 저기는(멜기세덱) 산다고 증거를 얻은 자가 받았다.[420]
(3) 멜기세덱이 아브라함을 만날 때 레위는 아식 자기 조상의 허리에 있었다.[421]

---

417) 여기서 히브리서 7장 3절 "아버지도 없고 어머니도 없고 족보도 없고 시작한 날도 없고 생명의 끝도 없어 하나님의 아들과 닮아서 항상 제사장으로 있느니라"는 구절은 창세기 14장의 본문에는 나오지 않는 내용으로, 멜기세덱에 관한 히브리서 저자의 종합적인 평가이며 주관적 해석이지만, 또한 성령의 온전한 개입과 간섭으로 된 해석이요 평가인 것이다. 하지만 히브리서 7장 3절을 단순히 문자적으로만 받아들여서도 안 된다. 멜기세덱에 관한 역사적 기록이 창세기 본문 외에는 찾기 어렵기 때문에 그의 존재가 신비스럽기는 하나, 그도 역시 출생의 시작과 끝이 있는 인간이며 중요한 것은 그는 단지 의의 왕으로서의 예수 그리스도의 존재와 출생의 신비한 모습과 함께 영원한 제사장직의 사역에 대한 예표일 뿐이며, 그 이상도 이하도 아님을 알아야 한다. 아무리 '하나님의 아들과 닮은' 멜기세덱이라 할지라도 '하나님의 아들 자신'이신 예수 그리스도를 앞설 수는 없기 때문이다.

418) 히 7:4-10.

419) 히 7:4-7.

420) 히 7:8.

421) 히 7:9-10.

이것을 바탕으로 저자는 다음 단계에서[422] 레위 계통의 제사장직과 예수의 특별한 제사장직을 대비하면서 예수의 제사장직의 특별성과 영원성에 대해 강조하고 있다. 즉 레위 계통의 제사 직분이 불완전하고 또 제사 직분이 바뀌면 율법도 바뀌어야 하기 때문에, 제단 일을 받들지 않는 다른 지파에 속한 별다른 자가 나와야 하지 않겠느냐는 필연성의 제기이다.[423]

그리고 과연 이 필연적 필요에 따라 예수는 레위 지파가 아닌 유다 지파에서 나셨고,[424] 또한 육신에 속한 계명의 법을 따르지 않고 불멸의 생명의 능력을 따라 제사장이 되었으며,[425] 성경의 증언[426]과 같이 '영원히 멜기세덱의 반차를 따르는 제사장'이 되었고,[427] 율법은 온전치 못하여 폐하여졌으나 예수는 더 좋은 소망이 되셨으며,[428] 저들은 맹세 없이 제사장이 되었으나 예수는 성부의 맹세로 영원한 제사장이 되셨고,[429] 또한 더 좋은 언약의 보증[430]이 되셨다.

나아가, 저자는 예수의 제사장직의 영원성에 대해 두 가지로 설명한다.

(1) 구약의 제사장들은 수효가 많았지만 죽음 때문에 항상 있지 못했지만, 예수는 영원히 계시므로 그 직분도 영원한 것이다.[431]
(2) 자기를 힘입어 하나님께 나아가는 자들을 온전히 구원할 수 있는

422) 히 7:11-28.
423) 히 7:11-13.
424) 히 7:14-15.
425) 히 7:16.
426) 시 110:4.
427) 히 7:17.
428) 히 7:18-19.
429) 히 7:20-21.
430) 히 7:22.
431) 히 7:23-24.

것은, 예수는 항상 살아서 그들을 위해 간구하시므로[432] 영원한 제사장이시다.

결론적으로 저자는 이러한 예수의 특별하고 영원한 대제사장직에 대하여, '우리에게 합당하다'는 결론을 내린다. 그 이유는 다음과 같다.

(1) 이러한 대제사장은 거룩하시며, 악이나 더러움이 없으시며, 죄인에게서 떠나 계시며, 하늘보다 높이 되신 분이시기 때문이다.

(2) 구약의 제사장들은 먼저 자기 죄를 위하고 다음으로 백성의 죄를 위해 날마다 제사를 드렸지만, 예수는 단번에 자신을 드려서 대속을 이루셨기 때문이다.

(3) 율법은 약점을 가진 사람들을 제사장으로 세웠지만, 율법 후 맹세의 말씀은 영원히 온전하게 되신 아들을 세우셨기 때문에 '우리에게 합당한' 특별하고 영원하신 대제사장이라는 결론이다.[433]

왕이신 예수는 옛 언약보다 더 나은 새 언약의 중보자

지금까지 저자는 하나님의 아들이신 예수의 왕과 사도로서의 존재의 우월성에 대해서뿐 아니라 대제사장으로서의 사역의 우월성에 대해 말해 왔다. 이전 단계에서 레위 계통의 제사장직보다 우월한 멜기세덱의 반차를 따른 특별하고 영원한 대제사장이신 예수에 대해 강조한 저자는, 이제 여기서[434] 옛 언약의 제사 제도나 제사 제물보다 더 나은 새 언약의 중보자이신 예수 그리스도에 대해 강조한다. 본 단락은 문맥의 흐름상 3개의 작은 단락으로 구성되어 있고 뒤로 갈수록 앞의 주제가 점차 확장되고 있음을 발견하게 된다.

---

432) 히 7:25.
433) 히 7:26-28.
434) 히 8:1-10:18.

1. 첫째 단락

저자는 이 단락[435]에서도 역시 구약의 대제사장들의 사역과 예수의 사역을 대비한다. 저자는 이것을 내용상 두 개의 내용으로 나누어서 언급한다.[436]

1)옛 언약의 대제사장들은 사람이 손으로 만든 땅의 장막에서 율법을 따라 예물과 제사 드림으로 섬기는 자들이며 결국 그러한 섬김은 하늘의 모형과 그림자에 불과하다고 말한다.[437] 하지만 이에 비해 하늘에서 지극히 크신 이의 보좌 우편에 앉으신 예수 그리스도는 사람이 세우지 않고 주께서 세우신 참 장막인 하늘의 성소에서 더 아름다운 직분으로 섬기신 분이시므로, 이 예수의 섬김은 더 좋은 약속으로 세우신 더 좋은 언약의 중보자시라고 저자는 말한다.[438]

2)[439] 저자는 구약에서 예레미야 선지자의 증언을 통한 하나님의 말씀을 토대로 결국 하나님은 흠이 있는 첫 언약(옛 언약)을 갱신하려 하신다[440]고 언급하면서, 그 하나님의 언약에 따라 새 언약이 옛 언약의 자리를 차지하게 되었다[441]는 계시 역사적이고, 언약 신학적인 관점에서 이 사실을 설명한다.

---

435) 히 8:1-13.
436) 히 8:1-6.
437) 히 8:3-5.
438) 히 8:1-2, 6.
439) 히 8:7-13.
440) 히 8:7-12. 여기서 저자가 인용하는 인용구는 구약 예레미야 31장 31절 이하의 내용이다.
441) 히 8:13, "새 언약이라 말씀하셨으매 첫 것은 낡아지게 하신 것이니 낡아지고 쇠하는 것은 없어져 가는 것이니라." 이러한 신구약의 뚜렷한 대비를 통한 새 언약의 우월성을 강조하는 방식은 비단 히브리서 저자뿐 아니라 바울의 경우에도 흔히 찾아볼 수 있는 특징이다(특히, 고후 5:16-17, 갈 4:21-31; 5:2-6 등 참조).

히브리서 8장 8-12절에 인용된 예레미야의 증언을 통해 살펴볼 한 가지 중요한 점은 다음과 같은 '언약의 요소들'이다.

(1) 새 언약의 선포 : "볼지어다 날이 이르리니 내가 이스라엘 집과 유다 집과 더불어 새 언약을 맺으리라"(8절). 언약의 주체자이시며 주관자이신 하나님의 강력한 의지로 인해 새 언약이 열려지게 되는 것을 언급한다.

(2) 새 언약의 필요성/이유 : "그들의 잘못을 지적하여……"(8절a), "이 언약은 내가 그들의 열조의 손을 잡고 애굽 땅에서 인도하여 내던 날에 그들과 맺은 언약과 같지 아니하도다 그들은 내 언약 안에 머물러 있지 아니하므로 내가 그들을 돌보지 아니하였노라"(9절), "내가 그들의 불의……그들의 죄……"(12절). 옛 언약하에서의 하나님의 백성인 이스라엘 백성들은 하나님의 말씀에 대한 불순종과 불신앙의 죄악으로 첫 언약이 파기되었고, 결국 하나님의 진노와 심판을 당하게 되었다. 하지만 사랑과 언약에 신실하신 하나님은 이 이후에 그 백성들과의 언약을 다시금 새롭게 갱신하시기 위한 새 언약이 필요하게 되었던 것이다.

(3) 새 언약의 수단/내용 : "그날 후에 내가 이스라엘 집과 맺을 언약은 이것이니 내 법을 그들의 생각에 두고 그들의 마음에 이것을 기록하리라 나는 그들에게 하나님이 되고 그들은 내게 백성이 되리라"(10절). 새 언약하의 말씀은 구약 율법의 전통이나 배경처럼 돌판이나 두루마리 양피지에 새겨지는 것이 아니라, 언약의 당사자인 새 언약 백성들의 '생각과 마음'에 새기게 하신다는 점이다. 구약 시대에 돌판이나 다른 도구를 통한 언약의 전달이 아니라, 새 언약하에서는 이제 언약의 당사자들에게 직접 전달되어지며, 그로 인한 더 직접적이고 더 밀접한 관계 형성이 요구되지만, 한편으로 언약의 책임 또한

옛 언약보다 더 직접적이고 더 무거운 것임을 알게 한다.

하지만 특이한 점은 언약의 내용[442]은 구약의 것과 동일하다는 점이다. 이것을 볼 때, 사랑과 긍휼에 풍성하신 하나님의 사랑을 알게 된다. 하나님은 예나 지금이나 그 언약의 품에 안기는 자에게 항상 그들의 하나님이 되어 주시고 또 그들을 기꺼이 당신의 백성이 되게 해주신다. 그러므로 이 언약의 내용과 본질은 자신들의 죄와 연약으로 수없이 변절하는 인간의 죄의 속성을 따라 된 것이 아니라, 하나님의 무한하신 사랑의 속성을 따라 된 것임을 깨달을 때 감격(감사)하지 않을 수 없다.

(4) 새 언약의 보증(복) : "내가 그들의 불의를 긍휼히 여기고 그들의 죄를 다시 기억하지 아니하리라"(12절). 새 언약하의 백성들도 불의와 죄의 속성을 가진 연약한 죄인들이지만 긍휼함의 은혜와 완전한 용서를 받는 점은 구약 백성들과 확연히 구별된 차이이며 격이 다른 축복이다. 레위 계통의 제사장들을 통해 구약 백성들은 해마다 속죄제를 드리지만, 여전히 자신들의 죄가 남아 있고 다음해에 또 기억되는 그것과 달리 새 언약의 중보자 되신 예수 그리스도의 십자가를 통한 단번의 대속 사역은 새 언약 백성의 모든 죄와 불의를 완전한 긍휼과 죄 용서의 자리로 이끄시기에 충분하였다.

그러므로 새 언약의 백성들은 더 이상 짐승의 제물이나 다른 어떤 것을 통하지 않고 오직 중보자 예수를 의지하는 믿음을[443] 통해서만

---

442) 히 8:10, "나는 그들에게 하나님이 되고 그들은 내게 백성이 되리라."(참조. 이 언약의 약속은 신구약성경 곳곳에 두루 나타나고 있다. 창 17:7; 출 6:7, 19:5-6; 레 26:12; 신 27:8-10; 렘 7:23, 11:1-5, 24:7, 30:22, 31:33; 사 43:1-7; 겔 36:27-28; 호 1:10-11; 고후 6:16-18; 갈 4:4-7; 벧전 2:9-10; 계 14:1-5 등.)

443) 이 점에 대해서는 히브리서의 저자가 히브리서 10장 19절 이후부터 자세히 다루고 있다. (특히, 이 책의 세 번째 대단원인 "믿음의 우월성" 부분을 참조.)

완전한 속죄의 장소, 시은소로 나아가게 되는 은혜와 복을 받게 된 사실에 감사할 따름이다.

2. 둘째 단락

저자는 이 단락[444]에서도 역시 옛 언약의 사역과 새 언약의 사역을 대비하면서 새 언약의 우월한 제사와 제물에 대해 언급하는데, 다음과 같이 작은 3단락으로 나누어 설명하고 있다.

1) 먼저 히브리서 9장 1-7절에서 첫째 장막과 둘째 장막에 대한 기본적인 정보에 대해 언급하고 있다. 여기에는 첫 장막 안의 내용물[445]과 둘째 장막 안의 내용물[446]에 대한 언급과 함께, 첫 장막에서 드리는 매일의 제사[447]와 둘째 장막에서 일 년에 한 번 드리는 제사[448]에 대해 비교 언급하고 있다. 둘째 장막인 지성소의 내용과 가치는 첫 장막인 성소에 비해 그 양과 질에서 훨씬 차이가 나는 것임을 보여준다. 즉 지성소 안의 내용물과 제사 사역은 성소 안의 내용물과 제사 사역보다 훨씬 더 중요한 것임을 보게 된다.

2) 저자는 이어서 히브리서 9장 8-12절에서 이러한 첫 장막과 둘째

444) 히 9:1-22.

445) 히 9:1-2. 첫 장막인 성소 안의 내용물로 '등잔대, 상, 진설병'이 있음을 보여준다.

446) 히 9:3-5. 둘째 장막인 지성소 안의 내용물로 '금향로, 금으로 싼 언약궤(만나 담은 금항아리, 아론의 싹 난 지팡이, 언약의 돌판들), 속죄소를 덮는 영광의 '그룹들'이 있음을 보여준다. 앞의 성소 안의 내용물들과 비교해 볼 때, 지성소 안의 내용물은 그 양과 질에서 훨씬 차이가 나는 것임을 보여준다.

447) 히 9:6, "이 모든 것을 이같이 예비하였으니 제사장들이 항상 첫 장막에 들어가 섬기는 예식을 행하고."

448) 히 9:7, "오직 둘째 장막은 대제사장이 홀로 일 년에 한 번 들어가되 자기와 백성의 허물을 위하여 드리는 피 없이는 아니하나니." 이 역시 지성소에서의 제사는 성소에서의 그것과 비해 그 양과 질에서 차이가 나는 것을 보여준다.

장막의 의미에 대해 설명하기를, 첫 장막인 성소와 성소 안의 사역은 '구약 예법을 따라 드리는 예물과 제사는 불완전한 것이며, 먹고 마시는 것과 여러 가지 씻는 것과 함께 육체의 예법일 뿐 개혁 때까지 맡겨 둔 일시적인 이미지'를 뜻하는 것이며,[449] 그에 비해 둘째 장막인 지성소와 그 안의 사역은 '그리스도께서 자신의 피로 이루신 영원한 속죄 사역을 통한 최종적인 성화'를 의미한다고 언급한다.[450] 땅의 장막에서 섬기는 불완전한 인간 제사장들과 더 크고 온전한 장막에서 섬기시는 온전하신 그리스도가 어찌 비교되며, 하물며 한낱 동물의 피와 고귀하신 하나님의 아들이신 그리스도의 피와 그 효력이 어찌 비교되겠는가!

3) 나아가 저자는 히브리서 9장 13-22절에서 동물의 피보다 우월한 예수 그리스도의 피에 대해 뚜렷한 대비를 통해 결정짓고 있다. 동물의 피는 '육체를 정화시키지만'[451] 그리스도의 피는 '양심을 성화시키는 탁월한 효력'[452]이라고 말하며, 결국 '유언한 자가 죽어야 유언의 효력이 있듯이 그리스도께서 새 언약의 중보자로서 죽으사 자기 백성들의 죄를 속량하시고 그들에게 영원한 기업의 약속을 얻게 하셨지만'[453] 이에 비해 첫 언약 때도 피(동물)와 함께 세웠으나 사람과

---

449) 히 9:8-10.

450) 히 9:11-12, "그리스도께서는 장래 좋은 일의 대제사장으로 오사……염소와 송아지의 피로 하지 아니하고 오직 자기의 피로 영원한 속죄를 이루사 단번에 성소에 들어가셨느니라."

451) 히 9:13.

452) 히 9:14, "하물며 영원하신 성령으로 말미암아 흠 없는 자기를 하나님께 드린 그리스도의 피가 어지 너희 양심을 죽은 행실에서 깨끗하게 하고 살아 계신 하나님을 섬기게 하지 못하겠느냐."

453) 히 9:15-17. 15절, "이로 말미암아 그는 새 언약의 중보자시니 첫 언약 때에 범한 죄에서 속량하려고 죽으사 부르심을 입은 자로 하여금 영원한 기업의 약속을 얻게 하려 하심이라."

물건들의 정화를 위할 뿐 온전한 속죄의 효력은 없었다.[454]

3. 셋째 단락

이 단락[455]에서도 저자는 옛 언약의 사역과 새 언약의 사역에 대한 뚜렷한 대비를 통한 새 언약의 우월한 희생 사역에 대해 강조하는데, 다음과 같은 3가지 내용으로 설명하고 있다.

1) 먼저 저자는 히브리서 9장 23-28절에서, 구약 시대 장막에서의 희생 제물들은 결국 그리스도의 최종적인 희생 안에서 성취되었음을 다음과 같은 대조를 통해 강조하고 있다.

(1) 하늘에 있는 것들의 모형은 동물의 피로 정결하게 할 필요가 있었지만, 하늘에 있는 실체는 동물의 피보다 더 좋은 제물로 해야 한다.[456]

(2) 구약 제사장들은 실체의 그림자인 손으로 만든 성소에 들어갔지만, 그리스도는 실체인 하늘에 들어가셨다.[457]

(3) 구약 제사장은 해마다 동물의 피로써 자주 성소에 들어갔지만, 그리스도는 단번에 자기를 제물로 드려 죄를 없이하시려고 세상 끝에 나타나셨고, 또한 완전한 속죄를 위해 죄와 상관없이 두 번째 나타나실 것이다.[458]

---

454) 히 9:18-22.
455) 히 9:23-10:18.
456) 히 9:23.
457) 히 9:24.
458) 히 9:25-28. 여기서 26절의 그리스도의 '세상 끝에 나타나심'은 초림을 의미하며, 28절의 그리스도의 '두 번째 나타나실 것'은 재림을 뜻하는데, 이것은 각 절에서 뚜렷한 동사의 시제차이를 통해서도 구분이 되겠지만 또한 27절의 '심판'에 대한

2) 또한 저자는 히브리서 10장 1-18절에서, 율법에 따른 희생 제사들은 그리스도의 한 번의 희생에서 성취되었음을 밝히고 있다. 여기서 저자는 율법에 따른 희생 제사의 특징에 대해 다음과 같이 말한다.

(1) 장차 올 좋은 일의 그림자이며, 참 형상이 아니다.[459)]

(2) 늘 드리는 같은 제사이며, 사람들을 온전케 할 수 없다.[460)]

(3) 해마다 죄를 기억하게 한다.[461)]

(4) 동물의 피가 능히 죄를 없이하지 못한다.[462)]

(5) 하나님은 제사와 예물(번제와 속죄제)을 원하지 않는다.[463)]

(6) 하나님은 둘째 것을 세우시려고 첫째 것을 폐하셨다.[464)]

그러나 저자는 이에 비해 그리스도의 우월한 희생 제사의 특징에 대해 다음과 같이 말하고 있다.

(7) 그리스도의 몸을 단번에 드리심으로 백성들이 거룩하게 되었다.[465)]

(8) 죄를 위하여 영원한 제사를 드리시고 하나님 우편에 앉으셨다.[466)]

(9) 그 후에 원수들을 자기 발등상 되게 하실 때까지 기다리신다.[467)]

내용도 그 둘의 의미를 더욱 뚜렷이 구분 짓게 한다.

459) 히 10:1a.

460) 히 10:1b.

461) 히 10:2-3.

462) 히 10:4.

463) 히 10:5-8.

464) 히 10:9, "그 후에 말씀하시기를 보시옵소서 내가 하나님의 뜻을 행하러 왔나이다 하셨으니 그 첫째 것을 폐하심은 둘째 것을 세우려 하심이라."

465) 히 10:10.

466) 히 10:11-12.

467) 히 10:13.

(10) 거룩하게 된 자들을 한 번의 제사로 영원히 온전케 하셨다.[468]

한마디로 요약하면, 율법에 따라 인간 제사장들이 동물의 피로 드린 구약의 희생 제사들은 섬기는 자들의 죄를 완전하게 정화하는 것이 불가능하였지만, 자기 언약 백성들의 속죄와 거룩을 위해 단번에 자신의 몸을 드려 이루신 그리스도의 완전하고 최종적인 희생은 자신의 백성들에게 완전한 죄 정화와 거룩을 가져다 주었음을 보여준다.

3) 결론적으로 저자는 히브리서 10장 15-18절[469]에서 이러한 그리스도의 우월한 희생에 관한 구약의 증거에 대해 다음과 같이 밝히고 있다.

(1) 성령이 우리에게 말씀하신 성령의 증언이다.[470]

(2) 주님이 주의 백성들과 맺으신 언약이다.[471]

(3) 주의 법을 백성들의 마음에 두고, 생각에 기록하신다.[472]

(4) 백성들의 죄와 불법을 다시 기억하지 않으신다.[473]

(5) 다시 죄를 위한 어떤 제사도 드릴 필요가 없다.[474]

저자는 구약 예레미야 선지자를 통한 성령의 음성을 재인용하여 말하면서, 결국 주께서 돌판이 아닌 주의 백성들의 마음과 생각에 직접 새겨서 맺으신 새 언약은 저희들의 죄 문제를 완전히 제거하는

468) 히 10:14, “그가 거룩하게 된 자들을 한 번의 제사로 영원히 온전하게 하셨느니라.”

469) 여기서 히브리서 10장 16-17절의 말씀 “주께서 이르시되 그 날 후로는 그들과 맺을 언약이 이것이라 하시고 내 법을 그들의 마음에 두고 그들의 생각에 기록하리라……그들의 죄와 그들의 불법을 내가 다시 기억하지 아니하리라……”는, 구약성경 예레미야 31장 31절 이하의 내용을 재인용한 형태이다.

470) 히 10:15.

471) 히 10:16a.

472) 히 10:16b.

473) 히 10:17.

474) 히 10:18.

완전한 것이므로 그리스도의 몸을 한 번에 드려 이루신 희생 제사 외에 더 이상 어떤 속죄 제사도 필요치 않음을 말한다.

믿음의 우월성[475]–왕국의 믿음

저자는 앞에서 옛 언약의 여러 요소들[476]과 대비해 탁월한 왕 그리스도의 존재와 우월한 사역에 대해 말하다가, 이제 세 번째 대단원인 이 부분에 와서는 저자의 설교의 관심과 초점을 그리스도에게서 수신자들에게로 돌리고 있다. 즉 이제까지 비교 언급해 온 옛 언약의 요소들에 비해 월등히 우월하신 그리스도에 대해 여러 가지로 비교 검토해 보았으니, 이제 결론적으로 옛 언약에 비해 모든 점에서 우월하신 그리스도에 대한 확고한 신앙, 왕국의 믿음을 가져야 할 것을 강조하고 있다.

'그러므로 너희는 예수에게, 믿음의 시선을 고정하고 인내하라. 너희가 이른 곳은 시온 산이다.'

저자는 본 단락[477]에 이르러 그동안 앞에서 언급해 온 예수 그리스도에 대한 믿음의 주제를 수신자들이 처한 특수한 삶의 정황들 즉 '고통과 인내의 삶'과 관련하여 실제적인 적용을 해 나가고 있음을 보게 된다. 따라서 저자는 수신자들이 처한 고통과 인내의 상황 속에서 옛 언약의 믿음을 따를 것이 아니라, 새 언약의 중보자요 믿음의 주 되시는 예수 그리스도에 대한 소망과 인내의 믿음을 가질 것을

475) 히 10:19–13장.
476) 그동안 저자가 히브리서 1–10장(전반부)에서 주로 비교 언급한 것들, 즉 새 언약의 중보자이신 하나님의 아들, 예수 그리스도와 비교하여 언급한 옛 언약의 요소들, 즉 천사, 모세, 여호수아, 제사장(대제사장)들, 제사제물들(황소, 염소의 피) 등.
477) 히 10:19–12:29.

권고하고 있는데, 내용상 다음과 같이 큰 두 단락으로 나누어서 살펴 볼 수 있다.

첫째 단락 : 인내의 본보기를 따라 너희의 고통을 인내하라

저자는 이 단락[478]에서 수신자들의 실제적인 삶의 문제인 '고통과 인내'에 대해 다음과 같이 3가지 내용으로 권면하고 있다.

1) 먼저 저자는 히브리서 10장 19-39절에서 그의 수신자들이 처한 '고통과 고난의 문제'에 대한 해결책으로 '소망과 인내의 신앙'을 가질 것에 대하여 다음과 같은 3단계로 권면하고 있다.

1 단계 : '예수의 소망을 굳게 붙들라'고 권면한다[479]

저자는 여기서 왜 수신자들이 예수에 대한 소망을 굳게 붙들어야 하는지 그 이유에 대해 몇 가지로 언급한다.

(1) 예수의 능력의 피를 힘입어 성소에 들어갈 담력을 얻었기 때문이다.[480]

(2) 성소의 길은 예수님이 자신의 육체를 찢어서 휘장 가운데로 열어 놓으신 새로운 살 길이기 때문이다.[481]

(3) 성소에는 하나님의 집을 다스리는 큰 제사장(그리스도)이 계시기 때문이다.[482]

---

478) 히 10:19-12:13.

479) 히 10:19-25.

480) 히 10:19, "그러므로 형제들아 우리가 예수의 피를 힘입어 성소에 들어갈 담력을 얻었나니."

481) 히 10:20.

(4) 예수의 피로 몸과 마음이 정화를 받았다.[483)]

(5) 약속하신 이는 미쁘시다.[484)]

따라서 이러한 근거들을 통해 저자는 수신자들에게 믿는 도리의 소망을 움직이지 말고, 서로 사랑과 선행을 격려하고, 모이기를 힘씀으로[485)] '예수에 대한 소망을 굳게 붙들 것'을 권면하고 있다.

당시 유대 기독교 신자들은 자신들의 기독교 신앙으로 인해 로마 정부로부터 엄청난 박해와 함께 동족 유대인들로부터도 많은 모함과 핍박을 당하고 있었으므로, 기독교 신앙을 흔들림 없이 유지하는 것과 저들의 감시를 피해 기독교 공동체 모임을 갖는 것은 매우 어려웠을 것이며, 그랬기에 또한 서로를 향한 관심과 선행을 행하기도 쉽지 않았을 것이다. 하지만 그러한 힘든 환경으로 인한 배교의 유혹과 수많은 역경들을 이기게 하는 유일한 근거는 바로 '큰 제사장 되신 그리스도의 능력의 피로 맺어진 거룩하고 새로운 생명의 약속(언약)'이 그들에게 영혼의 닻같이 든든한 소망으로 주어져 있기 때문에 결코 흔들릴 수 없었다.

영육 간에 배교의 위험과 환경적 역경이 많은 오늘날에도 오직 우리

482) 히 10:21, "또 하나님의 집 다스리는 큰 제사장이 계시매." 여기서 '큰 제사장'은 곧 '하나님의 집에 아들이시며, 멜기세덱의 반차를 따른 영원한 대제사장이신 예수 그리스도'를 뜻한다.

483) 히 10:22, "우리가 마음에 뿌림을 받아 악한 양심으로부터 벗어나고 몸은 맑은 물로 씻음을 받았으니 참 마음과 온전한 믿음으로 하나님께 나아가자." 참으로 단번에 자신을 희생 제물로 드리신 '그리스도의 피'는 (몸은 정화시키지만 마음과 양심은 성화시키지 못하는 연약한 옛 언약의 동물의 피와는 달리) 자신의 언약 백성들의 몸과 마음을 정화시키며 성화시켜서 거짓이 없는 참 마음과 온전한 믿음을 가지게 하는 '능력의 피'이다.

484) 히 10:23. 하나님의 약속은 맹세로 된 것이므로 결코 그 약속이 변하지 않는 신실하고 미쁘신 약속이다. (참조. 히 6:13-20, '아브라함에게 하신 하나님의 약속을 맹세로 보증하신' 내용)

485) 히 10:23-25.

를 새롭게 살리실 그리스도의 피의 구속을 믿는 언약 신앙만이 그 모든 역경들로부터 능히 언약 교회를 승리하게 한다.

2 단계 : '인내하지 못하면 심판과 형벌이 주어진다'고 경고한다[486]

앞에서 '소망'에 대한 사랑의 음성으로 수신자들에게 말하던 저자는 여기에 와서 음성을 바꾸어 수신자들에게 '인내'할 것에 대해 엄중히 말하고 있다. 만일 인내하지 못하면 '하나님의 심판과 형벌이 주어진다'는 경고의 내용인데, 만일 수신자들이 진리 지식을 받은 후 (인내하지 못하고) 죄를 범하면 다음과 같은 주의 심판과 형벌이 내려지게 될 것이라고 경고한다.

(1) 다시 속죄하는 제사가 없다.[487]

(2) 무서운 마음으로 심판을 기다림과 대적자를 태울 맹렬한 불만 있다.[488]

(3) 모세의 법을 폐한 자도 두세 증인의 증거로 죽임을 당했다.[489]

(4) 하물며 하나님의 아들을 짓밟고, 그리스도의 언약의 피를 부정한 것으로 여기고, 은혜의 성령을 욕되게 하는 자가 받을 형벌은 더욱 무겁다.[490]

(5) 살아 계신 하나님의 심판은 무서운 것이다.[491]

그리스도의 피 구속에 대한 진리 지식을 받은 후에 믿음 안에서 경건과 인내를 유지하지 못하고 타락하여서 양심의 회개도 없고 계속

486) 히 10:26-31.
487) 히 10:26, "우리가 진리를 아는 지식을 받은 후 짐짓 죄를 범한즉 다시 속죄하는 제사가 없고."
488) 히 10:27.
489) 히 10:28.
490) 히 10:29.
491) 히 10:30-31.

하여 죄를 거듭 짓게 됨으로 급기야 언약 공동체도 떠나고, 기독교 신앙마저 버리는 심각한 배교의 상태가 되면 다시 속죄하는 제사가 없게 된다는 심각한 경고이다. 앞서 히브리서 6장 4-8절의 경우와 같이 이렇게 타락한 자들은 악의적이고 고의적인 배교자들이다. 이러한 배교는 예수 그리스도의 피 구속을 통한 언약 신앙을 저버리는 악한 행위이므로 그리스도를 다시 십자가에 못 박아 욕되게 하는 것이다. 결국 스스로 하나님의 불 심판을 무서운 마음으로 기다리는 것만 남게 된다.

이러한 배교에 대해 하나님은 실로 무겁고 무서운 형벌로 심판하신다. 모세의 법을 어긴 자에게 두 세 증인의 증거로도 죽어야 했는데 하물며 하나님의 아들을 짓밟고, 그리스도의 언약의 피를 부정한 것으로 여기고, 은혜의 성령을 욕되게 하는 자가 받을 형벌은 얼마나 더 무겁고 중하겠는가! 그러니 배교자에게 임할 하나님의 엄중한 형벌이 이토록 무서운 것인 줄 알고, 고난 중에도 배교하지 말며 참고 인내하라는 권면이다.

3 단계 : '인내하면 상급이 주어진다'고 격려한다[492]

수신자들에게 엄히 경고하고 책망하던 2단계와는 대조적으로 여기서 저자는 수신자들을 향해 다음과 같이 격려하며 독려하고 있다.

(1) 너희는 전날에 빛을 받은 후에 고난의 큰 싸움도 견뎌내었다.[493]

---

492) 히 10:32-39.

493) 히 10:32, "전날에 너희가 빛을 받은 후에 고난의 큰 싸움을 견디어 낸 것을 생각하라." 히브리서는 대략 A.D. 70년 이전인 아마 A.D. 60년-69년에 기록된 것으로 보이고, 여기서 '빛을 받은 후'는 유대교에서 기독교로 개종한 이후를 뜻하며, '전날에……고난의 큰 싸움을 견디어 낸 것'은 아마 본서의 기록 시기를 감안할 때, 로마의 네로 황제(A.D.

(2) 사람들에게 비방, 환난으로 구경거리가 되었다.[494)]

(3) 갇힌 자를 동정하고, 너희 소유를 빼앗겨도 기쁘게 여겼다.[495)]

그러므로 너희는 담대하고 인내해야 한다! 왜?

(4) 더 낫고 영구한 소유가 있는 줄 너희가 안다.[496)]

(5) 큰 상이 있다.[497)]

(6) 하나님의 뜻을 행한 후에 약속을 받기 위해서이다.[498)]

(7) (상 주실) 주님의 재림에 대한 구약의 증거가 있다.[499)]

(8) 우리는 뒤로 물러나 멸망할 자가 아니라, 영혼 구원에 이르는 믿음을 가진 자이다.[500)]

사실 신앙의 원리는 쉽고 단순한 것임을 알게 한다. 하나님의 언약을 지키지 않으면 '벌'을 받고, 지키면 '상'을 받는 단순한 원리인데, 그러나 실제 삶의 현장에서는 과연 이것이 생각처럼 쉽고 간단한 문제

68년 사망) 때의 기독교 핍박보다는 그 이전의 클라우디우스(Claudius) 황제(A.D. 54년 사망) 때의 핍박으로 보인다. 당시 로마에 살던 유대 기독교도(수신자)들은 클라우디우스 황제 때 상당수가 재산을 몰수당하거나 추방당하는 핍박과 함께, 동족 유대인들로부터도 극심한 비난과 훼방을 당하기도 했다. 그러한 극심한 핍박과 고난의 여파로 인해 수신자들 가운데 아마 일부는 다시 유대교로 돌아간 자들도 있었고, 또한 시간이 지날수록 점점 핍박이 거세지는 환경적인 어려움 가운데 상당수가 유대교로 돌아가려는 경향이 생기게 되자, 저자는 이러한 배교를 막고 또 기독교 언약 공동체를 든든히 세우고자, (그들을 핍박하는) 유대교 전통들보다 (하나님의 아들, 예수 그리스도가 기초된) 기독교가 더 우월함을 강조함으로, 인내와 소망 가운데 새 언약의 중보자이신 예수 그리스도에 대한 믿음을 더욱 견고히 할 것을 권면하고 있는 것이다.

494) 히 10:33.

495) 히 10:34.

496) 히 10:34b.

497) 히 10:35b.

498) 히 10:36.

499) 히 10:37-38. 이것은 구약 하박국 2장 3절 이하의 내용을 편집하여 인용한 것이다.

500) 히 10:39, "우리는 뒤로 물러가 멸망할 자가 아니요 오직 영혼을 구원함에 이르는 믿음을 가진 자니라." 이것은 3단계, 즉 격려 부분의 결론에 해당한다. 저자는 여기서 '너희'가 아니라 '우리'라는 호칭을 사용하여 저자의 믿음과 수신자들의 믿음이 같음을 인식하게 하여 수신자들을 격려하고자 하는 의도로 보인다.

가 아니다. 본서의 수신자들 역시 마찬가지였다. 그들은 당시 유대인이면서 유대교 전통을 따르지 않고 기독교 언약 신앙으로 살아야 하기에 현실적으로 겪게 되는 수많은 고난의 문제들이 있었다.

예수를 믿고 난 후에 같은 유대 동족들로부터 비난과 왕따로 구경거리가 되고, 심지어 로마 정부로부터 추방이나 재산상의 불이익을 당하게 되는 여러 환난과 고난 가운데서도 '오히려 기쁘게 여길 수 있었던 것'은 '참고 인내하면 언젠가 주님이 아시고 상 주심을 믿는' 믿음이 있었기 때문이다. 결국 상 주실 것을 바라보는 소망의 신앙, 약속의 신앙이 그를 인내하게 만들고, 그 인내가 그가 당하는 큰 고난도 거뜬히 이기게 한다. 인내가 고난을 이기는 것이다.

우리도 마찬가지다. 세상 속에서 신앙인으로 살면서 당하는 고난들로 인해 끊임없는 연단과 인내의 과정을 지나게 되고 결국 주의 언약을 믿고 의지하므로 영혼 구원에 이르는 믿음을 가지게 되며, (고통이 인내를 통해 연단 받아) 고통의 현실을 넘어 천국을 바라봄으로, 비로소 고통의 현실이 아닌 천국의 현장에서 주님과 함께 산다는 성숙한 신앙으로 '그 어디나 하늘나라'라는 고백을 하게 된다. 이것은 부단한 인내의 연단이 없이는 되지 않는 경건의 비밀이며, 그래서 인내는 천국 보물을 얻는 보물 창고의 열쇠와도 같은 것이다. 지금 힘들더라도 주가 상 주실 약속을 믿고 인내로써 기다리면 언젠가 합당한 보상이 주어질 날이 반드시 온다.

2) 인내의 본보기

앞에서 비록 수신자들이 자신들의 고난의 문제 속에서도 주가 주실 상을 바라보고 인내할 것에 대하여 권면한 저자는 이제 히브리서 11장에 와서 그 '인내의 모델들'을 제시하고 있다.

(1) 인내의 믿음의 특징[501)]

저자는 여기서 인내의 믿음에 대해 달인이었던 믿음의 조상들이 이것으로 증거를 얻은, 믿음의 특징(본질)에 대해 "믿음은 바라는 것들의 실상이요 보이지 않는 것들의 증거"라고 정의하면서, "모든 세계가 하나님의 말씀으로 지어진 것이며, 보이는 것은 나타난 것으로 말미암아 된 것이 아니라"고 그 특징에 대해 언급한다.

여기서 1절의 '실상'(헬, 휘포스타시스)은 '실체(영, reality) 혹은 확신(히 3:14)'을 뜻하고 '증거'(헬, 엘렝코스)는 '사실로 확인된, 검증된 상태, verification'을 뜻한다. 즉 소원하는 바가 실제(real) 이루어지고, 보이지 않는 것들이 사실로 검증된 상태가 '믿음'이라는 것이다. 저자는 믿음의 실제(사실)성을 강조하기 위해, 보이는 현상 세계와 보이지 않는 영원 세계를 대조하면서 인내의 믿음과 연관시키고 있다. 눈에 보이는 현상 세계가 실제가 아니며, 눈에 보이지 않는 하나님과 하나님의 말씀이 실제이고, 믿음은 보이지 않는 그 실제(real)를 보게 하는 통로임을 말한다. 눈에 보이지 않는 그 실제를 위해 때로는 고난도 참고 인내함으로 자신의 믿음이 사실로 증명되었던 인내의 사람들에 대해 소개하고 있다.

501) 히 11:1-3.

(2) 구약 시대 대표 믿음의 사람들(아벨, 에녹, 노아, 아브라함)의 인내[502)]

① 아벨

저자는 아벨에 대해 "가인보다 더 나은 제사를 드림으로 '의로운 자'라는 증거를 얻었다"고 말한다. 창세기 4장 2절 이하의 내용을 참고해 보면, 땅의 소산물로 드린 가인의 제사와 양의 첫 새끼와 그 기름을 드린 아벨의 제사 중에서 하나님은 가인의 제사는 받지 않으시고, 아벨의 제사를 열납하셨다. 왜 아벨의 제사만 열납하셨는지 그 이유가 창세기 본문에는 나타나지 않지만, 히브리서 저자는 아벨의 제사는 "믿음으로 드린" 제사라고 밝힌다. 가인은 하나님을 향한 믿음이 부족했거나, 없었던 것이 분명했다. 하지만 아벨은 모든 면에서 온전한 믿음과 순종과 인내로 하나님을 섬겼다. 결국 인내심이 부족하여 미움과 불의에 사로잡혀서 동생 아벨을 살인한 가인은 불의한 자였지만, 아벨은 믿음(순종, 인내)과 함께 자신의 피로써 가인보다 더 나은 제사를 드림으로 의로운 자라 평가받았다.

② 에녹

저자는 에녹에 대해 "하나님을 기쁘시게 해드림으로 '죽음을 보지 않고 천국으로 옮겨졌다'"고 말한다. 창세기 5장 21-24절, 특히 5장 22절에 "에녹이 삼백 년을 하나님과 동행하며 자녀를 낳았다"고 했고, 또 5장 24절에 "에녹이 하나님과 동행하더니 하나님이 그를 데려가시므로 세상에 있지 아니하였더라"고 밝히고 있다. 히브리서 저자는 창

502) 히 11:4-12.

세기에 '에녹이 하나님과 동행한 것'을, 히브리서에서는 '에녹이 하나님을 기쁘게 해드렸다'고 해석한다. 에녹은 믿음의 사람이었고 더구나 300년이나 오랜 세월 동안 변함없이 하나님과 동행하며 하나님을 기쁘게 해드렸다.

중요한 것은, 하나님을 기쁘게 하는 동행이어야 한다. 더구나 300년 동안 또 그 대상이 하나님이시기에 에녹의 언어와 삶의 모습에서 얼마나 많은 경건과 절제와 충성과 인내가 요구되어졌겠는가! 하지만 에녹은 땅에서 그 오랜 세월에도 불구하고 한결같이 믿음과 충성과 인내로써 하나님을 감복시키고 기쁘게 하였기에, 결국 하나님은 그를 영원 세계에서의 구원과 행복으로 보답하셨다. 에녹이 땅에서 300년의 인내의 충성과 믿음의 시험을 통과하자 이제 하나님은 그를 영원 세계로 데리고 가셔서 영원한 동행자로 삼으셔서 영원히 기뻐하시기로 한 것이었다. 땅의 시간과 하늘의 시간이 어찌 비교되리요. 땅에서 잠깐 기쁨의 동행이 하늘에서 영원한 기쁨의 동행으로 이어진 것이다.

③ 노아

저자는 노아에 대해 "아직 보이지 않는 일에 경고하심을 받아 경외함으로 방주를 준비하여 그 집을 구원하였으니 세상을 정죄하고 믿음을 따르는 '의의 상속자'가 되었다"고 말한다. 창세기 5장 28절-9장 29절의 내용에 따르면, 노아 당시 땅과 땅에 사는 모든 혈육 있는 자의 행위가 부패하고 포악하여 하나님이 물로 멸하시기로 작정하였으나, 하나님은 노아의 의로움을 보시고 노아와 그 가족들을 구원코자 언약을 맺으시고 노아에게 방주를 짓게 하여 결국 방주에 들어간 노아 식구와 짐승들만 구원받았고, 나머지는 모두 대홍수에 멸망받게 되었다.

하나님의 물심판과 방주에 대한 계시를 받은 노아가 몇 년 동안 방주를 지었는지는 정확히 알 수 없으나 적어도 몇 십 년에서 길게는 약 100년 어간 동안에[503] 방주를 지으면서 노아의 가족들은 힘을 합해 방주 짓는 일에 최선을 다했을 것이다.[504] 또 그 일은 자연히 당시에 부패한 사람들에게 회개를 촉구하는 경고의 의미가 되었을 것이다. 방주가 완공되기까지 짧지 않은 세월 동안 수많은 경고를 받았음에도 끝끝내 돌이키지 않은 당시에 수많은 불경건한 사람들은 결국 대홍수 심판을 피할 수 없었다. 그러나 사람들의 조롱과 부패와 포악한 불신앙의 도가니 속에서도 조금도 동요되지 않고 끝까지 인내로써 하나님 언약 신앙을 붙든 노아와 그 가족들은 믿음으로 순종하여 이룬 그 방주를 통하여 구원 받는 은혜를 입게 되었다. 그러므로 어떤 상황과 역경 속에서도 하나님의 언약을 붙드는 인내의 믿음이 구원을

503) 창 6:3, "여호와께서 이르시되 나의 영이 영원히 사람과 함께하지 아니하리니 이는 그들이 육신이 됨이라 그러나 그들의 날은 백이십 년이 되리라 하시니라." 이 구절을 통해 노아가 방주를 지은 기간에 대해서 사람들 간에 논란이 많다. 노아가 500세 후에 셈, 함, 야벳을 낳았고(창 5:32), 3명의 자녀들이 있던 시대에 물심판과 방주 짓는 계시를 받았고(창 6:10-22), 또 홍수가 땅에 있을 때는 노아가 600세였다(창 7:6). 계산상으로도 방주 짓는 기간이 120년이라는 추측은 무리이며, 아마 대략 40-50년에서 길어도 100년 어간에 지었을 것으로 추측할 뿐이지 정확히 알 수는 없다. 중요한 점은 방주 지은 기간이 얼마냐가 아니라, 당시 대부분의 사람들의 불신앙, 불경건의 태도와 그에 대비되는 노아와 그 가족들의 신앙과 순종의 모습이다(창 6:8-10, 6:5-22). 당시 사람들은 창조주의 은혜를 저버리는 배은망덕의 죄악과 포악이 관영하여 그들과 심지어 가축과 새까지 지면에서 쓸어버릴 정도로 하나님이 한탄하셨지만, 그러나 당대의 의인이요 하나님과 동행한 믿음의 사람 노아와 그의 가족들은 하나님의 은혜를 입었고, 하나님의 구원 언약을 통해 구원의 복을 얻게 되었다. 기간이 중요한 것이 아니라, 긴 세월이든 짧은 세월이든 그 기간 동안 인내와 순종의 믿음을 가지고 살았느냐, 그렇지 않았느냐가 중요한 것이다.

504) 창세기 5장 므두셀라, 라멕, 노아의 계보와 나이를 통해 비추어 볼 때, 아마 므두셀라와 라멕도 노아와 그 자녀들과 함께 방주 짓는 일에 동참했을 것이고, 라멕은 방주가 완공되기 이전 물심판이 있기 약 5년 전에 죽었으며, 므두셀라는 그 이름의 뜻(그가 죽을 때 심판이 임한다)과 같이 방주가 완공되어 물심판이 있는 그 해(그의 나이 969세, 노아는 600세)에 죽은 것으로 추정해 본다.

이룬다.

④ **아브라함/사라**

저자는 아브라함의 믿음에 대해 진술할 때[505] 그의 많은 행적 중에서 '부르심의 때 그리고 약속의 땅에 거류할 때', 이 두 가지 면을 중점으로 언급한다. 그는 하나님이 부르시는 유업의 땅으로 나아갈 때 '갈 바를 알지 못하고 (무식한 순종으로) 나아갔으며' 또한 약속의 땅에 거류할 때에도 '이삭, 야곱과 더불어 (완전히 구비된 집이 아닌) 이동식 텐트인 장막'에 거하였다. 이는 무엇을 뜻하는가?

아브라함의 '순종과 인내'를 강조한 것이다. 아브라함은 하나님의 부르심과 인도하심에 자신의 유식함으로 반응하지 않았다. 하나님의 부르심 앞에서 나아갈 향방도 모른 채 무식하게 나아갔고, 하나님의 말씀만 의지하고서 우직하게 순종하며 나아갔다. 약속의 땅에서의 태도도 마찬가지였다. 그는 하나님의 음성과 말씀에 한시도 긴장의 끈을 풀지 않고 살았다. 한곳에 오래 정착하지 못하고 하나님이 다른 곳으로 가게 하시면 즉시 짐을 꾸리고 이동해야 했기에 변변한 집 한 채 없이 단지 이동하기 편리한 장막 생활에 만족했고 또 그렇게 인내해야만 했다.

하지만 이같이 무식한 순종과 우직한 인내를 하게 한 이유와 원인이 있었다. 언약의 소망 때문이었다. 비록 땅에서는 이동식 텐트 집에서 살았지만, 하늘의 견고한 집(성)을 꿈꾸었다. 그는 비록 불편한 텐트에서 지냈지만, 언젠가 하나님이 설계하시고 지어주실 영원한 집(새 예루살렘, 천국)을 소망하며 또 그 비전을 그의 자녀들과 함께 꿈꾸었다.

---

505) 히 11:8-10.

결국 그 언약의 소망 때문에 땅에서의 모진 고난도 무식한 순종과 우직한 인내로서 견디고 이겨 나갈 수 있었다.

이어서 저자는 아브라함의 아내 사라의 믿음의 행적[506]을 언급하면서 언약의 자녀를 출산한 사건과 연관 짓는다. 창세기[507]의 내용처럼 당시 사라는 나이 많아 이미 경수가 끊겼고, 남편 역시 나이 많아 도저히 아이를 낳을 수 없는 형편이었음에도 불구하고 하나님이 아이를 주신다니 단지 웃음밖에 나오지 않았다. 하지만 불신앙 가운데 믿음의 역사는 일어나지 않는다. 사라가 웃은 것은 불신앙의 조소가 아니라 단지 그의 처지가 너무 안타까워서였다. 그녀는 미쁘신 하나님의 약속의 말씀과 능력을 간절히 소망하였고 또 인내하며 믿었다. 그래서 그녀 나이 90세에 언약의 자녀, 이삭을 얻게 되었다.

저자는 그러므로 아브라함 부부의 이 같은 기적의 사건에 대해서 "죽은 자와 같은 한 사람으로 말미암아 하늘의 허다한 별과 해변의 무수한 모래같이 많은 후손이 생육하였다"[508]고 증언한다. 결국 '인내의 믿음과 언약의 소망'이 그들을 통해 변변치 않은 땅에서의 장막 생활 가운데서도 견고한 성을 바라봄으로 언약의 자손들이 생육, 번성하게 되었고, 또 그들이 믿음의 조상이 되게 한 축복의 통로가 되었다.

(3) 인내의 사람들의 특징[509]

이어서 저자는 앞서 언급한 인내의 믿음을 가진 사람들의 공통적인 특징에 대해 다음과 같이 지적한다. 그들은 믿음을 따라 죽었다. 그들은 비록 약속을 받지 못하였지만, 멀리서 보고 환영하였다. 또한 그들

---

506) 히 11:11.
507) 창 17-18장.
508) 히 11:12(참고. 창 15:5, 22:17).
509) 히 11:13-16.

은 땅에서는 외국인, 나그네임을 증언하였다. 또한 자기들은 본향 찾는 자임을 나타내었다. 그래서 이제는 더 나은 본향, 하늘에 있는 것을 사모한다.

이러한 사람들에게 임하는 하나님의 두 가지 축복에 대해 히브리서 11장 16절에는 다음과 같이 언급된다. 첫째, 하나님이 그들의 하나님이라 일컬음 받기를 부끄러워 아니하시며, 둘째, 그들을 위해 한 성을 예비하셨다. 아브라함의 경우처럼, 땅에서 나그네로 수고로이 살았기에 비록 약속을 받지 못했지만 믿음으로 멀리서 보고 환영하며 이제 더 나은 하늘 본향을 사모하며 살다 죽은 인내의 사람들을 하나님은 부끄러워 않으시고 자랑스러워하시며, 또한 그들을 위로와 상급으로 보상하시되 하늘의 견고한 성 하늘의 예루살렘, 천국을 상급으로 예비해 주신다.

여기서 한 가지 공통적인 특징은 이들은 모두 '소망의 사람들'이라는 것이다. 더 나은 본향에 대한 소망, 천국에 대한 소망, 하나님의 위로에 대한 소망이 있었기에 땅에서 나그네로 인내하며 살 수 있었다. 저자는 이후에서 언약의 사람들의 특징인 이 '소망의 인내'에 대해 자세히 열거하고 있다.

(4) 왕국 백성들(언약의 사람들)의 소망의 인내[510)]

① 족장들의 소망의 인내 : 아브라함, 이삭, 야곱, 요셉[511)]

앞서 아브라함과 아내 사라의 인내의 믿음에 대해 이미 언급하였던 저자는 여기서 아브라함의 인내에 대해 다시금 언급하고 있다. 앞의 내용과 차이점은 여기서는 '아들 이삭을 제물로 바친 사건'에 주목한

---

510) 히 11:17-40.
511) 히 11:17-22.

다는 점이다. 히브리서 저자는 이 사건을 아브라함을 향한 '시험'[512] 이며 또한 '믿음'이라고 규정하고, 그가 당한 시험이 믿음으로 인정받은 이유는 아들 이삭을 자손으로 주신 하나님이 또한 그를 다시 살리실 줄 믿는 소망 때문이었음을 언급하고 있다.

아브라함의 믿음의 가장 두드러진 특징이 바로 소망의 믿음이었다. 이삭의 인내 역시 소망 때문이었다. 그는 과거나 현재를 바라보고 산 것이 아니라, 장차 있게 될 일에 대해 소망하면서 두 아들 야곱과 에서에게 축복하였다고 저자는 기록한다. 창세기에 소개되는 이삭의 여정은 다른 족장들에 비해 짧지만, 아브라함과 이삭과 야곱 가문을 통한 이스라엘 민족을 구원코자 하시는 하나님의 구속 역사에 동참한 그의 소망의 믿음은 결코 작지 않음을 보게 된다. 이삭을 이어서 언약의 아들 야곱은 임종 시 요셉의 각 아들에게 축복하고 그 지팡이 머리에 의지하여 경배하였다고 말한다. 이는 야곱의 소망이 요셉에게로 이어졌음을 저자는 보여준다.

그리고 요셉은 임종 시 이스라엘 자손들에게 출애굽할 것과 또한 자기 뼈를 위해 명령하였다고 말한다. 비록 이방 땅에서 나그네 백성으로 살았지만 조상 아브라함을 통해 언약하신 가나안을 소망하며 인내하였던 족장들의 소망의 믿음을 보여준다.

---

512) 히 11:17, "아브라함은 시험을 받을 때에……." 여기서 '시험'은 마귀의 유혹을 뜻하는 것이 아니라, 아브라함의 믿음의 성숙을 위해 하나님이 허락하신 믿음의 시련, 인내의 시험을 뜻한다고 볼 수 있다. 이것은 창세기를 통하여 이 사건의 결말을 통해 알 수 있으며(창 22장), 또한 아브라함을 평가한 창세기의 저자(창 15:1-6, 22장), 사도 바울(롬 4장; 갈 3장), 그리고 히브리서 저자의 평가 또한 그 사실을 입증한다.

② 출애굽 지도자 : 모세의 소망의 인내[513]

저자는 모세의 소망의 인내를 그의 일생에서 3가지 시점을 통해 중점적으로 보여주는데, 즉 출생 때와 장성했을 때 그리고 주요 활동 때이다.

먼저, 모세는 출생 당시 출생하는 남자아이는 모두 죽이라는 바로 왕의 명령이 있었음에도 불구하고, 그의 부모는 그를 석 달 동안 숨겨 바로 왕의 명령을 무서워 아니하였다고 증거한다. 모세는 출생부터 남달랐다. 그를 통해 이루실 하나님의 특별한 보호하심의 손길이 그의 부모의 담대한 소망을 통해 시작되고 있음을 보여준다.

둘째, 모세는 또한 장성하여서도 바로의 공주의 아들이라 칭함을 거절하였다고 저자는 증거하며, 그 이유로 언약의 소망 때문임을 보여준다. 모세는 하나님의 백성과 함께 고난 받기를 잠시 죄악의 낙을 누리는 것보다 더 좋아하고, 또한 그리스도를 위해 받는 수모를 애굽의 모든 보화보다 더 큰 재물로 여겼는데, 이는 상 주심을 바라봄[514]이라고 저자는 증거한다.

셋째, 모세는 이스라엘 백성들의 지도자가 되어 출애굽 시 애굽 왕의 노함을 무서워 아니하고, 보이지 아니하는 자(하나님)를 보는 것 같이 하여 참았으며 또한 믿음으로 유월절, 피 뿌리는 예식을 정한 것은 장자를 멸하는 자로 그들을 건드리지 않게 하려는 소망 때문이었음을 저자는 말한다. 모세는 분명 믿음의 선조들인 아벨, 에녹, 노아와 같이 하나님과 동행하며 하나님을 기쁘시게 하는 상 주심을 믿는 믿음

---

513) 히 11:23-28.

514) 히 11:26. (참조. 히 11:6, "믿음이 없이는……그가 자기를 찾는 자들에게 상 주시는 이심을 믿어야 할지니라") 여기서 모세의 '상 주심을 바라봄'은 앞선 믿음의 선조들(아벨, 에녹, 노아)의 그것과 동일하며 또한 아브라함 가문의 족장들(아브라함, 이삭, 야곱, 요셉)이 가진 '더 나은 본향(성)을 사모함'과도 동일한 소망임을 보여준다.

의 사람이었고, 또한 아브라함, 이삭, 야곱, 요셉의 족장들같이 '더 나은 본향(성)을 바라본' 소망의 사람이었다.

③그 외 언약의 사람들의 소망의 인내[515)]

이 외에도 저자는 언약의 백성들의 소망의 인내에 대해 증언하기를, 이스라엘 백성들이 (소망을 통해) 믿음으로 홍해를 건넜지만, 애굽 사람들은 시험하다 물에 몰살되었고, 또한 이스라엘 백성들은 (소망 가운데) 7일 동안 여리고 성을 돌아서 그 성이 무너졌다고 말한다. 홍해 사건도, 여리고 사건도 힘든 고난의 장벽이었지만 그들에게 언약의 소망이 있었기에 가능한 일이었음을 보여준다.

뿐만 아니라, 기생 라합도 정탐꾼을 평안히 영접하여, 멸망당하지 않았다고 증거한다. 이는 라합이 위기의 순간에도 언약의 믿음을 통한 소망을 가지게 되었기에 오히려 구원을 얻게 된 사실을 보여준다. 저자는 이 외에도 기드온, 바락, 삼손, 입다, 다윗, 사무엘, 선지자들의 일을 말하려면 시간이 부족할 만큼 많은 사실들이 있음을 밝히면서, 그들이 죽음과 같은 험한 고난과 역경[516)]을 당하면서도 견딘 것은 '더 좋은 것'[517)]을 소망하였기 때문인 것을 보여준다.

---

515) 히 11:29-40.

516) 히 11:33-38. 여기서 언약의 사람들이 당한 험한 고난과 역경들은 다음과 같다. 사자들의 입, 불의 세력, 칼날, 전쟁, 이방 사람들의 진, 고문, 조롱, 채찍질, 결박, 옥에 갇힘, 돌로 치는 것, 톱으로 켜는 것, 시험, 칼로 죽임 당함, 궁핍, 환난, 학대, 광야와 토굴에서 유리함 등.

517) 히 11:40, "이는 하나님이 우리를 위하여 더 좋은 것을 예비하셨은즉 우리가 아니면 그들로 온전함을 이루지 못하게 하려 하심이라." 여기서 '더 좋은 것'이란 '신약이며, 그리스도의 복음'을 뜻한다. 구약은 신약을 통해 비로소 온전해진다. 구약의 성도들은 믿음을 통해 증거를 받았지만 약속을 받진 못하였다. 하지만 그들은 소망 가운데 멀리 신약 때에 이루어질 복음의 성취를 바라보고 환영하며 나그네로 살다 죽었다. 드디어 신약 시대에 그리스도께서 오셔서 그 약속을 성취하심으로 비로소 새 언약 안에서 온전히 이루어지게 되었다.

3) 인내의 목적과 경고

앞서 인내의 모델들을 제시한 후 저자는 이제 히브리서 12장 1-13절에서 하나님이 그러한 인내를 하게 하신 목적에 대해 언급하고 있다.

(1) 죄와 싸워 이기게 하기 위해서이다.[518]

(2) 징계의 연단 후에 의와 평강의 열매를 맺기 위해서이다.[519]

여기서 저자는 고난과 징계의 현장에 처한 독자들을 향하여 인내할 것을 권면하며 독려하고 있다. 당시 유대 기독교 독자들은 디아스포라의 상황에서 그들의 현지 삶의 터전인 로마 이교 문화의 유혹에 쉽게 노출되어 있었고, 또 한편 동족 유대교에로의 복귀에 대한 유혹에 노출되어 있었는데 저자는 이 유혹을 분명한 죄악이며 또한 징계로 규정 짓고는, 그러한 유혹들로부터 믿음과 인내로 승리 할 것을 당부하고 있다.

저자는 여기서 죄의 특성을 '모든 무거운 것과 얽매이기 쉬운 것'이라고 정의한다. 이처럼 죄는 그 사람의 심령과 육신까지 깊게 침투하여 그의 모든 면을 심히 무겁고 힘들게 하여 꼼짝달싹 못하도록 하는 무서운 것이기에, 저자는 독자들을 향하여 이러한 죄의 유혹에 쉽게 넘어가지 말고 인내하며 피 흘리기까지 싸워 이기기를 독려한다. 하지만 이 싸움은 육신의 싸움이 아닌 믿음의 싸움이요 영적인 전쟁이므로, 믿음의 주님이시며 또 온전케 하시는 이인 예수를 전적으로 의지할 것을 가르친다.

특히 저자는 이 예수는 그 앞에 있는 기쁨을 위하여 십자가를 참으사 부끄러움을 개의치 아니하시므로 결국 하나님 보좌 우편에 앉으신 분이시라는 사실을 강조하면서, 독자들 역시 아들로 대우하시는 주님

518) 히 12:1-4.
519) 히 12:5-11.

의 징계를 달게 받음으로 연단 후에는 의와 평강의 열매를 맺게 될 것이라 말하며 격려하고 있다.

우리 역시 마찬가지이다. 죄는 사람을 힘들게 하고 유혹으로 옭아매는 무서운 것이지만, 오직 믿음의 주이신 예수 그리스도를 바라봄으로 담대히 싸워 이길 수 있으며, 결국 이 믿음의 인내를 통해 주님 주시는 의와 평화가 이루어지게 되는 것이다. 이처럼 죄와의 영적 전쟁에서 승리키 위해 무엇보다 부단한 인내와 믿음이 요구됨을 깨닫게 된다.

인내의 목적을 달성하기 위한 경고

피곤한 손과 연약한 무릎을 일으켜 세우고, 곧은길을 만들어 저는 다리로 하여금 어그러지지 않고 고침 받아야 한다.[520] 이 구절의 원어에 더욱 충실한 해석은 이렇다. "연약한 손과 허약한 무릎을 강하게 하라. 그리고 저는 다리가 골절되지 않고 치유될 수 있도록 (너희 발을 위해) 곧은길을 만들어라."

저자는 수신자들의 영적 형편을 '게으름뱅이와 제대로 걷지 못하는 무기력한 환자'로 묘사한다. 수신자들은 아마 그들 가운데 어떤 자들의 배교와 또 계속되는 외부의 핍박으로 인해, 믿음의 진보가 중단되고 세월이 가면서 점점 영적으로 나태해진 상태가 되었다. 인내의 목적과 같이, 날마다 죄와의 싸움에서 이겨 계속 성화되어야 하고, 또 주의 약속된 의와 평강의 열매를 계속 맺어가야 하지만, 마치 팔다리가 골절된 환자와 같이 제대로 걷기조차 힘든 무기력한 상태가 되었다.

하지만 언약 백성은 거기에 주저앉아 있을 수 없다. 믿음의 주님이 계시고, 인내의 모델들이 우리를 격려하고 있고, 또 나와 주님과 맺은

---

520) 히 12:12-13. 이것은 이사야 35장 3절과 잠언 4장 26절을 자유롭게 인용한 형태이다.

거룩한 언약이 살아 있기에, 인내를 통한 믿음의 전진은 계속되어야 하고, 비록 영적 나태함과 무기력에서도 속히 탈피하여 거룩한 산 시온 산을 향하여 계속 전진해 나아가기를 저자는 간곡히 촉구하고 있다.

둘째 단락 : 너희가 이른 곳은 시내 산이 아니라, 시온 산이다

저자는 앞 단락에서 수신자들이 처한 고통과 인내의 삶에 대한 문제를 진단한 후에 이제 본 단락[521]에서는 그의 수신자들에게 더욱 소망적이고 교훈적인 훈계와 권면을 주고 있는데, 다음과 같이 두 가지 내용을 따라 권면하고 있다.

1) 너희는 시내 산이 아닌, 시온 산에 도착한다[522]

(1) 에서와 같은 망령된 자가 되지 말라.[523]
(2) 너희는 시내 산에 도착한 것이 아니다.[524]
(3) 너희가 도착한 곳은 시온 산이다.[525]

이 단락에서 저자의 강조점은 그의 독자들의 정체성과 삶의 방향에 대하여 분명하고도 선명한 확신을 가질 것에 대한 요구이며 훈계이다. 정체성 확립을 요구하기 이전에 준엄한 경고가 먼저 주어진다. 저자는 이 경고에 대한 전제로서 히브리서 12장 14절에서 "모든 사람과 더불

---

521) 히 12:14-29.
522) 히 12:14-24.
523) 히 12:14-17.
524) 히 12:18-21.
525) 히 12:22-24.

어 화평함과 거룩함을 따르라 이것이 없이는 아무도 주를 보지 못하리라"는 말씀을 주고 있다.

그런데 여기서 '화평'과 '거룩'의 전제 중에서 문맥의 흐름상 '거룩'의 덕목이 훨씬 중요함을 이어지는 내용에서 '사람을 괴롭게 하고, 더럽게 만드는 쓴 뿌리'의 교훈과 '장자의 명분을 헛되이 팔아버린 에서'의 망령된 행동을 통해 교훈해 준다. 거룩해야 할 언약 백성이 죄의 유혹에 빠져 거룩을 상실하면 공동체의 화평도 깨어지고, 나아가 하나님과의 평화도 깨어진다. 거룩하면 성도와도 하나님과도 화평하게 된다. 거룩이 우선인 것이다.

당시 독자들은 유대 기독교 공동체 일원으로서 이방인 로마에서 디아스포라로 살면서 그리스도의 언약 신앙을 유지하기가 쉽지 않았을 것이다. 동족들로부터의 핍박과 이방 문화 세상 속에서의 죄의 유혹들이 맹렬히 다가왔을 것이다. 하지만 이전 단락에서 저자의 강조점과 같이 이들은 그 가운데서 오직 예수만 바라보고 인내하며 믿음으로 이겨 나가야 하는 언약 신앙인의 본분과 정체성이 있었다. 유대인으로서 같은 지역에 살면서 여전히 유대의 풍습과 습관을 따르고, 심지어 그것을 기독교 신자인 독자들에게도 요구하는 유대인들의 정체성과 삶의 방향과 목적지는 정죄와 율법을 상징하는 '시내 산'이었다. 그들은 여전히 모세 율법에 매여 죄와 심판에 대한 두려움과 떨림 가운데 살아야 했다.

하지만 독자들은 달랐다. 그들은 옛 언약의 상징인 모세 율법 아래 매인 '시내 산 백성'이 아니라, 새 언약의 중보자 예수와 및 아벨의 피보다 더 나은 것, 하나님과의 참된 화목을 이룬 (그리스도의) 뿌린 피를 통하여 죄와 심판으로부터 자유하고 승리한 '시온 산 언약 백성'이었다.

2) 하나님을 거절하지 말고, 감사와 경외심으로 섬겨라[526)]

(1) 말씀하시는 분(하나님)을 거절하지 말라.[527)]

(2) 감사와 경외심으로 더불어 하나님을 섬겨라.[528)]

앞 단락에서 독자들의 정체성과 삶의 방향에 대해 교훈한 저자는 이제 본 단락에서는 독자들의 관심을 보다 신앙의 영역으로, 하나님께로 집중시키고 있다. 독자들은 죄에 대해 두려움으로 떠는 시내 산 백성이 아니라, 새 언약의 중보자 예수로 인하여 죄와 심판에 대해 자유하고 승리한 시온 산 백성이므로 그들에게 이 같은 자유와 기쁨을 안겨다 준 하나님의 말씀을 거절하거나 하나님 언약 신앙을 변절하지 말아야 할 것을 경고한다.

저자는 여기서 옛 언약 시대에 사는 배교자보다 새 언약 시대에 사는 배교자에게 임하는 하나님의 심판이 훨씬 중하다는 것[529)]을 강조한다. 저자는 히브리서 12장 28절에서 "그러므로 우리가 흔들리지 않는 나라를 받았은즉 은혜를 받자 이로 말미암아 경건함과 두려움으

526) 히 12:25-29.

527) 히 12:25-27.

528) 히 12:28-29.

529) 히 12:25, "너희는 삼가 말씀하신 이를 거역하지 말라 땅에서 경고하신 이를 거역한 그들이 피하지 못하였거든 하물며 하늘로부터 경고하신 이를 배반하는 우리일까 보냐." 여기서 대조는 뚜렷하다. '땅에서 경고하신 이를 거역한 그들'은 모세 율법하의 구약 백성들이고 '하늘로부터 경고하신 이를 배반하는 우리'는 새 언약하의 백성들을 뜻한다. 여기서 후자에게 임하는 하나님의 심판의 확실성과 중함이 내포되어 있음을 알게 된다. 히브리서 12장 26절에 "그 때에는 그 소리가 땅을 진동하였거니와 이제는 약속하여 이르시되 내가 또 한 번 땅만 아니라 하늘도 진동하리라 하셨느니라"고 말씀하고, 이어서 27절에서 하나님의 심판을 의미하는 '진동'에 대하여 저자는 해석하기를, '진동하지 아니하는 것을 영존하게 하기 위하여 진동할 것들 곧 만드신 것들이 변동될 것을 나타내심이라'고 말씀한다. 여기서 '그 때'는 시내 산에서 율법을 받은 모세의 시대이며, '이제'는 학개서를 통해 보이신 종말의 시대를 뜻하는 것으로 뚜렷한 대조를 보이고, 종말에 변절자에게 임할 하나님의 심판의 중함에 대해 경고하고 있음을 보여준다.

로 하나님을 기쁘시게 섬길지니"라고 말씀한다. 여기서 '은혜를 받자'는 단어는 '감사하자'는 다른 뜻이 있으며, '경건함과 두려움'은 '하나님에 대한 경외심'을 뜻한다.

그러므로 이러한 새 언약 백성은 하나님을 거절하지 말고, '감사'와 '경외심'으로 하나님을 섬겨야 할 것을 권고한다. 험한 세상 속에서 또한 어려운 신앙생활의 여건 가운데서라도 언약 신앙을 변절하지 않고 꿋꿋이 하나님을 섬길 수 있는 두 가지 중요한 신앙 덕목은 바로 '감사'와 '경외심'이다. '감사'는 하나님의 은혜를 깨닫고 하나님의 은혜에 감격할 때 가능하며, '경외심'은 하나님에 대한 경건과 두려움으로 가득할 때 절로 생겨나는 것임을 알게 된다. 이 두 덕목은 새 언약 백성으로서 신앙의 변절로부터 신앙을 지키고, 나아가 신앙의 성숙을 가져다주는 중요한 요소임을 알게 한다.

사회, 개인, 종교적인 삶에 대한 권고들

앞에서 언약의 왕 예수 그리스도의 믿음의 우월성에 있어서 당시 수신자들이 처한 삶의 특수한 정황인 '고통과 인내'에 대해 실제적이고 교훈적인 권고를 마친 저자는 이제 본 단락에[530] 이르러 일반적인 권고 즉 사회, 개인, 종교적인 삶에 대한 권고를 하고 있다.

1) **사회적인 삶에 대한 권고들**[531]

(1) 형제 사랑하기를 계속하라.

(2) 손님 접대하기를 잊지 말라.

(3) 갇힌 자(학대받는 자)를 생각하라.

---

530) 히 13;1-19.

531) 히 13:1-3.

2) **개인적인 삶에 대한 권고들**[532)]

(1) 결혼을 귀히 여기고 침소를 더럽히지 말라.

(2) 돈을 사랑치 말고 자족하라.

3) **종교적인 삶에 대한 권고들**[533)]

(1) 신앙 지도자들을 생각하고, 그들의 믿음을 본받으라.

(2) 예수 그리스도는 영원토록 동일하시다.

(3) 여러 가지 다른 교훈에 끌리지 말라.

(4) 죄를 위한 짐승의 피는 대제사장이 가지고 성소에 들어가고 그 육체는 성문 밖에서 불사르듯이, 예수도 자기 피로써 백성을 거룩하게 하려고 성문 밖에서 고난을 받으셨다. 우리도 그의 치욕을 짊어지고 영문 밖으로 그에게 나아가자.

(5) 찬송의 제사를 드리며, 선을 행함과 나눔의 제사를 잊지 말라.

(6) 지도자들에게 순종하고 그들을 위하여 기도하라.

설교 결말[534)]

평강의 하나님이 양들의 큰 목자이시며, 영원한 언약의 피로 죽으신 언약의 왕 예수 그리스도 말미암아 모든 선한 일에 너희를 온전케 하시며 하나님의 뜻을 행하게 하실 것이다!

---

532) 히 13;4-6.

533) 히 13:7-19.

534) 히 13:20-21.

서신 결말[535] : 안부와 끝 인사!

저자가 본 서신의 말미에서 말하는 언약 신앙의 유익과 가르침은 단지 한 개인의 영역을 넘어서 이웃(형제, 손님, 갇힌 자)과 사회를 향한 사랑과 봉사를 지향하게 하며, 가정의 순결과 성결한 삶을 유지하게 하고, 무엇보다 신앙의 영역에서 예수 그리스도의 고난을 본받는 고난의 신앙을 지향하게 한다.

따라서 이 언약 신앙과 고난의 신앙을 따르는 자들은 하나님이 기뻐하시는 찬송의 제사와 선행과 삶의 제사를 드리며 이 같은 가르침으로 인도하는 지도자들을 본받고 그들에게 순종해야 하지만 그렇지 않은 다른 교훈들은 배격해야만 한다. 오늘날 물질문명과 포스트모더니즘과 종교 다원주의의 영향이 커지면서 점점 이기적인 사회가 되어 가고, 개인과 가정의 순결이 잃어가고, 나아가서 고난의 신앙은 변질되어 번영 신학과 이단적 교훈들이 판을 치는 세상이 되었다. 이 시대의 문화의 얼굴로 탈바꿈한 마귀는 저 찬란한 세상과 향락 속으로 빠지도록 성도를 유혹한다.

그러나 그 어떤 강력한 세상의 유혹과 이단들 앞에서도 언약 신앙은 결코 무릎 꿇어서는 안 된다. 거대한 시내 산의 두려움과 공포를 이겨내고, 시온 산의 승리의 자리에서 감사와 경외심으로 당당히 서야 한다.[536] 우리는 이미 승리자들이기 때문이다.

다른 길은 없다. 영문 밖으로 나아가야 한다. 다시금 그리스도의 언약의 가르침 앞으로 나아가야 한다. 주님이 지셨던 십자가의 의미를 되새기며 내 몫의 십자가를 다시 져야 한다. 깨어지고 상처 난 자신과 가정과 우리 모두의 아픔과 고통의 해답이, 회복이, 치유가 바로 그곳

535) 히 13:22-25.
536) 계 13:1-14:5, 21:1-4.

에 있다. 참고 인내해야 할 이유가 그곳에 있다. 힘들어도 주님의 십자가를 바라보며 묵묵히 인내로써 찬양의 제사를 드리며 삶의 선행을 계속 이어가야 한다. 반드시 이길 것이다. 언약의 가르침을 붙잡고 인내하며 순종하는 자에게 평강의 하나님이 모든 선한 일에 온전케 하시며 승리의 기쁨을 안겨 주실 것이다.

3. 히브리서의 구조

히브리서는 일반적으로 4개의 주요 단락으로 구성되었는데, 설교 시작, 설교 본문, 설교 결말, 서신 결말이며, 세부적인 구조는 다음과 같다.

1:1-4	설교 시작-하나님의 아들, 왕에 관한 소개
1:5-13:19	**설교 본문**
1:5-2:18	**창조주(왕)이신 하나님의 아들, 예수**
1:5-14	창조의 측면에서 우월
2:1-18	구원의 측면에서 우월
3:1-4:13	**사도이신 하나님의 아들, 예수**
3:1-19	모세보다 우월하신 사도이신 예수에 대한 믿음을 굳게 붙들라
4:1-13	여호수아보다 우월하신 예수가 주는 참 안식에 들어가기 위해 하나님의 말씀을 굳게 붙들라
4:14-10:18	**옛 언약의 제사장들보다 더 나은 대제사장이시며, 옛 언약의 제물들보다 더 나은 언약의 중보자(왕)**

예수

4:14-6:20 예수는 우리의 약점을 체휼하신 대제사장

7:1-28 예수는 멜기세덱과 같이 특별하고 영원한 대제사장

8=1-10:18 예수는 옛 언약보다 더 나은 새 언약의 중보자

10:19-12:29 그러므로 예수에게 시선을 고정하고 인내하라. 너희가 이른 곳은 시온 산이다

10:19-12:13 너희의 고통을 인내하라, 인내의 본보기

12:14-29 너희가 이른 곳은 시내 산이 아니라, 시온 산

13:1-19 사회, 개인, 종교적인 삶에 대한 권고들

13:1-3 사회적인 삶에 대한 권고들

13:4-6 개인적인 삶에 대한 권고들

13:7-19 종교적인 삶에 대한 권고들

13:20-21 설교 결말

13:22-25 서신 결말

야고보서(Jacobs)

행함으로 구원받는 왕국 백성

1. 정경적 배경

▶ 저자와 수신자

성경에는 세베대의 아들 야고보(요한 형제; 마 4:21, 10:2, 17:1; 행 1:13, 12:2), 알패오의 아들 야고보(마 10:3; 눅 6:15; 행 1:13), 유다의 아버지 야고보(눅 6:16; 행 1:13), 주님의 동생 야고보(마 13:55; 막 6:3; 갈 1:19)가 있다. 세베대의 아들 야고보는 일찍 순교(약 A.D. 44년, 행 12:2)하였기에 가능성이 없으며, 전통적으로 주님의 동생 야고보를 저자로 본다.

로마의 클레멘트, 오리겐 등의 교부들이 이 서신을 인용하였고, 무엇보다 사도행전(15, 21장)과 갈라디아서(1:19, 2장)에 보여진 야고보와 본서가 조화를 이루며, 본서에 예수님에 대한 생생한 교훈들이 많은 이유가 그가 주님의 동생이기 때문이며, 그는 주님의 부활 후에 제자가 되어 예루살렘 교회의 감독이 되었고 순교까지 하였다. 저자는 본서를 여러 나라들에 흩어진 유대계 그리스도인들에게 썼다.

▶ 기록 연대와 장소

요세푸스는 야고보가 A.D. 62년에 순교했다고 증언한다. 어떤 주장은 본서의 저작을 예루살렘 공회(A.D. 49년) 이전으로 보기도 한다(그렇다면 본서가 신약성경에서 가장 이른 서신이다). 본서는 로마서와의 관계에서 이신칭의 교리를 잘못 이해한 성도들에게 신행(信行)의 바른 관계를 가르치고자 로마서 이후에, 또한 순교 직전인 A.D. 60-62년(혹 48-49년)에 예루살렘에서 기록되었다고 짐작된다.

▶ 주제와 목적

본서의 주제는 '행함으로 구원받는 왕국 백성'이다. 본서는 당시 기독교 공동체 내에 이미 널리 퍼진 바울 서신의 이신칭의(믿음으로 구원받음)에 대하여 생길 수 있는 소극적 오해들을 바로잡고, 그것을 보완하려는 야고보 사도의 특별한 해석으로 보인다. 당시 부자들은 가난한 자들(신앙인)에 대해 일방적인 횡포를 일삼고 또한 일부 경건치 못한 신자들의 외식적인 신앙 행태와 교회 내에서의 잘못된 판단과 구별 등으로 인해 참된 사랑의 교제가 사라진 기독교 언약 공동체 성도들에게 올바른 신행(信行) 일치에 대해 교훈함으로 언약 교회의 믿음의 본질을 회복하기 위해 썼으며, 교리적인 측면보다 실제와 행동의 관점에 초점을 맞추어 썼다.

▶ 특징

1. 주님의 죽음, 부활에 대한 언급 없지만 실제적이고 실천적인 주님의 음성을 가장 많이 닮았다.
2. 본서는 히브리서, 베드로전서와 함께 헬라어에 유창하다.
3. 로마서는 믿음의 관점에서, 본서는 행함의 관점에서 두 서신의 조화를 이룬다.

2. 내용 전개

언약의 주요 모티브 : 행하는 믿음, 시험, 판단, 지혜, 순종, 고난에 대처

야고보서는 종말의 시대를 사는 왕국 백성들이 갖추어야 할 언약 신앙의 특징에 대해 강조하고 있다. 사도는 그의 책에서, 비록 순종하며 실천하기 어려운 고난의 삶의 현장 속에서도 하나님께 불순종하거나 혹은 말로 흉내만 내지 말고 적극적으로 하나님의 뜻에 순복하며 실행하는 실제적인 신앙을 가지라는 실천적인 메시지를 전해 준다.

믿음의 실체 1 : 하나님의 시련을 통해, 마귀의 시험을 이겨라[537)]

야고보 사도는 수신자들에게 문안을 한 후 곧바로 '시험'의 주제에 대해서 말하기 시작한다. 이것은 아마 당시 사도가 중요하게 여기는 성도나 교회가 어떤 문제로 인해 시험을 만났고 이것에 대한 해결책들을 제시한 것으로 여겨지는데, 이 시험의 주제는 야고보 사도 당시뿐 아니라 현실의 다양한 문제들 속에서 갈등하며 방황하는 오늘의 언약 교회 안에서도 실제적으로 중요한 주제가 아닐 수 없다.

이 단락에서 야고보는 두 종류의 시험에 대해 말한다.

첫째는,[538)] 야고보가 '믿음의 시련'이라고 표현한[539)] 하나님의 시험이다.

---

537) 약 1:1-18.
538) 약 1:2-4.
539) 약 1:3, "이는 너희 믿음의 시련이……."

시험(시련)의 주체가 하나님이시니 설사 여러 시험을 만나더라도 온전히 기쁘게 여길 수 있으며,[540] 또한 이 시험 기간 동안 잘 인내해야 하고,[541] 참아 견뎌야 한다.[542] 하나님의 시험은 우리에게 이러한 인내를 통하여 '온전한' 믿음의 사람으로[543] 성숙하게 하시려는 복된 도구임을 야고보는 말한다.

그런데 우리 성도들이 이 시험을 만났을 때 어떻게 해야 할 것인가? 하나님이 주신 시험(시련) 속에서 인내하여 온전하고 구비하여 부족함이 없는 사람이 되기 위해 야고보는 믿음의 '기도'를 하라고 제시한다.[544] 조변석개와 같은 세상의 원리가 정함이 없는 것같이,[545] 하나님에 대해 의심을 품고 기도하는 것은 두 마음을 품는 것이고 정함 없는 기도이므로 이런 기도는 응답이 있을 수 없다.[546] 하지만 조금도 의심치 않고 하나님에 대한 절대 믿음으로 간구하는 자에게 하나님은 후히 주신다[547]고 야고보 사도는 말한다.

둘째는,[548] 마귀의 시험이다.

이것은 사람을 연단시키거나 성숙되게 하기 위한 시험(test)이 아니라, 사람을 죽음에 이르도록 하는 미혹이며, 유혹(temptation)이

540) 약 1:2, "내 형제들아 너희가 여러 가지 시험을 당하거든 온전히 기쁘게 여기라."
541) 약 1:3, "……시련이 인내를 만들어 내는 줄 앎이라."
542) 약 1:12, "시험을 참는 자는 복이 있나니 이는 시련을 견디어 낸 자가 주께서 자기를 사랑하는 자들에게 약속하신 생명의 면류관을 얻을 것이기 때문이라."
543) 약 1:4, "인내를 온전히 이루라 이는 너희로 온전하고 구비하여 조금도 부족함이 없게 하려 함이라."
544) 약 1:5-8.
545) 약 1:9-11.
546) 약 1:6b-8.
547) 약 1: 5-6, "너희 중에 누구든지 지혜가 부족하거든 모든 사람에게 후히 주시고 꾸짖지 아니하시는 하나님께 구하라 그리하면 주시리라 오직 믿음으로 구하고 조금도 의심하지 말라……."
548) 약 1:12-18.

다.[549] 땅에 속한 것들에 대한 유혹과 미혹에 이끌려 사람이 욕심을 내고 그로 인하여 범죄하게 되고 결국 사망에 이르게 된다.[550] 하지만 이에 반해 사람을 살리는 좋은 유혹은 땅이 아니라 하늘과 하늘 아버지로부터 내려온다고 야고보는 말한다.[551] 그러므로 언약 백성들은 이것을 잘 분별하여 속지 말아야 한다고 야고보는 경고한다.[552]

이렇게 성도들을 속게 만드는 수많은 마귀의 미혹과 유혹들에 대해 언약 성도(교회)는 어떻게 대처해야 하는가? 첫 번째는, 미혹을 받는 자들은 하나님이 미혹을 주시는 것으로 생각하거나 속아서는 안 된다. 하나님은 악에게 미혹을 받지도 않으시고 또 아무도 미혹하지도 않으신다.[553] 두 번째는, 우리가 땅에서 사는 동안에라도 땅의 달콤한 미혹들에 속아 범죄함으로 사망에 처하지 말고, 사람을 살리게 하는 유익하고 좋은 하늘의 은사들을 사모하며 살아야 할 것이다.

이 단락의 결론은 결국 하나님만 붙들고자 하는 인내와 믿음의 기도가 언약 백성들이 성공적인 믿음의 삶을 사는 데 있어서 가장 중요한 요소임을 알게 된다. 이 땅을 사는 동안 영육 간에 언약 백성들이 만나는 많은 시련들과 유혹들이 있다. 야고보 사도 시대 때뿐 아니라 지금의 시대를 사는 우리도 마찬가지 현실이다. 그러한 현실 속에서 하나님을 원망하거나 아니면 세상 유혹에 빠져서 믿음의 본분을 상실한 채 살 것이 아니라, 주어진 자리에서 인내하며 주의 뜻을 찾고자 하는 간절한 믿음의 기도가 필요한 것이다. 시련을 통해 연단된 믿음

549) 약 1:14, "오직 각 사람이 시험을 받는 것은 자기 욕심에 끌려 미혹됨이니."
550) 약 1:15.
551) 약 1:17, "온갖 좋은 은사와 온전한 선물이 다 위로부터 빛들의 아버지께로부터 내려오나니 그는 변함도 없으시고 회전하는 그림자도 없으시니라."
552) 약 1:16, "내 사랑하는 형제들아 속지 말라."
553) 약 1:13.

의 기도는 어떠한 세상의 유혹들 앞에서도 넘어지지 않고 당당하게 믿음의 실체와 열매들을 세상 가운데 드러낼 수 있는 강력한 언약 백성의 영적 무기임을 깨닫게 해준다. 수많은 시련과 유혹 앞에서 지느냐 이기느냐는 결국 믿음이 관건이고, 그 믿음이 허상이 아닌 실상임을 기도로 증명된다. 이후 야고보 사도는 계속하여 이러한 실제적인 믿음의 실상과 허상의 문제를 여러 다른 각도에서 다루고 있음을 보게 된다.

믿음의 실체 2 : 불순종(차별)이 아닌, 순종(사랑)으로 행하라[554)]

이 단락에서 야고보 사도가 믿음의 허상과 실상에 대해 말하고자 하면서 사용하는 소재는 3가지이다. '말씀, 사람, 믿음'이며, 이 3가지에 대해서 어떤 태도를 가지느냐가 허상과 실상을 가르는 관건임을 그는 말한다.

1.[555)] 말씀에 대해 어떤 태도를 가지는 것이 언약 성도(교회)로서 올바른 태도, 즉 믿음의 실상인가?

사도는 말씀을 대하는 올바른 태도로 세 가지 원리를 제시한다. 첫 번째, 말씀을 잘 들어야 한다는 것이다.[556)] 일반적으로 사람들은 어떤 주제에 대해 듣고 말할 때나 화를 낼 때, 자신이 들은 것에 대해 깊이 생각한다든지 절제하지 않기 때문에 빠르게 말을 쏟아 내거나 혹은 즉시 분노하는 그러한 잘못된 행동을 지적하면서 '사람마다 듣기

554) 약 1:19-2:26.
555) 약 1:19-27.
556) 약 1:19-20, "내 사랑하는 형제들아 너희가 알지니 사람마다 듣기는 속히 하고 말하기는 더디 하며 성내기도 더디 하라 사람이 성내는 것이 하나님의 의를 이루지 못함이라"

는 속히 하고 말하기는 더디 하며 성내기도 더디 하라'고 강조한다. 여기서 '듣기는 속히 하라'의 의미는 '상대방의 말을 귀 담아 잘 듣고 깊이 생각하라'는 뜻이다. 속히 들으면, 즉 깊이 새겨듣고 잘 들으면 상대방에게 신중하게 말하게 되고, 급히 화도 내지 않게 될 것이다. 이처럼 하나님의 말씀도 우선은 귀로 잘 듣고 무슨 뜻인지 잘 경청해야 한다는 의미인 것이다.

두 번째는, 말씀을 마음에 잘 받아야 한다는 것이다[557]. 사도는 사람들이 이처럼 하나님의 말씀을 집중해서 제대로 듣지 못하여(속히 듣지 못하여) 하나님의 뜻대로 신중히 말하지 않고 사람이 생각나는 대로 즉시 말해 버리고 성내므로 하나님의 의를 이루지 못하는 것은, 그 사람의 마음에 악하고 더러운 것이 차지하고 있기 때문에 그것들을 내버리고 영혼 구원의 필수이며 절대 요소인 하나님의 말씀을 마음에 심어지도록 온유함으로 받으라고 교훈하고 있다. 말씀에 대한 실제적인 믿음이 되기 위해서는 말씀을 귀로 잘 들을 뿐 아니라 또한 마음으로 잘 받아야 하는 것이다.

세 번째는, 귀로 잘(속히) 듣고 마음에 잘(온유함으로) 받은 그 말씀을 실제로 행하고 실천해야 한다고 말한다.[558] 사도는 말씀을 귀로 듣고 마음으로 받았지만 거기에서 그치고 실행이나 실천으로 옮기지 않는 것은 믿음의 허상이며 곧 자기 자신을 속이는 것[559]이라고 말한다. 말씀을 통한 실제적인 믿음, 산 믿음이 되기 위해서는 귀로 듣고 마음으로 받은 그 말씀대로 실천하며 그 말씀대로 순종하는 것이다. 사도

557) 약 1:21, "그러므로 모든 더러운 것과 넘치는 악을 내버리고 너희 영혼을 능히 구원할 바 마음에 심어진 말씀을 온유함으로 받으라."

558) 약 1:22-25. 참조. 22절, "너희는 말씀을 행하는 자가 되고 듣기만 하여 자신을 속이는 자가 되지 말라."

559) 약 1:22, "……듣기만 하여 자신을 속이는 자가 되지 말라."

는 말씀(율법)의 기능을 '거울'[560]에 비유하면서 말씀을 듣고 실천하지 않는 사람은 자기 모습이 어떠했는지를 곧 잊어버리지만, 그러나 실천하는 자는 듣고 잊어버리지 않을 뿐 아니라 그 행하는 일에 하나님의 복을 받게 된다[561]는 축복의 말씀을 주고 있다. 따라서 말씀을 통한 경건이란, 말씀을 귀로 듣고 마음으로 받았지만 실천으로 나아가지 못한 경건은 헛것[562]이라고 지적하며, 환난 중에 있는 고아와 과부를 실제로 돌보는 것이 하나님 앞에 정결하고 깨끗한 경건이며, 또한 그것이 악하고 더러운 세상에서 자신을 지켜 세속에 물들지 않는 참 경건이라고[563] 교훈한다.

2.[564] 사람에 대해 어떤 태도를 가지는 것이 언약 성도(교회)로서 올바른 태도이며 실제적인 믿음인가?

사도는 이 부분을 강조하기 위해 '차별'이라는 주제를 사용한다. 야고보 당시에는 회당이 있었다. 회당에 출입하는 교인들 가운데 부자와 가난한 자에 대한 차별이다. 3가지 종류의 차별이 이루어진다. 첫 번째는, 언어적 차별로써 부자에게는 존대를 사용하지만 가난한 자에게는 하대를 한다.[565] 두 번째는, 실제적 차별로써 부자에게는 좋은 자리나 상석이 주어지지만 가난한 자에게 주어지는 자리는 아예

---

560) 약 1:23-25.

561) 약 1:25.

562) 야고보서 1장 26절에서 사도는 자기 혀를 재갈 물리지 않은 태도(급히 말하고 성냄)와 자기 마음을 속인 태도(마음에 세상의 더러운 것과 넘치는 악한 것들을 간직한 채 말씀을 받은 태도)로 인한 이 사람의 경건 즉 믿음은 '헛것, (영)worthless, 가치 없는 것'이며 허상이라는 사실을 지적한다.

563) 약 1:27.

564) 약 2:1-13.

565) 약 2:3, "……여기 좋은 자리에 앉으소서……너는 거기 서 있든지 내 발등상 아래에 앉으라……."

없다.[566] 세 번째는, 심리적 차별로써 부자는 존중감을 갖게 하지만 가난한 자에게는 무시와 천대를 통해 자존감에 상처를 입힌다.

그런데 어떤 이유에서 회당 안에 이러한 구별과 차별이 이루어지는가? 그것을 판단하는 기준은 그 사람의 '외모' 때문이다. 회당에 들어오는 사람이 금가락지를 끼고 아름다운 옷을 입었느냐, 아니면 남루한 옷을 입었느냐[567] 그 차이이다. 이러한 외모의 차이로 인한 회당 안에서의 차별에 대해 사도는 뭐라고 말하는가! 그것은 '악한 생각으로[568] 판단하는[569] 것'이라고 주의를 준다.

사도는 이것이 왜 악한 것인지에 대해 두 가지로 설명한다. 하나는, 하나님의 관점에서 잘못되었기 때문에 악한 것이다. 하나님은 부자보다 오히려 가난한 자를 택하시고 믿음에 부요하게 하시고 하나님을 사랑하게 하시고 나아가 약속하신 나라를 상속으로 받게 하셨다는 것이다. 그에 반해, 부자는 성도를 억압하며 법정으로 끌고 가며 성도의 이름을 비방하였다.[570]

다른 하나는, 성경의 가르침과 어긋난 것이므로 악한 것이다. 율법에 네 이웃을 네 몸과 같이 사랑하라 하신 최고의 법을 어긴 것이기

566) 약 2:3, "……여기 좋은 자리……거기 서 있든지 내 발등상 아래……."

567) 약 2:2.

568) 약 2:4, "……악한 생각으로(evil motives)……." 그 사람의 외모의 상태나 조건을 통해 떠오르는 생각들은 악한 것들이다. 먼저 이러한 악한 동기와 생각들을 통해 다음으로 언어적, 실제적, 심리적 차별로 나타나게 된다. 어떤 동기, 생각으로 사람을 대하고 바라보는가가 중요한 것이다. 그 사람의 내면의 성숙함이나 순수함을 보지 않고 단지 외모나 물질적 조건에 따라 차별적으로 대함은 그 자체가 얼마나 비성숙하고 불결한 동기이기에 그것을 '악'(evil)으로 사도는 규정한다.

569) 약 2:4, "……판단하는(judge) 자가……." 사람의 판단(judge)은 이처럼 악한 동기와 생각에서 나온 악한 판단일 수밖에 없다. 하지만 하나님의 심판(judge)은 사람의 그것과 다르다. 의로우시고 선하신 하나님은 부자와 가난한 자에 대하여 단지 외모로 판단하시지 않고 그 중심을 보신다(약 2:5-7. 참조. 삼상 16:7).

570) 약 2:5-7.

때문에 율법을 범한 것이며 곧 죄를 짓는 것이다.[571] 따라서 네 이웃을 네 몸과 같이 사랑하라는 사랑의 가르침을 따르는 언약 백성들은 사람을 단지 외모로 판단하지 말고 하나님의 판단에 따라서 이웃 사람들에게 사랑과 긍휼을 베푸는 것이 언약 백성들의 실제적인 믿음의 실상인 것임을 알게 된다. 결국 긍휼을 행하지 않는 자는 긍휼 없는 심판(판단)이 있겠지만, 긍휼은 심판(판단)을 이기고 자랑한다는 교훈[572]을 통하여 사람에 대한 믿음의 실제는 잘못된 선입견에서 비롯된 차별과 판단을 일삼는 것이 아니라, 실제로 그 사람을 사랑하며 긍휼을 베푸는 것임을 말하고 있다.

3.[573] 믿음에 대해 어떤 태도를 가지는 것이 언약 성도로서 올바른 태도이며 실제적인 믿음인가?

사도는 이것을 강조하기 위해 '행함'이라는 주제를 사용한다. 여기서 사도는 믿음과 행함의 관계를 상호 보충적인 것으로 설명한다. 믿음이 행함으로 온전케 되며 행함은 그의 믿음의 실제적인 구현인 것임을 말하고자 함인데,[574] 이것을 역설적으로 강조하고자 '행함이 없는 믿음은 죽은 것'[575]이라고 여러 차례 말한다. 사도는 이것을 본문에서 5가지 본보기를 들어서 설명한다.

첫 번째, 믿음만 앞세우고 행함이 없는 것은 자신에게도 아무 유익이 없을 뿐만 아니라 구원받는 믿음이 아니듯이, 헐벗고 굶주린 이웃의 형제자매에게 말만 앞세우고 실제로 그 몸에 쓸 것을 주지 않는다면

571) 약 2:8-11.
572) 약 2:12-13.
573) 약 2:14-26.
574) 약 2:22, "……믿음이 그의 행함과 함께 일하고 행함으로 믿음이 온전하게 되었느니라."
575) 약 2:17, 20,2 6.

그것은 아무 유익이 없는 것이며[576] 이같이 행함이 없는 믿음은 죽은 것이다.[577]

두 번째, 어떤 사람은 믿음이 있고 어떤 사람은 행함이 있는데, 전자는 믿음만 있고 행함이 없기에 남에게 그의 진면목을 증명할 길이 없지만 후자는 행함으로 그의 믿음을 남에게 보여줄 수 있는 것이다.[578]

세 번째, 하나님에 대한 신앙이 지식에만 머문다면 잘못이다. 귀신도 하나님에 대해 잘 알고 두려워한다.[579] 따라서 행함이 없는 지식적 믿음은 헛것이다.[580]

네 번째, 아브라함이 이삭을 제단에 바칠 때 행함으로 의롭다 하심을 받은 것[581]같이 사람이 행함으로 의롭다 하심을 받고 믿음으로만은 아니다.[582]

다섯 번째, 기생 라합이 사자들을 접대하여 다른 길로 나가게 할 때 행함으로 의롭다 하심을 받았다.[583] 따라서 사도는 이 단락의 결론으로 '영혼 없는 몸이 죽은 것같이 행함이 없는 믿음은 죽은 것'이라고 말한다. 믿음과 행함의 관계를 사람에게 비유하여 '믿음은 몸에, 행함은 더욱 중요한 영혼에' 비유하여 믿는 바 그 믿음을 단지 지식과 머리에만 머물게 하여 죽은 몸이 되지 말고, 그 믿는 바대로 행동하고

---

576) 약 2:16, "너희 중에 누구든지 그에게 이르되 평안히 가라, 덥게 하라, 배부르게 하라 하며 그 몸에 쓸 것을 주지 아니하면 무슨 유익이 있으리요."

577) 약 2:14-17.

578) 약 2:18.

579) 약 2:19, "네가 하나님은 한 분이신 줄을 믿느냐 잘하는도다 귀신들도 믿고 떠느니라."

580) 약 2:19-20.

581) 약 2:23, "이에 성경에 이른 바 아브라함이 하나님을 믿으니 이것을 의로 여기셨다는 말씀이 이루어졌고 그는 하나님의 벗이라 칭함을 받았나니."

582) 약 2:21-24.

583) 약 2:25.

또한 행함으로 실천하여서 실제적이고 온전한 믿음으로 나아가는 것이 당당한 언약 백성으로서의 살아 있는 언약 신앙의 모습임을 말하고 있다.

언약 백성, 언약 신앙은 화석과 같은 죽은 신앙이 아니다. 머리와 몸이 따로 놀거나, 말씀을 귀로 들었지만 겉으로 모른 체하여 자신을 속이는 가증스러운 존재가 아니다. 사람을 외모로 평가하고 차별하지도 않는다. 우리는 스스로 부족하지만 그러기에 더욱 겸손하여 그리스도의 언약의 말씀에 순종하며, 이웃을 사랑하며 섬기며 긍휼을 베푸는 삶으로 자연스럽게 묻어나, 언제 어디에서든 심장과 영혼이 항상 펄떡펄떡 숨 쉬고 살아 있는 언약 신앙인들이다.

믿음의 실체 3 : 혀와 선행의 권세-말을 조심하고, 선행을 행하라[584]

사도는 이 책의 서두에서 '시험'에 대해 말하고, 다음으로 '믿음'의 주제에 대해 언급한 이후에 본 단락에 와서는 '권세'의 주제에 대해 말한다. 앞 단락에서와 같이 사도는 특별한 대조법을 통해 자신이 말하고자 하는 주제를 강조하고 있다. 이 단락의 전반부와 후반부는 같은 '권세'의 주제이지만 그 강조점은 확연히 상반된다.

사도는 본 단락의 전반부에서[585] '권세'에 대해 말하면서 '혀'라는 소재를 사용하여, '혀의 권세, 즉 말의 강력한 기능'에 대해 말한다. 서두에서 사도는 독자들에게 '선생이 많이 되지 말라'고 권고한다. 일반적으로 선생은 말을 많이 하므로 실수도 많이 하게 되며, 따라서

584) 약 3;1-18.
585) 약 3:1-12.

선생 된 자가 더 큰 심판을 받게 된다는 논리이다. 이것은 '혀를 통한 말의 위험성'을 강조한 것이다.

사도는 이러한 혀의 권세를 강조하기 위해 '말'(horse)과 '배'(ship)의 경우를 예로 든다. 말(horse)을 사람에게 순종하게 하기 위해 그 입에 '재갈'을 물리며, 배(ship)를 사공의 뜻대로 운행하기 위해 작은 '키'를 사용하는 것처럼, 사람의 혀도 작은 지체이지만 그러나 큰 기능과 역할을 자랑한다고 말한다. 이처럼 혀가 사람 전체에서 작은 지체임에도 불구하고 그 기능과 역할의 중요성은 매우 큰 것이다. 그 중요성도 매우 크지만 동시에 위험성 역시 매우 큰 것임을 사도는 역설한다.

사도는 이 혀의 위험성을 '불'에 비유하여[586] 작은 불이 많은 나무를 태운다고 강조한다.[587] 나아가 사도는 이 혀의 위험성을 '불의'에 비유한다. 혀를 의롭지 못하고 불의하게 잘못 사용할 때 결국은 온몸을 더럽히게 되는 것이고, 곧 그의 전 생애를 불사르는 것이며, 그 인생은 지옥과 다름없는 불행한 삶인 것이다.[588] 결국 사도는 이런 '불'과 '불의'와 같은 위험성을 내포한 혀의 권세를 통제하고 길들이기란 대단히 어려운 것임을 말한다. 사도는 오죽하면, 여러 종류의 짐승과 생물들은 다 사람이 길들일 수 있지만, 혀는 능히 길들일 사람이 없다고 단언하면서 그것의 실체를 '악'과 '독'으로까지 규명하고 있다.[589]

앞서 혀의 중요성, 위험성, 통제성에 대해 지적한 사도는 이제 혀의

586) 약 3:6, "혀는 곧 불이요……."

587) 약 3:5, "……보라 얼마나 작은 불이 얼마나 많은 나무를 태우는가."

588) 약 3:6, "혀는 곧 불이요 불의의 세계라 혀는 우리 지체 중에서 온몸을 더럽히고 삶의 수레바퀴를 불사르나니 그 사르는 것이 지옥 불에서 나느니라."

589) 약 3:7-8, "여러 종류의 짐승과 새와 벌레와 바다의 생물은 다 사람이 길들일 수 있고 길들여 왔거니와 혀는 능히 길들일 사람이 없나니 쉬지 아니하는 악이요 죽이는 독이 가득한 것이라."

이중성에 대해 지적한다. 샘이 한 구멍으로 어찌 단물과 쓴물을 내며, 어찌 무화과나무가 감람 열매를 포도나무가 무화과를 맺을 수 없음같이 한 입에서 찬송과 저주가 나오는 것이 마땅하지 않음을 사도는 역설하고 있다.[590)]

사람에게 있어서 혀의 기능과 권세에 있어서 그것의 중요성과 위험성을 이토록 강조하는 근본 이유는 바로 '관계성' 때문이다.[591)] 언약 백성들은 하나님과 이웃 사람들과의 관계에서 존재한다. 이러한 관계성 가운데 언약 교회로서 말(혀)의 사명은 오직 '하나님을 사랑하고 이웃을 사랑하는 일' 즉 하나님을 찬송하고 이웃에게 덕을 끼치는 말을 하는 데 사용해야 함을 알게 된다. 그러므로 한 입에서 찬송과 저주가 나와서는 당연히 안 되는 것이며, 항상 하나님과 이웃의 관계에서 말(혀)에 실수하지 않도록 조심하는 경건의 삶을 살아야 하는데, 이것이 결코 쉽지 않는 신중한 일이기에 사도는 '말에 실수가 없는 자라면 곧 온전한 사람'[592)]이라고 규명한다.

사도는 권세의 주제를 논하면서 전반부에서 '혀의 권세'에 대해 다소 부정적인 경고성의 논조로 말하다가, 후반부에서는[593)] '선행'이라는 소재를 사용하여 '선행의 권세'에 대해 매우 긍정적이고 밝은 논조로 말하고 있다. 사도는 여기서 자신의 논리를 강조하기 위해 '지혜'의 개념[594)]을 도입한다. 사도는 본서에 가끔 등장하는 그만의 독특한 질문식 화법[595)]을 통해 독자로 하여금 '지혜'에 대해 깊이 통찰하도록

---

590) 약 3:9-12. 9-10절, "이것으로 우리가 주 아버지를 찬송하고 또 이것으로 하나님의 형상대로 지음을 받은 사람을 저주하나니 한 입에서 찬송과 저주가 나오는도다 내 형제들아 이것이 마땅하지 아니하니라."

591) 약 3:1, 9-10.

592) 약 3:2b.

593) 약 3:13-18.

594) 약 3:13, "너희 중에 지혜와 총명이……."

유도한다. 사도는 앞서 혀의 위험성을 충분히 강조하였다. 때문에 말에 실수하지 않고, 불처럼 타올라서 불의의 삶을 살지 않고, 한 입으로 찬송과 저주를 내뱉지 않고 자신의 혀를 잘 통제하고 다스리기 위한 지혜가 필요한 것이다. 그런데 그 지혜는 단지 말로만 그치는 것이 아니라 행동으로 보여야 한다.[596] 어떤 행동인가? 선한 행동, 즉 선행으로 나타나야 한다는 것이 참 지혜요 지혜의 권세이며 또한 본 단락에서의 사도의 강조점이다.

사도는 선행으로 나타나는 지혜의 권세, 선행의 권세를 강조하기 위해 역시 특유의 대조법을 사용한다. 지혜에는 두 종류가 있는데 땅으로부터 난 지혜와 위(하늘)로부터 난 지혜가 있다고 말한다. 땅으로부터 난 지혜는 땅 위의 것이요 정욕적이어서 독한 시기와 다툼과 거짓으로 인해 혼란과 악한 일 즉 '악행'이 존재한다고 사도는 말한다.[597] 반면, 위(하늘)로부터 난 지혜는 성결, 화평, 관용, 양순, 긍휼과 선한 열매와 의의 열매를 거두며 편견과 거짓이 없는 곧 '선행'이라고 사도는 말한다.[598]

언약 백성의 삶은 지혜로운 삶이며 그것은 단지 말이나 혀로만 내뱉는 것이 아니며, 실제 보여지는 선한 행동으로 나타나야 하는 것이다. 언약 백성들의 말과 혀는 하나님과 사람들과의 관계성 때문에 실수 없이 온전히 해야 하듯이, 행동(선행) 역시 하나님과 사람들과의 관계성 속에서 신중하고 바르게 해야 하는 것이다. 언약 백성들은 귀신에 사로잡힌 땅의 사람들처럼 정욕적으로 행하거나 시기와 다툼과 진리를 거슬러 거짓을 일삼는 악행을 저질러서는 결코 안 될 것이다. 하늘

595) 약 3:13, "너희 중에 지혜와 총명이 있는 자가 누구냐."
596) 약 3:13, "……그는 선행으로 말미암아 지혜의 온유함으로 그 행함을 보일지니라."
597) 약 3:14-16.
598) 약 3:17-18.

로부터 내려온 신령한 지혜를 좇아서 하나님 앞에서도 사람들과 관계에서도 성결하고 화평하며 관용과 양순과 긍휼의 삶, 즉 선행을 베풀며 살 때 선한 열매, 의의 열매가 가득하게 될 것인데, 그것이 곧 선행의 권세이며 참 지혜의 권세이다.

믿음의 실체 4 : 정욕과 교만을 버리고, 하나님께 순종하라[599)]

본 장에서부터 사도는 앞의 논란에 대한 결론으로서 믿음, 즉 하나님께 순종하는 언약 신앙으로 나아가고 헌신할 것을 독자들에게 요구한다. 사도는 본 단락에서 이것을 3부분에 걸쳐 점진적으로 설명하고 강조한다.

첫째 단락에서,[600)] 사도는 자신의 독특한 대조법을 사용하여 그의 논리를 설명한다.

사도는 이 단락에서 마귀(세상)와 하나님을 대조한다. 사도는 여기서 '싸움, 다툼, 정욕, 욕심, 살인, 시기, 간음, 교만'[601)] 등은 세상과 마귀의 벗에 대한 특징이지만, 반대로 '성령, 말씀, 은혜, 겸손'[602)] 등은 하나님의 벗에 대한 특징으로 말한다. 사도는 이러한 둘의 상반된 특징을 '세상의 벗된 것이 하나님과 원수 된다'[603)] 또한 '하나님께 복종하라. 마귀를 대적하라'[604)]고 말하면서, 독자들을 향해 '하나님

599) 약 4:1–5:6.
600) 약 4:1–10.
601) 약 4:1–4.
602) 약 4:5–6.
603) 약 4:4, "간음한 여인들아 세상과 벗된 것이 하나님과 원수 됨을 알지 못하느냐 그런즉 누구든지 세상과 벗이 되고자 하는 자는 스스로 하나님과 원수 되는 것이니라."
604) 약 4:7, "그런즉 너희는 하나님께 복종할지어다 마귀를 대적하라 그리하면 너희를 피하리라."

이 교만한 자를 물리치시고 겸손한 자에게 은혜를 주신다'[605], '하나님을 가까이하라, 손을 깨끗이 하라, 마음을 성결하게 하라'[606], '슬퍼하며 애통하며 울지어다'[607], '주 앞에서 낮추라, 그리하면 주께서 너희를 높이시리라'[608]라는 강한 어조로 명령하고 있다.

여기서 언약 백성을 향한 사도의 선명한 메시지는 '마귀를 대적하고 하나님을 가까이하라'이며, 그러기 위해서는 '하나님 앞에서 교만하지 말고 겸손 하라. 때가 되면 나를 높이신다'는 소망의 말씀이다. 하나님을 믿는 하나님의 자녀이지만 세상 속에서 살아가는 언약 백성들은 이같이 세상과 하나님 사이에서의 경계에서 분명하고 선명한 삶의 특징을 나타내어야 할 것이며, 어정쩡한 태도는 버리고 경계해야 할 것이다.

현재 내 삶의 특징은 어떠한가! 다투고 욕심내고 정욕적이고 교만한가! 그렇다면 나는 세상의 벗이다. 그러나 성령과 말씀을 사모하는 은혜의 삶, 겸손한 삶을 사는가! 그렇다면 그것은 내가 하나님의 자녀라는 삶의 뚜렷한 증거이다. 세상을 대적하고 하나님을 가까이하는 언약 신앙의 영역에는 이같이 또렷하고 선명한 진리와 원리가 서릿발같이 세워져 있어야 할 것이다. 특히 진리의 색깔이 퇴색되어 가는 지금의 희미하고 희뿌연 세상에서 악한 마귀의 궤계를 능히 대적하여 이기고 승리하는 삶의 비결이 되는 것이다. 돈이나 쾌락이나 권력이나 세상 지혜로는 세상과 마귀를 이길 수 없다. 땅으로부터 난 것이 아니

---

605) 약 4:6b.

606) 약 4:8, "하나님을 가까이하라 그리하면 너희를 가까이하시리라 죄인들아 손을 깨끗이 하라 두 마음을 품은 자들아 마음을 성결하게 하라."

607) 약 4:9, "슬퍼하며 애통하며 울지어다 너희 웃음을 애통으로, 너희 즐거움을 근심으로 바꿀지어다."

608) 약 4:10.

라 위로부터 난[609] 언약 신앙, 언약의 믿음이 악한 세상에서 우리를 하나님과 가까이하게 하고, 그럴 때 참 행복을 누리게 되는 언약의 교회가 되는 것이다.

둘째 단락에서,[610] 사도는 그가 말하는 하나님께 순종하는 언약 신앙을 강조하기 위해 '비방과 판단'에 대해 말한다.

사도는 여기서 '비방'과 '판단'을 같은 의미로 사용한다. 어떤 사람을 비방한다는 것은 즉 그 사람을 (좋지 않게) 판단했기 때문에 비방하는 것이므로 '비방과 판단'은 같은 의미인 것으로 사도는 취급한다. 사도는 독자들을 향하여, 형제들끼리 서로 비방하거나 판단하지 말라고 강한 어조로 말하면서 그 이유에 대해서 말하길, '형제를 비방하거나 판단하는 것은 곧 율법을 비방하고 판단하는 것이므로, 만일 율법을 판단하면 율법의 준행자가 아니요 재판관이 되기 때문'[611]이라고 설명한다. 이어서 나타나는 사도의 권고는 하나님께 초점을 맞춘다. 따라서 사도는 하나님만이 (사람에 대한) 유일한 입법자와 재판관이시며, (사람을) 능히 구원하기도 하시며 멸하기도 하는 분이시기 때문에 사람이 사람에 대해 감히 판단할 수 없음을 말한다.[612]

세상에는 다른 사람에 대해 재판관이 되려는 사람은 많지만 진정 좋은 '이웃'이 되려는 사람은 많지 않은 것이 현실이다. 그러기에 사도는 이런 의미로 이 단락의 끝 부분에서 '이웃'이라는 단어를 사용한

---

609) 참조. 약 3:13-18. 15절, "이러한 지혜는 위로부터 내려온 것이 아니요 땅 위의 것이요 정욕의 것이요 귀신의 것이니."

610) 약 4:11-12.

611) 약 4:11, "형제들아 서로 비방하지 말라 형제를 비방하는 자나 형제를 판단하는 자는 곧 율법을 비방하고 율법을 판단하는 것이라 네가 만일 율법을 판단하면 율법의 준행자가 아니요 재판관이로다."

612) 약 4:12, "입법자와 재판관은 오직 한 분이시니 능히 구원하기도 하시며 멸하기도 하시느니라 너는 누구이기에 이웃을 판단하느냐."

것이 아니겠는가![613] 사람들은 얼마나 쉽게 나 아닌 다른 사람에 대해 정죄하고 비방하고 판단하는가! 그러한 비방과 판단의 근거는 순전히 자신의 기분이나 감정에 따라서이다. 그 사람이 처한 상황과 이유에 대한 충분한 검토나 최소한의 심문 과정 없이, 단지 자신의 기호나 그때마다 달라지는 자신의 생각 여하에 따라 그 사람에 대해 일방적인 유죄 결정을 내리고는 즉시 판결봉을 들고서 1초의 망설임도 없이 그 사람에게 죄인의 딱지를 붙이고 만다. 내가 바로 재판관인 것이다.

하지만 언약 신앙의 가르침은 정반대이다. 언약의 하나님만이 유일한 재판관이시고 우리 모두는 서로를 향하여 섬기고 이해하고 사랑하는 진정한 이웃이 되어야 할 것이다. 이러한 기본적인 언약의 틀 가운데 하나님을 참된 인생의 재판관으로, 또한 우리가 섬기고 순종해야 할 유일한 하나님으로 모실 수가 있는 것이다. 다른 사람을 비방하거나 판단하면서, 그러면서 하나님께 믿음과 순종으로 나아가는 것은 모순이며 거짓이다. 인간의 비방(판단)은 형제를 이간질하고 다툼을 일으키게 되고, 그러한 비방과 판단의 생각과 마음은 땅 위의 것이요 정욕적이고 사탄이 주는 것이다.[614] 즉시 형제를 향한 모든 비방과 판단을 끊어 버리고, 그 모든 권한을 유일하시고 참되신 재판관인 하나님께 돌려드려야 한다. 그리고 자신을 포함한 모든 것들에 대한 하나님의 선하시고 엄위하신 판결과 권위에 복종하는 언약의 신앙으로 나아가야 할 것이다.

---

613) 약 4:12, "……너는 누구이기에 이웃을 판단하느냐." 이러한 의문문의 형태를 통해 사도가 전하고자 하는 의도는 무엇이었을까? 독자들을 향하여 이 글을 읽는 자신들이 이 문제에 대해 깊이 상고해 보기를 원하는 의도와 함께 동시에 '독자들 바로 당신들이 다른 사람에 대한 재판관이 아닌 그들을 이해하고 사랑하는 좋은 이웃'이 되어야 하지 않겠는가!' 하는 저자의 바람과 의도로 보아진다.

614) 참조. 약 3:14-16.

마지막 단락에서,[615] 사도는 하나님께 순종하는 언약 신앙에 대한 설명으로 탁월한 예를 들고 있다.

이 단락은 4장 13-17절과 5장 1-6절로 구성되어 있어서 외형상 두 가지 각기 다른 내용으로 볼 수도 있고, 또한 주제의 흐름상 하나의 주제로 엮어져 있는 것으로 볼 수도 있다. 전자[616]의 주제는 '어리석은 계획'에 대한 책망이며, 후자[617]는 '어리석은 부'에 대한 책망이다. 이 둘의 주제에 대한 한 가지 공통점은 그들의 주된 행위가 '보장되지 않는 돈이나 재물을 추구하는 것'이며, 또한 그 결말이 모두 '어리석음과 허탄한 것에 대한 책망'이 기다리고 있다는 것이다.

전자에서 사도는 이 어리석고 허탄한 경우의 주인공으로 다름 아닌 한 어리석은 장사꾼의 경우를 예로 든다. 그 장사꾼은 '어떤 도시에서 일 년을 머물며 장사하여 이익을 보리라'[618] 생각하였고, 또한 '주의 뜻이면 우리가 살기도 하고 이것이나 저것을 하리라'[619]고도 말하였지만, 그러나 사도는 이것을 '허탄한 자랑'과 '악한 것'[620]이라고 규정 짓고 만다. 왜일까? 사도의 가르침은 이렇다.

> "내일 일을 너희가 알지 못하는도다 너희 생명이 무엇이냐 너희는 잠깐 보이다가 없어지는 안개니라" (약 4:14).[621]

---

615) 약 4:13-5:6.
616) 약 4:13-17.
617) 약 5:1-6.
618) 약 4:13.
619) 약 4:15.
620) 약 4:16, "이제도 너희가 허탄한 자랑을 하니 그러한 자랑은 다 악한 것이라."
621) 사도는 여기서 장사꾼이 세운 '일 년 사업 계획' 가운데 담긴 잘못된 의도 두 가지를 지적한다. 하나는 미래의 불확실성(내일 일을 알지 못한다), 다른 하나는 인간 존재의 유한성(너희 생명이 무엇이냐 너희는 잠깐 보이다가 없어지는 안개)이다. 즉 이 장사꾼은 불확실한 미래에 어떤 일이 일어날지도 모르며, 또 그 자신이 안개와 같은 연약한 존재라는 사실을 인식하지 못한 채 일 년 동안의 원대한 포부와 계획을 세운 것이다.

두 가지의 주요한 가르침이 포함되어 있다. 하나는 인간이 살아가는 미래 시대의 불확실성, 다른 하나는 인간 생명의 유한성이다. 그리고 이 둘은 '유한하고 무능한 존재의 인간'이라는 하나의 공통된 끈으로 연결되어 있다. 어찌 보면 이 장사꾼의 계획은 '장소와 기간과 목적과 그리고 큰 야망'을 가진 상당히 거창하고 나름대로 치밀하게 잘 세워진 계획인 것으로 보인다.

하지만 그의 계획에는 돌이킬 수 없는 치명적인 착각이 예견되어 있다. 그 계획은 가까운 오늘의 가치는 외면되고, 불확실하고 먼 미래에만 치중되어 있다. 그는 그에게 가장 기본이요 중요한, 오늘 자신이 준비하고 감당해야 할 오늘의 소중한 일들과 임무를 염두에 두지 않고 무시한 채, 아직 다가오지도 않았고 아무런 보장도 없는 먼 내일 일에만 온통 몰두하고 거기에만 집착해 있었던 것이었음을 짐작하게 된다.

두 번째 이 장사꾼의 치명적인 착각은 그의 계획에 사람의 생명과 능력의 유한성을 충분히 고려하지 않았다는 것이다. 아무리 장사의 계획이 거창하고 치밀해도 그것을 수행하고 이루는 자는 사람이다. 결국에는 사람이 관건이다. 그 일을 해낼 그 사람의 상태와 능력을 충분히 고려하지 않은 계획은 결국 수포로 돌아간다. 장사의 계획에서 아무리 장사해서 많은 이익을 보려는 의도가 있을지라도 그것은 그 장사꾼의 능력과 한계 안에서만 보장되어지는 것이다. 만일 그것을 고려하지 않고 무리하게 장사하다 보면 자칫 그는 건강을 해치든지

하지만 이 두 가지 지적 안에는 모두 다 '인간의 무능력하고 제한된 한계성'을 내포하고 있다. 당장 내일 일도 예견하지 못하며 잠시 있다가 없어질 안개 같은 연약한 인간의 자기중심적이고 일방적인 계획은 아무리 그것이 거창한들 하나님의 일과 무관한 허탄한 것이며, 나아가 하나님의 뜻과도 배치되는 악한 것이 되기도 하는 것이다. 때문에 이러한 관점에서 사도는 본문에서 이 장사꾼의 계획을 결과적으로 '허탄한 자랑'이며 '악한 것'이라고 책망하고 있다.

혹은 소중한 목숨을 잃어버릴 수도 있는 것이다.

인간은 능력과 한계에 있어서 유한한 존재이다. 미래의 시공을 넘나드는 신이 아니다. 인간의 한계 안에서 하루하루 주어진 일에 감사함으로 최선을 다하며 이웃과 자연에게 선을 행하고 창조주 하나님을 높이며 순종하는 것이 피조물인 인간으로서의 당연한 기본이며, 더욱이 하나님의 언약 백성으로서의 당연한 의무임을 깨닫게 된다.

그러므로 이 예화에서 사도는 "이 어리석은 장사꾼아! 일 년을 계획하고 꿈꾸는 네 장사의 계획이 겉으로는 그럴듯해 보이지만, 실상은 그렇지 않아! 너는 감히 네가 누구라고 여기고 그리 허황되고 거창한 계획을 세우느냐! 너는 안개와 같이 잠시 있다 사라질 연약한 존재가 아니냐! 또 내일 어떤 일이 일어날지 모르지 않느냐! (그러면서 한 달 뒤, 일 년 뒤는 어떻게 알겠니?) 내일 일은 아무도 알지 못하고 또한 아무런 보장도 없는 불확실한 것이다. 그러니 너는 그런 뜬구름 잡는 내일 일에 매달리고 목숨을 걸지 말고, 현재 주어진 오늘의 시간과 여건에서 사람으로 당연히 해야 할 선을 행하며 오늘 네게 주어진 기본에 충실히 행해야 하지 않겠느냐!"라고 외친다.

후자에서 사도가 제시하는 어리석고 허탄한 이야기의 소재는 다름 아닌 어떤 부자 이야기다. 이 이야기의 주인공은 부자이지만 그의 행실을 볼 때 졸부이다. 그래서 칭찬은커녕 줄곧 책망 일색이다. 재물을 많이 모아서 부자가 되어 행복하고 기뻐해야 하지만, 실상은 '울고 통곡할 일'이라고 말하며, 나아가 '저희의 재산은 썩었고 저희의 입은 옷은 좀먹었으며 또한 저희 금은도 녹이 슬어서 불같이 저희 살을 먹게 될 것'이라는 준엄한 책망과 경고를 쏟아내고 있다.[622]

---

622) 약 5:1-3.

사도로부터 거의 저주에 가까울 정도로 이렇게 엄청난 책망을 받는 이유가 무엇이었을까? 알고 보니 그만한 이유가 있었다. 야고보 당시 대부분의 부자들은 자신들의 소유에 가난한 소작농이나 노동자들을 고용하여 값싸게 일하게 하여 그들의 땀과 노동으로 고용주들은 많은 수익을 올리게 되었고 더 큰 부자가 되었다. 하지만 문제는 자신들의 행복과 부를 가져다 준 가난한 노동자들에게 수고하여 일한 정당한 임금을 지불하지 않았고, 심지어 어떤 졸부는 그것마저도 이 핑계 저 핑계로 체불하기도 하였다. 또 그것에 대해 정당한 요구를 하는 노동자들을 핍박하기가 다반사였다. 이 얼마나 추악한 횡포이고, 중한 범죄인가!

하지만 공의롭고 정의로우신 하나님은 이토록 파렴치한 졸부들의 악행을 그냥 넘기시지 않고 또한 억울하게 핍박받는 가난한 이들의 울음소리를 결코 외면치 않으신다.[623] 반드시 그에 합당한 준엄한 심판을 행하신다. 가난한 이들을 핍박하여 모은 재산으로 땅에서 연락하고 사치와 방종을 일삼은 졸부들은 그 당대에는 심판을 받지 않더라도 말세, 즉 주의 재림 시에는 그들의 행한 악행으로 인해 도륙되고 살육되는 엄청난 피의 심판을 면하기 어렵게 될 것이다.[624] 만일 부자들이 언젠가 자기들이 행한 일에 대한 정당한 평가와 심판을 받게 될 것이라는 사실과, 또 불의하고 부정한 세상 가운데도 전능하시고 공의로우신 하나님이 존재하시고 그분의 불꽃같은 심판이 기다리고 있음을 진정 그들의 양심과 마음으로 깨달았다면, 과연 그들이 그렇게 악하고 치졸하게 살았을까!

---

623) 약 5:4, "보라 너희 밭에서 추수한 품꾼에게 주지 아니한 삯이 소리 지르며 그 추수한 자의 우는 소리가 만군의 주의 귀에 들렸느니라."

624) 약 5:3, "……불같이 너희 살을 먹으리라 너희가 말세에 재물을 쌓았도다."
약 5:5, "너희가 땅에서 사치하고 방종하여 살육의 날에 너희 마음을 살찌게 하였도다."

안타깝게도 졸부들은 이 사실을 그들의 마음에 새겨 겸손하고 진실한 삶을 살지 못하고 오히려 그들의 마음을 세상 욕심으로 채워서, 세상 것으로 살찌우고 말았다.[625] 졸부들은 그들의 마음이 언젠가 닥칠 심판과 심판자에 대한 두려움과 경외심으로 가득 차 있었기보다는 물질과 재물에 대한 욕심으로 가득 차 있었기에 심판을 면하기 어려운 것이었다.

비단 언약 백성들은 모두가 부자는 아닐지라도 정당한 심판과 판단을 염두에 둔 종말론적인 겸손한 신앙을 견지하며 사는 것이 반드시 필요하다. 특히 언약 백성으로서 고용주나 사장이나 부자나 권력가라면 더욱 그리해야 할 것이다. 내가 고용하여 부리는 그 사람 역시 하나님의 자녀일 수도 있고, 더 나아가 고용주와 노동자 우리 모두를 판단할 자는 내가 아니라 하나님이시기 때문이다. 내가 비록 고용주요 부자라 할지라도 내가 진실한 하나님의 언약 백성이고, 내 집이나 회사의 모든 일을 공의로우신 하나님의 판단 아래 겸손히 맡기고 따라가는 신앙인이라면 어떻게 악덕업자로, 졸부로 당당히 살 수 있겠는가! 양심적으로도 안 되는 일이다.

사실 언약 신앙의 관점에서 볼 때 이익 창출과 이익 분배는 노사 양측 모두 공정해야 하는 일이다. 이 단락에서 중요한 점은, 회사의 이익이 고용주에게 더 가느냐, 노동자에게 덜 가느냐 하는 점(물론 일방적으로 그래서는 안 될 일이다)이 핵심이 아니다. 핵심은 정당한 대가

---

625) 약 5:5, "너희가 땅에서 사치하고 방종하여 살육의 날에 너희 마음을 살찌게 하였도다." 야고보 사도는 종말의 때에 심판에 처해질 부자들의 모습에 대해 말하길, 부자들의 사치와 방종의 삶이 '자신들의 재물과 육신을 살찌게 하였다'가 아니라 '자신들의 마음을 살찌게 한 것'이라고 표현한다. 심판의 원인이 단지 외형적인 재물이나 육신 때문이 아니라, 그들의 내면에 숨겨진 탐욕스런 마음과 욕망이 더 본질적인 이유였음을 지적한 것이다.

와 정당한 판단에 있다. 정당하다면 고용주에게 더 갈 수도, 노동자에게 덜 갈 수도 있지 않는가! 문제는 그 과정과 결과가 정당한가, 그리고 누가 내린 판결, 어떤 판결에 의한 정당함이다. 즉 정당성의 무게와 가치가 핵심이다. 과연 세상 가치 기준에서 사람의 판단 기준에서 행하는 판단과 판결이 모든 사람에게 모든 가치에 온전하고 진실한 정당성을 부여할 수 있을까? 아니다. 세상에서 뿌리를 둔 판단 기준으로는 공정하지 못하거나 한편으로 치우치는 결과를 낳게 된다.

그러므로 언약 교회의 판단 근거와 기준은 세상이나 사람(부자, 고용주, 권력자 등)에게 있는 것이 아니라, 공의로우시고 정의로우신 하나님께 두는 것이다. 고용주나 노동자, 부자나 가난한 자, 높은 자나 낮은 자는 모두 공히 공의의 하나님의 공의로우신 처분과 결정에 모두 겸손히 머리 숙이게 될 때 모든 불의와 불공정과 부조리의 문제들로부터 모두가 행복하고 만족한 삶을 누리게 될 것이다.

열쇠는 하나님께 있다. 물질이 우상이 된 이 시대에 언약 교회는 특히 이 문제에 깊이 깨달아서 모두가 종말론적 언약 신앙으로 무장하여 사람과의 관계, 일과의 관계에서 공정하고 정의롭게 처신해야 할 것이다. 나아가, 공의의 하나님께 항상 겸손과 기도로 무장하여 세상을 향해 나아갈 때 어떤 악한 사탄 마귀의 궤계로부터도 승리하게 될 것이다.

믿음의 실체 5 : 고난 중에도 인내하며, 간구하라[626)]

야고보서는 참된 믿음의 성도들이 갖추어야 할 성숙하고도 실제적

---

626) 약 5:7-20.

인 신앙에 대한 다양한 실례들을 다루고 있는 믿음의 책이다. 앞 단락에서 인간의 교만과 욕심을 버리고 하나님께 순종하는 언약 신앙으로 나아가고 헌신할 것을 독자들에게 요구한 사도는, 이제 본 단락에서 그것의 가장 구체적이고 실제적인 적용으로서 고난의 문제를 다룬다. 즉 언약 교회가 고난의 현장 가운데 지키고 간직해야 할 고난의 믿음을 다루고 있다. 사도는 여기서 자신이 말하고자 하는 주제를 3부분에 걸쳐 점진적으로 넓히고 있으며, 이것은 이 책 전체의 결론에 해당하는 것이다.

첫째 단락에서,[627] 사도는 인내의 신앙을 강조하고 있다.

당시 여러 면에서 어렵고 힘든 고난의 삶의 현장 속에서도 언약 교회 언약의 성도는 자신이 처한 힘든 형편과 처지를 원망하지 말고 오히려 참고 인내할 것을 가르치고 있다. 사도는 여기서 인내해야 할 이유를 3가지로 말한다.

첫 번째는, 농사를 비유로 들면서 농부들이 힘든 농사일 가운데도 열매를 바라고 이른 비와 늦은 비를 기다리는 것처럼, 주님이 베풀어 주실 하늘의 상급과 열매들을 바라고 비록 신앙생활하기 힘든 고난의 현장 속에서도 인내하며 주님이 강림하시기까지 참으라는 것이다.[628]

인내해야 할 두 번째 이유는, 임박한 심판이 기다리고 있기 때문이다. 신앙의 삶이 고달프고 힘들어도 환경이나 여건을 탓하거나 하나님을 원망해서는 안 되는 이유가 또한 이것이다.[629] 사람과 세상은 나를

627) 약 5:7-11.
628) 약 5:7-8. 7절, "그러므로 형제들아 주께서 강림하시기까지 길이 참으라 보라 농부가……." 8절, "너희도 길이 참고 마음을 굳건하게 하라 주의 강림이 가까우니라."
629) 약 5:9, "형제들아 서로 원망하지 말라 그리하여야 심판을 면하리라 보라 심판주가

알아주지 못해도 하나님은 아신다. 현실에서의 고난과 인내의 삶이 아무런 쓸모없는 것이 아니다. 심판주 하나님의 공의의 심판이 나타날 때 그동안 세상과 어떤 타협함 없이 언약의 신앙으로 외롭고 힘들게 달려왔던 그 모든 현실의 눈물과 고난들은 찬란한 영광의 상급으로 모두 보상받게 된다. 그러니 이러한 종말론적 신앙으로 참고 인내해야 한다.

인내해야 할 세 번째 이유는, 인내의 모델이 있기 때문이다. 사도는 고난과 오래 참음의 모델로서 구약의 선지자들과[630] 특별히 욥의 인내를 권하고 있으며, 이러한 인내의 모델들이 결국 복된 삶을 살았다고 증거하고 있다.[631] 이러한 사도의 교훈들을 새겨볼 때, 이 땅에서 신앙인으로 사는 일이 결코 쉬운 것이 아님을 알게 된다. 세상에서 불의하게 사는데도 호의호식하는 세상 사람들과 그들의 삶의 방식을 바라보며 부러워하지 않고 그것을 거부하며, 오히려 정결한 고난의 길을 걸어가는 것이 너무 힘들 때가 있다. 어깨에 짊어진 십자가를 내려놓고 싶은 충동이 들 때도 있다. 언제까지라는 시점이나 시간의 한계도 없다. 누가 대신 져줄 사람도 없다. 무식하게 묵묵히 걸어야만 한다.

끝도 없고 길도 없는 길고 외롭고 고달픈 그 고난의 길을 왜, 신앙의 선조들은 걸었고 또 우리도 걸어가고 또 우리 후손들도 이 길로 걸어가도록 등을 떠밀어야 하는가! 한 가지 이유 때문이다. 세상 사람들은 몰라주고, 어떤 때는 나 자신도 몰라줄지라도 반드시 인정해 주시고

문 밖에 서 계시니라."

630) 약 5:10, "형제들아 주의 이름으로 말한 선지자들을 고난과 오래 참음의 본으로 삼으라."

631) 약 5:11, "보라 인내하는 자를 우리가 복되다 하나니 너희가 욥의 인내를 들었고 주께서 주신 결말을 보았거니와 주는 가장 자비하시고 긍휼히 여기시는 이시니라."

칭찬해 주시고 반드시 귀한 상으로 상 주실 분이 계시기 때문이다. 주님이신 예수님, 반드시 다시 오실 구주가 계신다. 주의 강림은 반드시 오고야 말고 꼭 이루어진다. 옛 선조들이 기다렸고 지금도 애타게 기다리는데, 곧 오시지 않겠는가! 이만한 믿음과 배짱도 없이 어찌 언약의 교회라 자부하겠는가! 언약의 풍성한 복들은 믿음의 인내로써 기다린 자에게 주어진다고 성경은 말씀한다.

둘째 단락에서,[632] 사도는 기도의 신앙을 강조한다.

첫째 단락에서 사도가 강조한 바와 같이 당시 힘든 고난의 삶의 현장 속에서도 언약의 성도는 함부로 맹세하지 말고 오히려 믿음으로 간구할 것을 가르치고 있다. 언약의 성도는 고난의 현장에서도 심판주 하나님을 생각하며 소극적으로 참고 인내할 뿐 아니라, 더 나아가 그 하나님께 적극적으로 기도하는 영성의 삶을 살아야 할 것을 가르친다.

본 단락에서 먼저 사도는 맹세의 위험성에 대해 가르치기를, '하늘로나 땅으로나 아무 다른 것으로도 맹세하지 말고 오직 너희가 그렇다고 생각하는 것은 그렇다 하고 아니라고 생각하는 것은 아니라 하여 정죄 받음을 면하라'고 가르친다.[633] 이것은 예수님이 일찍이 산상수훈에서 직접 말씀하신 내용[634]을 사도의 입으로 각색하여 옮겨 놓은

632) 약 5:12-18.
633) 약 5:12.
634) 마 5:33-37. 마태복음의 산상수훈 중에서 예수님이 맹세의 위험성에 대해 가르치신 내용이다. 여기서 예수님은 당시 맹세에 대한 율법적인 가르침, 즉 헛맹세를 하지 말거나 혹 맹세했다면 그 맹세한 것을 지켜야 할 것에 대한 새로운 지침을 주시는데, 그것은 '도무지 맹세하지 말아야 한다'고 엄히 말씀하신다. 당시 사람들은 맹세를 잘못 남발하였는데, 맹세할 때 '하늘이나 땅이나 혹은 예루살렘이나 어떤 이는 자신의 머리를 두고' 맹세하면서 이를 지키지도 않았다. 왜냐하면 당시 율법학자들은 사람들에게 '하나님의 이름'이 언급된 맹세는 반드시 지켜야 하지만, 그 외의 것은 엄격히 지킬 필요가 없다고 잘못되게 가르쳤기 때문인데, 이에 대해 예수님이 도무지 맹세하지

것이다. 지키지도 못할 헛된 맹세를 하늘과 땅과 다른 곳을 두고서 남발하는 것은 하나님 앞에서 불경이며 거짓되며 망령된 것이어서, 당연히 하나님의 참되시며 의로우신 심판의 원리에서 정죄받게 될 것이다. 이처럼 헛된 맹세는 하나님께 불경건과 거짓을 내포한다.

하지만 참되신 하나님은 그의 참된 언약의 자녀들과 이러한 거짓되고 불경한 대화(맹세)를 원치 않으시고 진솔한 대화(기도)를 나누기를 원하신다. 비록 고난의 현장에서도 진실하고 참된, 언약의 자녀가 드리는 믿음의 기도는 병도 고침을 받고 혹 범죄했을지라도 사하심을 받고, 또한 삶의 크고 작은 환경의 문제들도 해결을 받게 되는 힘 있는 능력의 기도가 되는 것이다.[635] 사도는 진실한 기도의 힘을 더욱 극대화시켜 나갈 것을 독자들에게 강권한다. 독자들이 자신들의 죄 문제와 병 낫기를 위해 언약 백성들 서로서로가 기도할 것을 권한다.

사도는 이같이 서로를 위한 언약 백성들의 진실한 기도가 능력을 일으키며 실제 응답이 되는 것을 '의인의 간구'로 규정하고, 이 의인의 모델로 엘리야를 제시한다. 사도가 소개하는 엘리야는 우리와 같은 보통 사람이었지만 그가 비가 오지 않기를 간절히 기도한즉 3년 6개월 동안 땅에 비가 오지 않다가, 다시 기도하니 하늘이 비를 주고 땅이 열매를 맺었다는 기적 같은 이야기이다. 헛된 맹세와 기도의 확연한 차이가 이것이다. 헛된 맹세는 하나님에 대한 신뢰와 믿음을 동반하지 않는 거짓된 것이지

말아야 할 이유를 말씀하시면서 '하늘로도 하지 말라. 이는 하나님의 보좌요. 땅으로도 하지 말라. 이는 하나님의 발등상이요. 예루살렘으로도 하지 말라. 이는 큰 임금의 성임이요. 네 머리로도 하지 말라. 이는 네가 한 터럭도 희고 검게 할 수 없음이라'고 말씀하신다. 지키지도 못할 맹세는 이같이 하나님께도 불경이며 실제 자기 자신도 무능한 존재임을 알게 하는 것이다. 따라서 이 문제의 핵심은 맹세에 있지 않고 말하는 사람의 진실성 여부가 중요한 것임을 예수님은 가르치신다. 결론적으로 진실한 사람은 굳이 맹세에 의존할 필요가 없음을 예수님은 가르치신다. "오직 너희 말은 옳다 옳다, 아니라 아니라 하라 이에서 지나는 것은 악으로부터 나느니라"(마 5:37).

635) 약 5:13-18.

만, 기도는 하나님에 대한 절대적인 신뢰와 믿음이 동반된 진실한 것이기에 엘리야의 기도처럼 실제 능력으로 나타나는 것이다.

중요한 것은 기도자와 기도를 받으시는 하나님과의 관계가 중요하다. 중보자 예수 그리스도를 통한 의의 관계, 믿음의 관계이며 또한 결코 변치 않는 언약의 관계인 고로 그러한 관계에서 거짓되고 망령된 헛된 맹세가 나올 수 없으며, 당연히 진실하고 바른 의인의 기도가 나오게 되는 것이고, 결국 고난의 현장에서도 능력의 기도가 발휘되는 기적을 체험하게 된다.

마지막 단락에서,636) 사도는 사명의 신앙을 가르친다.

언약 교회는 비록 어렵고 힘든 고난의 삶을 살지라도 그것은 곧 사명의 삶이라는 사실을 잊어서는 안 된다. 사도가 그의 책 마지막 부분에서 말하고 있는 이야기는 마치 마지막 시대를 사는 언약 백성들을 향한 사명의 현장이며 사명의 서사시와도 같게 여겨진다. 그만큼 중요한 것임을 느끼게 한다.

야고보서는 그 내용이 길지 않지만 행함 있는 실제적인 믿음을 강조한 믿음의 책이다. 이 책에서 사도가 여러 가지 주제를 들어서 강조한 것은 결국 종말론적 신앙, 언약의 믿음을 굳게 하라는 것이다. 세분하자면, 마귀의 유혹을 이기는 믿음, 불순종치(차별) 않고 순종하는 믿음, 말을 조심하고 선행을 행하는 믿음, 욕심을 버리고 심판주 하나님께 순복하는 믿음, 고난 중에도 인내하며 기도하는 실제적인 믿음에 대한 강조는 결국 영혼 구원을 위한 사명의 삶을 살며 그것의 중요성을 일깨우기 위함인 것이다.

---

636) 약 5:19-20.

이것을 통해 이 시대 종말론적 삶을 사는 언약 교회의 삶이 무엇을 중점으로 무엇을 목적으로 살아야 하는지를 더욱 실감나게 한다. 야고보 시대에도 그러했듯이 지금에도 '마귀에게 미혹되어 진리를 떠난 자들'이[637] 있기 마련이다. 그런 자들이 나의 식구, 친척, 친구요 동료이며 또한 나의 친한 이웃들로서 존재하며 살아가고 있다면 우리는 어떻게 해야 할 것인가. 사도는 여기서 언약 신앙의 영역이 나를 넘어서 이웃과 세계를 향해 보다 포괄적이고 보다 넓게 펴져 나가야 함을 보여주며, 이것이 종말론적 언약 신앙인들이 갖추어야 할 선교적 사명이요 삶이어야 함을 일깨워 준다. 그동안 주님의 은혜 안에서 갈고 닦은 모든 시련과 훈련들과 인내와 기도와 믿음의 증거들이 결국 나의 관점에서만 머물지 말고, 나를 넘어 나 아닌 다른 사람의 영혼 구원을 위한 선교적 사명을 향해 힘차게 뻗어가야 함을 새삼 일깨워 준다.

사도는 말한다.

> "너희가 알 것은 죄인을 미혹된 길에서 돌아서게 하는 자가 그의 영혼을 사망에서 구원할 것이며 허다한 죄를 덮을 것임이라" (약 5:20).

사망에서 구원해 내며, 허다한 죄마저 덮게 해줄 영혼, 그 한 영혼, 무엇보다 소중한 그 영혼의 생명 구원이 이 시대 언약 신앙을 붙들고 나아가는 우리에게 달려 있다. 그를 지옥 불구덩이에서 살려내느냐, 아니면 무심코 지나쳐버려서 정말이지 무심히 그를 죽여 버리고 그의 수치스런 죄가 항상 남아 있게 하느냐! 그것은 사탄과 세상을 이기는 실제적인 언약 신앙과 선교적 사명에 달려 있다.

---

637) 약 5:19.

3. 야고보서의 구조

야고보서는 로마서와 함께 그리스도인의 믿음에 관한 실제적인 가르침으로서, 믿음에 대한 실천과 성품의 변화를 강조한 책이다. 구조는 다음과 같다.

1:1–18	**하나님의 연단을 통해, 마귀의 시험을 이겨라**
1	문안
2–4	하나님이 주신 시험(시련, 연단)
5–8	시험을 이기는 방법 : 의심 없는 믿음의 간구
9–11	정함이 없는 세상 이치
12–18	마귀의 시험(유혹)
1:19–2:26	**불순종(차별)이 아닌, 순종(사랑)으로 행하라**
1:19–27	듣기만 하여 자신을 속이지 말고, 말씀을 순종하는 믿음을 가지라
2:1–13	사람을 외모로 차별하지 말고, 사람을 사랑하는 믿음을 가지라
2:14–26	행함 없는 죽은 믿음 버리고, 행함으로 온전케 되는 믿음 가지라
3:1–18	**혀의 권세와 선행(참 지혜)의 권세–말을 조심하고, 선행을 행하라**
3:1–12	혀의 권세–불, 불의의 세계, 제어하기 힘들다
3:13–18	선행의 권세–성결, 화평, 관용, 양순, 긍휼……

4:1-5:6	**인간의 욕심을 버리고, 심판주 하나님께 순복하라**
4:1-10	세상 정욕과 교만을 멀리하고, 하나님을 가까이하라
4:11-12	형제를 판단치 말라, 판단자는 오직 하나님이시다
4:13-5:6	어리석은 부자의 실례(탐욕)
5:7-20	고난 중에도 인내하며, 간구하라

5:7-11	**고난 중에 원망하지 말고, 길이 참고 기다리라**
5:12-18	고난 중에 맹세하지 말고, 믿음으로 간구하라
5:19-20	미혹된 자를 돌아서게 하여, 그 영혼을 구원하라

베드로전서(1Peter)

고난 가운데 가져야 할 언약 교회의 산 소망, 예수 그리스도

1. 정경적 배경

▶ 저자와 수신자

19세기 이후 문서 비평가들은 여러 이유를 들어 본서의 베드로 저작을 부인하지만 경건한 보수 진영에서는 인정하지 않는다. 오랜 교회의 전통과 내외증들은 본서의 베드로 저작을 굳건히 인정한다. 바나바서신, 로마의 클레멘트, 폴리갑, 이레니우스, 터툴리안, 알렉산드리아의 클레멘트가 본서를 인용하였고, 옛 수리아역, 옛 라틴역, 옛 애굽역에 본서가 들어 있으나, 말시온은 본서를 거부하였고, 무라토리우스 정경에는 본서가 없다. 내증으로는 1장 1절에 베드로의 이름이 저자로 언급되었다.

본서에는 저자가 과거 예수님과 각별한 관계였음을 암시하는 용어들이 여럿 나타난다. "겸손으로 허리를 동이고"(5:5, 제자들의 발을 씻기실 때 수건으로 자신의 허리를 동이셨던 예수님), "하나님의 양 무리를 치라"(5:2, 베드로에게 '내 양을 먹이라, 내 양을 치라, 내 양을 먹이라'고 말씀하신 예수님) 등이며, 또한 저자는 이전부터 각별히 주님의 고난과 죽음을 잘 알고 지내던 고난의 증인(제자)임을 암시하는 구절들이 여럿 나타난다(1:11, 2:4, 21-25, 3:17-19, 4:1, 12-19, 5:1 등).

특히 사도행전에 나오는 베드로의 설교의 내용과 본서의 내용과 매우 유사한 표현들이 여럿 나타난다(벧전 1:17과 행 10:34; 벧전 1:21과 행 2:32-36; 벧전 2:7-8과 행 4:10-11 등). 아마 베드로는 본서를 실루아노(실라)로 하여금 대필하게(5:12) 하여 '본도, 갈라디아, 갑바도기아, 아시아와 비두니아에 흩어진 성도들'(1:1-2)에게 회람용으로 썼던 것으로 짐작된다. 이들은 어쩌면 과거 바울의 제자들이 복음으로 조직한 성도들이었을 것인데, 예루살렘 공의회 이후 베드로가 전도 여행 중에 만났던 성도들이었을 것이다. 어쨌든 이들은 과거 이교도적 환경에서 그리스도인으로 변화된(1:14-18, 2:9-12, 4:3-4) 자들이었음을 볼 때 아마 대부분 이방인 그리스도인들이었을 것으로 짐작된다.

▶ 기록 연대와 장소

본서에서 기록 장소로 바벨론을(5:13) 언급한다. 문자적 의미로 받아들여 메소포타미아의 바벨론으로 여기는 학자들이 많다(에라스무스, 칼빈, 그레고리우스, 알포드, 디이슨 등). 하지만 파피아스, 클레멘트, 오리겐, 터툴리안, 제롬 등의 글과 전승(베드로 행전 등)에 의하면, 베드로는 말년에 로마에 있었고 로마에서 순교(68년 네로 황제 죽기 전)했음을 가리키므로, 본서의 바벨론은 당시 제국의 수도이며 또한 서서히 기독교를 핍박하는 분위기가 고조되어 가던 '로마'를 가리키는 상징적(영적) 표현인 것으로 추정된다.

약 30년 뒤에 요한은 밧모 섬에서 기독교를 박해하는 로마(세상 왕국)의 영적 표현으로 바벨론을 직접적으로 언급하지만, 도미티아누스 황제 때와 환경이 비슷한 네로 때에도 역시 베드로뿐 아니라 경건한 그리스도인이라면 누구나 다 로마를 우상 소굴의 본거지요 기독교 핍박의 근원지로서 영적 바벨론에 대한 암시(일종의 물고기 표식처럼)와 상징으로 알고 있지 않았을까 하는 짐작이다. 따라서 본서는 대략

64-65년경에 베드로가 로마에서 기록한 것으로 짐작된다.

▶ 주제와 목적

주제는 '고난 가운데 가져야 할 산 소망, 예수 그리스도'이다. 베드로는 본서를 기록하면서 수신자들이 주님 나라의 왕이신 그리스도를 따르는 믿음으로 인해 세상 나라(로마)의 왕인 네로로부터 장차 큰 시련과 고난을 당하게 될 것을 예견하면서, 그들이 경험하게 될 그러한 고난 가운데 가져야 할 성경적인 바른 태도를 제시하고자 본서를 기록한 것으로 보인다. 고난의 교훈의 대표적인 모델은 역시 예수 그리스도이시다(2:21, 3:18, 4:1, 12-14). 그러므로 고난의 주님을 바라보며 선을 행하고, 인내, 근신, 기도, 사랑, 봉사, 순종, 겸손하고 또 믿음으로 마귀를 대적하면, 장차 주의 상급(4:13-19, 5:4)이 임하게 될 것이라는 소망을 제시해 준다.

▶ 특징

1. 신앙 때문에 당하는 고난의 문제에 대한 탁월한 해답을 제공해 준다.
2. 약 30회가 넘는 많은 명령문이 사용된다. 신앙의 실제(실천)를 강조한 것이다.
3. 유창한 헬라어로 쓰여졌고 바울 서신과 매우 유사하다(본서의 대필자인 실라는 헬라어에 능통했고, 바울의 2차 전도 때 바울과 함께 복음 사역에 동참했다).
4. 종말론적 신앙(재림)을 강조한다(1:4-7, 13, 17, 20, 3:22, 4:5, 7-19, 5:1-4).

2. 내용 전개

언약의 주요 모티브 : 산 소망, 거룩, 고난

언약 교회의 소망(1) : 세상 고난 가운데 가져야 할 산 소망, 예수 그리스도

산 소망이신 예수를 교회에 있게 하신 이유와 목적[638] : 구원

베드로 사도는 본서에서 짧게 인사를 건넨 후 이내 본서의 수신자들인 소아시아 흩어진 나그네들에게 '소망'의 주제를 언급하면서 그들에게 위로와 격려를 주고 있다. 사도는 본서에서 이 소망이 무엇이며 또한 하나님이 당신의 자녀들에게 이 소망을 주신 이유와 목적이 무엇인지에 대해 분명히 언급한다. 이 소망은 곧 죽은 자 가운데서 부활하신 주 예수 그리스도를 믿는 거듭난 믿음을 통해 우리가 영혼의 구원을 얻게 된다는 것인데, 즉 부활의 예수 그리스도가 소망이시며, 그분을 믿음으로 구원 얻게 되는 것이 또한 소망인데, 사도는 이것을 '산 소망'이라고 표현한다.

따라서 사도는 당시 아시아 지역 여러 군데에서 흩어져 살면서, 여러 가지 믿음의 시련과 시험으로 인해 근심과 고난 가운데 살고 있는 디아스포라 그리스도인들에게 썩지 않고 더럽지 않고 쇠하지 않는 하늘의 유업을 가지도록 하나님의 능력으로 그들을 보호하시며, 또한 (불로 연단하여도 없어진 금보다 더 귀하신) 예수 그리스도의 재림의

638) 벧전 1:1-12.

때에도 그들에게(교회) 칭찬과 영광과 존귀를 얻게 하시도록 '산 소망을 주셨다'고 언급한다.

나아가 베드로는 구약의 선지자들이 말씀 연구를 통해 그리스도의 고난과 영광에 대해, 그리고 그것이 자기를 위함이 아닌 자기 백성을 위한 사역임을 계시로 말미암아 이제 복음 전도자들을 통해 알린 것이고, 또한 천사들도 살펴보기를 원하는 것이라고 말한다. 즉 예수 그리스도(고난과 부활)로 인한 구원과 산 소망에 대한 약속이 구약성경에 확실하게 기록되었고, 또한 신약에 복음 전도자를 통해 확실히 선포되었다는 말씀으로 당시 고난 받는 디아스포라 교회에 이처럼 고난당했지만 부활하신 예수 그리스도를 믿음으로 인해, 그리고 성경의 확실한 약속과 선포로 인해 그들도 반드시 고난 뒤에 주님이 베푸신 구원과 영광스러운 즐거움으로 기뻐할 수 있다는 '산 소망'을 심어 주고자 하는 저자의 격려와 위로임을 엿볼 수 있다.

산 소망이신 예수를 본받는 거룩한 삶[639] : 성화

앞부분에서 언약 교회가 가져야 할 구원관에 대해 분명하고도 확고한 지침을 제공한 베드로는 이제 본론에 와서 구원의 확신을 가진 성도가 살아야 할 성화의 삶에 대한 여러 지침을 제공한다. 특히 고난 가운데 있는 성도(교회)가 산 소망이신 예수를 본받아 사는 거룩한 삶이란 어떤 것인지에 대해 실제적이고 다양한 지침들을 제공한다.

먼저 베드로 사도는 산 소망을 가진 주의 성도는 (한 가지 면에서 혹은 몇 가지 면에서가 아니라) 모든 행실에 거룩한 자가 되라고 명령한다.[640]

---

639) 벧전 1:13-3:22.
640) 벧전 1:13-25.

그런데 이런 모든 행실에서의 거룩은 인간의 노력이나 세상적인 것으로 되는 것이 아니라 '마음의 허리를 동이고 근신함으로 예수 그리스도로부터의 은혜'가 임할 때 가능하므로, 따라서 그 은혜를 간절히 사모하라고 말한다.[641] 사도는 이처럼 우리가 모든 행실에서 거룩한 삶을 살기 위해 꼭 필요한 '주의 은혜'의 필요성에 대해 다음과 같이 여러 가지 표현으로 언급한다.

아버지(하나님)는 우리를 외모로 보시지 않고, 각 사람의 행위대로 심판하시는 분이시다.[642] 우리가 우리 조상이 물려 준 헛된 행실에서 대속을 받은 것은 은이나 금같이 없어질 것으로 된 것이 아니라, 흠 없고 점 없는 어린양 같은 그리스도의 보배로운 피로 된 것이다.[643] 우리가 거듭난 것은 썩어질 씨로 된 것이 아니라, 썩지 아니할 씨 즉 살아 있고 항상 있는 하나님의 말씀으로 되었다.[644] 따라서 이를 근거로 사도의 명령은 '너희는 전에 알지 못할 때에 따르던 너희 사욕을 본받지 말고, 너희를 부르신 거룩한 이처럼 모든 행실에 거룩한 자가 되라'[645]이다.

베드로는 그러므로 모든 행실에 있어서 거룩한 삶을 사는 데 필요한 성품으로서 '믿음과 소망을 하나님과 그리스도에게 두는 것과 마음으로 형제를 뜨겁게 사랑하는 것'[646]을 요구한다. 이어서 사도는 모든 행실에 있어서 거룩한 삶, 즉 '예수를 통해 변화된 거룩한 신분, 국가에 대한 성도의 거룩, 일터에서의 거룩, 부부 관계에서의 거룩, 일반

641) 벧전 1:13.
642) 벧전 1:17.
643) 벧전 1:18-19.
644) 벧전 1:23-25.
645) 벧전 1:14-16.
646) 벧전 1:20-22.

사회에서의 거룩'에 대한 지침들을 차례로 주고 있다.

먼저 베드로 사도는 보배로운 산 돌이신 예수께 나아가서 우리도 산 돌같이 신령한 집으로 세워지고 신령한 제사를 드릴 거룩한 제사장이 되라고 명령하며, 이같이 산 돌 되신 예수로 인해 거룩한 신분(택하신 족속, 왕 같은 제사장들, 거룩한 나라, 그의 소유된 백성)을 얻게 하신 목적은 '우리를 어두운 데서 불러내어 그의 기인한 빛에 들어가게 하신 이의 아름다운 덕을 선포하게' 하심이라고 말씀한다. 따라서 전에는 주의 백성이 아니요 긍휼을 얻지 못했던 우리를 이제는 하나님의 백성이요 긍휼을 얻은 거룩한 신분으로 변화된 우리의 삶은 어떤 삶이어야 하는가? 사도는 말하길, 입에서부터 '모든 악독과 기만과 외식과 시기와 비방을 버리고 갓난아이들같이 순전하고 신령한 젖을 사모하여 예수로 말미암아 구원에 이르도록 자라가야 한다'고 말한다.[647]

둘째, 국가에 대하여 성도는 어떤 거룩한 태도를 나타내야 하는가!

사도는 먼저 소극적인 명령으로서 '영혼을 거슬러 싸우는 육체의 정욕을 제어하라'고 명한다. 이 명령의 목적은, 이렇게 이방인 중에서 선한 행실을 가지게 될 때, '너희를 악행 한다고 비방하는 자들로 하여금 너희 선한 일을 보고 심판 날에 하나님께 영광을 돌리게 하려는 것'이라고 사도는 말한다. 또한 사도는 적극적인 거룩의 모습으로서, '인간의 모든 제도를 주를 위해 순종하되 왕이나 총독에게 순종해야 하는 것은 하나님이 그들을 사용하시어 성도들의 선행으로 어리석은 자들의 무식한 말을 막으시는 것'이라고 말한다. 따라서 성도에게 주신 자유를 악하게 쓰지 말고, 뭇사람을 공경하며 형제를 사랑하고 하나님을 두려워하며 왕을 존대하라고 명령한다.[648]

647) 벧전 2:1-10.
648) 벧전 2:11-17.

셋째, 일터에서의 성도의 거룩한 태도(삶)는 무엇인가!

사도가 살던 당시 노예 제도하에 고달픈 노동 현장에서 노예로 살던 그리스도인들이 있었다. 사도는 그들에게 '범사에 두려움으로 주인들에게 순종하되, 선하고 관용하는 자들에게만 아니라 까다로운 자들에게도 그리하라'고 명령한다. 그러면서 그들에게 신앙적 차원에서의 인내를 가르친다. 설사 주인으로부터 부당한 고난을 받아도 하나님을 생각해서 이를 참으면 아름다운 것이지만, 죄가 있어서 매를 맞고 참는 것은 칭찬이 아니라는 논리로서, '선을 행함으로 고난을 받고 인내하면 하나님 앞에서 아름다운 것'이라고 말한다. 이를 위해 그들이 부르심을 받았고 또한 주님도 이러한 본을 보여주셔서 그들이 따라오도록 하셨다고 말한다.

이어서 베드로 사도는 이러한 고난에 대한 주님의 인내를 소상히 증거하고 있다. 죄도 거짓도 없으시지만 욕을 당하시되 맞대어 욕하지 않으시고, 고난당하시되 위협하지 않으시고, 오직 공의로 심판하시는 하나님께 부탁하시며, 친히 나무에 달려 그 몸으로 우리 죄를 담당하신 것은 우리로 죄에 대해 죽고 의에 대해 살게 하심인데, 그가 채찍에 맞음으로 너희가 나음을 얻었고, 너희가 전에는 양같이 길을 잃었더니, 이제는 너희 영혼의 목자와 감독 되신 이에게 돌아왔다고 증거하여, 결국 이 위대한 그리스도의 구속의 복음에 기초하여 그리스도인 노동자(노예)들은 비록 어렵고 힘든 일터의 상황 속에서도 구속의 주님을 생각하며 주어진 일에 순종하며 인내하는 것이 거룩하고 아름다운 삶의 모습이라고 교훈한다.[649)]

넷째, 부부가 상호 취해야 할 거룩한 태도는 무엇인가!

---

649) 벧전 2:18-25.

3장 전반부[650]에서 사도는 이에 관한 지침으로 아내에 관한 지침을 남편보다 길게 교훈하고 있다. 이는 부부의 거룩한 관계에서 아내의 역할이 남편의 그것보다 더 중요했기 때문이리라 여겨진다. 그래서 사도는 아내의 역할에 초점을 맞추어 교훈하되, 특히 아내의 자기 남편에 대한 순종과 바른 행실을 강조한다. 이것은 혹 불신 남편일지라도 아내의 행실로 인해 구원받게 하려 함이라고 말하면서, 아내가 갖추어야 할 정결한 행실 즉 겉치장이 아닌 온유하고 안정한 심령으로 단장할 때 하나님 앞에서 값진 것이라고 교훈한다. 사라가 아브라함에게 순종한 것같이 이전에 하나님께 소망을 두었던 거룩한 부녀들도 자기 남편에게 순종함으로 자기를 단장했다는 교훈의 지침이다.

남편에게 주는 교훈은 '지식을 따라 너희 아내와 동거하고 그를 더 연약한 그릇이요 또 생명의 은혜를 함께 이어받을 자로 알아 귀히 여길 것'을 당부하며, 이렇게 하는 것은 남편의 기도가 막히지 않게 하기 위함이라고 교훈한다. 아내나 남편이나 공히 요구되는 태도는 단지 겉치레의 순종이나 행실이 아니라, 진실된 마음과 소망(하나님)의 마음으로부터 나오는 참된 순종과 행실과 사랑인 것을 알 수 있으며, 결국 그러한 진실된 마음과 하나님을 향한 소망이 남편의 구원을 이루고 또한 가정을 위해 기도하는 남편의 기도가 막히지 않는 밑바탕이 되는 비결임을 알게 된다.

다섯째, 3장 후반부[651]에 와서 사도는 '마지막으로 말하노니'라는 말을 사용함으로 '성화' 단락의 마지막 지침을 준다.

그런데 각기 특별한 상황이나 관계에 있어서 '거룩한 태도'에 대한 지침을 주는 앞부분과는 달리, 여기서는 대상이 특별히 정해지지 않은

---

650) 벧전 3:1-7.
651) 벧전 3:8-22.

채 모든 일반 성도를 향해서, 그리고 그들이 사회 일반에서 믿는 성도로서 취해야 할 일반적 성화의 태도에 대한 지침을 준다. 먼저 일반적인 지침으로서 '동정심과 형제애와 긍휼과 겸손과 (악행하는 자에게) 보복하지 말고 도리어 복을 빌어줄 것'을 당부하며, 또한 사도는 이와 관련된 추가적 교훈으로서 시편의 말씀[652]을 예로 들고 있다.

이어서 사도는 보다 구체적인 지침으로 '열심으로 선을 행할 것, 의를 위해 고난을 받을 것, 너희 마음에 그리스도를 주로 삼아 거룩하게 하고, 너희 속에 있는 소망에 관한 이유를 묻는 자들에게 대답할 것을 항상 준비할 것, 그리스도 안에 있는 너희의 선행을 욕하는 자들로 부끄러움을 당하도록 너희는 선한 양심을 가지고, 또한 선을 행함으로 고난을 받는 것이 하나님의 뜻이다'라고 권면하면서, 왜 선을 위한 고난이 하나님의 뜻인가에 대한 해답으로 사도는 그리스도의 모범, 즉 그리스도의 고난과 승리(영광)를 예로 들고 있다.

그리스도의 대속의 죽으심은 (그의 백성들을 하나님 앞으로 인도하였고) 육체로는 죽임을 당하셨지만 영으로는 살리심을 받으셔서, 영으로 가서 옥(지옥)에 있는 영들에게 선포하시는데,[653] 그 영들은 노아 시대 때 하나님의 말씀에 불순종하던 자들이며 방주에서 물로 말미암아 구원받은 자는 겨우 노아 식구 여덟 명이며, 그 물은 그리스도께서 부활하심으로 말미암아 너희를 구원하는 표인 세례이고, 그것은 하나님을 향한 선한 양심의 간구로서 이제 그리스도는 하늘에 하나님 보좌 우편에 앉으사 천사들과 권세들과 능력들이 복종한다고 사도는 증거한다.

그러므로 그리스도의 이러한 모범을 따라서 사는 성도는 악한 세상

---

652) 시편 34편.

653) 주님이 이미 지옥에 간 영들을 구원코자 복음을 전하시는가? 아니다 이 부분의 앞뒤 문맥상 그리고 주님의 구속 사역의 성격상 이것은 전도 차원이 아니라, 주님의 십자가 사역의 승리에 대한 선포를 뜻한다.

과 사회 속에서도 부활의 믿음과 선한 양심과 선을 행함으로 설사 고난을 당할지라도 결국에는 주님처럼 승리와 영광을 누리게 될 것이라는 확신과 소망을 갖고 사는 것이 성도의 거룩한 삶의 자세이며 또한 하나님의 뜻이다.

고난에 대한 성도(교회)의 종말론적 신앙 지침[654)]

앞부분에서 고난 가운데 있는 성도(교회)가 산 소망이신 예수를 본받아 사는 거룩한 삶이란 어떤 것인지에 대해 실제적이고 다양한 지침들을 제공한 사도는 이제 여기에서 본서의 마지막 단락이면서 결론에 관한 지침을 주고 있다. 그것은 고난에 대해 성도(교회)가 취해야 할 종말론적 신앙 지침들이다. 사도는 먼저 4장에서 일반 성도들이 고난에 대해 취해야 할 종말론적 신앙 지침들에 대해 말한다.

그것은 그들이 이방인과 같이 세상 정욕과 음란과 술 취함과 방탕과 향락과 무법한 우상을 따라 살지 않고, 그리스도의 고난당하신 모범(육체로 고난당하셨지만, 영으로 살리심을 받았음. 참조. 3;18)을 따라서 같은 마음으로 육체의 남은 때를(고난을 받으며) 살 것을 당부하면서,[655)] 만물의 마지막[656)] 때를 고난과 근심으로 살아갈 것에 대한 종말론적 경고이다. 그것은 '정신을 차리고 근신하여 기도할 것, 뜨겁게 서로 사랑할 것, 서로 대접하기를 원망 없이 할 것, 각각 은사를 받은 대로 하나님의 여러 가지 은혜를 맡은 선한 청지기[657)]같이 서

654) 벧전 4-5장.
655) 벧전 4:1-6.
656) 벧전 4:7, "만물의 마지막이 가까이 왔으니 그러므로 너희는……."
657) 베드로 사도는 이 '선한 청지기의 사역의 자세'에 대해 그리고 그 목적에 대해 4장 11절에서 구체적으로 언급한다. "만일 누가 말하려면 하나님의 말씀을 하는 것같이

로 봉사하라'는 지침이다.[658]

이어서 사도는 그러한 종말론적 지침을 주는 이유를 말하면서 성도에게 임할 종말론적 고난과 연단이 있기 때문이라고 말한다. 성도들은 그 연단의 불 시험을 이상히 여기지 말고 오히려 그리스도의 고난에 참여하는 것으로 알고 즐거워하라는 것이다. 고난 가운데도 인내로 견딘 성도에게는 이후에 그리스도의 영광이 나타날 때 주실 상급과 면류관이 있으므로 기쁘고 즐거운 것이다. 그러므로 성도는 그리스도의 이름과 복음을 위한 인내와 고난의 삶을 살아야 자신도 기쁘고 하나님께도 영광을 돌리는 것이지만, 불신자들처럼 세상 일이나 악행으로 고난 받으면 결코 안 되는 것임을 사도는 지적한다.

이처럼 교회와 세상, 의인과 불신자를 향한 심판과 구원은 그 수준과 정도가 판이하게 다르기 때문에, 베드로 사도는 하나님의 뜻대로 고난 받는 성도를 향하여 선을 행하는 가운데 그 영혼을 신실하신 창조주께 의탁할 것을 요청하고 있다.[659]

5장에 와서 사도는 교회의 지도자(장로)가 가져야 할 고난에 대한 종말론적 목양 지침들에 대해 교훈한다. 사도는 먼저 교회의 장로들에게 자신을 '함께 장로 된 자, 그리스도의 고난의 증인, 나타날 영광에 참여할 자'로 소개하면서 하나님의 양 무리를 치는 (종말론적) 원리에 대한 지침으로 '억지로 하지 말고 하나님의 뜻을 따라 자원함으로 하

하고 누가 봉사하려면 하나님이 공급하시는 힘으로 하는 것같이 하라 이는 범사에 예수 그리스도로 말미암아 하나님이 영광을 받으시게 하려 함이니 그에게 영광과 권능이 세세에 무궁하도록 있느니라 아멘." 그러므로 만물의 마지막이 가까운 고난의 때에 종말론적 신앙을 가지고 사역에 임하는 그리스도인들은 선한 청지기로서 하나님을 모델 삼아 '하나님과 예수 그리스도처럼' 일하고 봉사해야 하며, 그렇게 해야 하는 이유는 '하나님께 영광을 돌리기 위함'이 목적이다.

658) 벧전 4:7-11.

659) 벧전 4:12-19.

며, 더러운 이득을 위해 하지 말고 기꺼이 하며, 맡은 자들에게 주장하는 자세를 하지 말고 양 무리의 본이 되라'고 말하고, 그리하면 차후 '목자장이 나타날 때 시들지 않는 영광의 관을 얻게 될 것'이라는 소망을 주고 있다. 그러므로 이런 원리와 소망 가운데, 교회 내 젊은이들은 장로들에게 순종하며 서로 겸손해야 할 것은 하나님은 교만한 자를 대적하시지만 겸손한 자에게는 은혜를 주시기 때문이다.

따라서 장로들은 하나님의 능하신 손아래에서 겸손하면 때가 되면 그들을 높이실 것이고, 또한 모든 염려를 다 주께 맡기게 되면 주님이 그들을 돌보실 것이므로, 그들은 근신하며 깨어서 믿음을 굳건히 하여 마귀를 대적해야 한다는 종말론적 권면을 준다.

사도는 마지막으로 세상에 있는 교회의 지도자에게 임하게 되는 동일한 고난에 대해 언급하면서 그러나 그들이 당하는 고난은 긴 고난이 아닌 잠깐의 고난이라는 것과, 또한 고난 중에서도 겸손과 믿음과 영적인 각성을 견지한 종말론적 자세로 맡은 일을 감당할 때 하나님이 그들을 돌보시고 굳세게 하실 것에 대한 소망과 위로의 메시지를 전하고 있다.[660]

베드로전서는 고난의 문제, 특히 성도들이 겪는 고난에 대한 탁월한 해답을 제시해 준다. 다른 설명이 필요 없이 본서에 나타나는 바이다. 핵심은 고난의 모범이신 그리스도를 소망하며, 현재 주어진 고난의 아픔을 믿음으로 견디며 계속하여 거룩을 견지해 나가는 것이 주님의 남은 고난에 동참하는 것이다. 바울과는 달리 베드로는 주님의 수제자로서 누구보다 주님 곁에서 주님의 고민과 고난의 현장을 목격하였던

---

660) 벧전 5:10, "모든 은혜의 하나님 곧 그리스도 안에서 너희를 부르사 자기의 영원한 영광에 들어가게 하신 이가 잠깐 고난을 당한 너희를 친히 온전하게 하시며 굳건하게 하시며 강하게 하시며 터를 견고하게 하시리라."

장본인이다. 언약 성도가 당하는 고난은 세상 일로 인한 고난이어서는 안 된다. 주님과 복음과 믿음으로 인해 당하는 고난이라면 오히려 기쁘게 여길 수 있어야 성숙한 믿음의 성도요 언약 백성이라 할 수 있을 것이다. 고난을 감사와 기쁨으로 성화하는 성숙한 믿음에 대해 생각하게 한다.

3. 베드로전서 구조

1:1-2	문안 인사
1:3-12	산 소망이신 예수를 교회에 있게 하신 이유와 목적(구원)
1:13-3:22	**산 소망이신 예수를 본받는 거룩한 삶(성화)**
1:13-25	너희를 부르신 거룩한 이처럼, 모든 행실에 거룩한 자가 되라
2:1-10	산 돌을 통해 변화된 거룩한 신분
2:11-17	국가에 대한 거룩한 삶
2:18-25	일터에서의 거룩한 삶
3:1-7	부부에 대한 거룩한 삶
3:8-22	사회 일반에 대한 거룩한 삶
4:1-5:14	**고난에 대한 교회의 종말론적 신앙 지침(고난과 해답)**
4:7-19	고난에 대한 성도의 종말론적 신앙 지침
5:1-11	고난에 대한 지도자의 종말론적 목양 지침
5:12-14	끝인사

베드로후서(2Peter)

재림 주이신 예수 그리스도

1. 정경적 배경

▶ 저자와 수신자

베드로후서가 전서에 비해 내용상 다른 성격을 띠고 있기에 후서를 베드로 저작으로 보지 않는 학자들이 있다. 베드로전서는 헬라어에 능통했던 실라가 대필했다면, 베드로후서는 아마 베드로 본인이 직접 기록했든지, 아니면 다른 대필자가 기록했을 수도 있다. 반드시 두 서신이 주제나 문체가 같아야 할 이유는 없다. 그러나 또한 두 서신 간에 베드로 사도의 특유한 유사성도 발견된다(Dods, Zahn).

본서에 대한 내외증은 본서의 베드로 저작을 굳건히 지지한다. 본서에 대한 외증은 다른 서신들에 비해 많지 않다. 허마의 목양서, 클레멘트 1, 2서, 디다케 그리고 알렉산드리아의 클레멘트 등이 본서와 유사하거나 본서를 알고 있었던 것 같다. 하지만 초기 무라토리우스 정경과 옛 수리아역이나 옛 라틴역본에 본서가 나타나지 않으며, 유대 역사가 유세비우스도 본서를 안티레고메나(논란이 되는 책들)에 분류한다.

그러나 본서는 1장 1절에 저자를 "예수 그리스도의 종이며 사도인 시몬 베드로"라고 분명히 밝히고 있으며, 내용에서 저자가 과거 그리스도와의 특별한 관계에 있었음을 알게 하는 암시(1:16-18, 변화산상 사건), 베드로전서와의 계시의 연관성(노아와 일곱 식구 보존함〈벧전 2:5〉-방주에서 구원받은 자 8명〈벧후 3:20〉), 특이한 문체의 유사성('보배', 벧전 1:1, 4-벧후 1:19, 2:4, 6-7) 등은 본서의 저자가 베드로임을 말해 준다. 수신자는 3장 1절에 "이 둘째 편지를 너희에게 쓰노니"라는 언급으로 보아 역시 베드로전서와 같은 소아시아에 흩어진 성도(이방인-그리스도인)들로 보인다.

▶ 기록 연대와 장소

기록 연대를 정하는 데 있어서 디이슨(Thiessen, 1943:425-426)은 흥미로운 정보를 제공한다. 후서가 유다서보다 빠른 것은 유다가 베드로후서 2장 1절-3장 3절을 인용했을 것으로 보기 때문이다. 베드로후서에서 말하는 거짓 교사들은 미래적이나(2:1-3, 12), 유다서는 현재적(4, 8, 10-13, 16)이라는 것이다. 특히 유다서 1장 17-18절은 베드로후서 3장 1-3절을 지시하는 것으로 보는데, 여기서 '기롱하는 자'의 명사는 단 두 곳(유 1:18; 벧후 3:3)에만 나오며, 더욱이 베드로뿐만 아니라 바울도 이런 자들의 출현을 여러 번(딤전 4:1-3; 딤후 3:1-5; 행 20:29-30) 말한 사도인데, 유다는 그의 본문에서 '이런 사람들'(기롱하는 자)의 출현을 예언한 사도들을 정확히 말하고 있다는 지적한다. 따라서 베드로후서는 전서가 기록된 직후에, 그러나 유다서가 기록되기 전에 쓰여진 것으로 보는 것이다.

디이슨의 이론은 기록 시기를 66-67년으로 잡지만, 다른 많은 학자들은 64-65년으로도 본다. 베드로의 순교 이전인 65-67년임에는 틀림없다. 장소는 아마도 로마인 것으로 추정된다.

▶ 주제와 목적

주제는 '재림 주이신 예수 그리스도'이다. 베드로전서가 고난당하는 성도에게 위로를 주는 목적으로 기록되었다면, 베드로후서는 성도들의 믿음을 주의 부르심과 말씀에 기초하여 든든히 세워서(1장) 그리스도의 복음을 해치고 방해하는 거짓 교사들을 경계하고 경고를(2장) 주어 재림주이신 그리스도만을 소망하게 하고자(3장) 기록되어졌다.

▶ 특징

1. 교회의 내부적인 문제(이단, 예언, 교리)를 주로 다룬다.
2. 바울에게 디모데후서처럼, 본서는 베드로의 자서전적 서신이다.
3. 교회 내에 도전하는 이단들의 성격과 특징에 대해 탁월하게 지적한다(2장).
4. 주의 재림의 현상과 성도들의 자세에 대해 탁월하게 묘사한다(3장).

2. 내용 전개

언약의 주요 모티브 : 참 예언, 거짓 예언, 재림

언약 교회의 소망(2) : 베드로전서가 교회의 외부적인 문제(세상으로부터의 고난, 역경 등)를 주로 다루었다면, 베드로후서는 교회의 내부적인 문제(예언, 이단, 재림 교리)를 주로 다루고 있다. 내용상 크게 3부분으로 나뉘는데, 즉 참 예언에 대해(1장), 거짓 예언에 대해(2장), 재림에 대한 확신과 소망(3장)으로 구성된다. 그러므로 베드로 사도는 본서에서 주님의 재림에 대해 거짓 교리를 퍼뜨리는 거짓 교사들에 대한 경고와 함께 그리스도의 재림에 대한 확고한 신앙과 소망을 심어 주고자 본서를 기록했음을 알게 된다.

참 예언의 특징과 근거

사도는 여기에서[661] '참된 예언이란 무엇이며, 어떤 근거로 그것이 참인가!'라는 것에 대해 교훈하고 있다. 내용상 크게 두 부분으로 나뉘는데, 앞부분[662]에서 사도는 수신자들을 향한 하나님의 부르심과 택하심의 이유와 근거를 제시하면서 그것이 참 예언에 의해 이루어진 것임을 교훈하고자 한다. 사도는 하나님의 부르심과 구원은 하나님의 신기한 능력으로 생명과 경건에 속한 모든 것을 우리에게 주심에 의해 이루어지게 되었다고 말하면서, 이 보배롭고 지극히 큰 약속(구원)을 주신 것은 신성한 성품에 참여하는 자가 되게 하기 위함이라고 지적한다. 그리고 믿음에 덕, 지식, 절제, 인내, 경건, 형제 우애, 그리고 사랑을 더하는 신성한 성품에로의 삶을 독려한다.

그러므로 사도는 이런 것이 없는 자는 '멀리 보지 못하고 그의 옛 죄가 깨끗게 된 것을 잊어버린 맹인'이라고 책망하면서, 더욱 힘써 하나님의 부르심과 택하심을 굳게 하면 실족지도 않고 또한 주 예수 그리스도의 영원한 나라에 들어감(구원)을 넉넉히 주신다는 소망을 전한다. 참으로 하나님의 구원(부르심 택하심)은 인간의 노력이나 힘으로 주어진 것이 아니라, 하나님의 신기한 능력,[663] 보배롭고 지극히 큰

661) 벧후 1장.
662) 벧후 1:3-11.
663) 벧후 1:3.

약속,[664] 주 예수 그리스도의 의[665]에 의해 주어진 것이므로 어떤 고난과 어려움이 있어도 결코 파기되거나 없어질 수 없는 참된 진리이며 말씀이라는 것을 깨닫게 된다.

이 보배롭고 지극히 큰 약속에 의해 구원받은 주의 백성들의 삶(성품)은 믿음은 기본이고, 그 외에 덕, 지식, 절제, 인내, 경건, 형제 우애, 그리고 사랑을 더하는 사랑의 풍성한 열매 맺는 삶을 살게 됨으로, 장차 그리스도의 영광의 나라에 넉넉히 들어가게 되는 구원의 승리와 축복의 근거는 오직 죽음의 고난에서 부활하시고 승리하신 그리스도의 지극히 큰 약속에 의한 보증 때문이다.

뒷부분[666]의 내용은 사도가 자신의 죽음을 예견하면서, 자신의 죽음 이후에도 주의 교회에 꼭 지켜져야 할 긴박한 주제의 말씀임을 상기하고자 한다.[667] 사도는 그 긴박하고도 중요한 주제는 다름 아닌 '그리스도의 능력과 강림에 관한 것'이라고 말하며, 그것은 교묘히 만든 이야기가 아니라 참된 증거임을 3가지 이유로 설명한다.

첫째, 그리스도를 친히 목격한 것. 둘째, 하늘로부터 '이는 내 사랑하는 아들이요 내 기뻐하는 자라'는 하나님의 음성을 직접 들음. 셋째, 어두운 데를 비추는 등불과 같은 확실한 예언의 말씀을 제시하면서, 그 예언은 사람의 뜻대로 낸 것이 아니라 하나님의 뜻대로 낸 것이므로[668] '예수 그리스도의 강림에 관한 바울의 가르침' 역시 단순히 사람의 뜻을 따른 가르침이 아니라, 그리스도의 구속 사역과 성부 하나

664) 벧후 1:4.
665) 벧후 1:1.
666) 벧후 1:12-21.
667) 벧후 1:12-15.
668) 벧전 1:20-21 "먼저 알 것은 성경의 모든 예언은 사사로이 풀 것이 아니니 예언은 언제든지 사람의 뜻으로 낸 것이 아니요 오직 성령의 감동하심을 받은 사람들이 하나님께 받아 말한 것임이라."

님의 분명한 뜻에 의한 참된 가르침임을 말해 주고 있다.

그러므로 1장 전체를 통한 핵심은 교회를 향한 하나님의 구원(부르심 택하심)도 인간의 노력이나 뜻이 아닌 하나님의 보배롭고 지극히 큰 약속에 의해 이루어졌듯이, 그리스도의 강림(재림)에 대한 가르침 역시 교묘히 만든 이야기가 아니라 그리스도와 하나님의 확실한 뜻에 의한 참된 예언이라는 것이다.

거짓 예언의 특징과 심판

앞에서 참 예언의 특징과 근거에 대해 확실한 가르침을 준 사도는 이제 여기서[669]는 그 반대의 경우인 '거짓 예언의 특징과 심판'에 대해 말하면서 경고를 준다. 1장에서와 같이 여기서도 내용상 크게 두 부분으로 나뉜다. 첫 부분[670]은 거짓 선생들의 특징과 그에 따른 하나님의 심판에 대해 언급한다. 당시 교회에서는 거짓 선생들이 활동하였는데, 그들은 교회 내에 멸망케 할 이단을 끌어들이게 되었고, 그들의 호색과 탐심으로 지어낸 말로 주님을 부인하게 만들었고, 그 결과 임박한 멸망을 초래하게 될 것이라는 경고를 한다.

4절 이후에서 사도는 그들에게 임할 하나님의 심판에 대해 말하면서 실제 이스라엘 역사에서 일어났던 하나님의 공의의 심판을 실례를 들어 언급하면서 보다 실제적인 경고를 주고 있다. 범죄한 천사들에 대한 심판,[671] 노아 시대 때의 심판,[672] 소돔과 고모라 성에 대한

---

669) 벧후 2장.

670) 벧후 2:1-10a.

671) 벧후 2:4, "하나님이 범죄한 천사들을 용서하지 아니하시고 지옥에 던져 어두운 구덩이에 두어 심판 때까지 지키게 하셨으며."

672) 벧후 2:5, "옛 세상을 용서하지 아니하시고 오직 의를 전파하는 노아와 그 일곱

심판[673] 등 과거 이스라엘 역사에서 실제 임하였던 하나님의 공의의 심판을 통하여 하나님은 경건한 자들을 보호하시지만 불의한 자들에게는 엄중한 심판을 행하신다는 사실에 대해 사도는 다음과 같이 표현한다.

> "주께서 경건한 자는 시험에서 건지실 줄 아시고 불의한 자는 형벌 아래에 두어 심판 날까지[674] 지키시며 특별히 육체를 따라 더러운 정욕 가운데서 행하며 주관하는 이를 멸시하는 자들에게는 형벌할 줄 아시느니라……" (벧후 2:9-10).

베드로 사도는 앞서 설명한 대로 역사 가운데 임하게 된 하나님의 공의의 심판을 근거로 거짓 선생들의 불의와 불법한 행실을 지적한 후에, 이제 그것을 바탕으로 그들을 향한 사도 자신의 객관적이고 공정한 평가를 내리고 있다. 10절 이후부터 사도는 거짓 선생들에 대하여 거의 저주에 가까울 정도의 신랄한 비판과 평가를 하고 있는데, 내용을 살피게 될 때 그러한 사도의 심정을 이해하게 된다. 당시 거짓 선생들은 당돌함과 자긍과 교만함으로 가득 찬 비방을 통해 교회를 어지럽히고 있었다. 이러한 그들의 무지한 모습에 대해 사도는 '본래 잡혀 죽기 위하여 난 이성 없는 짐승 같다'고[675] 표현하면서,

---

식구를 보존하시고 경건하지 아니한 자들의 세상에 홍수를 내리셨으며."

673) 벧후 2:6-8, "소돔과 고모라 성을 멸망하기로 정하여 재가 되게 하사 후세에 경건하지 아니할 자들에게 본을 삼으셨으며 무법한 자들의 음란한 행실로 말미암아 고통당하는 의로운 롯을 건지셨으니 (이는 이 의인이 그들 중에 거하여 날마다 저 불법한 행실을 보고 들음으로 그 의로운 심령이 상함이라)."

674) 본서 2장 4절(심판 때)에서의 의미와 같이 여기서 '심판 날'의 의미는 문맥상 '그리스도의 재림 때'를 뜻한다. 주님의 재림은 주님을 믿는 의인에게는 구원의 심판으로 믿지 않는 불신자에게는 영벌의 심판이 주어지게 되는데, 그때까지 불의한 자들에 대한 영원한 심판은 잠시 유보되지만 주님의 재림 시 그들에게 예비된 이 공의의 심판은 정확하고도 확실하게 시행된다.

그들은 멸망과 불의를 당하며, 낮에 속임수로 즐기고 놀며,[676] 음심의 눈으로 범죄하기를 그치지 않고, 굳세지 못한 영혼들을 유혹하며, 탐욕에 연단된 마음을 가진 자들로 '저주의 자식'이며,[677] 또한 브올의 아들 발람처럼 불의의 삯을 사랑하는 자들이라고[678] 사도는 말한다.

또한 이들은 물 없는 샘과 광풍에 밀려가는 안개와 같이 아무 소용없고 믿을 수 없는 사람들이었다.[679] 그들은 허탄한 자랑의 말을 하여서 그릇되게 행하는 사람들로부터 겨우 피한 사람들을 음란으로 또 유혹하므로 그들의 자랑의 말은 아무 소용없고 믿을 수 없는 격이 되었다. 또한 그들에게 자유를 준다 할지라도 자신들이 멸망의 종들이기 때문에 그 자유가 소용없고 그러므로 그들은 믿을 수 없는 사람이 되는 것이다. 결론적으로 사도는 거짓 선생들의 이러한 본성에 충실한 짐승 같은 모습은 그들의 처음 신앙의 경건과 거룩을 잃어버리고 배교함으로 인해 나중이 훨씬 심각하게 되었다는 지적과 함께, 끝으로 이에 적합한 속담을[680] 언급하면서 경고의 끝을 맺는다.

따라서 사도는 이처럼 첫 신앙의 거룩성을 잃어버리므로 단지 짐승처럼 육체의 정욕과 탐욕에 이끌려서 다른 사람들을 미혹하고 교회를 이단 사상으로 어지럽히는 거짓 선생들과 그들의 거짓된 가르침(거짓 예언)은 결국 하나님의 무섭고도 공정한 심판만이 기다리게 된다는

---

675) 벧후 2:12.

676) 낮에 일하고 밤에 쉬어야 하는 것이 정상적인 삶의 모습인데, 그들은 일해야 할 낮에 일하지 않고 향락을 즐기는 방탕한 모습이었고, 더구나 다른 사람과 연회에서도 '속임수'로(2:13) 즐기고 놀았던 가증스런 성품의 방탕자들이었다(참조. 1:4-11 '신성한 성품').

677) 벧후 2:14.

678) 벧후 2:15-16.

679) 벧후 2:17-22.

680) 벧후 2:22, "참된 속담에 이르기를 개가 그 토하였던 것에 돌아가고 돼지가 씻었다가 더러운 구덩이에 도로 누웠다 하는 말이 그들에게 응하였도다." 고대 근동에서 '개'와 '돼지'는 사람들에게 친근한 존재가 아니라 경멸의 대상이었다.

경고를 알게 해준다. 지금도 이와 유사한 거짓되고 망령된 이단 사상들을 가지고 이 시대 사람들에게 접근하여 온갖 달콤한 수단 방법으로 미혹하여, 사람들의 영혼과 그 가정들을 파탄에 이르게 하고 교회에까지 침투하여 교회를 어지럽히는 거짓 선생들과 거짓 교리들이 난무하는 시대이다.

그러나 우리는 이에 대한 경각심과 함께 예수 그리스도의 참된 진리의 말씀에 대한 확신과 그분을 향한 소망을 통하여 어떤 이단이나 세속적인 것들과의 영적 도전에도 능히 이길 수 있는 종말론적 신앙을 갖추어야 함을 깨닫게 된다.

재림에 대한 확신과 소망

사도는 이제 여기서[681] 드디어 이 편지를 쓰게 된 목적에 대해 진술한다. 그것은 교회의 성도들의 진실한 마음을 일깨워서 선지자들이 예언한 말씀과 주님께서 사도들로 명하신 것을 기억하고 생각나도록 하는 것이 목적이라고[682] 사도는 말한다. 그 이유는 말세에 거짓 선생들인 조롱하는 자들이 나타나서 그리스도의 강림(재림)의 약속에 대해 '조상 대대로 만물이 변함없이 그대로 있지 않느냐!'는 논리로 주의 강림의 약속을 믿지 않고 오히려 조롱하지만, 그러나 그것은 천지가 하나님의 말씀으로 된 것을 일부러 잊으려는 불신앙에서 기인한 것이므로 마지막 심판 날 하늘과 땅이 불사르게 될 때 경건치 않는 그들 역시 심판과 멸망을 받게 될 것임을[683] 상기시킨다.

681) 벧후 3장.
682) 벧후 3:1-2, "사랑하는 자들아 내가 이제 이 둘째 편지를 너희에게 쓰노니 이 두 편지로 너희의 진실한 마음을 일깨워 생각나게 하여, 곧 거룩한 선지자들이 예언한 말씀과 주 되신 구주께서 너희의 사도들로 말미암아 명하신 것을 기억하게 하려 하노라."

그러므로 주의 성도는 '하루가 천년 같고 천년이 하루 같은'[684] 주의 시간 개념을 잊지 말고 기억하여, 강림에 대한 주의 약속을 인내로써 참아 기다리며[685] 거룩한 행실과 경건함으로 그 날을 간절히 사모해야 할 것을 당부한다. 그 이유는 그 날에 천지 만물은 불에 타서 녹아 없어지지만, 성도는 주의 약속대로 의가 있는 곳인 새 하늘과 새 땅을 바라보는 소망이 있기 때문이라는 것을 베드로는 언급한다.[686] 따라서 외부로부터의 어떠한 고난과 역경이 있고 또한 교회 내에도 이단 사상과 잘못된 교리로 인한 혼란과 어려움이 있을지라도, 언약 교회는 반드시 이같이 주의 강림에 대한 확신과 소망을 통해 인내하며 믿음으로 이기고 극복해 나가야 할 것을 당부하고 있다.

이어서 사도는 마지막 당부와 끝인사를 하면서도 강림에 관한 성도의 자세에 대한 당부를 잊지 않는다.[687] 주 앞에서 점이나 흠도 없이 평강 가운데서 나타나기를 힘써야 하며, 주의 오래 참으심이 구원이 될 줄로 여기고 (참 회개에 이르도록 힘쓰라), 무법한 자들의 미혹에 빠지지 않도록 조심하라 등의 말씀을 통해, 본 서신을 향한 베드로 사도의 남다른 애정과 함께 고난당하는 성도와 교회에 있어서 그리스도의 강림에 관한 소망이 실제 얼마나 중요하며 필요한 부분인가를 짐작하게 한다. 어떤 형태의 고난이든지 소망보다 더 위로가 되고 힘이 되는 것은 없기 때문일 것이다.

---

683) 벧후 3:3-7.

684) 벧후 3:8, "사랑하는 자들아 주께는 하루가 천년 같고 천년이 하루 같다는 이 한 가지를 잊지 말라."

685) 벧후 3:9, "주의 약속은 어떤 이들이 더디다고 생각하는 것 같이 더딘 것이 아니라 오직 주께서는 너희를 대하여 오래 참으사 아무도 멸망하지 아니하고 다 회개하기에 이르기를 원하시느니라."

686) 벧후 3:12-13.

687) 벧후 3:14-18.

3. 베드로후서 구조

1:1-2	첫인사
1:3-21	**참 예언의 특징과 근거**
1:3-11	성도로 부르신 이유와 근거-지극히 큰 약속
1:12-21	그리스도의 재림에 대한 가르침의 근거
2:1-22	**거짓 예언의 특징과 심판**
2:1-10a	거짓 선생들의 특징과 하나님의 심판
2:10b-22	거짓 선생들에 대한 신랄한 비판과 평가
3:1-13	**그리스도의 강림(재림)에 대한 소망**
3:1-7	그리스도의 강림을 불신하는 조롱자들에 대한 심판
3:8-13	재림 약속의 신실성과 성도의 태도
3:14-18	마지막 권고와 끝인사

요한일서(1John)

사랑의 사귐

1. 정경적 배경

▶ 저자와 수신자

본서에는 기록자에 대한 이름이 없지만 일찍이 폴리갑, 파피아스, 이레니우스, 오리겐, 클레멘트, 터툴리안 등의 교부들에 의해 초대 교회에서는 사도 요한의 저작으로 받아들여졌었다. 어떤 이는 유세비우스의 파피아스의 말에 대한 해석과 특히 요한이, 삼서에서 저자 자신의 언급을 통해 '장로 요한'의 저작설을 주장하기도 하나 근거가 희박해 보인다.

오히려 내증을 통해 볼 때, 저자는 예수 그리스도와 밀접한 관계성을 가진 자(1:1-4)이며, 본서에 복음서와 유사한 사상과 언어들이 많이 사용된 점인데, '말씀, 처음, 증거' 등의 단어들과 함께 '영생, 사랑' 등의 단어들이 많이 사용된 점으로 보아 에베소 교회의 지도자인 사도 요한이 아시아 지역의 교회를 대상으로 기록했다고 보여진다.

▶ 기록 연대와 장소

어떤 이는 본서의 연대를 복음서보다 앞선 것으로 가정하나, 도움이 되지 않으며, 따라서 이것은 적어도 복음서가 기록된 이후인 1세기 말경일 것으로 보이며, 특히 초대 교회 전통은 요한이 예루살렘을 떠나(A.D. 70년 멸망으로) 에베소와 가까운 지역에서 사역했다고 증언하므로, 본서는 아마 A.D. 90년 전후에 에베소에서 기록했을 것이다.

▶ 주제와 목적

본서의 주제는 '언약 교회의 관계성: 사랑의 사귐(관계)'이다. 저자는 당시 교회를 혼란케 하던 영지주의적 적그리스도의 거짓된 어두움의 가르침에 대항하여, 주의 자녀들이 빛이신 예수님의 계명(언약)을 지키므로〈기초〉, 자녀로서 하나님과 참된 사귐(관계)이 있고〈특징〉, 그 결과 하나님의 아들을 믿는 믿음, 기도, 확신, 사랑의 삶을 살도록 하고자 본서를 기록하였다.

▶ 특징

1. 편지글의 일반적인 특징이 없는 '설교의 색채를 띤 서신서'이다.
2. 구약 인용이 하나도 없고, 한 번의 구약 사건만 암시한다(3:12. 가인).
3. 본서와 복음서는 내용과 목적이 상호 보완적이다(2:28, 5:13; 요 20:30-31).

2. 내용 전개

언약의 주요 모티브 : 사랑, 사귐

본서는 교회와 하나님과의 언약 관계에 대한 것이며, 구체적으로 성도(교회)와 하나님과의 사랑의 사귐에 대한 주제이다. 내용상 크게 세 부분으로 나뉜다. 첫째, 사귐의 근거, 둘째, 사귐의 형태, 셋째, 사귐의 결과이다.

사귐의 근거(기초)

사도 요한은 이 부분[688]에서 하나님과 교회와의 관계 즉 사랑의 사귐에 대한 그 근거를 다음의 3가지로 말한다.

첫째, '생명의 말씀을 전파하는 것'을 통해 '사랑의 사귐'의 근거를 제시한다.

이 부분에서[689] 사도는 자신을 포함한 우리가 '영원한 생명'과 '생명의 말씀'에 대하여 친히 목격하고 증언하여 너희에게 전한다고 언급한다. 그리고 그 생명(영원한)은 곧 '아버지와 함께 계시다가 우리에게 나타나신 바 된 이(예수 그리스도)'라고 말한다. 그리고 친히 목격(보고 들은 것)한 것을 너희에게 전함은 우리와 사귐이 있게 하려는 것이고, 우리의 사귐은 곧 아버지와 그의 아들 예수 그리스도와 더불어 누리는 것이라고 말한다.

여기서 사도는 태초부터 계셨고 실제 역사적으로도 성육하신 예수 그리스도를 너희에게(교회) 전함으로, 영원한 생명이시요 영생의 말씀이신 예수를 통하여 성부 하나님과 사랑의 교제(사귐)를 할 수 있게 된 사실에 대해 언급하고 있다. 이같이 주의 제자나 주의 교회가 성부와 성자와 함께 하는 믿음의 교제는 요한복음에서 일찍이 언급한 바이다. 요한복음에서 예수님은 '내가 곧 길이요 진리요 생명이니 나로

688) 요일 1:1-2:6.
689) 요일 1:1-4.

말미암지 않고는 아버지께로 올 자가 아무도 없느니라. 너희가 나를 알았더라면 내 아버지도 알았으리로다. 이제부터는 너희가 그를 알았고 보았느니라'고 말씀하셨다.[690]

요한은 요한복음에서 말씀하신 예수님의 말씀과 그 정신을 그대로 좇아서 여기서도 증언한 것이다. 주의 제자들이 예수님을 알았고 보았다면 그것은 곧 성부 아버지를 알고 본 것이다. 여기서 알 수 있는 중요한 원리는, 믿음 안에서 하나님이 공급하시는 은혜와 축복의 영향력이 얼마나 위대하며 큰 것인가를 알게 된다. 이것을 사도 요한은 '누림'이라고 표현하며,[691] 그 자신이 이 서신을 기록하는 목적 또한 우리의 '기쁨을 충만하게 하려 함'이라고 말한다.

이러한 누림은 돈이나 권력이나 세상의 그 어떤 수단들이 아니라 단지 복음 전파의 통로를 통해서 이 사실을 믿음으로 영접하는 자에게는 누구나 이 혜택과 은혜를 누리게 된다는 사실이다. 또한 예수 그리스도 한 분을 통해 성부 하나님까지 교제하게 되는 완전한 누림을 알게 된다. 이 얼마나 기쁘고 감격적인 교제의 풍성한 은혜와 누림인가! 이 사실을 깨달을 때 사도의 기쁨을 짐작하게 된다.

또 한 가지 사실은 너희와 사귐은 곧 하나님과 사귐의 확신을 기초로 한다는 사실이다.[692] 전도자가 불신자를 전도하는 것은, 그와 복음 안에서 교제하기 위함이요, 그것은 곧 전도자가 가진 복음에 대한 믿음과 확신이 있기 때문이다. 전도자가 불신자와 사귐이 생명의 관계가 되기 위해서는 먼저 전도자가 자기 속에 있는 생명(말씀)에 대한 확신과 누림의 삶이 있을 때 가능하다. 복음과 생명이 우리에게 얼마

---

690) 요 14:6-7.
691) 요일 1:3, "……우리의 사귐은 아버지와 그의 아들 예수 그리스도와 더불어 '누림'이라."
692) 요일 1:3, "우리가 보고 들은 바를 너희에게도 전함은 너희로 우리와 사귐이 있게 하려 함이니 우리의 사귐은 아버지와 그의 아들 예수 그리스도와 더불어 누림이라."

나 소중하며 또한 나아가 복음 전파자의 사명과 믿음의 확신이 얼마나 중요한가를 알게 된다.

오늘 나와 우리 교회가 주 예수와 하나님과 더불어 누리는 이 사랑의 사귐의 근거는 오직 생명 되신 예수 그리스도와 그분의 생명의 말씀의 교제와 나눔(설교, 전도, 성경 공부, 봉사, 헌신 등)이 기초되어야 한다. 우리 가운데 생명의 말씀의 신실한 교제와 나눔이 있다면, 그것이 곧 우리가 생명의 주 예수 그리스도를 통하여 성부 하나님과 더불어 깊은 은혜와 축복의 교제와 사귐을 나누며 누리고 있다는 증거이다.

둘째, 요한은 '빛 가운데 행하는 것'을 통해 '사랑의 사귐'의 근거를 제시한다.

이 부분에서[693] 요한은 '하나님은 빛이시라'는[694] 대명제를 선언하고, 이 바탕 위에서 하나님과 성도(교회)와 사귐이 있다고 말하면서, 빛이신 하나님이 빛 가운데 계신 것같이 성도들도 빛 가운데 행하라고 권고한다. 사도 요한은 이 사실을 보다 강조하기 위해, 성도가 어둠에 행하는 것과 빛 가운데 행하는 것의 차이와 그 결과에 대해 대조적으로 말해 준다. 만일 하나님과 사귐이 있다 하고 어둠에 행하면 '거짓말을 하고 진리를 행하지 아니하는 것'이고, 빛 가운데 행하면 '서로 사귐이 있고 하나님의 아들 예수의 피가 우리를 모든 죄에서 깨끗게 하실 것'이라고 말한다.

사도는 이어서 이러한 두 가지 사실의 차이를 '죄 고백'과 연관하여 한 번 더 대조하여 강조한다. 만일 우리가 죄가 없다고 말하면 스스로

693) 요일 1:5-10.

694) 요일 1:5, "우리가 그에게서 듣고 너희에게 전하는 소식은 이것이니 곧 하나님은 빛이시라 그에게는 어둠이 조금도 없으시다는 것이니라."

속이고 또 진리가 우리 속에 있지 않지만, 만일 우리가 우리 죄를 자백하면 그는 미쁘시고 의로우사 우리 죄를 사하시고 모든 불의에서 깨끗하게 하실 것이라고 말한다. 핵심 사항을 요약하면, 하나님과 사귐이 있는 사람은 빛 가운데 행하며 또한 자신의 죄를 자백하므로, 미쁘시고 의로우신 하나님의 아들 예수의 피가 그의 모든 죄와 불의에서 깨끗게 하실 것이다.

셋째, 요한은 '대속주 예수의 계명을 지키는 것'을 통해 '사랑의 사귐'의 근거를 제시한다.

이 부분에서[695] 요한은 예수님을 '의로우신 대언자요 또한 우리 죄와 온 세상의 죄를 위한 화목 제물'로 묘사하면서 이 예수님의 계명(말씀)을 지켜야 하나님을 아는(사귐) 자가 된다고 말한다. 앞 단락처럼 여기서도 요한은 '계명을 지키는 자와 계명을 지키지 않는 자의 차이와 그 결과'에 대해 대조적으로 보여준다. 하나님을 아노라 하고 예수님의 계명을 지키지 않는 자는 '거짓말하는 자요 진리가 그 속에 있지 않는 자'이지만, 예수님의 계명을 지키는 자는 '하나님의 사랑이 참으로 그 속에서 온전하게 되어 이로써 우리가 하나님 안에 있는 줄 알게 된다'고 말한다.

그러면서 요한은 이 부분에 대한 결론으로 '하나님 안에 산다고 하는 자는 그가 행하시는 대로 자기도 행하라'는 권면을 준다. 사랑의 삶을 살지 않는 자는 사랑이신 예수님의 계명을 지키지 않는 자요 거짓말하는 자요, 진리가 그 속에 있지 않는 자인 것이다. 그러나 하나님이 사랑이심을 아는 자는 그 사랑의 계명(말씀)대로 자기도 사랑의

---

695) 요일 2:1-6.

삶을 사는 것이다. 즉, 그는 하나님의 사랑이 그의 속에서 온전하게 역사하여 자기가 하나님의 사랑 안에 거한다는 사실을 알게 되고 또한 그 사랑을 실천하게 되는 것이다. 여기서 '아는 것'은 단순히 지식적인 앎이 아니라, 전인격적인 앎이요 실천과 삶이며 곧 하나님과 참된 사귐을 뜻한다.

그렇다면 우리는 과연 그 하나님을 얼마나, 어떻게 알고 있는가! 머리로만 알 것이 아니라, 십자가 지신 대속의 주님의 말씀대로 믿고 순종하여 그 큰 구속의 사랑을 이웃에게 증거하며 사랑을 실천하는 삶을 사는 것이 주님을 참으로 아는 것이며 주님과의 참된 사귐의 삶인 것이다.

사귐의 형태(특징)

앞부분에서 하나님과 교회와의 관계 즉 사랑의 사귐의 근거를 3가지로 나타낸 사도 요한은 이제 여기서[696]는 그 사귐의 형태와 특징에 대해 몇 가지로 묘사하고 있다.

첫째, 하나님을 알고 하나님과 사귐을 갖는 성도(교회)는 무엇보다 '하나님의 뜻을 행하는 것'이 그 특징임을 사도는 말한다.

요한은 이 단락에서[697] 하나님의 뜻을 행하는 것에 대해 말하기를 '형제를 사랑하는 것'이라고 말하면서 '형제를 미워하는 자는 어둠에 있는 것이지만, 형제를 사랑하는 자는 빛 가운데 거하는 것'이라고 말한다. 요한은 또한 하나님의 뜻을 행하는 것으로 '악한 세상이나

---

696) 요일 2:7-4:21.
697) 요일 2:7-2:17.

세상의 것들을 사랑하지 말아야 한다'고 말한다. 요한은 이것에 대해 강조하기를, 하나님의 자녀들(아비들과 청년들과 아이들)은 저희 죄가 그(예수)의 이름으로 말미암아 사함을 받았으며,[698] 또한 저희가 태초부터 계신 이(하나님)를 알았고 하나님의 말씀이 저희 안에 거하여 저희가 흉악한 자(사탄)를 이기었기 때문에 이 세상이나 세상에 있는 것들을 사랑하지 말라는 것이다.

요한은 따라서 세상에 있는 모든 것이 육신의 정욕과 안목의 정욕과 이생의 자랑이니 이는 아버지께로부터 온 것이 아니요 세상으로부터 온 것이라고 결론짓는다.

둘째, 하나님과 사귐을 갖는 성도(교회)는 '주의 약속 안에 거하는 것'이 그 특징임을 요한은 말한다.

요한은 여기서부터 3장 12절까지 '적그리스도와 하나님의 자녀'에 대해 대조적으로 말하고 있다. 이 단락에서[699] 요한은 먼저 적그리스도의 출현에 대한 우려와 함께 그 특징에 대해 언급하기를, 이미 많은 적그리스도가 출현하였으며 그들은 우리(예수 그리스도의 교회)에게서 이탈한 자들이며, 그것은 우리에게 소속되지 않음을 나타내는 것이라고 말한다. 요한은 또한 그들을 거짓말하는 자들이라고 규명하고, 그 이유는 그들이 예수가 그리스도이심을 부인하기 때문인데 아버지(하

---

698) 요일 2:12, "자녀들아 내가 너희에게 쓰는 것은 너희 죄가 그의 이름으로 말미암아 사함을 받았음이요." 예수의 이름의 뜻은 '자기 백성을 죄에서 구원하실 자'이다. 성도들의 죄 사함은 예수의 이름의 권세 때문이다. 우리의 죄 사함을 위하여 친히 십자가를 지시고 죽으시고, 그러나 사탄과 죽음의 권세를 깨뜨리시고 부활 승천하신 예수 그리스도로부터 '죄 사함'을 받고 구원받은 주의 자녀들은 사탄의 모략과 권세 앞에서 예수의 믿음으로 강하고 담대하게 싸워 이길 수 있다. 또한 이미 이긴 싸움인 것이다. 이 예수의 이름으로부터의 '죄 사함'에 대한 선언은 다음 구절 이후에 나타나는 주의 언약 성도(교회)가 세상을 이기는 비결과, 세상을 사랑해서는 안 되는 분명한 이유와 근거가 됨을 알게 된다.

699) 요일 2:18-29.

나님)와 아들(예수님)을 부인하는 그들이 곧 적그리스도라고 말한다.[700]

하지만 그에 반하여 하나님의 자녀들은 거룩하신 자(성령)에게서 기름 부음을 받고 모든 것(진리)을 아는 자들이기 때문에 처음부터 들은 것(예수 그리스도의 진리의 말씀)을 너희 안에 거하게 하라고 권고한다. 그것을 너희 안에 거하게 하면 너희는 아들과 아버지 안에 거하게 된다고 요한은 말한다. 이어서 요한은 너희 안에 기름 부음이 거하게 하며 주 안에 거하라고 계속하여 '주님 안에 거할 것'을 강조하면서, 너희가 주 안에 거하면 예수의 강림 때에 그 앞에서 부끄럽지 않게 하려 함이라고 말한다.

요한은 왜 이토록 주의 성도(교회)들을 주 안에 거하도록 요구하는 것일까! 해답은 24-25절에 있다. 요한은 '너희는 처음부터 들은 것'을 너희 안에 거하게 하라(24절)고 말하고서, 이어서 25절에서 '그가 우리에게 약속하신 것은 이것이니 곧 '영원한 생명'이라고 말한다. 즉 너희가 처음부터 들은 것은 곧 영원한 생명이며, 그 영원한 생명에 관한 말씀이 너희 안에 거하면 너희는 아들(예수)과 아버지(하나님) 안에 거

700) 요일 2:22, "거짓말하는 자가 누구냐 예수께서 그리스도이심을 부인하는 자가 아니냐 아버지와 아들을 부인하는 그가 적그리스도니." 여기서 적그리스도는 요한 당시 왕성하게 활동하였던 영지주의자들을 의미한다. 그들은 영육을 구분하는 이분론적 사고를 바탕으로 '영지' 즉 '거룩한 지식'을 구원받는 요건으로 생각하고, 몸은 하등한 것으로 여겼다. 따라서 그들은 사람의 몸을 입고 이 땅에 오신 예수님을 믿지 않았고, 그것은 곧 성부 하나님의 구속의 뜻을 거스르는 것이다. 성자에 대한 진리가 없으면 성부도 성령도 없기 마련이다. 삼위일체적 신앙관이 올바른 의의 삶으로 인도한다. 가현설('예수님은 실제 존재한 것이 아니라, 제자들이 상상하여 만든 가공의 인물'이라는 엉뚱한 이론)을 주장하는 영지주의자들은 삼위일체의 올바른 신앙이 아닌 인본적 사고와 철학을 기반으로 하여 결국 거짓말쟁이들과 적그리스도라는 오명과 함께 되돌아올 수 없는 길로 가고 말았다. 이 시대의 영지주의자들은 누구인가? 예수 그리스도의 구속과 삼위일체 신론을 부인하며 심지어 사람이 교주가 되어 그 교주의 인본적이고 세속적인 사상의 기반 위에 세워진 이상한 종교 집단들이 우후죽순처럼 많이 출몰해 있다. 그들이 모두 종말의 날에 심판받을 거짓 종교 장사꾼들이며 적그리스도들인 것이다.

하리라는 약속인 것이다. 이것은 요한이 본서에서 말하고자 하는 핵심으로, 요한일서 1장 1절에서 '태초부터 있는 생명'의 말씀에 관한 것이며, 곧 2절에서 '영원한 생명'이고, 요한이 보았고 증언하여 너희에게 전하는 것으로서 이는 아버지와 함께 계시다가 우리에게 나타내신 바 된 이, 곧 "예수 그리스도"이시다.

주 안에 거함은 곧 주의 약속이신 영원한 생명 안에 거함이며, 그것은 곧 영원한 생명 되신 예수 그리스도와 그분의 말씀 안에 거함이다. 그것은 곧 성부 하나님과 성자 예수님 안에서의 영원한 생명의 사귐과 교제를 의미하는 것이다. 주님의 말씀과 동거하는 자는 이 땅에서 이미 영생을 소유하며 누리는 자이다. 하지만 적그리스도는 그의 속에 약속의 말씀이 거하지 않기에 생명이 없으며, 사망과 어둠이 차지하고, 주의 강림 때에 영원한 심판만이 예비될 뿐이다.

셋째, 하나님과 사귐을 갖는 성도(교회)는 결국 언약의 백성인 '하나님의 자녀들'이다.

이 단락에서는[701] 앞단락에서부터 이어진 주제, 즉 '적그리스도, 마귀의 자녀들과 하나님의 자녀들에 대한 대조'를 통하여 결국 하나님의 자녀만이 하나님과 참된 사귐을 갖게 됨을 보여준다. 요한은 본서 3장 서두에서 독자들을 향하여 '하나님의 자녀'의 신분을 일깨우고 긍지를 갖게 하는 중요한 메시지로서 사랑과 소망과 죄의 주제를 다루고 있다. 요한은 3장 1절에서 하나님이 우리에게 '하나님의 자녀'의 신분을 주시기 위해 우리에게 '어떤 사랑'을 베푸셨는가 라는 물음으로 시작한다.[702]

---

701) 요일 3:1-12.

702) 요일 3:1, "보라 아버지께서 어떠한 사랑을 우리에게 베푸사 하나님의 자녀라 일컬음을

이 물음은 의문이 아닌 느낌표이다. 몰라서 묻는 것이 아니라, 독자들에게 그 주제를 상기하고자 하기 위함이다. 내용에서 그 사랑이 어떤 사랑인지 구체적인 언급이 없지만, 독자들이 다 아는 주제이기에 요한은 '우리가 그러하도다', 즉 '우리가 (하나님이 베푸신 사랑을 받은) 하나님의 자녀이다'라고 말한다.

중요한 것은 요한이나 독자가 공히 인식하는 '어떠한 사랑'은 다름 아닌 '하나님 아버지가 베푸신 것'이며, 그것은 바로 (요한이 이 서신에서 말하고자 하는 핵심 주제인) 영원한 생명 되신 하나님의 아들 '예수 그리스도의 십자가 대속의 사랑'이라는 것이다. 요한은 이 예수 그리스도의 구속의 사랑(고난, 죽음, 부활, 승천, 재림)을 바탕으로 하여 3장 2절에서 주님을 대망하는 소망의 주제를 말하고 있다.[703] 나아가 3절 이후에서 요한은 주를 향한 이 소망을 가진 자마다 거룩과 성화의 삶을 살아야 한다고 강조한다.

특히 하나님의 자녀의 삶의 특징으로 중요한 거룩과 성화의 주제는 3장 4절 이후부터 12절까지에서 뚜렷한 두 가지 대조를 통하여 강조된

받게 하셨는가 우리가 그러하도다……." 성도가 하나님의 자녀가 되기까지 '베푸신 하나님 아버지의 특별한 사랑'이 있었다. 구체적으로 그 사랑은 하나님의 아들 독생 성자 예수 그리스도의 십자가의 대속의 죽음이 있었고, 이 예수를 구주로 믿고 영접한 자들에게 죄 사함을 받은 '하나님의 자녀'의 권세를 주셨다(요 1:12). 하지만 이 진리를 영접하지 못한 세상과 마귀의 자녀들은 (거룩하신) 하나님과 주님을 알지 못하기에 (성화의 삶을 사는) 하나님의 자녀들도 제대로 알지 못하는 것이다. 하지만 이 진리와 큰 사랑을 받고, 믿고, 아는 하나님의 자녀는 그 은혜와 사랑에 얼마나 감사하며 감격하는가!

703) 요일 3:2, "……장래에 어떻게 될지는 아직 나타나지 아니하였으나 그가 나타나시면 우리가 그와 같을 줄을 아는 것은 그의 참 모습을 그대로 볼 것이기 때문이니." 2장 후반절(28절)에서도 주의 강림에 대해 언급하면서 주의 성도들에게 용기와 소망을 심어준 요한은 여기서도 주님의 재림과 연관하여 성도의 소망을 다룬다. 주의 재림 때 주의 성도는 주님의 참 모습(영광)을 볼 것이며, 주님과 같은 영광을 갖게 될 것이다(롬 8:17-19; 빌 3:21; 골 3:4 등). 따라서, 하나님의 자녀들에게는 이 소망이 있기에 성결의 삶으로 나아가지만, 마귀의 자녀들에게는 이 소망이 없기에 여전히 죄와 불법의 자리로 나아갈 수밖에 없는 것이다.

다. 첫 번째 대조는, '예수님과 마귀의 대조'이다. 예수님은 죄가 없으시면서 우리 죄를 없이하시려고 나타나셨고(5절), 또한 마귀의 일을 멸하시기 위해 나타나셨다(8절). 하지만 이에 비해 마귀는 처음부터 범죄한 범죄자이다(8절).

두 번째 대조는, '하나님의 자녀와 마귀의 자녀의 대조'이다. 하나님의 자녀는 예수 안에 거하여 (예수님처럼) 범죄치 않으며(6절), 하나님께로부터 나서 죄를 짓지 않는 것은 하나님의 씨가 그의 속에 거하기 때문이므로(9절), 예수의 의로우심처럼 의로우며(7절) 또한 서로 사랑하는 자이다(11절). 하지만 마귀의 자녀는 정반대이다. 마귀의 자녀는 죄를 짓고 불법을 행하며(4, 8절), 의를 행치도 않으며, 그 형제를 사랑하지도 않는다(10절).

이 단락의 끝에서 요한은 이러한 대조의 모델로 가인과 아벨을 예로 든다.[704] 의로운 아벨에 비해 악한 자에게 속하여 의인 아우를 살인한 가인의 악한 행위를 통해 하나님의 자녀와 마귀의 자녀의 대조적인 특징을 보여준다. 거룩하신 하나님께 속하고 죄와 마귀의 일을 멸하신 예수님께 속한 언약 백성들은 우리 속에 거하는 하나님의 씨(의와 거룩의 성품들)를 통하여 결코 악한 죄와 불법의 자리에 머물 수 없으며, 반대로 의와 거룩을 나타내며 형제를 사랑하는 성화와 사랑의 삶을 사는 것이 거룩한 하나님과 사귐이 있는 하나님의 자녀의 삶의 특징임을 깨닫게 된다.

704) 요일 3:12, "가인같이 하지 말라 그는 악한 자에게 속하여 그 아우를 죽였으니 어떤 이유로 죽였느냐 자기의 행위는 악하고 그의 아우의 행위는 의로움이라."

넷째 단락에서 요한은 하나님과 사귐을 갖는 성도(교회)가 갖추어야 할 '형제 사랑에 대한 실천적인 권면'에 대해 말한다.

이 단락에서[705] 요한은 그 실천적인 권면의 핵심으로 '형식적 사랑이 아닌, 행함과 진실함의 사랑'이라고 말한다.[706] 그는 이 주제를 부각시키기 위해 앞부분(13-17절)에서 '그리스도의 실천적 사랑'을 도입한다. 요한은 바로 앞 단락의 후반절(3:12)에서 '그 아우를 미워하여 살인한 가인에 대해 언급하고, 가인같이 하지 말라'고 강조하였다. 이 단락의 첫 부분에서도 이 사상은 계속 이어진다. 형제를 미워하여 살인한 가인에 대비하여, 형제를 위해 목숨을 버리신 그리스도의 사랑이 우리가 따라야 할 실천적인 모범으로 제시된다.[707] 전자는 사망에 머물러 있으며, 후자는 생명과 영생이 보장된 결과이다. 요한은 그러므로, 영생과 생명이 보장된 그리스도의 사랑을 바탕으로 물질이 궁핍한 형제를 어떻게 대해야 하는가를 말하고 있다.[708]

본문에서 강조하는 그리스도인의 사랑은 '목숨의 사랑'이다. 주님이 우리 위해 버리신 그 귀한 목숨의 사랑을 귀감으로 우리도 형제를 위해 나의 가장 소중한 목숨마저 버리기까지 한다면, 형제를 위하여 세상의 물질을 버리는(나누는) 것쯤은 쉬운 일이다. 그러나 그렇지 못하다면, 그리스도의 십자가 구속에 기초한 목숨의 사랑이 아니며, 그 속에 하나님의 사랑이 거하지 않으며, 여전히 세상을 더욱 사랑하는 마음과 형제 미움이 도사리고 있기에 '형제 사랑' 운운하는 것은 단지

---

705) 요일 3:13-24.

706) 요일 3:18, "자녀들아 우리가 말과 혀로만 사랑하지 말고 행함과 진실함으로 하자."

707) 요일 3:16, "그가 우리를 위하여 목숨을 버리셨으니 우리가 이로써 사랑을 알고 우리도 형제들을 위하여 목숨을 버리는 것이 마땅하니라."

708) 요일 3:17, "누가 이 세상의 재물을 가지고 형제의 궁핍함을 보고도 도와줄 마음을 닫으면 하나님의 사랑이 어찌 그 속에 거하겠느냐."

말과 혀로만 하는 형식적이고 가증스러운 것이다.

하지만 이 귀한 행함과 진실함의 사랑을 실천할 때 나타나는 결과는 실로 놀라운 은혜의 선물이며 축복들이다. 그것은 우리가 진리에 속해 있음을 알게 해주고 또 우리 마음을 주 앞에서 굳세게 해주며,[709] 하나님 앞에서 담대함을 얻어 무엇이든지 원하는 기도의 응답을 받게 되고,[710] 우리가 그의 계명대로 서로 사랑하므로 성령으로 말미암아 주님이 우리 안에 거하시는 줄 확신하게 되는 것이다.[711]

이런 놀라운 은혜와 축복들이 주어진다는 사실을 알 때 실로 놀랍지 않을 수 없다. 이러한 놀라운 형제 사랑과 교회 공동체의 사랑과 축복을 가능케 하는 원동력은 우리 위해 자신을 아낌없이 희생하신 그리스도의 구속의 사랑이다. 이에 교회는 그의 사랑의 계명을 따라 서로 사랑하며 주님 안에 거하게 되고, 그때 우리도 우리 안에 사랑의 주님과 믿음으로 역사하시며 거하시는 그리스도를 비로소 알고 신령한 연합의 교제를 경험해 나가게 되는 것이다.

다섯째 단락에서[712] 요한은 하나님과 사귐을 갖는 성도(교회)의 특징으로 '하나님께 거하는 자'에 대해 말하고 있다.

이 단락에서 요한은 이것을 두 단락으로 나누어서 말한다.

첫 번째 단락에서는[713] 하나님께 거하는 자는 '예수 그리스도가 육체로 오신 것을 시인'한다고 강조한다.

---

709) 요일 3:19.
710) 요일 3:21-22.
711) 요일 3:22-24.
712) 요일 4:1-21.
713) 요일 4:1-6.

요한은 이것을 강조하기 위해 '영'의 주제를 사용한다. 하나님의 영을 받은 자는 예수 그리스도께서 육체로 오신 것을 시인하는 영이며, 또한 하나님께 속한 것이지만, 예수를 시인하지 않는 영은 하나님께 속한 것이 아니고 곧 적그리스도의 영이라고 말한다.[714] 더 나아가 요한은 이같이 하나님의 영을 받아서 그리스도께서 육체로 오신 것을 시인하는 자의 영향력에 대해서 강조한다.[715] 요한 당시 영과 육을 이분법적으로 구분하며, 지식의 구원을 따랐던 영지주의자들은 그들의 교리에 따라 '육체로 오신 예수님'을 믿지 않았으며, 당시 기독교 공동체에도 심각한 악영향력을 끼치게 되었다.

이것을 염두에 둔 요한은 당시 이같이 예수님이 육체로 오신 것을 믿지 않았던 영지주의 이단 교리를 가르치던 자들을 가리켜 적그리스도의 영을 받은 자들이라고 경계하며, 또한 그들의 말을 듣고 따르는 사람들 역시 하나님께 속하지 않고 세상에 속한 말을 따르는 자들이고 미혹의 영에 사로잡힌 자들이라고 분명하게 구분하여 정리해 주고 있다. 예수님의 오심이 단지 가현이나 상상의 산물이 결코 될 리가 없다. 그런 허황되고 망령된 세상 초등학문의 바람에 복음의 핵심이 흔들려서는 안 된다. 구속의 주님은 구약 선지자들의 예언에 따라 유대 땅 베들레헴 역사의 장소에 인간의 몸을 입고 이 땅에 오신 역사적 주님이 분명하시다.

하나님의 영의 다스림을 받고 하나님께 거하는 자(하나님과 사귐을

714) 요일 4:2-3, "이로써 너희가 하나님의 영을 알지니 곧 예수 그리스도께서 육체로 오신 것을 시인하는 영마다 하나님께 속한 것이요 예수를 시인하지 아니하는 영마다 하나님께 속한 것이 아니니 이것이 곧 적그리스도의 영이니라 오리라 한 말을 너희가 들었거니와 지금 벌써 세상에 있느니라."

715) 요일 4:6, "우리는 하나님께 속하였나니 하나님을 아는 자는 우리의 말을 듣고 하나님께 속하지 아니하는 자는 우리의 말을 듣지 아니하나니 진리의 영과 미혹의 영을 이로써 아느니라."

갖는 자)는 이 사실에 대한 확고한 믿음을 가지게 되지만, 얄팍한 인간 지식과 적그리스도의 영에 지배된 세상 혼합 종교와 철학의 잣대로 예수를 보기 때문에 역사적 예수와 그리스도는 보이지 않게 된다. 이 혼탁하고 악한 영지주의와 같은 세상 풍조 속에 미혹되지 않고 승리하기 위해 우리는 오직 하나님의 영, 진리의 영 그리고 그리스도의 영에 사로잡혀 살게 될 때 하나님 안에 거하는 삶을 살게 되며, 곧 하나님과 참된 연합의 삶을 살게 되는 것이므로 무엇보다 성령 충만을 위해 항상 무릎과 기도로 주님께 나아가는 영성의 삶이 가장 필요한 것이다.

두 번째 단락에서[716] 요한은 하나님과 참된 연합과 사귐이 있으며, 또한 하나님 안에 거하는 자의 특징은 '하나님의 사랑 안에서 서로 사랑한다'고 말한다.

주제를 강조하기 위해 요한은 앞단락에서 '영'의 주제를 다루었지만 이제 여기서는 '사랑'의 주제를 사용한다. 사랑의 주제에 대하여 요한이 다루는 전개 방식은 앞에서의 '영'의 주제를 다루는 방식과 비슷하다. 요한은 그의 독자들에게 먼저 '우리가 서로 사랑하자. (왜냐하면) 사랑은 하나님께 속한 것이다'라고 전제한 후, '사랑하는 자는 ('사랑'이신) 하나님을 알고, 사랑하지 않는 자는 ('사랑'이신) 하나님을 알지 못한다'라고 대조의 방식으로 설명한다. 이어서 하나님의 사랑에 대해 구체적으로 설명하기를, 독생자 예수 그리스도를 우리 죄를 대속하기 위해 화목 제물로 보내신 사랑이라고 말한다. 따라서 요한은 '하나님이 이같이 우리를 사랑하셨은즉 우리도 (이 같은 생명(희생)의 사랑으로)

716) 요일 4:7-21.

서로 사랑하는 것이 마땅하다'고 강조한다.

이 사랑의 실체를 설명한 요한은 이제 이 사랑의 진리를 확대 적용한다. 요한은 말하길, 누구든지 예수를 하나님의 아들이라 시인하면 하나님이 그의 안에 거하시고, 그도 하나님 안에 거한다고 한다. 즉 하나님과 그의 자녀 간에 사랑의 내주(dwelling)와 사랑의 교제(communication)의 적용을 말한다. 요한은 이것을 '하나님은 사랑이시라. 사랑 안에 거하는 자는 하나님 안에 거하고, 하나님도 그의 안에 거하느니라'[717]고 말한다.

이어서 '사랑' 주제의 결론으로 요한은 이 하나님의 사랑 안에 거하는 자는 첫째, '심판에 대한 두려움 없이 담대해야 하며', 둘째, 형제에 대하여 말로만이 아닌 실천적 사랑을 베풀어야 함을 강조한다. 이 단락에서의 핵심 역시 하나님의 사랑이며 구체적으로 '독생자 예수 그리스도의 대속의 사랑, 희생의 사랑'이다. 구약 시대 아담 이후 사탄의 미혹으로 넘어져 죄와 죽음의 자리에, 실패한 자리에 처한 자기 백성들을 성부 하나님은 버리지 않으시고 다시 살리시고 구원하시기로 아브라함과 족장들과 선지자들과 그리고 이스라엘 백성들과 맺으신 그 거룩한 언약을, 당신의 독생 성자 예수 그리스도를 희생의 제물로 주시기까지 아낌없이, 절대적으로 사랑하신 그 사랑……. 바로 그 사랑을 말하고 있지 않은가! 여기에 무슨 말이 필요하겠는가!

요한의 말처럼, 이 거룩한 사랑 앞에 우리는 단지 서로 사랑하는 것이 마땅하고 지당할 뿐이다. 이 거룩하고 숭고한 그리스도의 대속의 사랑을 알고 또 이 사랑 안에 거하는 자라면, 서로 사랑하지 못할 이유는 그 어디에도 없다. 있다면 단지 인간적이고 세속적인 핑계일

717) 요일 4:16.

뿐이다. 이 사랑으로 형제를 교회 공동체를 나아가서 이웃과 나라 백성들을 사랑으로 품고 실천적 생명 사랑, 내 것을 더불어 나누고 베푸는 사랑으로 나아가는 그리스도의 사랑에 기초한 '사랑의 언약 공동체의 사명'인 것이다.

사귐의 결과

본 서신 맨 앞부분에서 요한은 하나님과 교회와의 관계 즉 사랑의 사귐의 근거를 3가지로 나타내었고, 이어서 둘째 부분에서는 그 사귐의 형태와 특징에 대해 몇 가지로 묘사하였다. 즉 하나님과 참된 사귐이 있는 성도(교회)는 "첫째 하나님의 뜻을 행하고, 둘째 주의 약속 안에 거하고, 셋째 하나님의 언약 자녀들이고, 넷째 행함과 진실함으로 행하는 자들이고, 다섯째 하나님 (사랑) 안에 거하는 자"라고 말한다.

이어서 요한은 마지막 부분이자 결론인 본 단락[718]에서 하나님과 참된 사귐(교제)의 결과가 어떤 것인지를 대략 6가지로 말한다.

첫째로,[719] 하나님과 참된 사귐의 결과 '하나님의 아들을 믿는 믿음으로 세상을 이기게 된다'고 증거한다.

여기서 요한은 주제를 강조하기 위해 '믿음'과 '사랑'을 대비시키고, 점층법적 논리를 사용한다. 요한은 5장 1절에서 "예수께서 그리스도이심을 믿는 자는 하나님께로부터 난 자이고 또한 낳으신 하나님을 사랑하며 나아가 (하나님에게서 태어난) 하나님의 자녀들을 사랑하게 된다"[720]는 점층법적 논리로 설명한다.

---

718) 요일 5:1-21.
719) 요일 5:1-5.

이처럼 그리스도를 향한 '믿음'은 하나님 '사랑'과 나아가 하나님의 사람들을 '사랑'하는 기초이며, 이 '믿음과 사랑', '사랑과 믿음'이 결국 악한 세상에서 언약 백성(교회)에게 이김과 승리를 주는 원동력임을 말하고 있다. 또한 요한은 '예수께서 그리스도이심을 믿는 자마다 하나님께로부터 난 자'라고 말하고,[721] '무릇 하나님께로부터 난 자마다 세상을 이기느니라[722]……예수께서 하나님의 아들이심을 믿는 자가 아니면 세상을 이기는 자가 누구냐'[723]고 말한다.

즉 요한은 믿음과 사랑의 기초를 하나님과 하나님의 아들이신 예수 그리스도에게 동시에 두고 있다. 성부 하나님의 뜻이 성자 예수님의 뜻이고, 예수님 안에 있는 자가 곧 하나님 안에 있는 자라는 사상이 요한 서신에 자주 등장하는 주제이다. 예수님을 믿고 사랑함은 곧 하나님을 믿고 사랑하는 것이며, 또한 (하나님을 사랑하고 이웃을 사랑하라는 계명의 정신처럼) 하나님의 사람들을 사랑하며, 나아가 이 믿음과 사랑으로 저 악한 세상마저 이기게 하는 힘이요 원동력이 된다는 진리이다. 중요한 것은 이것이 예수 그리스도의 구속의 사랑과 그것을 믿는 믿음에서 출발된다는 것과 이 예수 그리스도와 하나님과의 참된 사귐이 있는 자에게 주어진다는 축복의 메시지이다.

둘째로,[724] 하나님과 참된 사귐의 결과 '예수가 하나님의 아들이심에 대한 확증된 신앙을 갖는다'고 요한은 증거한다.

---

720) 요일 5:1, "예수께서 그리스도이심을 믿는 자마다 하나님께로부터 난 자니 또한 낳으신 이를 사랑하는 자마다 그에게서 난 자를 사랑하느니라."
721) 요일 5:1.
722) 요일 5:4.
723) 요일 5:5.
724) 요일 5:6-12.

이 단계에서 핵심은 '증거'이다. 요한은 여기서 사람들의 증거와 하나님의 증거를 대비시키면서[725] 하나님의 증거가 더욱 중요함을 강조한다. 또한 요한은 물과 피로 임하신 예수 그리스도와 이것을 참되게 증언하신 성령에 대해 언급하면서,[726] 이 땅에 임하셔서 메시아로 그 임무를 공적으로 위임 받으시고(세례) 결국 십자가(피) 구속을 이루신 예수 그리스도에 대한 증거가 역사적이고 참된 진리임을 강조한다. 이렇게 예수님이 하나님의 아들이심에 대한 확실하고 명백한 증거로 제시하신 하나님의 증언(증거)은 두 가지, '믿음'과 '영생'(생명)이다.

따라서 요한은 이처럼 하나님의 아들을 믿는 자는 자기 안에 있는 믿음과 생명이 있지만, 믿지 않는 자는 하나님에 대한 불신앙과 그에 따른 죽음의 결과를 초래한다고 뚜렷한 대비를 보여준다. 이로써 알 수 있는 분명한 것은, 예수가 하나님의 아들이심에 대한 확실한 증거는 눈에 보이는 실체로서의 증거가 아니라는 것이다. 믿음이나 생명은 눈에 보이지는 않지만 그 어떤 증거나 증언들보다 더 분명하고 뚜렷한 증거이며, 천국이나 구원처럼 우리 그리스도인들에게 정말 소중한 것들은 눈에 보이는 것들이 아니라 보이지 않는 것에 있음을 알게 되며, 눈에 보이지 않는 실체를 보게 하신 주님께 또한 더욱 감사하게 된다.

셋째로,[727] 하나님과 참된 사귐의 결과 '생명을 위해 기도하게 된다'고 요한은 증거한다.

요한은 이 서신을 기록하는 목적이 바로 '하나님을 믿는 성도(언약

725) 요일 5:9, "만일 우리가 사람들의 증언을 받을진대 하나님의 증거는 더욱 크도다……."
726) 요일 5:6, "이는 물과 피로 임하신 이시니 곧 예수 그리스도시라 물로만 아니요 물과 피로 임하셨고 증언하는 이는 성령이시니 성령은 진리니라."
727) 요일 5:13-17.

교회)에게 영생(생명)이 있음'을 알게 하기 위함이라고 말하고, 그러면서 '기도'에 대해 권면한다. 요한은 기도에 대해 말하면서, '하나님의 뜻대로' 기도할 것과 그리고 '죄 범한 형제(사망에 이르지 않는 죄)의 영혼 구원을 위해' 기도하라고 권면하고, 그 결과 모두 생명으로 돌아온다고 가르친다. 하나님의 뜻대로 구하면 무엇이든지 다 응답되므로 생명의 응답이고, 범죄자를 위해 기도하면 그가 죄에서 구원받아 생명을 얻으므로, 결과적으로 하나님과 참된 사귐이 있는 언약 성도(교회)의 기도는 모두가 생명의 기도임을 알게 한다.

요한은 여기에 한 가지 단서를 붙이는데, '사망에 이르는 죄에 관하여는 간구하지 말 것'을 언급하면서도,[728] 그러나 '사망에 이르지 아니하는 죄도 있다'라는[729] 생명의 불꽃에 대한 여운을 남겨 범죄자들의 영혼 구원을 위한 생명의 기도를 적극적으로 할 것을 요청하고 있다. 그리스도의 피 구속을 받은 언약 교회는 이처럼 영생을 소유하였고, 생명을 그 속에 간직한 채 드리는 기도 역시 주님의 뜻대로 드리는 생명의 기도이며, 나뿐만 아니라 이웃과 형제 특히 연약하고 범죄한 형제를 위한 기도 역시 죄에서 돌이켜 생명을 얻게 하는 놀라운 기도의 용사들임을 알게 된다. 그때 언약 백성은 생명의 백성이며, 언약 공동체는 생명을 소유하고 그 생명을 전하고 또한 불러일으키게 하는 살아 있는 생명 공동체, 기도 공동체임을 알게 된다. 그럴 때 기도의 특권을 주심에 감사하며 또한 생명 구원을 위한 기도의 무릎이 더욱 강해야 할 것을 깨닫게 된다.

728) 요일 5:16, "……사망에 이르는 죄가 있으니 이에 관하여 나는 구하라 하지 않노라."
729) 요일 5:17, "모든 불의가 죄로되 사망에 이르지 아니하는 죄도 있도다."

넷째로,[730] 하나님과 참된 사귐의 결과 '하나님이 지키신다'고 요한은 증거한다.

여기서 요한은 하나님이 하나님께로부터 난 자들을 지키신다는 이유를 몇 가지로 든다. 첫 번째는 하나님께로부터 난 자는 (사망에 이르는) 죄를 범하지 않는다. 두 번째는 '하나님께로부터 나신 자(예수 그리스도)'가 그를 지키신다. 세 번째는 고로 악한 자가 그를 만지지도 못한다는 것이다.[731]

이와 함께 요한은 하나님이 하나님의 백성들을 지키시는 가장 근본적인 이유로 '하나님께 소속되었기 때문'이라고 말한다.[732] 그렇다. 우리 언약 교회는 하나님께 소속된 하나님의 소유들이며, 또한 임마누엘의 예수 그리스도, 죄와 사탄을 이기시고 승리하신 주님이 항상 언약 백성들과 함께 계시므로 우리는 어디를 가든지, 무엇을 하든지 두려울 게 없다. 설사 우리가 연약하여 세상에 살 동안 넘어질지라도 근본적으로 사망에 이르는 죄를 범하지 않으므로, 세상의 주인인 악한 마귀일지라도 우리에게 털끝 하나 만지지도 못한다.

그러므로 이 땅에 사는 동안 하나님은 언약의 자녀인 우리를 세상의 악한 자의 손아귀에 버려두지 아니하시고, 세상 풍파 동안에도 당신의 은혜의 날개 아래 품어 주시고는 결국 확신에 찬 믿음으로 승리하게 하신다.

---

730) 요일 5:18-19.

731) 요일 5:18, "하나님께로부터 난 자는 다 범죄하지 아니하는 줄을 우리가 아노라 하나님께로부터 나신 자가 그를 지키시매 악한 자가 그를 만지지도 못하느니라."

732) 요일 5:19, "또 아는 것은 우리는 하나님께 속하고 온 세상은 악한 자 안에 처한 것이며."

다섯째,[733] 하나님과 참된 사귐의 결과 '참된 자의 실체를 안다'고 요한은 증거한다.

우리 언약 백성이 참된 자의 실체를 알게 된 것은 우리 스스로가 아니라, 하나님의 아들 때문이라고 요한은 증거한다. 요한은 하나님의 아들이신 예수 그리스도가 우리에게 지각을 주셔서 우리가 알게 된 사실 몇 가지는 첫 번째, '참된 자(예수 그리스도)를 알게 된 것', 두 번째, '우리가 참된 자 예수 그리스도 안에 있게 된 것', 세 번째, '그분은 참 하나님이시요 영생이시라'는 것을 깨닫게 되었다고 말한다.

여섯째,[734] 결국 하나님과 참된 사귐의 결과 '자신을 지켜 우상에서 멀리한다'고 요한은 증거한다.

이것은 명령으로 주어졌다. 물론 근본적으로 본성상 우리가 하나님께 속했고 또 참되신 예수 그리스도께서 항상 우리를 지키시지만 그와 함께 언약 백성인 우리 자신도 이 세상에 사는 동안 세상의 온갖 유혹들과 죄악들로부터 우리 스스로를 지키기 위해 애쓰고 힘써야 한다는 것이다. 하나님이 지키신다고 해서, 우리 자신의 기본적인 역할이나 노력을 게을리 해서는 안 될 것이다. 하나님의 지키심과 자신의 방임은 구분해야 한다. 강력한 세상의 죄악과 우상들의 영향력 앞에서 우리 자신을 무기력하게 방치하거나 방임해 두어서는 안 된다. 하나님께 속했고 하나님을 가까이하는 자는 동시에 죄악과 우상을 멀리하는 일을 게을리 해서는 안 되는 일이며, 이 두 가지 원리는 결국 하나인 것을 깨닫게 된다.

---

733) 요일 5:20, "또 아는 것은 하나님의 아들이 이르러 우리에게 지각을 주사 우리로 참된 자를 알게 하신 것과 또한 우리가 참된 자 곧 그의 아들 예수 그리스도 안에 있는 것이니 그는 참 하나님이시요 영생이시니라."

734) 요일 5:21, "자녀들아 너희 자신을 지켜 우상에게서 멀리하라."

모든 언약백성들은 항상 이 두 가지 원리, '나는 하나님이 지키신다. 하나님께 소속되었다. 그리스도 안에 있다'는 사실, 그러므로 '나 자신을 이 믿음 안에 굳게 지켜서 세상의 죄악들과 우상들을 멀리해야 한다'는 사실을 명심하여 끝까지 승리의 삶을 살아야 한다.

3. 요한일서의 구조

1:1-2:6	**사귐의 근거**(기초)
1:1-4	생명의 말씀을 전파함
1:5-10	빛 가운데 행함
2:1-6	대속주(예수)의 계명(언약)을 지킴
2:7-4:21	**사귐의 형태**(특징)
2:7-2:17	하나님의 뜻(형제 사랑, 빛 가운데 행함)을 행한다.
2:18-29	그의 약속(영원한 생명) 안에 거한다.
3:1-3:12	마귀의 자녀들 vs 하나님의 자녀들
3:13-3:24	형제 사랑에 대한 실천적 권면
4:1-4:6	하나님께 거하는 자 : 예수가 육체로 오신 것을 시인함
4:7-4:21	하나님께 거하는 자 : 하나님의 사랑 안에 서로 사랑함

5:1–5:21	**사귐의 결과**
5:1–5:5	하나님의 아들을 믿는 믿음으로 세상을 이긴다
5:6–5:12	예수가 하나님의 아들이심에 대한 확실한 증거
5:13–5:17	생명을 위해 기도하게 된다
5:18–5:19	하나님이 지키신다
5:20	참된 자의 실체를 안다
5:21	자신을 지켜, 우상에서 멀리한다

요한이서(2John)

진리, 사랑

1. 정경적 배경

▶ 저자와 수신자

이레니우스, 클레멘트, 오리겐 등이 본서들이 사도 요한의 저작으로 여겼으며, 내용에서 자신을 '장로'라고 소개하지만, 문체, 어휘, 구조 등이 복음서와 유사하므로 사도가 부녀에게 썼다.

▶ 기록 연대와 장소

내용적으로 볼 때, 서신은 요한일서와 비슷한 시기인 A.D. 90년경에 기록되었으며, 초대 교회 교부들은 로마 소아시아 지역의 중심지였던 에베소를 요한의 세 서신들의 기록 장소로 말하고 있다.

▶ 주제와 목적

요한이서는 거짓 선생들과의 관계(거절, 경계)를 위하여 기록했다.

▶ 특징

1. 둘 다 성경 전체에서 가장 짧은 서신들이다(요한삼서가 가장 짧음).
2. 둘 다 유사한 문체와 어투 및 구조를 가진다(사랑, 진리, 기쁨 등).

2. 내용 전개

언약의 주요 모티브 : 진리, 사랑, 계명, 적그리스도

신약 교회의 언약 파괴자들과의 관계 : 본서는 사도 요한이 힘든 세상 가운데서도 진리와 사랑 가운데서 행하는 언약 교회의 부녀들과 그 자녀들의 복된 신앙을 격려하기 위해서, 또한 당시 세상과 심지어 교회도 미혹하는 적그리스도에 대해 경계를 주기 위해 기록하였다. 사도는 당시 활발하게 활동하던 이단들에 대한 대처법으로서, 첫째는 (적극적 대처법) 진리와 사랑 안에서 주의 계명을 행할 것과, 둘째는 (소극적 대처법) 예수 그리스도를 부인하는 이단들을 멀리하라는 교훈을 준다.

적극적 대처법 : 진리와 사랑 가운데 주의 계명을 행하라

사도는 본서에서 먼저 인사를 건네면서 진리와 사랑의 주제를 부각시키고 있다. 수신자들인 교회의 부녀들과 그 자녀들을 아끼고 사랑하는 것은 우리 안에 거하여 영원히 함께할 진리 때문이라고 말한다.[735] 나아가 사도는 수신자들에게 '하나님 아버지와 아들 예수 그리스도께로부터 은혜와 긍휼과 평강'이 '진리와 사랑 안에서' 우리와 함께 있을 것'이라는 소망과 확신을 준다.[736]

이 구절은 성부와 성자와의 언약의 관계, 하나님과 우리(주의 언약

735) 요이 1:1-2.
736) 요이 1:3, "은혜와 긍휼과 평강이 하나님 우리 아버지와 아버지의 아들 예수 그리스도께로부터 진리와 사랑 가운데서 우리와 함께 있으리라."

교회)와의 언약 관계를 보여주며, 또한 언약 교회에 대한 종말론적 임마누엘의 약속을 보여주는 중요한 대목이며, 그러나 '진리와 사랑'이라는 전제하에 이러한 관계와 약속이 이루어지게 됨을 알 수 있다. 진리와 사랑으로 세상 만물을 창조하시고 주의 교회를 인도하시는 거룩한 성부와 성자의 관계가 진리와 사랑에 기초한 것이라면, 그 하나님을 믿고 따르는 주의 교회는 당연히 주 하나님을 향하여 진리와 사랑으로 순종하며 따라야 하지 않겠는가!

그럴 때 종말의 때까지 동일한 그 진리와 사랑으로 주의 언약 교회를 지키시고 승리의 자리로 이끄시게 될 임마누엘의 약속은 든든한 보장으로 남게 될 것이다. 이러한 관계성과 약속을 기초로 본서에서 사도가 말하고자 하는 핵심은, 진리와 사랑의 관계는 상호 보완적인 것으로 사랑은 곧 진리에 근거한 참된 사랑이어야 하고, 또한 참된 진리는 실제적이고 참된 사랑으로 나타나야 한다는 것을 알게 해주고자 한다.

사도는 4절에서 6절까지 계명의 주제를 사용하여 이 둘의 관계를 더욱 선명하게 설명하고 있다. 사도는 주의 자녀가 계명대로 진리를 행하는 자를 보니 심히 기쁘다고 말하면서, 사랑은 계명을 따라 행하는 것이고, 계명은 처음부터 들은 바와 같이 '그 가운데서 행하는 것'이라고 말한다. 그러므로 참된 사랑은 (어떤 논리나 추상적인 개념이 아니라) 진리의 말씀을 따라 순종하는(행하는) 계명과 같이, 실제적이고 구체적인 순종과 행함으로 나타나야 하는 것이다. 우리가 진리의 말씀에 순종한다면 그에 따른 사랑의 실천이 반드시 나타나기 마련이다. 계명대로 행한다는 뜻은 계명의 뜻에 순종하고 실천한다는 의미이다. 진리인 계명대로 행하면 반드시 그 결과 사랑으로 나타나지만, 계명을 행하지(순종) 않으면, 사랑은 나타나지 않는 것이다. 그러므로 진리의 말씀에, 계명의 뜻에 얼마나 진실되게 순종하며 행하는 것이 중요한 것인지를 알게 된다.

아무리 우리가 진리를 알고 또한 그 진리를 외친다 하더라도, 우리의 가족과 이웃과의 관계에서 참된 사랑이 나타나지 않는다면 무엇이 문제인가! 단지 진리를 머리로 알고는 있지만, 행동과 실천으로 옮기지 않았기 때문이다. 그러므로 이것은 '참 믿음은 행함으로 나타나며, 행함은 진실한 믿음에 기초한 것이어야 한다'는 믿음과 행함의 관계와 같은 원리이다. 그러나 예나 지금이나 이 둘의 관계가 잘못 정립될 때 잘못된 신앙으로 인도되며, 그것이 곧 이단으로 나타나기 쉽다.

소극적 대처법 : 그리스도를 부인하는 이단을 멀리하라

사도는 앞부분에서 택하심을 받은 부녀들과 그의 자녀들이 진리와 사랑 안에서 행하는 그들의 복된 신앙의 성숙에 대하여 격려한 이후에, 이제는 그들을 미혹하는 적그리스도의 활동에 대해 경계를 주고 있다. 즉 앞부분에서 '진리를 행하라'고 강조한 사도는 여기서는 '진리를 지키라'고 강조한다. 특히 사도는 7절 이후에 이들의 신앙을 미혹하는 실체에 대해서 구체적으로 밝히고 있다. 그는 앞으로 나타날 자가 아니라 이미 세상에 나타나서 활동하고 있으며, 또한 한 사람만 나온 것이 아니라 다수이다.[737]

그는 예수 그리스도께서 육체로 오심을 부인하는 자이며, 그러기에 미혹하는 자요 적그리스도이다. 이들은 사도 이전에도 존재하였고,

737) 요이 1:7, "미혹하는 자가 세상에 많이 나왔나니……." 이들은 사도 시대 이전부터 존재하여 동양의 철학적 사상들을 기반으로 발전해 온 영지주의 가르침을 뜻하는 것으로 보인다.

당시와 그 이후에도 왕성하게 활동하였던 영지주의자들을 가리킨다. 이들은 페르시아의 이원론과 잡다한 철학적 사상들을 기반으로 기독교와 접목한 이단 사상으로서, 육체와 물질은 악한 것이며, 영은 선한 것이고 영이 구원 얻는 것으로 해석한다. 이러한 이원론적 기반 위에서 이들은 예수 그리스도의 성육신을 부인하며, 그러기에 그리스도의 고난과 십자가도 당연히 거부한다.

따라서 사도는 본서보다 일찍이 요한일서에서 이들을 가리켜 거짓말하는 자요 적그리스도로 규정하였다.[738] 이런 적그리스도에 대한 대처법에 대해 사도는 권면하기를, 첫째, 스스로 삼가서 우리가 일한 것을 잃지 말고, 온전한 상을 받으라,[739] 둘째, 그리스도의 교훈 안에 거하여 성부와 성자를 모시는 자가 되라,[740] 셋째, 그리스도의 교훈을 가지지 않고 너희에게 나아가거든 그를 집에 들이지도 말고 인사도 말라[741]고 엄히 당부한다.

진리를 지키고 고수하는 교회의 태도는 엄격하고 분명해야 한다. 어정쩡하다가는 이단의 미혹에 빠지게 되고, 이단의 미혹의 영향력은

---

738) 요일 2:22, "거짓말하는 자가 누구냐 예수께서 그리스도이심을 부인하는 자가 아니냐 아버지와 아들을 부인하는 그가 적그리스도니."

739) 요이 1:8. 여기서, '삼가서'는 '주의하여, 조심하여'라는 뜻이다. '우리가 일한 것'은 사도를 포함한 주의 성도가 함께 힘써 일하여 이룩한 교회의 복음과 진리와 사랑을 의미한다. '온전한 상'은 다른 요한 서신들과 구별되는 이곳에서의 독특한 표현으로 '구원'과 '영생'을 의미한다. 참조. 요일 2:25, "그가 우리에게 약속하신 것은 이것이니 곧 영원한 생명이니라."

740) 요이 1:9. 여기서 '그리스도의 교훈'은 곧 그리스도가 육체로 오셨다는 가르침이다. 그러나 이 교훈이 없는 자는 당연히 그 속에 그리스도도 하나님도 계시지 않는다. 참조. 요일 2:23-24, "아들을 부인하는 자에게는 또한 아버지가 없으되 아들을 시인하는 자에게는 아버지도 있느니라 너희는 처음부터 들은 것을 너희 안에 거하게 하라 처음부터 들은 것이 너희 안에 거하면 너희가 아들과 아버지 안에 거하리라."

741) 요이 1:10-11. 여기서 '인사'는 단순한 인사의 의미가 아니라, 상대방(사상, 신앙)과의 교류와 교제를 의미한다. 즉 적그리스도의 사상을 가진 자들과 교제하며 비신앙적 부분을 공유함을 뜻하기에, 사도는 이것을 '악한 일'로 규정하고 있다. 11절, "그에게 인사하는 자는 그 악한 일에 참예하는 자임이니라."

강하다. 하지만 성부 하나님과 아들이신 예수 그리스도와의 구원과 생명의 관계인 주의 언약 교회는 더욱 강하다. 오직 참되시며 진리이신 예수 그리스도의 실체적 성육신과 고난과 부활과 재림의 신앙을 굳게 붙들고 있을 때, 이 시대의 어떠한 적그리스도들의 미혹들도 능히 이기고 승리하게 된다. 이 그리스도의 교훈으로 진리를 지키고 파수하는 자들이 진정 하나님을 사랑하는 사랑의 성도들이다. 그러기에 진리와 사랑은 천국을 향해 동행하는 구원의 참되며 복된 친구이다.

3. 요한이서의 구조

1-3	첫인사
4-6	하나님의 계명을 진리와 사랑 가운데 행하라
7-11	예수 그리스도를 부인하는 이단들을 멀리하라
12-13	끝인사

요한삼서(3John)

섬김, 겸손

1. 정경적 배경

▶ 저자와 수신자

이레니우스, 클레멘트, 오리겐 등이 본서들이 사도 요한의 저작으로 여겼으며 내용에서 자신을 '장로'라고 소개하지만, 문체, 어휘, 구조 등이 복음서와 유사하므로 사도가 가이오에게 썼다.

▶ 기록 연대와 장소

내용적으로 볼 때, 서신은 요한일서와 비슷한 시기인 A.D. 90년경에 기록되었으며, 초대 교회 교부들은 로마 소아시아 지역의 중심지였던 에베소를 요한의 세 서신들의 기록 장소로 말하고 있다.

▶ 주제와 목적

요한삼서는 교회 지도자(성도)와의 관계(관대하게 대하고, 교만하지 말라)를 위해 기록했다.

▶ 특징

1. 둘 다 성경 전체에서 가장 짧은 서신들이다(요한삼서 가장 짧음).
2. 둘 다 유사한 문체와 어투 및 구조를 가진다(사랑, 진리, 기쁨 등).

2. 내용 전개

언약의 주요 모티브 : 진리, 사랑, 겸손

신약 교회의 형제들과의 언약적 관계 : 진리와 사랑과 겸손으로 대하라

가이오에 대한 칭찬

본서의 저자인 요한은 가이오에게 짧게 첫인사를 건넨 후, 곧이어 가이오의 장점을 들어 칭찬을 아끼지 않는다. 그의 칭찬은 두 가지로 요약되는데, 첫째는 가이오의 경건이며, 둘째는 가이오의 사랑이다.

요한은 가이오에 대하여 '사랑하는 자'라고 수차례[742] 표현하고 있는 걸로 보아서 주 안에서 그를 많이 아끼는 특별한 관계[743]였던 것으로 짐작할 수 있다. 이러한 특별한 관계에서 요한은 영적 아들과도 같았던 가이오를 향하여 복을 비는 간구[744]는 당연한 것이다. 이는 요한의 일방적인 관대함이나 애정에서 기인한 것이 아니라, 가이오의 경건 때문인 것을 알 수 있다. 가이오를 잘 알던 복음 안에서 형제

---

742) '사랑하는 자'라는 표현은 요한삼서 전체 15절 가운데 4회(1, 2, 5, 11절) 나타난다. 1절 상반절에서 '사랑하는 가이오'라는 표현을 합치면 5회가 된다. 따라서 본서에서 '사랑하는 자'는 곧 '가이오'를 뜻하며, 요한이 그를 얼마나 아끼며 애정을 갖고 대했는지를 짐작하게 한다.

743) 요한삼서 1장 4절 에서 "내가 내 자녀들이……"라는 표현과 앞 절에서 가이오에 대한 형제들의 증언을 종합해 볼 때, 사도 요한은 가이오를 (영적) 자녀의 관계에서 말하고 있음을 알게 된다.

744) 요삼 1:2, "사랑하는 자여 네 영혼이 잘됨같이 네가 범사에 잘되고 강건하기를 내가 간구하노라."

된[745] 자들이 요한에게 와서 가이오에 대해 증언한 내용은 '가이오가 진리 안에서 행한다'는 것이었다. 요한은 이 증언의 소식을 접하고 마치 자식의 잘된 소식을 듣고 기뻐하는 아버지의 심정과 같이 심히 기뻐한다고 말한다.

가이오는 그가 믿는 구주 예수 그리스도의 진리의 말씀 따라 행하는 진리의 삶을 살았다. 주의 진리의 가르침을 따라 바르고 참된 것을 행하며 불의를 기뻐하지 않았던 그의 이러한 경건한 삶은 주변 사람들에게도 자연히 알려지게 되었고, 사도에게까지 미치게 되어 이런 칭찬을 듣게 되는 것이다. 주를 믿는 주의 자녀와 교회가 길이요 진리요 생명 되신 그리스도의 말씀을 따라서 참되고 바르게 진리 안에서 행하는 것은 당연한 것이지만, 실제 삶에서 그렇게 살고 행하며 주변 사람들에게도 그러한 칭찬의 증언을 듣고 산다는 것은 결코 쉬운 것은 아닐 것이다. 불의한 세상 가운데서 진리를 향한 가이오의 진리의 외침과 경건이 얼마나 남다르고 탁월했는지 짐작하게 된다.

또한 이 아들로 인해 심히 기뻐하는 요한처럼, 주의 자녀들인 언약 교회가 우리의 아버지 하나님을 기쁘시게 해드리는 최고의 일은 우리가 진리 안에서 행하고 사는 것임을 깨닫게 된다. 주님은 진리이시고, 그 주님을 믿고 따르는 주의 언약 교회는 그 무엇보다 바르고 참되게 살아야 하는 것이 가장 우선적인 일인 것이다.

요한의 두 번째 칭찬 내용은 가이오의 남다른 사랑의 봉사와 헌신 때문이다.

가이오는 당시 복음 전도를 위해 떠돌아다니던 나그네 된 자들,

745) 요삼 1:3. 이 '형제들'이 누구인지에 대해서는 뒤 구절인 5-8절(5절 '나그네 된 자들'의 증언)의 내용과 연결해 볼 때, 이들은 아마 당시 복음을 전하기 위해 마을과 마을을 떠돌아다녔던 순회 전도자들이었던 것으로 짐작된다.

곧 순회 전도자들을 사랑으로 영접하고 따뜻하게 전송하였다. 세월이 지나 복음 전도의 일을 마치고 교회에 돌아와서 그동안의 경과 보고를 하게 된 순회 전도자들은 전도 여정에서 가이오와 그 집에서 받았던 사랑의 환대에 대해 교회 앞에 보고하게 되었다. 요한은 가이오의 이 사랑의 선행이 왜 신실하고 하나님 앞에 행한 좋은 일인지 그 이유를 든다. 그것은 순회 전도자들이 오직 주의 이름을 위하여 이방인들에게 무보수로 일한다는 점이다. 그러니 무보수로 복음을 위해 일한 그들을 또한 무보수로 섬기고 환대하는 것은 하나님 앞에서 당연한 일이고 신실한 일이라는 논리이다.

우리가 구원의 진리를 알게 된 것, 복음을 위해 순수하게 일하는 복음 전도자들의 헌신과 수고 때문이었다. 나아가 우리 주님의 무조건적인 은혜와 사랑 때문이었다. 거기에는 아무런 보수나 합당한 금전적 지불 없이 된 오직 주님의 크신 사랑과 긍휼과 은혜로 인해 된 구원인 것이다. 하지만 이렇게 크신 주의 사랑의 은혜로 구원받은 우리가 행해야 할 당연한 일이 다른 사람들과 복음 전도자들을 위한 사랑의 봉사와 헌신이지만 그러나 쉬운 일이 아닌 것 같다. 그래서 예나 지금이나 칭찬 들을 일이다.

더 중요한 것은 단순히 칭찬의 의미를 넘어서, 그러한 사랑의 섬김과 봉사의 일은 우리를 진리를 위한 동역자로 부르신 하나님의 뜻임을 사도는 말한다. 순회 전도자들을 사랑으로 섬기고 환대한 일은 즉 순회 전도자들이 행한 복음 전도와 진리를 위해 한 일과 같은 동역이라는 의미이다. 그러기에 이 일은 단순히 한 인간을 따뜻이 보살피고 잘 대해 준 인간적이고 윤리적인 차원을 넘은 보다 숭고하고 거룩한 일이며, 그러기에 복음과 진리의 영역인 것이다. 진정 진리의 사람, 사랑의 사람 가이오처럼 예수 그리스도의 진리의 복음으로 말미암아 그의 내면이 온전히 성령으로 변화된 참 그리스도인만이 이러한 복음의 삶, 사랑의 헌신과 봉사가 가능한 것이다.

디오드레베에 대한 책망과 데메드리오에 대한 칭찬

사도는 앞서 이 같은 가이오의 진리와 사랑의 행함에 대해 아낌없는 칭찬을 쏟아낸 후에, 이제 반대의 사람에 대해 책망하며 경계의 교훈을 준다. 그는 다름 아닌 디오드레베라는 이름을 가진 교회의 지도급에 속한 사람이었다. 하지만 그는 으뜸 되기를 좋아하며, 악한 말로 복음 전도자들을 비방하고, 그들을 맞아들이지도 않았으며, 그들을 맞아들이고자 하는 자를 금하고 교회에서 내쫓았다.[746] 사도는 이러한 그의 성품과 행동에 대해 '악'이라고 규정하며, 가이오를 향하여 디오드레베와 같은 악한 것을 본받지 말고 선을 행하라고 권면하면서,[747] 사도 자신이 직접 가게 되면 그가 행한 악행을 잊지 않고 합당한 대가를 치르게 해줄 것임을 암시하고 있다.

또한 사도는 악인 디오드레베를 응징할 것이라는 희망의 소식으로 그치지 않고 믿음의 사람 가이오와 주의 교회에 또 다른 소망을 전해

746) 요삼 1:9-10.
747) 요삼 1:11, "사랑하는 자여 악한 것을 본받지 말고 선한 것을 본받으라 선을 행하는 자는 하나님께 속하고 악을 행하는 자는 하나님을 뵈옵지 못하였느니라." 요한은 선행자와 악행자가 있음을 뚜렷이 전제하고, 그러한 선행과 악행의 기준을 사람이나 세상의 어떤 것이 아닌 '하나님'께 둔다. 디오드레베의 권력욕이나 비방이나 냉대나 기타 파렴치한 행동들은 단지 사람의 관점이나 세상의 관점과 같은 세속적이고 윤리적 관점에서 악한 것이 아니라, 하나님의 사랑과 긍휼과 거룩의 관점에서 분명 악이다. 하나님을 만나 뵙고 그분과 교제한 자라면 당연히 하나님이 어떤 분이신지, 얼마나 사랑과 긍휼이 많으시고 거룩한 분이신지 알게 될 것이고, 그 또한 그러한 선을 행하게 될 것이다. 사도 요한을 존중하지 않고, 오히려 경쟁자로 여기고 요한의 복음 동역자들을 냉대하고 교회의 선한 자들을 핍박한 디오드레베는 하나님을 만나보지도 알지도 못한 자가 분명하다.

준다. 그것은 데메드리오에 대한 복된 증언이다. 짧은 본서의 정보로 그에 대해 소상히 알 수는 없으나, 그는 아마 디오드레베가 핍박한 순회 전도자이거나 아니면 교회 내에 (디오드레베와 같이) 지도급에 속한 그러나 신실한 복음의 일꾼인 것으로 짐작된다. 그 이유로 디오드레베는 교회와 여러 사람들에게, 그리고 진리에게도 선한 증거가 아닌 악한 증거를 받았지만, 데메드리오는 뭇사람에게도 진리에게도 참되고 선한 사람이라는 증거를 받았고, 사도 또한 그에게 아낌없는 칭찬을 보내고 있다.[748]

사도는 진리와 사랑의 선행이 풍성한 가이오를 믿음 안에서 계속 독려하기 위하여 디오드레베와 데메드리오를 예로 들어 권면하고 있다. 교회 안에는 비록 디오드레베와 같이 욕심과 시기와 쟁투와 교만이 가득한 악한 자도 있지만 또한 데메드리오와 같이 참되고 선한 자도 있음을 알고 용기를 내며, 그와 함께 복음의 동역을 이루어 승리하는 언약 교회가 되기를 바라는 사도의 바람과 애정을 알 수 있다.

예나 지금이나 교회 안에 디오드레베와 같이 교만하고 악한 자들이 있으며, 특히 교회 지도급에 속한 자들이 이러한 교만과 악행을 일삼을 때 주의 몸 된 교회는 더욱 힘들게 됨을 주위에서도 쉽게 듣고 보게 된다. 하지만 주의 교회에는 가이오나 데메드리오와 같이 진리와 사랑의 선한 증거를 가진 믿음의 사람들도 많으며, 결국 그들이 복음의 역사를 주도하고 있음을 알게 된다. 교회에는 가라지만 있는 것이 아니고, 또한 그것이 주된 역할을 하는 것도 아니다.

복음과 구원의 역사 현장은 언제나 믿음의 사람, 복음과 진리와 사랑의 사람이 이끌어 가며 그들이 결국 승리하고, 또한 성경이 보여

748) 요삼 1:12.

주는 선한 증거이다. 따라서 주의 언약 교회는 이 같은 교만하고 악한 모습들에 대해 철저히 경계해야 하며, 주의 진리와 사랑과 긍휼과 거룩의 모습을 따라 서로 사랑하며, 진리와 복음을 위해 수고하는 자들을 영접하고, 주 앞에서 서로 겸손하여 남을 나보다 낫게 여기고 존중히 여기게 될 때, 주의 언약 교회는 하나님의 선하신 증거들이 나타나며, 또한 하나님께 많은 영광이 돌아가게 되는 것임을 명심해야 할 것이다.

3. 요한삼서 구조

1	첫인사
2-8	가이오에 대한 칭찬
2-4	진리 안에서 행함(경건)
5-8	순회 전도자들을 환대함(사랑)
9-11	디오드레베에 대한 책망
	순회 전도자들을 박대함(교만, 악함)
12	데메드리오에 대한 칭찬
13-15	끝인사

유다서(Jude)

변증하는 하나님 나라

1. 정경적 배경

▶ 저자와 수신자

본서(1:1)에 저자를 '야고보의 형제 유다'로 밝히므로, 예수님의 친동생 유다가 틀림없을 것이다. 따라서 유다는 이방인 신자보다는 아마 흩어진 유대 신자들에게 본서를 기록하였을 것으로 짐작된다.

▶ 기록 연대와 장소

어떤 현대 비평가들은 본서 저작을 영지주의와 연관시켜 A.D. 2세기로 보기도 하지만, 저자가 예수님과 친족이라면 2세기까지는 무리이며, 대략 60-80년경이다. 장소는 아마 팔레스타인 근처로 추측된다.

▶ 주제와 목적

본서의 주제는 '변증하는 하나님 나라'이다. 아마 예수의 부활 신앙을 가진 저자는 당시 거짓 교리를 퍼뜨리는 이단들을 꾸짖고, 또한 왕국 백성들에게 구원의 왕이신 예수 그리스도의 신앙을 굳게 하고자 썼다.

▶ 특징

1. 본서는 구약 역사, 모세 승천기(9절), 에녹서(14-15절)를 인용한다.
2. 신약에서 본서에만 독특하게 사용된 어휘가 15개에 달한다.

2. 내용 전개

언약의 주요 모티브 : 언약, 이단, 그리스도의 긍휼

그리스도의 왕국(교회)의 언약 파괴자들에 대한 대처 : 본서는 야고보의 형제이면서 주님의 동생인[749] 유다가 기록한 서신으로서, 당시 교회에 침투한 이단들의 특징에 대해 구체적으로 언급하면서 그들에 대항하는 언약 교회의 믿음과 자세에 대한 지침을 주고 있다.

기록 목적과 이유

유다는 인사를 건넨 후 이어서 곧 본서를 기록한 목적과 이유에 대해 언급한다. 목적은, 성도에게 단번에 주신 믿음의 도를 위하여 힘써 싸우도록 하기 위해서이다. 그 이유는, 교회에 가만히 들어온 자요, 불경건하여 하나님의 은혜를 도리어 방탕한 것으로 바꾸고 주 예수 그리스도를 부인하는 자들(이단 가르침) 때문이다.[750]

749) 유 1:1, "예수 그리스도의 종이요 야고보의 형제인 유다는……." 야고보의 형제이면서 주님의 친동생인 유다는 자기 자신을 '예수님의 종'으로 표현한다. 형 야고보처럼 예수의 부활 이전에는 주님을 믿지 않다가, 부활 이후에 믿는 자가 되었고 특히 신실한 주의 제자가 되었다. 누가복음 6장 16절과 사도행전 1장 13절에 나오는 야고보의 아들 유다인 사도 유다와는 다른 인물인 것으로 보인다.

교회에 몰래 가만히 침투한 거짓 선생들은 성도들로 하여금 하나님의 은혜의 교리에 따르지 않고 육체의 방탕으로 이끌었고, 또한 예수 그리스도를 부인하도록 하는 배교의 이단 가르침을 통하여 교회를 분열시키는 거짓되고 이단적인 행동에 대해 유다는 엄히 책망하고 다시금 예수 그리스도의 믿음의 도를 회복하기 위해 힘써 싸워 나갈 것을 권면하기 위해 이 글을 쓰게 된 것임을 알게 된다.

이단들의 구체적 특징과 심판

이어서 유다는 교회를 어지럽히는 이단들, 거짓 선생들의 구체적인 특징들과 그들에게 내려질 심판에 대해 각 시점별로 언급하고 있다. 유다는 먼저 과거 이스라엘 역사 가운데 있었던 이단에 대한 심판에 대해 3가지로 언급하는데, 과거 이스라엘 백성들이 출애굽 여정 가운데 하나님의 말씀에 불신하던 자들을 멸하셨으며, 자기 지위와 처소를 떠난 천사들을 큰 날의 심판까지 영원한 결박으로 흑암에 가두셨으며, 음란하였던 소돔과 고모라와 이웃 도시들이 영원한 불의 형벌을 받게 되었다고 언급한다.[751)]

이어서 유다는 이를 토대로 현재 이단들의 특징과 또한 이들에게

---

750) 유 1:3-4.

751) 유 1:5-7. 여기서 6절의 내용은 베드로후서 2장 4절 말씀 "하나님이 범죄한 천사들을 용서하지 아니하시고 지옥에 던져 어두운 구덩이에 두어 심판 때까지 지키게 하셨으며"와 매우 유사하다. 베드로후서를 위서로 보고 그 저작 시기를 한참 후대로 보는 대부분의 비평학자들은 베드로후서가 유다서의 영향을 받았다고 주장하나 그렇지 않다. 둘 다 제3의 자료를 참조했을 가능성도 있고, 특히 유다서 1장 17-18절의 내용(사도들의 말을 추억한 내용이며, 특히 18절은 베드로 사도의 말〈벧후 3:4〉을 지칭한 듯함)을 고려할 때 오히려 유다가 베드로후서의 내용을 이미 알고 있었던 것으로 짐작할 수 있다. 무엇보다 당시 기독교 공동체에 큰 영향력을 미쳤던 대사도였던 베드로와 그렇지 못한 유다를 비교할 때, 누가 누구의 영향력을 더 받았겠는가!

임할 심판의 예정에 대해 언급하면서, 이들을 가리켜 '꿈꾸는 자들'이라고 표현하고, 이들도 과거의 이단자들처럼 '육체를 더럽히며, (하나님) 권위를 업신여기며, 영광을 비방한다'고 지적한다.

또한 유다는 모세의 승천기를 인용하여 말하길, '천사장 미가엘도 모세의 시체에 대하여 마귀와 변론할 때 감히 비방하는 판결을 내리지 못하였는데, 이들은 알지 못하는 것도 함부로 비방'하므로(결국) 이성 없는 짐승같이 본능으로 아는 그것으로 멸망하게 되는 것은 구약의 가인이나 발람이나 고라와 같은 패역을 따라간 결과이고, 따라서 이들은 "너희의 애찬에 암초요, 자기 몸만 기르는 목자요, 바람에 불려가는 물 없는 구름이요, 뿌리까지 뽑힌 열매 없는 가을 나무요, 자기 수치의 거품을 뿜는 바다의 거친 물결이요, 캄캄한 흑암으로 돌아갈 유리하는 별들"과 같은 비참하고 처량한 신세가 될 것이라는 의미이다.

유다는 또한 에녹서를 인용하여[752] '에녹이 이들에 대하여 예언하기를, 주께서 수만의 거룩한 자와 함께 임하셔서 뭇사람을 심판하시는데, 모든 경건치 않은 자가 경건치 않게 행한 모든 경건하지 않은 일과 주를 거슬러 한 모든 완악한 말로 말미암아 정죄하려 하신다'고 말하고서, 더 구체적으로 이들이 행한 경건치 않은 일과 완악한 말은 '원망, 불만, 정욕대로 행함, 자랑, 이익을 위한 아첨'이라고 지적한다.

짧은 본서에서 유다는 당시 존재하였던 이단들(거짓 선생들)의 거짓 가르침이 어떤 내용인지 구체적으로 언급하지 않고, 오히려 이들의 삶과 행동에 대해서 주로 언급한다. 따라서 본서의 기록 목적을 담은 3-4절과 전체 내용을 종합해 볼 때 당시 거짓 선생들은 불경건한

752) 에녹서 1:9 인용.

행실과 말, 육체적 방탕, 하나님의 권위에 도전하고 영광을 비방하는 배교의 교리로 인해서, 원망과 불만을 토하며 정욕대로 행하고 그 입으로 자랑하는 말과 아첨의 말을 쏟아내는 자들이므로, 이같이 그리스도의 구주 되심을 부인하고, 그분의 언약을 불신앙하고 그로 인해 주의 언약 교회를 어지럽히고, 거룩한 언약 신앙을 파괴하며 육체를 쾌락의 도구로 삼으려는 자들을 향한 하나님의 엄중한 심판은 구약의 역사와 같이, 또한 경건한 에녹의 예언과 같이 분명하고도 확실하게 임하게 될 것임을 보여준다.

왕국 백성들(교회)의 종말론적 사명과 송영

유다는 여기서 그치지 않고 마지막 훈계와 권면의 장면에서도 이러한 이단의 경계와 함께 왕국 백성들이 갖추어야 할 종말론적 사명(명령)에 대해 권면한다. 마지막 때 '불경건하며 정욕대로 행하며 (진리를) 조롱하는 자들'이 있으리라고 예언한 그리스도의 사도들이 미리 한 말을[753] 기억할 것을 당부하는 유다는, 그들의 특징을 3가지로 '분열을 일으키는 자, 육에 속한 자, 성령이 없는 자'로 규정하고, 이를 경계로 너희 자신이 행할 4가지 믿음의 명령인 '너희의 지극히 거룩한 믿음 위에 자신을 세우며, 성령으로 기도하고, 하나님의 사랑 안에서 자신을 지키며, 영생에 이르도록 우리 주 예수 그리스도의 긍휼을 기다리라'와, 또한 다른 사람에게 행할 3가지 선교적 명령 '어떤 의심하는 자들을 긍휼히 여기고, 어떤 자를 불에서 끌어내어 구원하며,

---

753) 유 1:17-18. 18절, "그들이 너희에게 말하기를 마지막 때에 자기의 경건하지 않은 정욕대로 행하며 조롱하는 자들이 있으리라 하였나니"는 베드로 사도가 한 말씀(벧후 3:3-4)을 지칭한 것으로 짐작된다.

어떤 자를 그 육체로 더럽힌 옷까지도 미워하되 두려움으로 긍휼히 여기라'를 말하면서, 끝으로 주의 언약의 교회가 이 모든 종말론적 명령과 사명을 잘 수행할 수 있는 든든한 보증으로서 유다는 그리스도와 하나님의 영광과 위엄과 권력과 권세에 기원하며 송영을 드린다.[754)]

그것도 영원 전부터 이제와 영원토록 당신의 언약의 교회를 지키시고 함께하실 '영원한 돌보심과 축복의 송영, 소망의 송영'으로 말이다. 그러므로 주의 언약 교회는 본서의 가르침을 따라 '우리의 믿음 위에 자신을 세우고, 성령으로 기도하고, 하나님 사랑의 확신 가운데 자신을 지키며, 영생에 이르도록 그리스도의 긍휼을 기다리는' 자세로 모든 세상 일에 임할 때, 어떤 이단 세력이나 언약 파괴자들의 불경건한 도전들 앞에서도 당당히 맞서 싸워 이길 수 있다는 확신을 가질 수 있다.

그들은 그들의 행악의 결과로 하나님의 준엄한 심판을 받을 것이고, 언약 교회인 우리는 결국 언약의 성취를 통하여 영원한 주님과 하나님의 돌보심과 영생의 축복이 임하게 될 것이다. 아멘.

754) 유다서 1:24-25, "능히 너희를 보호하사 거침이 없게 하시고 너희로 그 영광 앞에 흠이 없이 기쁨으로 서게 하실 이 곧 우리 구주 홀로 하나이신 하나님께 우리 주 예수 그리스도로 말미암아 영광과 위엄과 권력과 권세가 영원 전부터 이제와 영원토록 있을지어다 아멘."

3. 유다서 구조

1-4	첫인사와 기록 목적
5-16	이단들의 구체적 특징과 하나님의 심판
5-7	과거의 특징과 심판
8-16	현재의 특징과 심판
17-25	왕국 백성들(교회)의 종말론적 사명과 송영

요한계시록(Revelation)

다시 오실 영광의 왕, 왕 중 왕

1. 정경적 배경

▶ 저자와 수신자

다른 요한 서신들과 본서와의 언어 구조적 차이점, 비요한적 요소 등의 이유를 들어서 어떤 사람들은 본서의 저자로 장로 요한(파피아스에 근거), 선지자 요한, 요한 마가, 익명 등의 혼란스러운 가설을 주장하기도 한다. 그러나 에베소 지역과 직간접 관련이 있던 저스틴, 이레니우스, (에베소의 감독이었던)폴리크라테스 등의 요한 저작에 대한 신빙성 있는 증언들과 클레멘트, 오리겐, 터툴리안, 무라토리우스 정경 등도 요한 저작을 인정하며, 내증으로도 본서에[755] 요한의 이름이 직접 나타나다.

본서와 요한 서신서들과의 유사한 용어들(로고스, 양, 빛과 어두움, 진리와 거짓 등), 초반(2-3장)에서 소아시아 일곱 교회를 향한 저자의 권위 등을 볼 때 본서는 사도 요한이 소아시아 일곱 교회들(1:3-4)에 보낸 묵시록이 분명하다.

▶ 기록 연대와 장소

(1) 일부 학자들은 네로 황제(A.D. 68-70년) 때라고 주장하는데, 이

755) 계 1:1, 4, 9, 21:2, 22:8.

는 네로의 이름의 히브리식 표기와 666(13:18)과의 연관성 때문이다.

(2) 도미티아누스 황제(A.D. 81-96년) 때라고 주장하는 견해(이레니우스 등). 도미티아누스 황제는 살아 있는 황제 숭배를 강요하였으며, 또한 본서에 나타난 일곱 교회의 상황은 아직 설립 초기의 모습이 아닌, 쇠퇴기의 모습을 보여주기 때문에 본서는 보다 후대인 약 A.D. 95-96년경에 밧모 섬[756]에서 기록했을 가능성이 높다.

▶ 주제와 목적

주제는 '다시 오실 영광의 왕, 왕 중 왕'이다. 본서는 서두에서 계시된 바, 과거와 현재(일곱 교회)와 미래의 사건 계시를 통하여 당시 고난받는 왕국 백성들에게 인내와 소망을 갖게 하고자 함이며, 계시-역사적 관점에서 볼 때 구약으로 시작한 모든 성경의 종합이요 결론을 말해 주고 있다. 에덴의 비극은 최후 승리로 끝을 맺고, 낙원은 천국의 거룩한 도시로 바뀐다.

▶ 특징

1. 신약에서 본서처럼 종말에 관하여 세밀히 다룬 책이 없다.
2. 구약 인용이 많다. 404절 가운데 278절이 구약과 관련되어 있다.
3. 많은 환상, 상징, 숫자들로 인한 해석의 애로와 이견 발생.
4. 구약부터 시작된 하나님의 계시의 완성을 보여준다.

756) 계 1:9.

2. 내용 전개

언약의 주요 모티브 : 계시, 어린양, 일곱 인, 일곱 나팔, 일곱 대접, 신천 신지

오늘날만큼 본서에 대한 잘못된 해석과 적용이 난무한 적은 없었던 것 같다. 신천지 등의 이단들은 본서에 대하여 이상한 비유 풀이와 교주를 지칭하고 상징하는 식의 엉뚱한 해석을 일삼음으로 개신교 정통 교리에 대한 심각한 도전과 함께 많은 사람들을 잘못된 길로 미혹하고 있다.

본서에 나오는 많은 상징, 환상, 숫자들과 암시들은 결코 그러한 자의적 비유 풀이나 해석을 통해 제대로 해석될 수 없다. 모든 잘못된 인위적, 자의적, 인본적 선입견들을 다 말씀의 권위 앞에 내려놓고, 오직 말씀 자체와 성령의 뜻에 겸손히 순종함으로, 성경의 핵심이며 계시의 시작과 완성이신 예수 그리스도의 구속과 언약의 관점에서 신중히 다루어져야 할 것이다. 본서는 내용에 있어서 크게 3부분으로 나누어지는데, 즉 사도 요한이 '본 일'과 '이제 있는 일'과 '장차 될 일'에[757] 대해 기록하고 있다.

"본 일"[758] : 과거

757) 계 1:19, "그러므로 네가 본 것과 지금 있는 일과 장차 될 일을 기록하라."
758) 계 1:1-20.

서 론[759)]

이 부분에서는 본 서신의 기록자와 수신자에 대한 정보와 기록 목적에 대해 간략히 소개된다. 기록자는 사도 요한이며,[760)] 수신자는 아시아에 있는 일곱 교회이며,[761)] 기록 목적은 본 서신 1장 1-2절에서 하나님이 반드시 속히 일어날 일들을 그리스도의 종들에게 보이시려고 그리스도의 천사들을 종 요한에게 보내어 알게 하신 것이 예수 그리스도의 계시인데, 요한은 "하나님의 말씀과 예수 그리스도의 증거 곧 자기가 본 것을 다 증언하였다"라고 밝히고 있다.

즉 '하나님이 장래에 나타날 일들을 그의 천사들을 통하여 요한에게 주신 그리스도의 계시를 그리스도의 종들(일곱 교회와 신약 성도)에게 알리기 위하여 기록하였음'을 알게 된다. 여기서 요한은 이 계시 즉 하나님의 말씀과 그리스도의 증거를 '자기가 본 것'이라고 밝히고 있다. 이 서신을 기록한 시점에서 요한 자신이 겪은 계시적 경험은 이미 과거이다. 또한 이것은 하나님의 계시에 대한 강한 확신을 내포한 것으로서, 자신이 눈으로 보고 경험한 일은 단순히 한 인간의 경험이나 체험을 넘어서 '계시의 증언'이라는 확신이다.

즉 요한이 본 것은 자신의 과거 사건을 본 것이 아니라 그리스도의 종말론적 미래 사건에 대한 계시를 본 것으로, 그것은 곧 하나님의 말씀과 특히 미래에 초점이 맞춰진 그리스도의 종말론적 능력과 권위에 의존하고 기초한 것임을 4절에서 8절에[762)] 암시하고 있다.

---

759) 계 1:1-8.
760) 계 1:1-2, 4.
761) 계 1:4, "요한은 아시아에 있는 일곱 교회에 편지하노니."
762) 계 1:4, "이제도 계시고 전에도 계셨고 장차 오실 이." 1:5, "또 충성된 증인으로 죽은 자들 가운데에서 먼저 나시고 땅의 임금들의 머리가 되신 예수 그리스도." 1:7,

다시 오실 왕, 예수 그리스도의 계시[763]

여기서 저자는 자신에 대해 '수신자의 형제, 예수의 환난과 나라와 참음에 동참하는 자, 하나님의 말씀과 예수를 증언한 자'[764]로 소개한다. 자신을 소개하는 일에 있어서 언약의 사람, 믿음의 사람의 특징은 자신의 업적이나 자랑을 드러내지 않고 오직 그리스도의 고난과 복음을 드러낸다. 또한 저자는 자신이 행한 복음 증거로 인해 유배되었던 '밧모 섬'[765]에서 자신의 눈으로 본 특별한 경험, 즉 계시적 상황에 대하여 그리스도 인물 중심적으로 묘사하고 있다.

그는 밧모 섬에서 지내던 어느 날 성령에 감동되어 나팔소리 같은 큰 음성[766]을 듣게 된다. 그 소리의 내용은 "네가 보는 것을 두루마리에 써서 에베소, 서머나, 버가모, 두아디라, 사데, 빌라델비아, 라오디게아 교회에 보내라"[767]는 것이었다. 저자는 그 음성이 누구인지 알아보기 위해 찾던 중 일곱 금 촛대를 보았고, 촛대 사이에 인자 같은 이, 즉 그리스도를 발견하였다.

인자 같은 이는 "발에 끌리는 옷을 입고, 가슴에 금띠를 띠고, 머리와 털은 흰 양털과 눈 같으며, 눈은 불꽃같고, 발은 풀무 불에 단련한 빛난 주석 같고, 음성은 많은 물소리와 같고, 오른손에 일곱 별이 있고, 입에서 좌우에 날선 검이 나오고, 얼굴은 해가 힘 있게 비치는

"볼지어다 그가 구름을 타고 오시리라 각 사람의 눈이 그를 보겠고 그를 찌른 자들도 볼 것이요 땅에 있는 모든 족속이 그로 말미암아 애곡하리니 그러하리라 아멘." 1:8, "주 하나님이 이르시되 나는 알파와 오메가라 이제도 있고 전에도 있었고 장차 올 자요 전능한 자라 하시더라."

763) 계 1:9-20.

764) 계 1:9.

765) 계 1:9.

766) 계 1:10. 참조. 계 19:6, "또 내가 들으니 허다한 무리의 음성과도 같고 많은 물소리와도 같고 큰 우렛소리와도 같은 소리로 이르되……."

767) 계 1:11.

것 같았다."[768]

이에 놀란 그에게 주님이 격려의 말씀을 주신다. "두려워 말라. 나는 처음이요 마지막이이다. 전에 죽었지만 이제 살아 있고, 세세토록 살아서 사망과 음부의 열쇠를 가졌다. 네가 본 것과 지금 있는 일과 장차 될 일을 기록하라. 네가 본 것은 내 오른손의 일곱 별의 비밀과 또 일곱 금 촛대라. 일곱 별은 일곱 교회의 사자요 일곱 촛대는 일곱 교회이다"[769]라는 말씀이다.

여기서 언약의 메시지는 무엇인가? 사도 요한은 밧모 섬에서 유배생활을 했었다. 그는 비록 살던 지역과 공간은 갇혀 있었지만 하늘은 열려 있었고 하늘의 음성과 성령의 음성에 늘 민감하게 지냈던 영성의 사람이었다. 그가 들었던 성령의 소리는 크고 또렷하고 분명하였다. 성령의 사람, 언약의 사람에게 임하는 주님의 뜻은 분명하고 또렷하다. 애매모호하지 않다. 이렇게 성령의 음성에 민감할 때 무엇을 보고 듣게 되는가! 요한과 같이 교회를 살리고 교회를 위하는 복음의 사명을 듣게 되고, 또 그 음성 가운데 그리스도의 뜻을 정확히 깨닫고 알게 된다. 그럴 때 그리스도의 비밀을 정확히 증거하는 종말론적 사명을 잘 감당하게 될 것이다.

이 단락은 본 서신 전체에 흐르는 언약의 주이시며 완성이신 예수 그리스도의 종말론적 계시에 대한 암시이다. 요한계시록은 그리스도의 종말론적 사역을 통하여 이루어진 하나님의 계시의 완성이며, 동시에 언약의 완성이라는 진리를 보여주는 책이다.

"이제 있는 일"[770] : 현재

768) 계 1:13-16.
769) 계 1:17-20.

이 단락은 요한 당시에 있던 일에 관한 말씀이며, 소아시아에 있던 일곱 교회를 향해 주신 성령의 말씀이다. 내용 전개는 다음과 같다. 먼저는 주님에 대한 특징적인 묘사가 나타나며, 교회마다 다르게 묘사된다. 이어서 각각의 교회에 대한 칭찬과 책망의 말씀이 뒤따르며, 끝으로 약속의 말씀을 주고 있다.

[에베소, 서머나, 버가모, 두아디라 교회를 향한 말씀][771)]

(1) 저자는 에베소 교회를[772)] 향해 말씀하시는 주님을 "오른손에 일곱 별을 붙잡고 일곱 금 촛대 사이를 거니시는 이"로 묘사한다.

에베소 교회는 최초 사도 바울이 설립했지만 후에 사도 요한이 목회하였던 좋은 목양지였다. 하지만 세월이 흐르면서 참된 말씀과 성령의 능력을 통한 주님의 사랑을 잃어버리고 비판과 판단만이 난무하는 삭막한 교회가 되었기에 사도는 이 교회를 향한 칭찬과 책망을 통한 해결책을 제시한다. 교회가 칭찬받은 내용은 "악한 자들을 용납지 않았고, 거짓 사도를 드러내었고, 주의 이름을 위해 참고 인내하였으며, 게으르지 않았다"는 것이다. 책망의 내용은 "처음 사랑을 버렸다"는 것이며, 해결책은 "회개하여 처음 행위를 가지라. 니골라당[773)]의 행

---

770) 계 2:1-3:22.

771) 계 2:1-29.

772) 계 2:1-7.

773) 계 2:6, "오직 네게 이것이 있으니 네가 니골라당의 행위를 미워하는도다 나도 이것을 미워하노라." 여기서 언급되는 니골라당은 주의 백성들로 하여금 발람의 교훈을 따르도록 거짓된 가르침을 하는 이단이었다. 이들은 성도들을 꾀어서 우상 숭배 잔치에 참석하는 것과 우상의 제물을 먹는 것을 아무런 문제가 되지 않는 것이며 심지어 음행도 문제되지 않는 것으로 가르쳤다. 특히 여기에 나타나는 일곱 교회 가운데 세 교회(에베소, 버가모, 두아디라 교회)가 니골라당의 영향 때문에 많은 문제를 야기하게 된 것으로 보인다(참조. 계 2:14-15).

위를 미워하라. 그렇지 않으면 너의 촛대를 옮길 것이다"는 것이며, 약속의 말씀은 "이기는 그에게는 하나님의 낙원에 있는 생명나무의 열매를 주어 먹게 하리라"이다.

(2) 서머나 교회를[774] 향해 말씀하시는 주님은 "처음이며 마지막이요 죽었다가 살아나신 이"로 묘사된다.

특이하게도 서머나 교회는 책망의 내용은 없으며 칭찬만 있는데, "유대인의 비방으로 인한 환난과 궁핍을 당하는 것"이다. 기독교 신앙을 가진 이들은 율법의 가르침을 따르는 동족 유대인들로부터의 비방과 훼방과 간계들로 인해 적지 않은 고난을 당하였다. 동족과 친구들로부터 왕따와 쫓겨남과 물질적 어려움과 심지어 목숨을 빼앗기는 고초를 당하였지만, 거기에 굴하지 않고 기독교 신앙을 지키고 있었다. 이 교회를 향한 격려의 말씀은 "장차 받을 고난을 두려워 말라. 네가 죽도록 충성하라. 그리하면 생명의 면류관을 네게 주리라"이다. 칭찬만 있는 서머나 교회를 향한 약속의 말씀은 "이기는 자는 둘째 사망의 해를 받지 아니하리라"이다.

(3) 버가모 교회를[775] 향해 말씀하시는 주님은 "좌우에 날선 검을 가지신 이"로 묘사된다.

칭찬의 내용은 "충성된 증인 안디바가 너희 가운데서 죽임을 당할 때에도 나를 믿는 믿음을 저버리지 않았다"는 것이다. 책망의 내용은 "교회가 사탄의 권좌가 되었다. 네게 발람의 교훈을 가르치는 니골라당[776]이 있다"는 것이다. 해결책은 "회개하라. 그렇지 않으면 내가

774) 계 2:8-11.
775) 계 2:12-17.

네게 속히 가서 내 입의 검으로 그들과 싸우리라"이며, 약속의 말씀은 "이기는 그에게는 내가 감추었던 만나를 주고 또 흰 돌을 줄 터인데, 그 돌 위에 새 이름을 기록한 것이 있나니 받는 자밖에는 그 이름을 알 사람이 없느니라"이다.

(4) 두아디라 교회를[777] 향해 말씀하시는 주님은 "그 눈이 불꽃같고 그 발이 빛난 주석과 같은 하나님의 아들"로 묘사된다.

칭찬의 내용은 "네 사업과 사랑과 믿음과 섬김과 인내에 있어서 네 나중 행위가 처음 것보다 많다"는 것이며, 책망의 내용은 "자칭 선지자라 하는 여자 이세벨을 용납하여서 내 종들을 꾀어 행음케 하고 우상의 제물을 먹게 하는 것"이며, 해결책은 "회개이다. 만일 그렇지 않으면 큰 환난 가운데 던지고, 사망으로 그의 자녀를 죽일 것이다"이다. 약속의 말씀은 "이기는 자와 끝까지 내 일을 지키는 그에게 만국을 다스리는 권세를 주리니, 그가 철장을 가지고 그들을 다스려 질그릇 깨뜨리는 것과 같이 하리라. 또 내가 그에게 새벽 별을 주리라"이다.

[사데, 빌라델비아, 라오디게아 교회를 향한 말씀][778]

(1) 사데 교회를[779] 향해 말씀하시는 주님은 "하나님의 일곱 영과 일곱 별을 가지신 이"로 묘사된다.

책망의 내용은 "살았다 하는 이름은 가졌으나 실상은 죽은 교회"이며, 칭찬의 내용은 "그(믿음과 구원의) 옷을 더럽히지 않은 자 몇 명이

776) 계 2:14-15. 앞의 계 2:6 설명을 참조.
777) 계 2:18-29.
778) 계 3:1-22.
779) 계 3:1-6.

있다는 것"인데, 해결책은 "일깨어 그 남은 바 죽게 된 것을 굳건하게 하라. 네가 어떻게 받았으며 어떻게 들었는지 생각하고 지켜 회개하라. 만일 일깨지 아니하면 내가 도둑같이 이르리니 어느 때에 네게 이를는지 네가 알지 못하리라"이다. 약속의 말씀은 "이기는 자는 흰옷을 입을 것이요 내가 그 이름을 생명책에 결코 지우지 아니하고 그 이름을 내 아버지 앞과 천사들 앞에서 시인하리라"이다.

오늘날 사데 교회와 같은 교회는 어디인가? 비록 물질은 풍족하고 외적으로 숫자도 많고 건물도 화려하게 치장하였지만 실상 그 내면에는 그리스도의 믿음과 영성이 죽은 교회이다. 두아디라 교회와 비슷한 형편이다. 세상의 온갖 혼합된 세속주의, 물질주의 우상들이 교회 안에 침투하여 외적으로는 화려하지만 영적으로 암울한 형편이다. 살길은 자신의 실체를 제대로 파악하는 것이 우선이다.

비록 육은 세속으로 때 묻었을지라도 영이 깨치면 산다. 그나마 실낱같이 남아 있는 소망의 끈을 붙잡고 언약의 자리, 주님 앞으로 겸손히 나아와 무릎 꿇어야 한다. 물질과 세속에 때 묻어 더러워지고 얼룩진 믿음의 세마포 옷을 언약의 말씀과 성령으로 깨끗이 세탁해야 한다. 에베소 교회의 경우처럼 참된 복음과 진리를 어떻게 받았고 들었는지 진지하게 돌이켜보고 다시금 회개해야 한다. 주의 긍휼을 바라보고 엎드리는 자를 주님은 결코 외면치 않고 다시 흰옷을 입혀 주시고 그 이름을 생명책에서 지우지 않고 꼭 기억해 주실 것이다.

(2) 빌라델비아 교회를[780] 향해 말씀하시는 주님은 "거룩하고 진실하사 다윗의 열쇠를 가지신 이 곧 열면 닫을 사람이 없고 닫으면 열

780) 계 3:7-13.

사람이 없는 그"로 묘사된다.

특이한 점은 이 교회 역시 서머나 교회처럼 책망은 없고 칭찬만 있다. 칭찬의 내용은 "네가 작은 능력을 가지고도 내 말을 지키며 내 이름을 배반하지 아니하였다"이며, 서머나 교회처럼 격려의 말씀으로는 "유대인들의 거짓 교훈으로 미혹하겠지만 나의 인내의 말씀을 지켰으므로 내가 너를 지켜 온 세상에 임하는 시험의 때를 면하게 할 것이다. 내가 속히 오리니 네가 가진 면류관을 굳게 잡아 아무도 빼앗지 못하게 하라"이며, 약속의 말씀은 "이기는 자는 내 하나님 성전에 기둥이 되게 하리니 그가 결코 다시 나가지 아니하리라. 내가 하나님의 이름과 하나님의 성 곧 하늘에서 내 하나님께로부터 내려오는 새 예루살렘의 이름과 나의 새 이름을 그이 위에 기록할 것이다"이다.

서머나 교회처럼 칭찬만 받은 빌라델비아 교회의 믿음은 역시 그 이름만큼 아름답다. 세상의 시각과 하나님의 관점은 다르다. 에베소 교회, 버가모 교회, 두아디라 교회, 사데 교회처럼 외적인 규모나 물질이 풍족하고 능력이 큰 교회가 아니었다. 이 교회는 규모가 작고 따라서 작은 능력을 가졌지만 그 믿음만큼은 결코 작지 않았다. 이단의 거짓 유혹들과 크고 작은 환란 앞에서 조금도 흔들리지 않고 인내하며 꿋꿋이 언약의 믿음을 지켜내었다. 이 당당한 믿음의 큰 용사들을 누가 막으리오. 죽음인들 막으리까. 장차 영광스러운 새 예루살렘의 성전 기둥이 되어 모든 복과 승리의 근본이신 성부와 성자와 새 예루살렘의 이름이 그 위에 새겨지므로 천국에서 영원한 승리자로 인정받고 당당한 천국 시민의 자격을 받게 되는 것이다.

(3) 라오디게아 교회를[781] 향해 말씀하시는 주님은 "아멘이시요 충성되고 참된 증인이시요 하나님의 창조의 근본이신 이"로 묘사된다.

이 교회를 향한 칭찬의 말씀은 특별히 없다. 책망의 내용은 "네가 차지도 아니하고 뜨겁지도 아니하다"이며, 해결책은 "네가 차든지 뜨겁든지 하기를 원하노라. 네가 말하기를 나는 부자라 부요하여 부족한 것이 없다 하나 네 곤고한 것과 가련한 것과 가난한 것과 눈먼 것과 벌거벗은 것을 알지 못하도다. 내가 너를 권하노니 내게서 불로 연단한 금을 사서 부요하게 하고, 흰옷을 사서 입어 벌거벗은 수치를 보이지 않게 하고, 안약[782]을 사서 눈에 발라 보게 하라. 무릇 내가 사랑하는 자를 책망하여 징계하노니 그러므로 네가 열심을 내라 회개하라"이다.

약속의 말씀은 "이기는 그에게는 내가 내 보좌에 함께 앉게 하여 주기를 내가 이기고 아버지 보좌에 함께 앉은 것과 같이 하리라"이다. 이 교회는 에바브라가 설립하였다(골 4:12-13). 그런데 두아디라 교회, 사데 교회처럼 이 지역은 상업과 직물업이 발달하여 물질적으로 풍요하였지만 영적으로 빈곤하여서 믿음 생활이 미지근한 상태였지만 안타깝게도 세상 가치에 사로잡혀 자신의 실상을 제대로 알지 못하고 교만과 자만에 빠져 있었다. 이러한 영적인 빈곤과 교만에서 탈피하여 믿음의 열심을 내는 길은 물질의 풍요나 세상 가치에 달려 있는 것이 아니라, 오직 주님께 그 해답이 있다.

세상의 황금을 가진들, 화려한 옷을 걸친들, 질 좋은 안약을 눈에 바른들 영적인 열심과 열정이 생기는 것이 아니라, 오히려 자만과 오만에 사로잡힐 수 있다. 하지만 주님이 주시는 믿음은 환난과 역경을 이겨낼 수 있다. 주님이 주시는 의의 흰옷은 마귀의 정죄를 이길 수 있다. 주님이 주시는 성령의 안약을 통해 자신의 연약을 바라보고 겸손히 주님의 도우심을 구할 수 있다. 주님이 라오디게아 교회를

781) 계 3:14-22.
782) 계 3:18. 라오디게아 지역은 당시 질 좋고 우수한 안약의 생산지로 유명했다.

책망하시는 것은 버리려는 것이 아니라 자녀와 같이 사랑하시기 때문이다. 책망 가운데 사랑의 음성을 깨달아 즉시 주님께로 돌이켜야 한다. 돌이키는 성도와 교회에게 사랑의 주님은 반드시 언약의 믿음을 회복시키시고, 용광로와 같은 뜨거운 영성으로 주님을 섬기며 사랑하게 해주셔서, 요한과 같이 미래의 약속과 천국의 비전을 바라보는 영안을 열어주실 것이다.

"장차 될 일"[783] : 미래

이 단락은 '장차 일어날 일'에 대한 계시로서 크게 3부분으로 나뉜다. 첫째는 심판의 주체이신 '하나님과 어린양'에 대해, 둘째는 이 책의 핵심인 '대심판들'에 대해서, 마지막으로 '최후 승리와 신천 신지'에 대한 예언이다.

▶ 심판주 하나님과 어린양

이 단락은[784] 대심판의 예언의 전야제와 같다. 예언의 시발점인 하늘의 환상적인 모습이 그려져 있는데, 심판의 주체이며 하늘의 주인이신 하나님과 어린양을 중심으로 묘사되어 있다. 이것은 요한이 이전에서 기록하였던 내용의 연장선에서 이해해야 한다. 요한은 당시 대부분의 교회들이 처해 있던 언약 신앙의 퇴보와 적그리스도의 득세에 대하여 거룩한 분노를 안고 하늘의 비전을 경험한다. 요한의 분노는 요한계시록 6장 이후에서 드디어 적그리스도와 악한 세상을 향한 하나님의 심판과 어린양의 분노로 표출되어진다.

---

783) 계 4:1-22:21.
784) 계 4:1-5:14.

▶ 심판주 하나님과 특별한 존재들

이전의 장면에서 지상의 교회들에 대한 환상들을 보았던 사도 요한은 이제 요한계시록 4장에서 땅이 아닌 천상의 교회에 대한 특별한 환상들을 경험한다. 요한계시록 4장에 나타난 특별한 환상의 핵심은 두 가지이다. 첫째는, 하늘 보좌에 앉으신 심판주 하나님의 영광스럽고 존엄한 모습이 그것이며, 둘째는, 하나님 보좌 주변의 특별한 존재들에 대한 모습들에 대해 다음과 같이 그려져 있다.

* 하나님의 모습 / 영광, 존귀, 전능하심
2절 : 하늘에 보좌 베풀었고-보좌 위에 앉으신 이
3절 : (모양) 벽옥, 홍보석 / 보좌에 둘린 무지개〈영광(?)〉 녹보석
5절 : (보좌) 번개, 음성, 우렛소리
* 특별 존재들의 모습 / 24장로, 7영, 4생물-하나님께 영광, 존귀, 찬송)
4절 : 24보좌, 24장로들-흰옷 입고, 금관 쓰고 앉음
5절 : 보좌 앞에 켠 7등불-하나님의 7영
6절 : 보좌 가운데, 보좌 주위에 4생물-앞뒤에 눈들이 가득함
7절 : [1생물-사자, 2생물-송아지, 3생물-사람, 4생물-독수리]
8절 : [각각 6날개, 안과 주위에 눈들이 가득]
8b-9절 : 4생물들의 (영광, 존귀, 감사)-사 6:2-3
10-11절 : 24장로들의 (영광, 존귀, 권능)

위 구조에서 발견할 수 있듯이, 하나님의 존재와 특별한 존재들이 '영광, 존귀, 찬송'이라는 상호 공통된 특징을 갖고 있음을 알 수 있으며, 차이점은 하나님은 그 자체로 하늘의 주인이시라는 점이다. 이에 비해 특별한 존재는 하나님 가까이 모시면서 영광과 존귀를 하나님께 드리며 섬기는 낮은 위치라는 점이다. 특이한 점은, 하늘의 특별한 존재들인 24장로, 7영, 4생물들은 하나님과의 위치와 관계에서 '7영'

이 가장 중심이요 핵심이라는 점이다.

하나님의 7영은 보좌 맨 앞에 완벽하게 위치해 있다. 그는 하나님과 가장 긴밀하고도 완벽한 조화를 이루면서, 동시에 다른 특별한 존재들과의 관계에서도 온전한 중심이 되어 '하나님의 영광, 존귀, 전능하심'을 찬양하고 드러내는 일에 가장 크게 기여하고 있음을 짐작하게 한다.

▶ 봉인된 책과 어린양

요한계시록 5장의 내용은 4장의 연장선에서 이해해야 한다. 요한이 앞서 4장에서 본 천상의 환상이 5장에서도 계속 이어져 전해지고 있다. 5장의 핵심은 보좌에 앉으신 이의 손에 있는 봉인된 두루마리에 대한 요한의 고민과 그것의 해결자로 등장한 어린양에 대한 환상이다. 전개 과정은 4장에서의 구조와 비슷하다.

1절 : 하나님의 손에 들린 두루마리-글이 안팎으로 쓰임, 7인 봉함
2-3절 : 천사의 물음과 답-능히 두루마리를 펴거나 볼 자 없다
4절 : 요한의 탄식-그 일로 크게 울었다
5절 : 장로의 위로-유다 지파 사자(다윗의 뿌리)가 7인을 뗀다
6절 : '어린양' 발견-7뿔과 7눈(온 땅에 보내신 7영)
7절 : 어린양의 해결-하나님의 오른손에서 두루마리 취함
8-10절 : 4생물과 24장로들의 기쁨-영광, 존귀, 찬송
11-12절 : 천군 천사들의 기쁨-영광, 존귀, 찬송
13절 : 모든 피조물들의 기쁨-영광, 존귀, 찬송
14절 : 4생물과 24장로들의 화답과 경배

요한계시록 4장과 마찬가지로, 5장의 내용도 완벽한 대칭적 구조를 가지고 있다. 1절에서 '전능하신 하나님의 손에 들린 두루마리의

해석 문제'로 인해 요한은 탄식하지만, 한 장로의 암시를 통하여 등장한 어린양이 직접 그 문제를 해결함으로 주변의 모든 존재들이 기뻐하며, 결국 하나님의 전능하심에 대한 인정으로 마무리된다. 여기서의 핵심은 완전한 권세와 완전한 성령을 소유하신 '어린양'이며, 그의 역할이다.

일곱 인으로 완벽히 봉인된 두루마리를 전능하신 하나님의 손에서 누가 감히 취할 수 있겠는가! 성부의 아들이시며 성부의 뜻을 따라 십자가 사역을 통하여 일찍이 죽임을 당하셨지만 그러나 사탄의 권세, 죽음과 음부를 이기시고 부활하시고 하늘로 승천하셔서 성부의 보좌 앞에서 완전한 권세와 완전한 성령을 소유하고 계신 성자 어린양 예수 그리스도가 아닌 그 누가 그것을 취하겠는가!

▶ 대심판들에 대한 예언

요한계시록 초반에서 당시 교회들의 신앙의 퇴보와 악의 득세로 인한 요한의 분노는 하늘에서 그 대답을 찾고 비로소 응답을 받는다. 주님의 언약 교회를 핍박하였던 악의 세력들에 대한 하늘의 심판과 어린양의 진노가 본격적으로 개시된다. 이 단락은[785] 본서의 핵심에 해당되며, 악의 세력들 특히 주의 언약 백성들과 교회를 핍박하여 온 사탄과 그의 세력들에게 임할 엄중한 심판들과 또한 언약 성도들에게 주어지는 언약의 소망과 위로에 대한 예언들이 묘사된다.

심판의 구조가 일곱 형태로 진행되고 이루어지는 것이 특징적이며, 일곱 인 심판에서 출발하여, 일곱 나팔 심판으로 이어져서, 일곱 대접 심판으로 확장되어 그 심판의 의미가 최종 확정된다. 특이한 점은

---

785) 계 6:1-19:10.

일곱 심판이 세 번이나 반복적으로 나타나며, 각각의 심판 내용과 의미도 각기 다르게 그려지고 있다는 점이다.

▶ 일곱 인 심판

여기서[786] 요한이 목격한 하나님의 첫 번째 대심판은 어린양이 직접 떼시는 일곱 인 심판이다. 첫째 인에서 넷째 인은 각기 말 탄 자에 대한 환상인데, 스가랴 6장에 나오는 여러 색깔의 말 탄 자에 대한 환상과 유사한 상징성을 갖는다.

요한계시록 6장 2절에 어린양이 직접 첫째 인을 떼자, 활을 가진 흰 말 탄 자가 면류관을 받고 나아가서 이기고 이기려는 장면을 요한이 보았다. 백마 탄 자에 대한 논란이 많다. 혹자는 '사탄'으로, 혹자는 '로마 제국 시대의 역사적 인물'(디도 등)로, 또 경건한 학자들은 '세상을 정복하시는 예수님'으로 보는 다양한 견해가 있다.

6장 2절에서 '백마'를 승리의 상징으로, '면류관'을 왕의 상징으로, 또 그가 가진 활 곧 '언약의 활'[787]을 복음의 대적자들을 무찌르기 위한 무기(구원과 심판의 복음)로 본다면, 여기 백마 탄 자를 요한계시록 19장에서 복음의 대적들인 짐승과 세상의 악한 세력들을 용감히 무찌르시는 백마 타신 그리스도와 동일시해도 무방할 것이다. 요한계시록 19장에서의 백마 탄 자는 활이 아닌 '입에서 나오는 예리한 검'(이 역시 '그리스도의 말씀과 복음의 권능'을 상징)으로 적들을 징벌하신다.

786) 계 6:1-8:2. 일곱 인 심판.

787) 참고. 시 45:3-5; 합 3:9, 11. 스가랴 9장에는 언약의 개념과 함께, 하나님이 언약의 백성 이스라엘을 '활'과 '화살'로 사용하셔서 이방의 대적들을 징벌하신다고 말씀한다(슥 9:9-17). 이때 '활'은 두 가지 의미를 갖는다. 언약 안에서의 승리를 뜻한다. 둘째는 언약의 복음은 구원과 생명을 제공하지만, 언약의 대적자들에게는 징벌을 시행하는 심판의 수단이 된다는 점이다. 이 언약의 활은 곧 그리스도의 구원과 심판을 담은 복음의 말씀임을 상징한다.

따라서 6장 2절은 그리스도의 초림 이후에 사탄의 세력을 복음으로 정복하시며 그 세력을 계속 확장해 나가실 그리스도의 승리의 이미지이다. 이 백마 탄 자의 복음적 승리의 모습은 이후 요한계시록 12장의 첫째 환상에서 구속사적 의미로 해석되며, 요한계시록 19장에서 드디어 심판의 그리스도를 통해 완성을 본다.

둘째 인을 떼자, 큰 칼을 받은 붉은 말 탄 자가 땅에서 화평을 제하여 버리며 서로 죽이게 하는 환상을 본다. 붉은 말은 파괴적인 분쟁과 전쟁을 상징한다. 주님의 교회는 그리스도의 사랑과 화평을 이 땅에 전하지만, 사탄은 거짓 사상과 교리를 퍼뜨려 분열과 분쟁을 초래케 한다. 교회와 사탄 간의 심각한 영적 전쟁은 요한계시록 13장 1-10절에 보다 자세히 묘사되어 있다.

셋째 인을 떼자, 검은 말 탄 자가 손에 저울을 가졌는데, 네 생물 사이로 "한 데나리온에 밀 한 되요, 한 데나리온에 보리 석 되로다. 감람유와 포도주는 해치지 말라"는 음성을 듣는다. 검은 말은 기근으로 인한 극심한 생활고나 환란을 상징한다. 한 데나리온으로 밀 한 되나 혹은 보리 석 되를 사는 것은 기근으로 인하여 심각한 고인플레이션이 초래되었음을 뜻한다.

하지만 이 기근에도 주님의 언약 성도들은 하나님의 특별한 언약적 보호 가운데 지낸다. '감람유와 포도주'는 시편 104편 15절 등에서 신실한 믿음의 언약 백성을 상징한다. 셋째 인과 연관하여 요한계시록 13장 11-18절은 보다 심각한 영육 간의 기근의 원인과 상태에 대해 그 비밀을 말해 주고 있다.

넷째 인을 떼자, 청황색 말을 탄 자가 나타난다. 청황색은 죽음을 상징한다. 땅에 전쟁과 기근이 생기면 자연히 사망과 죽음이 뒤따른다. 이 말 탄 자가 땅에서 칼과 흉년과 사망과 땅의 짐승들로 사람들을 죽이는데, 모두를 죽이지는 못하고 4분의 1의 권세만 받았기에 단지 일부분만 죽게 할 수 있다.[788] 죽음의 권세를 이기시고 영원히 살아 계셔서 사망과 음부의 열쇠를 가지신 예수님만이[789] 진정 사망과 음부에 대한 완전한 권세를 행하실 수 있다. 요한계시록 14장 6-13절은 이 죽음과 사망의 원인과 배경이 바벨론(세상 제국)의 영적 타락과 우상숭배의 죄악에서 비롯되었음을 말하고 있다.

다섯째 인이 떼어질 때, 독특한 장면이 나타난다. 하나님의 말씀과 복음 증거로 인해 죽임당한 영혼들, 곧 순교자들이 제단 아래에서 대주재께 자신들의 원한을 호소하는 장면이다. 이들이 호소한 내용은 자신들을 목 베어 죽인 땅의 악인들에 대한 복수이다. 의인을 핍박하고 해하던 악인들을 향한 주의 의로운 심판과 징벌에 대한 간곡한 호소는 기도와 간청의 형태로 구약 시편들과 선지서들에서 자주 나타난다. 이것은 기독교 신앙 때문에 로마 정부나 혹은 유대 동족으로부터 고난당하여 옥에 갇히고 순교 당하던 요한 당시의 형편을 엿볼 수 있으며, 당시 고난당하던 신실한 성도들을 향한 위로의 메시지로도 보인다.

순교자들과 신실한 성도들을 위한 의로운 복수는 하나님이 정하신 재림의 때에 인자가 휘두르는 이한 낫에 의해 시행될 것을 요한계시록 14장 14-16절에 보여준다. 순교자들의 호소에 대한 주님의 위로와 응답은 '흰 두루마기'(부활)와 '쉼'(안식)으로 주어진다. 이들을 위해 주

788) 하지만 이후 나타나는 나팔 심판에서는 3분의 1을 해하거나 죽일 수 있게 되는데, 이것 역시 심판의 범위가 전체가 아닌 일부분에 그칠 것이라는 경고의 의미를 띤 것이지만, 대접 심판에서는 각각의 분야에 있어서 일부분이 아닌 전체에 대한 심판이 행해지는 것을 보여준다. 이는 심판의 강도가 인 심판보다 나팔 심판이 더 강하며, 나팔 심판보다 대접 심판이 훨씬 그 심판의 강도가 더 심하다는 것을 보여주는 상징적인 의미이다.
789) 참고. 계 1:18; 마 24:29-31; 벧후 3:10-13.

님이 준비하신 위로와 상급이 요한계시록 20장 4-6절에 잘 묘사되어 있다.

요한계시록 6장 12-17절에서 여섯째 인이 떼어지자, 천지와 우주의 대변혁의 장면이 나타난다.[790] 일곱 인 심판에서 여섯째 재앙이 가장 극심한 재앙임을 보여준다. 큰 지진이 나고 산이 옮겨지는 천지개벽과 함께, 해가 검어지고 달이 핏빛으로 변하고, 급기야는 하늘의 별들이 떨어지며, 심지어 하늘마저 사라져 버리는 우주적 대변혁이 일어남으로 땅에 거하는 악한 자들에 대한 하나님의 맹렬한 심판이 진행된다.[791] 천지와 우주의 진동과 변혁은 종말의 때에 악한 자들을 향한 창조주 하나님의 두렵고 떨리는 맹렬한 분노의 상태를 암시해 준다.

이것은 어린양 주님이 행하시는 최후 심판 때에 첫 하늘과 첫 땅이 사라지고, 악인들은 어린양의 최후 심판대 앞에서 두려움으로 떨게 될 것[792]을 예견한 것이며, 요한계시록 14장 17-20절 또한 땅의 포도송이(불신자)에게 임할 불심판에 초점이 맞춰진 최후 심판을 보여준다.

요한계시록 7장은 여섯째 인과 일곱째 인 사이에서 갭처럼 끼워져

---

790) Chilton(1990:197) 같은 학자들은 이 부분을 문자적으로 이해하지 못하고 너무 영적이고 비유적으로 해석한다. 이들은 이것을 교회의 대적인 옛 세상과 질서가 변혁되어 새로운 세상이 도래된 것으로 본다(송영목, 2011:1318). 물론 이 본문을 직접적인 예루살렘 멸망과 관련한 해석이나 혹은 Chilton같이 복음의 새 질서 안에서의 새롭고 변혁된 방식으로의 비유적 해석도 가능하리라 본다. 하지만 그렇다면 본문에서 땅과 우주의 특이 현상들을 뜻하는 고유 낱말을 선택하여 무엇보다 '심판'의 의미를 강조한 것으로 보이는 문맥 안에서 요한의 진정한 의도는 무엇인지 묻게 된다. 과한 비유적 해석은 금물이다.

791) 이사야 13장 1-16절에서도 이사야 선지자는 여호와의 날, 종말에 임하게 될 여호와의 분노에 대해 묘사하면서, 땅을 황폐케 하고 하늘의 별들과 해와 달을 어둡게 하며 또 천지를 진동시켜 떠나게 할 때 땅에 거하는 자들이 무서워서 도망가지만, 하나님의 거룩한 군대에 의해 죽임을 당하고 노략을 당하는 심판을 맞이하게 될 것을 보여준다.

792) 참고. 계 20:11-15; 히 12:18-29.

서 나타난다.[793] 이것은 여섯째 인의 말미에 '진노의 큰 날에 누가 능히 설 수 있는가?'라는 물음에 대하여 '하나님의 인 맞은 14만 4천 명'이 그 해답으로 주어진다. 이것은 지구적이고 우주적인 대재앙의 암담한 소식을 뒤엎는 반전이며, 하나님의 언약 교회에 주는 소망의 메시지이고, 이후 요한계시록 14장 1-5절에서도 이를 반영해 준다.

1절에 4천사가 등장한다. 이들은 땅 4모퉁이에 서서 4방의 바람을 불지 못하도록 붙잡고 있다. 여기서 이 4바람은 7장 2-3절에서 다른 한 천사의 증언을 토대로 볼 때 자연계를 해할 수 있는 강력한 바람이며,[794] 이 바람은 주로 심판의 임무를 수행하는 4천사의 심판의 도구로서의 묵시적-상징적인 의미를 담고 있다. 이어서 이전의 4천사보다 서열이 높아 보이는 다른 한 천사가 등장하여 '하나님의 종들의 이마에 인치기까지 자연계를 해하지 말라'고 명령한다.

하나님의 백성을 향한 구원의 시행은 그 당사자들은 물론이요 나아가 그들의 거처와 자연계에도 생명과 보존의 혜택이 미쳐진다. 고대와 특히 유대 사회에서, '인'은 소유권의 상징으로 인식된다. 하나님의 '인'은 하나님의 소유에 대한 징표이다. 인 맞은 자들의 소유권은 오직 하나님과 어린양께 주어지며, 또한 그들도 그것을 기뻐하고 인정한다.[795]

793) 어떤 이들은 이것을 '중간 계시' 혹은 '삽화 계시'라고 부르기도 한다.

794) 다니엘 7장 2절에서 다니엘은 '하늘의 4바람이 바다로 향해 불자 큰 4짐승이 바다에서 올라오는 환상'을 보았다. 이것은 뒤이어 나오는 본문 내용에서 설명된다. 4바람은 큰 4짐승(사자, 곰, 표범, 열 뿔 가진 짐승)을 뜻한다. 예레미야 49장 36절에는 (여호와의 맹렬한 진노를 담고) 엘람에게로 부는 하늘의 4바람에 대해 언급한다. 스가랴 6장 1-8절에서 스가랴가 환상 가운데 본 4병거가 무엇인지 물었을 때 천사가 대답하길 "이는 하늘의 4바람이며 온 세상의 주 앞에 있다가 (바벨론과 애굽과 나아가 온 대적의 세력을 향해 심판의 도구로) 나가는 것"이라고 설명한다. 구약의 대부분의 묵시 문헌에서 4바람은 심판의 뜻을 가진 묵시적-상징적 의미를 가진다.

795) 계 7:10, "큰소리로 외쳐 이르되 구원하심이 보좌에 앉으신 우리 하나님과 어린양에게

인 맞은 자의 수는, 이스라엘 12지파에서 각기 1만 2천 명씩으로 전체 14만 4천 명이다. 요한계시록의 숫자는 문자적 의미보다 상징적 의미로 보는 것이 더 타당할 것이다. 14만 4천 명만 구원받는 것이 아니라, 구원받기로 작정된 구약의 언약 백성들과 신약의 언약 성도(교회)들 모두를 뜻하는 것이다. 어린양 예수 그리스도의 피 구속을 통해 구원하시기로 만세전에 작정하신 자들을 하나님은 모두 완전히 구원하신다. 이들에 대한 구체적인 전망이 소개된다.

이들은 9절에 각 나라와 족속과 백성과 방언으로부터 나와서 '셀 수 없을 정도로 많은 흰옷 입은 큰 무리'와 동격이다. 이들은 (1) 큰 환난에서 나왔고(환란 통과), (2) 어린양의 피로 구속받아 정결하게 되었고, (3) 하나님의 보좌 앞과 성전(새 예루살렘)에서 밤낮 하나님을 섬기게 된 자들이다.

또한 이들을 위한 하나님의 보상이 주어진다. (1) 하나님이 그들에게 장막을 쳐 주셔서 주리지도 목마르지도 해로운 기운에 상하지도 않으며, (2) 어린양이 그들의 목자가 되사 생명수 샘으로 인도하시며, (3) 하나님이 그들의 눈에 모든 눈물을 씻어주신다는 위로와 복의 예견이다. 당시 로마와 유대교로부터 고난과 핍박 아래 살았던 요한 당시의 언약 성도들뿐 아니라 오늘날 크고 작은 고난 가운데 주의 약속의 말씀을 붙들고 인내로 살고 있는 언약 교회에도 크나큰 위로를 주는 메시지이다.

요한계시록 8장 1절에 일곱째 인이 떼어지는 장면이 나타난다. 요한계시록에 나타나는 3번의 대심판(인, 나팔, 대접)은 동일하게 각기 7번째가 그다음에 이어지는 대심판을 여는 매개체의 역할을 한다.

있도다 하니."

특이한 점은 7째 인이 떼어질 때, 하늘이 반시간쯤 고요했다는 점이다. 이 고요함은 계속 고조되는 심판의 정점에서 바라볼 때, 폭풍 전야와 같은 의미를 준다. 다가올 대환란 앞에서 자신의 문제를 돌아보며 동시에 하늘의 음성을 듣는 데 있어서 기도(묵도)만큼 적합한 게 어디 있겠는가!

어떤 이들은 요한계시록 6-19장을 요한 당시 로마 제국에게 임할 심판의 성취로 보고 20장 이후만 종말의 사건으로 해석하여 하나님의 계시의 폭을 좁히는 과오를 범한다. 요한은 로마 시대의 사람이지만 요한계시록은 로마뿐 아니라 전 시대를 조망한 계시의 완성의 책이다. 따라서 계시 역사적인 큰 틀에서 요한계시록을 바라보아야 하며, 특히 심판에 대한 과거 성취의 측면보다, 전시대-언약 성취적인 측면으로 이해해야 할 것이다.

성경은 심판-구원을 동시에 말한다. 큰 홍수 심판과 각종 심판이 임했던 구약 때에도 하나님은 남은 자를 통한 소망과 구원을 내다보게 하셨고, 신약 때에 구원자로 오셔서 십자가를 지시고 부활 승리하신 그리스도로 인하여 택함 받은 언약 성도들은 현재적 고난과 미래의 대환란, 그리고 최후 심판의 자리에서도 하나님의 주권적 언약으로 구원과 상급이 보장될 것이다.

따라서 심판의 대재앙은 불신자들에게는 두려움과 공포의 소식이지만, 언약 교회에는 위로와 소망이 된다. 장차 임하게 될 전우주적 최후 심판 때 하나님의 언약에 들지 않은 교만한 이스라엘의 불택자나 세상의 미혹된 자들인 666[796]은 최후 판결 때 시내 산에 처해져서

---

796) 참고. 계 12-13장.

심판의 두려움과 공포로 떨게 되겠지만,[797] 이스라엘의 택자들과 언약 교회인 14만 4천은 큰 환란 가운데서도(설사 순교할지라도) 끝까지 배교하지 않고 복음 신앙을 잘 지켜서, 그리스도의 최후 심판 때 불심판을 면하게 되어 영광스러운 신천 신지와 새 예루살렘에서 밤낮 하나님만 섬기고, 승리하신 어린양께 우렁차고 아름다운 영광과 승리의 찬송을 부르게 될 것이다.[798]

▶ 일곱 나팔 심판

이 단락은[799] 내용상 다음과 같은 두 개의 큰 주제로 나눌 수 있다. 하나는 '일곱 나팔 심판'과, 다른 하나는 '일곱 환상들에 관한 설명'이다.

1. 일곱 나팔 심판[800]

일곱째 인이 열려지므로 비로소 일곱 나팔 심판이 시작된다. 일곱째 인이 떼어질 때의 고요(묵도)가 8장 3-5절에도 계속 이어진다. 성도의 기도가 '금향로'에 담길 때도, 또한 기도의 향연이 하나님 앞에 올라갈 때에도 정적이 흐른다.

여기에는 2가지 의미의 암시가 있다. 하나는, 심판에 대한 대비이다. 앞으로 다가올 엄청난 재앙에 대해 마음 단단히 준비하라는 뜻이다. 재앙에 대한 최고의 대비는 기도, 조용한 묵도만한 것이 없을 것이

797) 참고. 히 22:18-21.
798) 참고. 계 14:1-5, 15:2-4, 21-22장; 또한 히 12:22-24.
799) 계 8:3-15:4. 일곱 나팔 심판.
800) 계 8:3-11:18.

다. 또 다른 의미는 고난당한 성도들이 드린 신원의 기도는 결국 하나님 앞에(제단) 상달되어 원수들에 대한 재앙으로 나타난다. 즉 악인의 보복을 위한 성도의 의로운 기도는 헛되지 않고 반드시 의의 심판으로 갚아진다는 것이다. 지금도 악한 세상의 징벌을 위해 드려지는 효력 있는 의의 기도가 절실하다.

요한계시록 8장 7절부터 7나팔 재앙이 시작된다. 7천사들이 각각의 나팔을 불 때 각기 독특한 장면들이 나타난다. 여기서도 7인 심판 때처럼, 숫자적으로 7번의 심판이 내려진다는 의미가 아니라, 심판에 있어서 완전하고 완벽한 하나님의 심판이 임한다는 묵시적 의미이다.

첫째 천사가 나팔을 부니, 피 섞인 우박과 불이 땅에 쏟아져, 땅과 수목의 3분의 1이 타 버리고 각종 푸른 풀도 타 버렸다. 이 심판은 마치 구약에서 패역한 소돔과 고모라 성에 내린 유황불 심판을 연상케 한다. 대부분의 나팔 재앙은 불로 인한 '불 심판'이다.[801] 종말의 날에 하늘에서 내린 어떤 불로 인해 땅과 수목이 불타는 큰 재앙이 발생하게 될 것이다. 땅에 내려진 불은 태우고 불사르는 것이 특징이다. 이 일로 땅에는 오랫동안 큰 화재가 번지게 되고, 살아남은 자들은 땅으로부터 원활한 음식 공급이 되지 못하여 기근과 약탈과 방화, 살인 등 각종 생명 위협의 재앙들이 나타날 것이다.

하지만 그런 악조건에서도 불구하고 지구 전체와 우주적 불 심판이 찾아올 때까지 여전히 살아남는 상당수 사람들이 있을 것이다. 이때 언약 안에 든 백성들은 더욱 신실해야 할 것이고, 회개한 자들은 회개하여 구원에 들 것이나, 소돔 백성들처럼 하나님을 대적하고 세상 환락을 좇는 패역한 자들은 다가올 완전한 불 심판의 참여자, 소돔과

801) 나팔 심판에서 첫째부터 여섯째 심판까지 심판의 주요 소재(도구)는 대부분 '불'과 관련된 것들이다. 특이하게 일곱째 심판에서는 불의 심판을 말하고 있지 않다.

고모라의 후손이 될 것이다.

둘째 천사가 나팔을 부니, 불붙는 큰 산과 같은 것이 바다에 던져져, 바다의 3분의 1이 피가 되고, 바다 생명체의 3분의 1이 죽고, 배들의 3분의 1이 깨어졌다. 바다에 대한 부분적 재앙이다. 두 번째 재앙은 땅이 아닌 바다에서 시행되며 역시 불에 의한 것이며, 순서상 땅에 이어져서 나온다. 땅을 지으시고 그 땅을 심판하시는 하나님은 땅의 영역에 이어진 바다도 반드시 심판의 영역에 포함시키신다. 바다에 던져진 이 불은 바다를 변화시키는 특성을 가진 불인데, 이 불의 위력은 엄청나서 바다를 상당히 오염시키고, 상당수의 바다 생명체를 죽음에 이르게 하며, 이로 인해 바다에서 조업을 하는 배들의 상당수가 타격을 입고 조업을 멈추게 되는 결과를 초래하게 될 것이다.

이 시대에도 배기가스와 환경오염으로 인해 바다와 바다 생명체의 상당수가 몸살을 앓는 지역적이고 부분적 재앙이 발생하지만, 장차 주의 날에 임할 대재앙 때에는 지구 바다 전체가 파괴되는 종말을 맞이하게 될 것이다. 따라서 언약적 생명 구원의 차원에서 바다와 바다 생명체를 살리고 보호하려는 노력이 전 지구적으로 있어야 할 것이다. 그러면 자연히 배들의 바다 조업은 활성화될 것이다. 하지만 인간의 이기심과 죄성으로 인해 예견된 심판의 시간을 울리게 될 때 결국 바다의 대재앙은 멈출 수 없게 될 것이다.

셋째 천사의 나팔이 불어지자, '쓴 쑥'이라 이름 하는 횃불같이 타는 큰 별이 하늘에서 떨어져, 강물의 3분의 1이 쓴물이 되어서 많은 사람이 죽었다. 바다와 함께 이어진 강물의 부분적 재앙이다. 땅에서 시작된 재앙은 바다를 거쳐 이제 강물에까지 미친다. 하나님의 심판은 이처럼 전 지구적인 재앙이며 동시에 철저한 재앙이다. 바다의 경우와 유사하게 강물에 떨어진 불 역시 강물의 성질을 변하게 한다.

장차 우리의 강물은 이 불의 영향으로 상당량 쓴물로 오염되어 이 물을 마신 많은 사람들이 생명의 위협을 받게 될 것이다. 강과 바다는 원래 그 근원이 하나이므로 만일 바다가 심각하게 오염되었다면 강물인들 온전하겠으며, 그 물을 마신 사람인들 온전할 리 없을 것이다. 예전에는 수돗물을 안심하고 먹었고 마을 냇가에 송사리도 살았지만 지금은 그렇지 못하다. 돈을 들여서 정수기를 설치하고 돈 주고 물을 사먹는 시대가 되었고, 동네 냇가는 송사리 대신 각종 오염물들이 자리를 차지하고 악취를 풍기고 있다. 이대로 간다면 우리의 생명 건강과 직접 관련이 있는 강(물)의 미래 환경은 훨씬 더 심각한 도전을 맞게 될 것이다. 그 밑바닥에 맘몬 우상이 자리한 무분별한 도심 개발과 물질 우상화의 세상 논리에 밀려 깨끗한 강을 만들고 보호하는 노력을 게을리 한다면, 결국 넷째 나팔 재앙은 단순히 경고가 아니라 실제적 대재앙의 파멸로 나타나게 될 것이다.

넷째 천사가 나팔을 불자, 해와 달과 별들의 3분의 1이 어두워지니 낮과 밤도 3분의 1이 어두워졌다.[802] 천체의 부분적 재앙을 가리킨다. 특이한 점은, 이전의 3나팔 심판에서와 달리 여기서는 심판의 전달 수단인 '불'을 언급하지 않았다는 점이다. 아마 이전 3나팔 심판에는 심판의 영역(대상)이 땅, 바다, 강인데 비해, 이곳에서는 그 영역이 하늘의 발광체(해, 달, 별)이기 때문에, 그것들에게 같은 성질의 발광체인 '불'을 직접적으로 사용하지 않은 것으로 보인다.

802) 요한계시록 6장 12절도 비슷한 내용을 보여주며, 특히 구약 이사야 13장 10절, 요엘 2장 31절, 아모스 8장 9절 등에서도 이것을 말하고 있다. 주의 종말의 날이 이를 때 하늘의 발광체들(해, 달, 별)은 빛을 잃고 어두워지게 되고, 이로 인해 지구의 밤낮은 평소보다 더욱 어둡게 될 것이다. 하지만 아직 완전한 어둠이 아닌 3분의 1 정도의 어둠이다. 완전한 어둠이 이르기 전에 지혜자는 깨닫고 회개하여 주님께로 돌이켜야 하지만, 그렇지 못한 자는 그다음 단계의 심판이 기다리고 있음을 암시하고 있다.

이 하늘의 발광체에게 내려진 심판은 반전의 의미가 숨어 있다. 발광의 강도를 현저히 줄어들게 만들었다. 발광체가 강한 빛을 발할 때는 그것이 건강하다는 뜻이지만, 빛의 강도가 약하다는 것은 그 생명이 소진해진다는 암시이다. 우주 과학자들은 우주에 떠도는 별 하나의 생성과 죽음이 태양계와 지구에 미치는 영향에 대해 민감한 이론들을 제시한다. 그것은 별이 죽음을 맞이할 때 발생하는 폭발로 인해 그 잔여물들이 지구에 부딪힌다면 딥임팩트로 인하여 지구 종말의 결과를 초래할 수 있기 때문이다.

그런데 별 하나가 아니라, 우주의 별 3분의 1이 폭발적 죽음을 앞둔 상태이고, 또한 지구 가까이에 있는 달과 해마저 그 생명력이 현저히 줄어든다면 그로 인해 지구에 미치는 영향은 어떻게 되겠는가. 지구의 온도와 계절과 기상 등등에 막대한 영향을 주게 되어 인간을 비롯한 상당한 지구 생명체들이 생명 유지에 위협을 당하는 재앙에 처하게 될 것이다. 하지만 그 가운데 살아남는 자들에게는 그 보다 훨씬 혹독한 시련이 그들을 기다리게 된다.

흥미로운 점은 이전의 인 심판과 유사한 '평행-구조'가 나팔 심판에서도 발견된다. 인 심판에서 첫째부터 넷째까지가 '말 탄 자'에 대한 공통점이 있었듯이, 나팔 심판에서도 첫째부터 넷째까지는 각기 3분의 1만 해할 수 있는 재앙이라는 점에서 공통적이다. 나팔 재앙의 영역은 3분의 1까지만이다. 전체에 해를 끼치지는 못한다. 이런 점에서 나팔 심판은 경고적인 의미가 담긴 경고 심판이라 불린다.

그런데 이 네 나팔 재앙을 A.D. 66-70년에 로마의 핍박으로 인해 유대인들이 받은 환란으로 성취되었다고 보는 '과거 성취론자'들은 이 부분에 나타나는 지구적-천체적인 부분 모두를 의인화 내지 상징화로 일관해 버린다.[803] 만일 그렇다면 계속되는 의문이 남는다. A.D.

95년경에 본서를 기록한 저자가 이미 지난 과거인 A.D. 60년대 후반의 일을 왜 미래적 관점에서 기록했으며, 또 이미 발생했던 역사적 전쟁의 상황을 독자들에게 전하려 했다면(당시의 독자들은 이미 알고 있었을 텐데) 역사적이고 서술적인 기법으로 선명하게 전하지 않고 왜 굳이 암시적이고 상징적으로 이해하기 어렵게 전달했을까?

요한계시록에서 심판에 대한 거의 모든 부분을 과거 성취적으로 해석한다면, 미래의 악인들과 성도들을 위한 직접적인 경고와 소망의 메시지는 과연 어디에서 찾아야 하는가? 단지 요한계시록 21-22장에서만? 계시-역사적 관점에서 요한계시록은 대부분 미래적이고 예언적인 내용을 많이 담고 있다. 신약성경에는 현재의 고난을 통해 종국에 다가올 악인의 징벌과 의인의 구원과 상급에 대한 소망과 재림신앙을 주로 다루고 있음을 부인할 수 없다. 따라서 7나팔 재앙도 미래에 나타날 상황에 대한 경고로 해석하는 것이 타당하게 여겨진다.

요한계시록 8장 13절에는 '아직 3천사가 불어야 할 나팔 소리가 남아 있음'을 예비, 경고한다. 다섯째부터의 나팔 재앙은, 주로 자연과 천체에 내려진 이전 재앙들과 달리 재앙의 강도가 훨씬 심하게 될 것이니 유의하라는 예비 경고이다.

다섯째 천사의 나팔이 불어지자,[804] 요한은 하늘에서 땅에 떨어진 '별' 하나를 보았다. 이 별은 천체의 별[805]이 아니라 인격체로 묘사된

---

803) 송영목(2011:1322-1324).

804) 계 9:1-11.

805) 계 8:10-11. 이 구절은 '횃불같이 타는 큰 별'이 하늘에서 강과 여러 물샘에 떨어져서 물이 쓴물이 되어 많은 사람을 죽게 만들었다는 내용인데, 이 별은 천체의 별로 보여지며, 별을 의인화한 다른 묵시적인 본문들과 구별된다. 이시야 14장 12절은 하늘로부터 떨어진 계명성(day-star)을 바벨론 왕으로 묘사한다. 에녹1서 21:6은 타락한 천사(fallen angels)를 주님의 명령을 어긴 하늘의 별들로 생생하게 묘사한다. 누가복음 10장 18절에도 예수님이 70인의 전도대가 말씀 사역을 마치고 돌아왔을 때 '사탄이 하늘로부터 번개같이 떨어지는 것을 보았다'고 말씀한다. 모운스(Mounce, 1977:192-193)는 이러한 배경하에

아마 영적인 존재로서 무저갱의 열쇠를 받았다.806) 어떤 신학자는 이 존재를 요한계시록 20장 1절에서 무저갱의 열쇠를 가지고 하늘로부터 내려온 천사와 동일하게 취급한다(Mounce, 1977:193).

하지만 20장 1절에 등장하는 천사와 다르게 취급해야 할 것이다. 20장 1절의 천사는 하늘로부터 내려왔고(descend) 또 키(key)와 함께 '쇠사슬'을 가지고 사탄을 사로잡아 무저갱에 가두는 복음적/승리적 행위가 초점인 반면, 9장 1절의 천사는 하늘로부터 떨어진(fallen), 그래서 12장 3–4절에서 용(사탄)이 그의 꼬리로 하늘의 별 3분의 1을 끌어다가 땅에 던질 때 던져졌던 별(문맥의 정황상, 천체의 별이 아닌 '천사') 들 중 하나이며, 따라서 아마 하나님의 부름에 쓰임 받아야 할 천사가 오히려 용에게 현혹되어 타락한 천사의 일종으로 보인다. 또 문맥에서의 그의 역할도 20장 1절의 천사와 달리 단지 키를 가지고 문을 여는 문지기로서의 역할에 그치며, 무저갱을 여는 그의 행위도 결국 사람에게 악하고 해로운 영향을 끼치는 반복음적/파괴적 결과(행위)를 가져왔다는 점에서 확연히 다르다.

이 별에 의해 무저갱 문이 열리자 무저갱의 구멍에서 큰 연기가

서 당시 유대적 사고(Jewish thought)는 별을 살아 있는 존재로 신속하게 상징화하였다고 말한다.

806) 계 9:1, "……하늘에서 땅에 떨어진 별 하나가 있는데 그가 무저갱의 열쇠를 받았더라." 여기서 '받았다'는 의미는 이 '별'의 존재가 무저갱의 열쇠를 (자신의 능력으로) 스스로 가진 것이 아니라, 신적 존재에 의해 수동적으로 (혹은 임시적으로) 부여받았기 때문이며, 송영목(2011:1324) 교수가 그의 책에서 이것을 '신적 수동태'라고 표현한 것은 적절한 표현으로 여겨진다. 무저갱에 비유되는 사망과 음부의 열쇠를 스스로 취하여 가지신 분은 오직 예수님 외에는 없다(계 1:18). 하지만 (이 천사가 타락한 천사여서 사탄의 사주로 무저갱의 문을 열었다 할지라도) 오묘하신 주님은 당신의 주권적 섭리에 의해 이같이 다른 존재가 일시적 혹은 임시적으로 그 무저갱을 열도록 단지 허용하실 뿐이며, 결국에는 당신의 천사에 의해 그 무저갱을 완전히 통제하시고 종국에는 사탄도 무저갱에 가두시게 될 뿐만 아니라, 최후 심판 때에 당신이 그 무저갱마저 영원한 불못에 던지셔서 그 존재조차 완전히 사라지게 하실 것을 성경은 가르친다(계 20:1–3, 14–15).

올라와서 해와 공기가 어두워졌다. 여기서 별이 '타락한 천사'를 암시하는 영적이고 상징적인 의미가 있듯이, 그에 의해 펼쳐지는 무저갱의 장면은 문자적 의미보다 문맥의 정황상 영적이고 상징적인 의미로 해석해야 할 것이다. 무저갱은 영적으로 '지옥'을 암시한다. 그 지옥 구덩이에서 '큰 연기'가 올라왔다. 연기는 '불'로 인해 발생한다. 다섯째 나팔 재앙에서의 '불'은 연기 즉 '어떤 세력'을 암시하는 것이 특징이다. 이 연기는 문자적 '연기'가 아니라, 사람들을 현혹하고 미혹하는 '악한 영적 세력들'로 보아야 할 것이다. 그런데 이 연기가 해와 공기를 어둡게 할 정도로 쏟아져 나왔다는 것은 '악한 영적 세력들이 지옥으로부터 공중으로 가득 쏟아져 나와서 공중의 권세를 상당히(완전히는 아님) 장악한 모습'이다.

바울은 에베소서 2장 2절에서 이 악한 영적 세력들에 대해서 "그때에 너희는 그 가운데서 행하여 이 세상 풍조를 따르고 공중의 권세 잡은 자를 따랐으니 곧 지금 불순종의 아들들 가운데서 역사하는 영이라"고 증거한다. 이렇게 "세상 풍조를 따르고 또 공중 권세 잡은 자(마귀)를 따르고, 하나님을 거역하는 불순종의 아들들에게 역사하는 불순종의 영"들이 무저갱, 곧 지옥으로부터 올라와서 하나님을 거역하고 불순종하는 세상 풍조와 마귀의 뜻을 따르도록 온 세상을 악한 영들로 지배하고 다스리고 있음을 보여준다.

그런데 이 지옥 불구덩이에서 악한 영적 세력들뿐만 아니라, 황충(locusts)이 올라와서 사람을 해하는데, 그가 사람을 해하도록 부여받은 권세는 역시 제한적(3분의 1)이다. (1) 땅의 수목은 해할 수 없고 이마에 하나님의 인이 쳐지지 않은 불택자만 해한다. (2) 죽이지는 않고 다섯 달 동안 즉 짧은 기간 괴롭게만 한다. (3) 고통의 정도가 극심하지만 죽지는 않는 고통이다.

9장 7-11절에 황충의 모양이[807] 특이하게 묘사된다. 맨 먼저 머리에 금관을 쓴 말(horse)로 그려진 것은, 전쟁에서 맹렬히 싸우는 투사적 존재라는 것이다. 얼굴과 머리털은 사람과 비슷한데, 사자 이빨과 철호 심경과 강력한 날개를 가진 천사적 존재이다. 종합하자면 사람 모양을 하고 있지만, 내면에는 악마적 야수성을 가지고서 사람들을 미혹하는 마귀적인 천사인데, 그의 강력한 무기는 이빨이 아니라 꼬리에 있다. 사람을 죽이는 게 아니라 단지 잠깐 고통스럽게만 한다. 즉 황충은 무저갱을 연 타락한 천사도 아니며, 더욱이 사람을 죽이고 파괴하는 절대 권력자 사탄도 아니다. 그는 아마 요한계시록 13장에서 자세히 다루는 사탄의 수하인 '짐승'으로 여겨진다. 무저갱의 사자라고 하는 이 짐승들의 왕이 존재하는데, 히브리어로 '아바돈'이고, 헬라어로 '아볼루온'이라 하는 곧 '사탄'을 암시한다.

황충을 통한 3분의 1의 경고는 고통스럽지만 목숨이 빼앗기지는 않고 또 길지 않은 재앙이기 때문에 아직 살아 있는 동안 회개를 촉구하는 암시적 의미가 담겨 있다. 그러나 경고를 무시하여 회개치 않고, 지속적으로 세상 풍속과 마귀의 뜻을 좇아 하나님을 거역하고 불순종하게 되면 그때는 고통으로만 그치지 않고 결국 목숨을 빼앗기는 파멸로 그 끝을 보게 될 것이다. 짐승의 미혹 뒤에는 무서운 사탄이 도사리고 있기 때문이다.

9장 12절은 '첫째' 화는 지나갔으나 이 후에 화 '둘'이 이르게 됨을 알려주는 예비 경고이다.

9장 13-21절에서 보여주는 여섯째 나팔 재앙은 사람을 죽이는 무시

807) 모운스(Mounce, 1977:195-197)는 이 모습을 사람과 짐승의 결합체, 고지능의 교활함과 마귀적 존재의 야만성의 결합체, 비자연적인 모습과 악마적인 모습의 결합체로 해석한다.

무시한 재앙이 나타난다. 인 재앙에서도 그러했듯이 나팔 재앙에서도 여섯째 재앙이 가장 극심함을 보여준다. 다섯째 나팔 재앙은 '황충'(짐승)을 통해 심판이 수행되지만, 여섯째의 재앙은 큰 강 유브라데[808]에 결박되었던 4천사[809]가 놓이므로 그 4천사가 부리는 셀 수 없을 정도의 많은 수[810]의 마병대에 의해 수행되어진다. 유브라데를 건너 마치 세상과 전쟁하기 위해 달려 나가는 이 마병대의 모습은 앞서 황충의 모습과 유사하지만 차이점이 크다.

이 마병대는 불빛(핏빛, 유황빛) 나는 살기등등한 호심경을 착용하였고, 특히 튼튼한 말들은 사자의 머리와 뱀 꼬리로 조합된 용맹 잔인하

---

808) 유브라데는 실제 매우 길고(약 2,700여km) 큰 강이며, 이 강을 경계로 언약의 땅 이스라엘과 그 너머의 적들의 영역이 정해진다. 적들이 이스라엘을 침공할 때는 이 강을 건너서 오게 된다. 따라서 유브라데에 결박된 4천사의 놓임과 수많은 기마병의 출현은 유브라데 강을 넘어서 이스라엘로 침공해 오는 적들의 이미지로 묘사된다.

809) 계 9:14-15. 여기서 4천사는 숫자 4의 상징적 의미와 함께 '멸망과 완전한 심판을 수행하는 천사들'을 뜻한다. 특이한 점은 9장의 4천사와 7장 1-2절의 4천사는 둘 다 심판과 연관된 천사들이지만, 역할에서 서로 다른 차이가 있다. 7장의 4천사는 땅 4모퉁이에 서 있지만, 9장의 4천사는 유브라데에 결박되었다. 7장의 4천사는 파괴적인 바람이 불지 못하게 붙들고 있지만, 9장의 4천사는 기마대를 통해서 파괴와 살육을 수행한다. 9장의 4천사는 7장의 4천사보다 훨씬 잔혹하며 전투적이고 파괴적인 성향으로 인해 9장의 4천사가 하나님의 천사냐, 마귀적 천사냐에 대한 논란(문맥에서는 여섯째 나팔 천사에 의해 놓임 받고 심판을 수행하므로, 하나님의 천사로 보이지만 논란의 여지는 있다)이 있어 보이지만, 하나님의 천사와 마귀의 천사의 차이점은 누구를 위해 일하고 누구의 지시를 따라 일하느냐에 따라 구별된다. 실은 마귀적 천사들도 본래는 하늘에서 하나님의 일을 수행하였던 존재들이었으나, 타락하여 땅에 떨어진 이후에 땅의 지배자 사탄의 지시를 따르는 사탄의 천사가 되었다. 하나님의 창조적이고 주권적인 섭리에서 볼 때, 타락한 천사와 황충도 또한 4천사와 마병대도 심지어 사탄마저도 결국 전능하신 하나님의 구원과 심판을 이루기 위한 주권적 섭리 아래 그들의 활동이 잠시 허용된 것뿐이다. 하지만 하나님이 정하신 종국에 이르러 시행될 재림 심판과 또 최후 심판의 자리에서는 결국 저들도 불못에 던져져서 완전한 종말을 고하게 될 것이다(계 19-20장).

810) 계 9:16, "마병대의 수는 이만 만이니 내가 그들의 수를 들었노라." 여기서 '이만 만'은 2억이며, 이는 '셀 수 없을 정도의 어마어마한 수'를 뜻한다. 나아가 이것이 전쟁의 개념과 합해져서 '살육하고 파괴하는 힘이 엄청나게 강한(많은) 영적이고 사상적인 세력들'을 암시한다.

고 지능적인 특징을 보여주며, 더욱 무서운 것은 입에서 불(연기 ,유황)이 나와 사람을 죽이는데 모두 죽이지는 못하고 부분적인(3분의 1) 살생이었다.

여섯째 나팔 재앙에서 불은 잔인하고 파괴적인 전쟁을 암시한다. 마병대는 황충이 갖춘 전쟁 장비들보다 더 강력하고 더 잔인하며 훨씬 더 막강하고 강력한 무기(살상용)를 갖춘 것으로 묘사된다. 황충은 사람을 미혹하여 고통만 줄 정도였지만, 마병대는 사람을 잔인하게 죽이고 살상키 위한 전쟁을 일으킨다. 황충이 세상 사람들을 미혹하여 세상 풍속을 따르고 하나님께 불순종케 하는 악한 짐승의 사상을 상징한다면, 이 마병대는 그 짐승의 사상보다 훨씬 강력한 사탄 숭배적인 교리나 가르침을 상징한다. 사탄은 그의 수하인 짐승들을 통해 세상 풍속에 빠지도록 세상 사람들을 미혹할 뿐 아니라 직접적으로 사탄 자신을 왕처럼 숭배하고 가르침을 따르도록 (마치 많은 마병대들이 세상 곳곳을 돌아다니며 요란케 하는 것처럼) 세상을 요란하게 뒤흔들 것이다.

역사적으로 세상의 군왕들은 전쟁에서 패배한 피지배국 백성에게 자신을 왕으로 섬기도록 요구하였다. 다니엘 때 느부갓네살 왕뿐 아니라 이후 여러 왕들도 황제 숭배를 강요하였고, 로마 시대인 요한의 때에도 황제 숭배에 대한 강요와 핍박이 매우 극심하였고, 이를 거부하면 로마 원형 경기장에서 사자의 밥이 되거나 잔인한 죽음을 맞이하게 되었다. 과거에도 그리해 왔지만 특히 지금은 사탄과의 심각한 영적 전쟁의 시기이다. 세상의 황제인 사탄은 돈과 세상 향락과 또 무엇보다 하나님을 대적하는 이단 교리와 사상을 세상 곳곳에 퍼뜨려서 사람들이 돈과 물질을 섬기고, 이단 교주나 이단 사상을 하나님처럼 섬기게 하여 온 세상을 영적 혼란의 소용돌이에 빠뜨리고 있다.

종말로 가면 갈수록 사탄은 자신의 마병대들인 물질의 맘몬, 사상의 맘몬, 이단의 맘몬 등을 통해 각 시대 사람들의 마음과 영혼을 잔인하게 사로잡고 빼앗아서 영적 죽음의 자리로 몰고 갈 것이다. 그런데 이 심각한 재앙을 끝으로 이제 더 이상의 재앙은 없었으면 좋으련만 그렇지 못하다.[811] 여섯째의 무서운 재앙에서 살아남은 자들은 이제 자신을 돌아보고 회개해야 함에도 그렇게 하지 않고, 오히려 여러 귀신과 우상을 섬기고 또 살인과 복술과 음행과 도둑질을 행함으로 결국 마지막 재앙[812]을 불러오게 한다.

[중간 계시] 일곱 인 심판에서 여섯째와 일곱째 사이에 소위 중간 계시(하늘의 14만 4천과 셀 수 없이 많은 무리)가 나타났듯이, 일곱 나팔 심판에서도 여섯째와 일곱째 사이에 중간 계시가 등장한다. 여기[813] 중간 계시에는 두 가지 내용이 담겨 있다.

힘 센 천사와 작은 두루마리

요한계시록 10장에는 요한이 목격한 한 힘센 천사에 관한 기록이다. 그의 모습은 흡사 예수님 같다. 구름으로 옷 입고, 머리 위에 무지개가 있고, 얼굴은 해 같고, 발은 불기둥 같으며, 손에는 작은 두루마리를 들고, 발은 바다와 땅을 밟고, 음성은 7우레의 소리와도 같은 큰 음성이었다. 이 천사가 하나님을 두고서 '하나님이 선지자들에게 전하신 복음과 같이 하나님의 그 비밀도 지체치 않고 이루어질 것'이라고 맹

811) 하나님의 심판은 구원과 정결과 직접적인 연관이 있다. 거듭되는 심판을 통해 온전한 정결을 이루어 완전한 구원을 이루신다. 하나님의 심판은 6번으로 끝나는 불완전한 심판이 아니다. 더러움과 불경건이 남아 있는 곳에는 온전한 정결을 위하여 마지막 7번째의 완전한 심판이 요구된다.

812) 특이한 것은 요한계시록 11장 15-19절에 등장하는 마지막 7째 나팔 재앙에서는 특별한 심판의 내용을 담고 있지 않고 대신에 하늘에서의 경배와 찬양이 나타난다.

813) 계 10:1-11:13.

세를 한다. 모운스(Mounce, 1977:206-207)에 의하면 어떤 견해(Walter Scott, Seiss, Richardson)는 이 천사를 '그리스도'로 보기도 하며, 다른 견해(Charles)는 이를 '가브리엘'814)로 보기도 한다고 한다.

물론 시편 104편 3절, 요한계시록 1장 16절, 요한계시록 4장 3절, 출애굽기 13장 21절 등의 병행 구절들은 이 천사가 그리스도와 흡사하다는 것을 말해 주기도 한다. 하지만 묵시 문헌에서는 그리스도가 결코 천사로 나타나지 않으며, 또 이 천사의 맹세도 그리스도의 행위로 보기에 적절치 않게 보인다. 차라리 10장 4절, 8절, (11절?)에 표현된, '하늘로부터 요한에게 들리던 음성'의 주인공이 '예수님'으로 보인다. 성령께서 요한으로 하여금 이 서신을 기록하게 하실 때, 이 인물이 천사인지 아니면 그리스도이신지를 분명히 분간하여 기록하게 했으리라 믿는다.

묘사된 천사의 모습이 아무리 탁월해 보여도 어찌 그리스도의 탁월함과 비할 바 되겠는가. 그는 단지 하나님 주위의 많은 천사들 중에 그 능력이 강한 천사일 뿐이며, 아마 요한계시록 5장 2절의 힘센 천사와는 다른 천사일 것이다. 하늘에서 요한에게 음성이 들려졌다. 그 천사의 손에서 작은 두루마리를 취하라는 그 음성에 순종하여 요한이 두루마리를 취하여 먹었더니, 입에는 꿀 같으나 배에는 쓰게 되었고, 그것이 곧 온 세상 백성을 향한 요한의 예언의 사명임을 말해 준다. 유사한 메시지가 예레미야 15장 16절과 에스겔 2장 8절-3장 3절에도 나타난다. 이것은 복음의 이중적 의미에 대한 암시이다.

하나님의 말씀은 겉으로 볼 때 입에 단 말씀이지만, 실상 배에서 소화될 때는 쓴(심판) 말씀인 것이다. 입으로는 구원과 기쁨을 선포하

---

814) 찰스(Charles)는 다니엘 8장 15-19절과 특히 12장 7절과 요한계시록 10장 5-6절과 비교를 통해 요한계시록의 이 천사를 가브리엘로 본다.

지만, 실상 의미는 심판과 징벌에 관한 말씀이다. 주의 깊게 살펴야 할 부분은, 여기 힘센 천사에 의해 제시된 '복음 증거-모티브'가 다음 단계에서도 이어진다는 것인데 하지만 더 발전된 이미지이다.

복음의 두 증인

요한계시록 11장 1-13절에는 '복음의 두 증인'에 대한 내용이 나온다. 이 비전은 측량으로부터 시작된다. 성전과 제단과 그 안에서 경배하는 자들에 대한 측량은 '하나님의 교회를 환난 가운데 보호하시려'는 암시이고, 성전 바깥마당은 측량치 말라는 것은 '불신자에게는 하나님의 심판이 임할 것인데, 42개월(3년 반) 동안 즉 매우 극심한 고난의 기간을 겪게 될 것'임을 암시한다. 이때 하나님은 두 증인[815](교회)을 세워서 권세를 주어 1,260일(매우 극심한 고난의 기간 동안)을 복음 증거 사역을 하게 하실 것인데, 누구든지 이들을 해하는 자는 이들의 입에서 나온 불, 즉 저주나 권능으로 죽임을 당하게 될 것인데, 이들이 권능으로 엘리야처럼 예언하는 동안 비가 못 오게 하고 또 모세처럼

815) 모운스(Mounce, 1977:223)에 의하면, 현대 주석가들은 이 두 증인을 두 개체로 보아서 다음과 같은 흥미로운 많은 목록을 만들어 내었다고 밝힌다. 스룹바벨과 요수아, 엘리야와 엘리사, 야고보와 요한, 베드로와 바울. 보다 우화적인(allegorical) 해석으로는, 율법과 선지서, 율법과 복음, 구약과 신약, 이스라엘과 교회, 이스라엘과 하나님의 말씀 등의 견해도 있다(참고. Ford의 책(p.177-178)에 제시된 목록들). 또한 이 두 증인을 두 개체가 아니라 하나의 개체로서 '신약 교회'로 보는 견해(J.S. Considine)도 있다. 하지만 요한이 두 증인이라고 구별하여 말하고 있고, 요한계시록 11장 4절에서 두 감람나무와 두 촛대 이미지로 상징화하다가, 11장 6절에서 엘리야와 모세를 통한 구체적인 묘사로 이어가다가, 결국 11장 7-12절에서 이들은 곧 고난당하시고 부활 승천하신 그리스도(교회와 복음의 핵심)의 이미지로 그 실체를 밝히며, 드디어 11장 13절에서 교회(복음)의 승리로 인한 세상의 심판과 하늘의 영광이라는 승리-모티브로 승화시킨다. 구약의 두 대표적인 인물인 모세와 엘리야는 율법과 선지서 즉 구약성경 전체를 뜻하는 것으로 장차 초림의 그리스도를 통해 구약의 모든 말씀이 성취되었다. 구약 말라기(4:4-6) 선지자도 말미에서 모세(율법)와 엘리야(선지서)를 언급하면서 신약에 도래하실 그리스도를 통해 율법과 예언 즉 구약의 모든 말씀이 성취될 것을 예견해 주고 있다.

물을 피로 변하게 하며 여러 재앙으로 땅을 칠 것이라는 복음적인 예언이다.

그러나 교회에 대한 심각한 도전이 나타난다. 무저갱에서 올라온 짐승과의 전쟁[816]에서 두 증인(교회)은 잠시 동안(3일 반) 죽임을 당하는데, 그곳이 바로 영적 소돔, 곧 주께서 십자가에 못 박히신 곳이다. 세상과 땅의 백성들은 그 죽음을 모욕하고 기뻐하지만, 잠시(3일 반) 후에 하나님이 그들(예수님-교회)에게 생기를 불어넣어 부활시키시고, 또 그들(예수님-교회)을 하늘로 구름타고 승천케 하신다. 즉 교회와 복음 증거의 핵심인 예수 그리스도의 십자가, 부활, 승천을 가리킨다. 이때 큰 지진이 나서 성 3분의 1이 무너지고 죽은 자가 7천 명이다.

결국 주님의 십자가와 복음의 완전한 승리는 악한 세상과 사탄의 세력들에 대한 완전한 심판으로 나타나며, 또한 하나님은 세상을 완전히 멸하시지 않고 종말 때까지 회개하고 돌아올 자들을 기대하심을 암시한다. 이 중간 계시의 핵심은 '복음과 교회의 승리-모티브'이다. 이 복음(교회)의 승리-모티브가 이후에 7환상과 7대접 심판, 그리고 그 이후에서 어떻게 적용되고 발전되는지는 매우 흥미로운 점이 될 것이다.

요한계시록 11장 14절은 또 하나의 예비 경고이다. 둘째 화가 지나갔으니 셋째 화가 속히 이를 것이라는 경고이다.

요한계시록 11장 15-18절에 일곱째 나팔이 불어지자 특이하게 재앙에 관한 구체적인 언급이 없다. 오히려 그리스도의 왕국 통치와 그에 따른 심판과 상급 그리고 악인에 대한 완전한 멸망에 대한 경배와

---

816) 계 11:7. 이 전쟁은 이후에 나오는 주님의 십자가 죽음과 부활 승천의 암시적 내용을 통해 볼 때, 예수님의 초림을 통한 십자가 사건을 암시하는 것 같다. 요한은 이후에 나타나는 이 두 증인의 행적(십자가, 부활, 승천)에서 교회를 예수님과 동일시한다.

찬양이 나타난다. 일곱 번째는 항상 그다음에 등장하는 대심판과의 연결고리이다. 특이점은 앞서 7인 심판이 시작되기 직전인 요한계시록 5장 후반부에서 어린양의 왕국통치와 어린양의 영광에 대해 언급되었고, 또 7나팔 심판이 시작되기 전인 요한계시록 7장 후반부에도 하나님과 어린양에 대한 경배가 언급되었듯이, 7환상이 시작되기 전인 이곳에서도 어린양(그리스도)에 대한 경배가 언급되었다. 이것은 세상의 심판이 '어린양의 왕 되심과 어린양의 영광'과 밀접한 연관이 있음을 암시해 준다.

2. 일곱 환상들과 설명[817)]

11장 19절에 '하나님의 성전이 열린다'는 것은 '계시나 환상의 시작'을 알리는 묵시적 의미이다. 특히 성전 안 하나님의 언약궤로부터 발하는 번개와 음성들과 우레와 지진과 우박은 '환상의 시작을 알리는 신호음' 같은 역할이다.

첫째 환상 : 여자와 붉은 용[818)]

요한은 하늘에서 해(sun)를 옷 입고 달을 발로 밟고 머리에는 12별의 관을 쓴 여자가 출산하려는 장면을 목격한다. 이 여자 곧 '신약교회'가 출산한 아이는 '만국을 철장으로 다스릴 그리스도와 그리스도의 복음'을 상징한다. 요한은 또 머리가 7이요, 뿔이 10이며, 여러 머리에 7왕관이 있으며,[819)] 꼬리로 하늘의 별 3분의 1을 땅에 던지

817) 계 11:19-15:4.
818) 계 12:1-17.

는[820] 큰 붉은 용, 즉 사탄에 대한 환상을 본다. 이 사탄이 여자의 출산 즉 그리스도의 초림과 그리스도의 복음 사역을 방해하려고 발악을 하지만, 하나님은 그 극심한 고난[821] 동안에도 주님의 교회와 복음을 하나님의 섭리로 지키시고 보호하신다.

요한의 환상은 이제 '하늘의 전쟁'으로 이어진다. 천사장 미가엘과 그의 사자들이 용과 그의 사자들과 싸웠는데, 용[822]과 그의 사자들이 패하여 땅으로 내쫓겼다.[823] 요한은 이와 함께 하늘로서 '승리의 송

---

819) 계 12:3. 여기서 사탄의 머리가 7이라는 것은 '그의 힘의 보편성을 묘사한 것'으로 보며, 또 10개의 뿔은 '다니엘 7장에서 큰 철 이빨과 함께 10뿔 가진 무시무시한 넷째 짐승'을 떠올리게 하는 것이라고 지적하며, 또한 시편 74편 14절과 우가리트 본문들에 리워야단(Leviathan)의 여러 머리들에 대해 언급되었다고 지적한다. 또한 7머리와 10뿔을 가진 바다로부터 올라온 짐승(계 13:1)은 곧 사탄의 땅의 밀사들이 그들의 파괴적인 힘에 있어서 사탄과 같음을 가리킨다고 지적한 모운스(Mounce, 1977:237-238)의 견해는 적절해 보인다.

820) 요한계시록 9장에서의 황충과 마병대도 사람에게 고통을 주고 사람을 죽이는 힘의 근원이 꼬리에 있다. 이것은 그들의 왕인 사탄에서 기인한 것으로 보인다. 사탄도 그의 파괴적인 힘이 꼬리에 있다. 여기 사탄에 의해 던져진 하늘의 별들은 아마 사탄의 미혹의 힘에 이끌려 타락한 천사들로 여겨진다. 이처럼 사탄은 하늘에서 하나님을 섬기는 하나님의 천사들을 그것도 3분의 1 정도나 그의 수하로 끌어들여 타락시킬 엄청난 파괴적인 힘을 가졌다. 하지만 아무리 사탄의 힘이 막강할지라도 여전히 3분의 2의 하나님의 천사들이 존재하고 무엇보다 그 사탄은 그리스도의 초림과 복음을 막는 데 실패하였다. 이 강력한 힘을 가진 사탄은 종국에는 그리스도의 재림으로 그의 수하들이 불못에 던져지게 될 것이고, 그마저 무저갱에 갇혔다가 이후 최후 심판 때에 완전한 멸망에 처해지게 될 것이다.

821) 요한계시록 12장 6절에 '1,260일'은 극심한 고난의 기간을 뜻하는 암시이다. 신약 복음서에는 그리스도의 초림을 방해하려던 헤롯의 사건, 예수님을 시험한 마귀의 시험, 종교 지도자들의 끊임없는 방해, 그리고 믿었던 유다의 배신으로 시작되는 예수님의 고난과 죽음을 알려준다. 하지만 이 극심한 고난 가운데도 주님은 부활 승천하셨고, 열방을 향한 주님의 복음과 교회는 왕성하게 일어났음을 복음서와 모든 신약성경은 증거해 준다.

822) 계 12:9, "큰 용이 내쫓기니 옛 뱀 곧 마귀라고도 하고 사탄이라고도 하며 온 천하를 꾀는 자라 그가 땅으로 내쫓기니 그의 사자들도 그와 함께 내쫓기니라." 여기서 용에 대한 여러 다른 표현들은 용이 가지고 있는 여러 가지 다양한 특성들을 말해 주고 있다.

823) 계 12:9. 하늘의 전쟁에서 용(사탄)이 패하여 땅으로 내쫓길 때, 용과 함께 땅으로 내쫓긴 용의 사자들은 아마 요한계시록 12장 4절에서 보여주는 용에게 미혹되어 타락한

영'을 듣게 된다. 전쟁에서 이김을 주신 하나님과 그리스도의 능력을 높이고, 어린양의 피와 복음의 말씀으로써 죽기까지 사탄과 싸워 사탄을 땅으로 내쫓았던 하나님의 사자들에 대한 격려가 담겨 있다. 그런데 이것이 하늘에는 기쁨이지만 땅과 바다에는 화이다. 마귀가 분을 내어 땅으로 내쫓겼기 때문이다.

땅으로 내쫓긴 용은 이제 교회를 박해한다. 병행 구절인 12장 6절 내용처럼, 교회는 비록 사탄의 박해 아래에도 큰 독수리 날개 같은 하나님의 특별한 보호 아래 '극심한 환란의 기간'[824]을 지나게 된다. 사탄이 홍수를 통해 여자(교회)를 위협하였으나 땅이 여자를 도와 그 강물을 삼켰다는 것은, '사탄이 교회에 홍수와 같은 온갖 이단 거짓 교리를 퍼뜨렸지만 오히려 배교한 이스라엘(땅)이 거짓 교리에 취해 버림으로 교회는 안전하다'고 해석한 송영목(2011:1336) 교수의 해석은 이 부분에서 참으로 적절하다.

하늘에서 왕좌의 찬탈을 노린 전쟁에서 패배하여 땅으로 쫓겨났고, 땅에서도 교회(그리스도)와의 전쟁에서 왕좌를 차지하지 못한 사탄의 분노는 끝이 없다. 사탄은 교회(그리스도)와의 전쟁에서도 패배하자, 이제 교회의 남은 후손 즉 하나님의 계명을 지키며 예수의 증거를 가진 자들, (예수의 언약 성도들)과 싸우려고 바다[825]에 서 있다. 초림의 그리스도와 더불어 교회의 왕성한 복음 증거에 대항하는 사탄과의

하늘의 3분의 1의 천사들일 것이다.

824) 요한계시록 12장 14절의 '한 때와 두 때와 반 때', 즉 '세 때 반'(3년 6개월)인데 이것은 성경 병행 구절들에 나타나는 '42개월' 혹은 '1,260일'과 동일한 의미를 뜻한다. 그것은 '매우 극심한 고난, 환란의 기간'을 뜻하며, 반면에 '3일 반'(계 11:9, 11)은 '아주 짧은 기간'을 암시한다.

825) 계 12:17. 승리한 그리스도와 14만 4천의 교회는 하늘과 시온 산에 영광으로 서 있지만, 패배한 사탄과 짐승들은 땅과 바다와 시내 산에서 심판의 두려움과 분노로 서 있다(히 12:18-24; 계 7장, 13:1-14:5 등).

전쟁에서 교회의 승리가 핵심이다.

둘째 환상 : 두 짐승[826)]

요한계시록 13장 1-10절에서 요한은 바다에서 출현하는 한 짐승을 본다. 이 바다 이미지는, 앞서 12장 17절에 '복수를 다짐하며 분노로 바다에 서 있는 용'의 바다 이미지의 그림자이다. 13장의 바다는 12장에서 용의 복수가 반영된 분노의 바다이다. 12장에서 하늘의 전쟁과 그리스도의 초림의 전쟁에서 패한 용은 13장에서 그의 강력한 하수인들을 통해 현재와 미래 언약 교회와의 전쟁에서 왕좌를 탈환하려는 끈질긴 음모를 보이게 된다.

여기 요한이 본 짐승의 '머리와 뿔의 모습'은 12장 3절에서 용의 그것들과 매우 흡사하며,[827)] 또 용과 흡사한 능력과 보좌와 권세를 가졌다. 표범과 곰과 사자의 특징이 혼합된 이 짐승의 권세는 먹잇감을 날렵하고 잔인하게 물어뜯고 찢어버리는 잔인하고 포악한 권세임을 암시한다. 그런데 이 짐승의 머리 하나가 상하여 죽게 되었다가, 그 상처가 나으매 온 땅이 놀라서 그 짐승을 따르고, 용과 짐승을 경배하더라고 했다. 이것은 다니엘서의 조명을 통한 과거 역사적인 배경과 함께 미래 역사적 조망을 갖게 해준다.

여기 표범, 곰, 사자는 다니엘 7장에 나타난 3제국(바벨론, 메데-바사, 헬라)의 권세를 상징한다. 그리고 다니엘이 본 넷째 제국의 환상과 같이, 요한 시대에 나타난 로마 제국은 훨씬 잔인하고 포악하였다. 하지만 그리스도의 초림과 함께 나타난 신약 교회의 강력한 복음의

826) 계 13:1-18.

827) 계 13:1. 이 짐승은 뿔이 10개이고 그 뿔에는 열 왕관이 있고, 또 머리가 7개인데, 그 머리들에는 신성 모독하는 이름들이 있다.

권세에 의해 로마(영적 바벨론)는 심한 상처를 입었으나, 이후(미래)에 회복되어 온 세상을 놀라게 하고 세상을 지배하게 될 것을 말한다. 이 짐승은 영적 바벨론인 세상 나라와 세속적 권세를 상징한다. 이 짐승은 요한계시록 9장의 다섯째 나팔 재앙에 나타나는 무저갱의 황충에 대한 보다 발전된 이미지로 보인다.

주님의 초림과 복음의 권세로 인해 세상을 다스리던 짐승의 왕좌는 심각한 타격을 받았지만, 그 후에 세상의 악한 권세들과 음란하고 더러운 사상과 문화를 규합하여 이 세상의 왕좌를 다시 탈환하려고 시도한다. 사람들로 하여금 세상의 쾌락과 세상 풍속을 좇게 하고 하나님을 대적하는 각종 사탄적 문화를 통해 세상 나라의 권세를 더욱 확장해 간다. 하나님과 하늘의 성도들까지도 비방할 정도로 강력해진 마귀적 세상의 권세는, 결국 땅의 성도들과 싸움에서도 이겨[828] 마침내 세상을 지배하니, 창세 이래 어린양의 생명책에 기록되지 못한 땅의 사람들은 모두 짐승을 경배하게 된다.

13장 11-18절에는 땅에서 출현한 다른 짐승에 대한 묘사이다. 어린 양같이 2뿔이 있고 용처럼 말을 하는 이 짐승은, 바다에서 나온 짐승의 모든 권세를 행하고 또 땅에 사는 자들을 첫 짐승, 곧 죽게 되었던 상처가 나은 자(사탄)에게 경배케 만드는 거짓 선지자를 암시한다. 그는 마귀적 이적을 통해 사람들을 미혹하며 또 사탄으로부터 부여받은 특별한 권력과 지위와 재능 등을 이용하여 많은 사람들을 영육 간에 완전히 지배하려고 한다. 영적으로는 사탄의 사상과 교리를 전파하여

---

828) 계 13:7. 이 '이김'은 사탄의 완전한 이김이 아니라, 일시적 이김이다. 요한계시록 14장의 문맥에서 나아가 요한계시록 전체 문맥을 통해 언약 교회의 일시적 환란을 뜻하는 것으로 보아야 할 것이다. 하나님은 당신의 나라의 완성과 완전한 구속 역사를 이루기까지 마귀의 세력의 확장과 성도들의 환란을 허용하신다. 하지만 하나님의 보호하심으로 그 환란을 통과하여 결국 선하시고 의로우신 언약에 따라 교회의 완전한 승리를 맞게 하신다.

숭배케 하며(숭배 않는 자는 죽이게 함) 또한 육적으로도 모든 사람들에게 오른손에나 이마에 사탄의 표식을 받게 하여 생업에 종사케 한다(이 표를 가진 자 외에는 매매를 못하게 한다).

요한은 이 수를 '짐승의 수요 곧 사람의 수니 그의 수는 666'이라고 묘사한다. 이는 몇 가지 암시적 의미가 있다. 표식은 '소유와 소속'을 뜻한다. 666은 '불완전'을 뜻한다. 주님의 초림과 초대 교회의 강력한 복음 사역으로 인해 심각한 타격을 입은 사탄은 교회 시대(중세, 현대)를 거쳐서 미래로 나아가면서 그 기력을 회복하여 그의 하수인들 곧 거짓 선지자들을 통해 땅에 사탄의 사상과 이단 교리들을 퍼뜨려서 영육 간에 사탄을 섬기고 사탄적인 가르침을 따르는 사탄의 백성들을 모아서 완전한 사탄의 왕국(왕좌)을 꿈꾸지만, 그러나 결국엔 실패하게 될 것이라는 암시이다.

또 하나는 사탄의 소유가 아닌 주님의 소유(교회)는 사탄의 거짓 영과 거짓 교리를 분간하게 될 것이다. 13장의 두 짐승은 11장의 두 증인과 반대의 이미지로서, 두 증인은 종국에 승리하게 될 교회를 상징하지만, 두 짐승은 결국 실패하게 될 사탄의 세력을 암시한다.

셋째 환상 : 14만 4천이 부르는 새 노래[829)]

여기서 요한은 어린양과 함께 시온 산에 선 14만 4천을 본다. 사탄에게 속한 자들에게 그 손과 이마에 그들의 주인(왕)의 표식이 뚜렷이 새겨져 있듯이, 하나님에게 속한 이들 역시 이마에 이들의 왕의 이름(어린양과 하나님)이 선명히 새겨져 있다. 사탄에게 속하여 불완전하고 실패한 사탄의 백성들(666)은 땅에서 괴로워하지만, 어린양과 함께

829) 계 14:1-5.

승리한 그의 백성들(14만 4천)은 하늘(시온 산)에서 승리의 노래를 부른다. 우렛소리 같은 큰소리로, 그러나 거문고를 타는 것 같은 기쁜 소리로, 보좌 앞과 4생물과 24장로들 앞에서 새 노래를 부르는데, 땅에서 속량 받은 이들 외에는 능히 이 노래를 배울 자가 없는 새 노래이다.

이들은 다름 아닌 '순결한 자이며, 어린양의 인도로 어디든지 따르는 믿음과 순종의 자들이며, 사람 가운데 속량함을 받은 첫 익은 열매이며, 그 입에 거짓이나 흠이 없는 온전한 의인들'[830]로서, 곧 구약과 신약의 모든 구속받은 하나님의 백성들을 뜻한다. 종말의 때에 사탄과 그의 하수인들에게 미혹된 세상의 많은 자들이 적그리스도를 왕으로 섬기며, 이단 교리들에 빠지게 될 것이다.

그러나 구속받은 14만 4천에 속한 자들은 결코 사탄을 왕으로 섬기지 않으며 끝까지 영적 순결을 지키고, 오직 그리스도만 저들의 진정한 왕으로 섬겨서, 말에나 행동에 온전한 의의 삶을 살게 될 것이다. 배교하지 않음으로 설사 극심한 환란과 순교의 자리에 처할지라도 왕이신 어린양과 함께 설 영광스러운 천국을 그리며 끝까지 언약 신앙을 붙들 것이다. 재림으로 시작되는 천년왕국은 이들에게 상당한 위로와 상급이 될 것이고, 무엇보다 신천 신지의 새 예루살렘[831]에서 부르게 될 구속받은 14만 4천의 우렁찬 새 노래는 하나님에게는 영광이요, 저들에게는 한없는 감격과 기쁨을 선사해 줄 것이다.

넷째 환상 : 세 천사가 전하는 복음—바벨론의 심판과 회개를 촉구[832]

830) 계 14:4-5.
831) 히 12:22-24; 계 21-22장.
832) 계 14:6-13.

요한은 땅에 거하는 모든 백성에게 전할 영원한 복음을 가지고 공중에 날아가는 한 천사를 본다. 그의 외침은 '하나님의 심판의 때가 이르렀으니, 하나님을 두려워하고 하나님을 경배하라'는 회개의 촉구이다. 둘째 천사도 그 뒤를 따라서 '모든 나라에게 음행과 진노의 포도주를 먹인 큰 성 바벨론이 무너지게 될 것'이라는 심판의 예고를 통한 회개를 촉구한다. 셋째 천사도 그 뒤를 따라 '누구든지 짐승과 그 우상에게 경배하고 이마에나 손에 표를 받으면, 하나님의 진노를 받고 또 불과 유황으로 세세토록 고난을 받을 것'에 대한 경고와 함께 회개를 촉구한다.

바벨론의 심판과 결과는 7재앙 심판의 실제적 적용으로 묘사된 요한계시록 16장 18절-19장 10절에서 자세히 다룬다. 이때 주의 성도들은 하나님의 계명과 예수의 믿음을 지키고 인내해야 한다. 곧 심판이 다가오기 때문이다. 바벨론의 심판이 불신자에게 유황불 못을 안겨주지만, 믿음의 성도에게는 천국을 선물하기 때문이다. 따라서 구원과 천국이 보장된 성도의 죽음은 비록 심판 가운데서도 복된 죽음[833]이다.

다섯째 환상 : 인자 같은 이의 진노의 추수[834]

요한은 여기서 흰 구름 위에 앉은 '인자 같은 이'[835]를 본다. 그의 머리에는 금 면류관이 있고, 손에는 예리한 낫을 가졌다. 그는 십자가 죽음 후 부활하여, 하늘로 승천하실 때 구름이 그를 가렸고,[836] 또

833) 계 14:13, "또 내가 들으니 하늘에서 음성이 나서 이르되 기록하라 지금 이후로 주 안에서 죽는 자들은 복이 있도다……."

834) 계 14:14-16.

835) 계 14:14. 이 '인자 같은 이'는 요한계시록 1장 13절에서 7교회의 촛대 사이를 오가며 말씀하시던 그리스도이시다.

구름을 타고 재림하실[837] 그리스도이시다. 흰 구름 위에 앉은 모습은 재림이 임박한 때를 암시한 것으로, 재림을 위해 구름 위에 앉아 계신 모습이다. 구름 위에서 재림을 예비하고 계신 성자에게 드디어 성전 안에 계신 성부로부터 재림 시기의 결정이 떨어졌다. '땅의 곡식이 무르익어 거둘 때가 되었으니, 이한 낫으로 수확하라'는 것이다. 이는 성부의 심판의 때가 도래하여 드디어 그리스도가 재림하여 땅의 백성들을 향해 예비된 심판을 수행한다는 것을 암시한다.

여섯째 환상 : 마지막 심판을 예고하는 천사[838]

요한은 예리한 낫 가진 천사를 본다. 이 천사가 하늘 성전에서 나오자 '불을 다스리는 다른 천사'[839]가 제단으로부터 나와서 낫 가진 자를 향해 낫을 휘둘러 땅의 포도송이를 거두라고 말한다. 천사가 땅의 포도를 거두어 하나님의 진노의 큰 포도주 틀에 던지매, 성 밖에서 그 틀이 밟히니 틀에서 피가 나서 말굴레에까지 닿았고 1600[840]스다디온에 퍼졌다는 것이다.

이것은 최후 심판 때 악한 불신자들에게 내려질 철저하고도 완전한 형벌을 의미한다. 잔혹해 보이는 이 피의 복수는 실상은 성도의 신원의 기도가 상달된 하나님의 제단으로부터 비롯된다. 그동안 주의 교회와 성도들을 핍박하고 살해한 모든 악한 세력들에게 정당한 징벌이

836) 참고. 행 1:9-11.
837) 계 1:7.
838) 계 14:17-20.
839) 계 14:18. 전체적으로 낫으로 심판이 수행되지만 실상은 제단으로부터의 '불'이 실제적 심판의 도구라는 암시이다. 노아 때 심판은 물심판이었다. 하지만 마지막 때의 심판은 불심판이 될 것을 성경은 곳곳에서 말씀한다(말 4:1; 마 13:30, 36-43; 벧후 3:6-7, 10-12).
840) 계 14:20. 1600은 4×4×100 즉 완전한 어떤 기간을 암시하는 상징적 숫자이다.

내려지도록 간구한 성도의 기도는 하나님의 때까지 제단에 모아졌다가 드디어 포도송이(불신자, 악인)가 수확되는 최후 심판 때에 불로써 그들에게 임해진다.

일곱째 환상 : 하나님께 경배와 찬양[841]

15장 1절은 구조상 특이한 역할을 한다. 여섯째 환상과 마지막 일곱째 환상 사이에 끼어 있으면서, 7천사에 의해 준비된 7재앙을 통해 마지막으로 하나님의 진노가 마칠 것을 미리 알려주는 예비적 경고의 역할을 한다. 7환상과 7대접 재앙을 연결해 주는 연결고리이다.

15장 2-4절을 앞의 1절 때문에 7대접 재앙과 관련해서 해석할 수도 있겠으나 그보다 환상의 점층법적 구조와 관련하여, 마지막 심판의 끝에 펼쳐질 영광스런 최후 승리의 모습으로 보는 것이 더 바람직하게 보인다. 이 환상들은 그리스도의 초림에서부터 최후 승리의 여정까지 요한계시록 전체를 요약적으로 설명해 주고 있다. 일곱째 환상은 이전까지의 주제인 땅의 심판이 아닌 하늘에서의 영광스러운 경배와 찬양이 나타난다.

이 영광의 자리에 참여한 이들은 그동안 짐승에게 우상 숭배하지 않고 짐승의 미혹을 이긴 자들이다. 사탄의 강력한 이단적 미혹이 있었지만 그리스도의 복음 신앙으로 이긴 믿음의 성도들이다. 이들은 그리스도의 말씀과 복음 신앙을 지키기 위해 목숨까지 바친 순교자들이다. 적그리스도를 섬기고 짐승의 미혹을 받은 자들은 결국 최후 심판 때 불심판이 주어지지만, 그것을 이긴 복음 성도들은 불심판을 면하고 하나님이 예비하신 영화로운 신천 신지에서 어린양과 함께

841) 계 15:1-4.

모세의 노래, 어린양의 노래를 부르게 된다.

송영의 주제는 '전능하신 하나님의 구속에 대한 영광과 찬양'이며, 이것은 요한계시록 14장 1-5절의 온전히 구속받은 14만 4천이 시온 산에서 부르게 될 새 노래의 내용이다. 곧 하나님과 어린양이신 주님의 의로우심, 이름, 영광, 거룩을 높이는 경배와 찬양이다.

요한은 7환상에서 '그리스도의 초림에서 신천 신지까지의 비전'을 보았다. '그리스도와 사탄의 전쟁에서부터 시작하여, 사탄과 교회와의 치열한 영적 전투, 실패할 666과 승리할 14만 4천, 무서운 심판이 기다리는 바벨론에 대한 회개 촉구, 임박한 주님의 재림 심판, 불심판이 예견된 최후 심판, 14만 4천이 부를 신천 신지에서의 새노래'에 이르기까지 다소 연대기적 흐름을 따라 영적이고 묵시적인 메시지를 전해 준다. 이 환상적인 주제들은 7대접 재앙에서와, 특히 그 이후에 펼쳐질 교회의 완전한 승리적 모습에서 더욱 자세하고 선명하게 설명되고 마무리된다.

▶ 일곱 대접 심판[842)]

앞서 15장 1절에서 7천사를 통한 7재앙을 끝으로 하나님의 진노가 마무리될 것을 예비적으로 보여준 요한은 이제 여기서 7대접 재앙에 대한 소개와 그리고 일곱째 대접 재앙을 받게 될 바벨론의 형편과 멸망에 대해 보여준다.

842) 계 15:5-19:10.

(1) 일곱 대접 심판[843)]

15장 5-8절은 7대접 심판이 일어나기 전의 하늘의 상황을 묘사한다. 요한은 하늘에 증거 장막의 성전이 열리는 것을 보고, 그 열린 성전을 통해 7대접 재앙을 목격한다. 7인 재앙(6장)도 요한이 보았던 하늘(성전)의 비전에서부터 시작되었다.[844)] 7나팔 재앙(8장)도 성전 제단의 불을 땅에 쏟는 비전에서부터 시작되었다.[845)] 7환상(12장)도 하나님의 성전이 열리는 비전으로부터 시작되었다.[846)]

요한계시록에서 '하늘이나 성전이 열리는 것을 보는' 장면이나 '성전(제단)에서 번개, 음성, 우렛소리, 지진 등이 발생하는' 장면은 어떤 '큰 계시나 환상의 시작'을 알리는 신호를 암시하고 있다. 그런데 이 성전은 '증거 장막'의 성전이다. 구약 때 장막 안에 언약궤가 모셔 있었고, 그 언약궤 안에는 '언약의 두 돌판과 만나담은 항아리와 싹난 지팡이'가 있었고 속죄소의 법궤 덮개가 있었다. 또한 하나님은 가끔 회막 안에 빽빽한 구름으로 임재하셨다.

그러므로 구약 때의 장막은 하나님 현현의 장소이며, 당신의 백성들을 구원하시고 보호하시며 약속의 땅(천국)으로 인도하신다는 언약의 증거이며 증표였다. 하지만 이제 하늘의 증거 장막에는 땅의 증거 장막에서의 증거들(언약궤, 두 돌판, 만나 등)이 더 이상 필요치 않다. 그 모든 증거들의 실체이신 하나님과 그리스도께서 직접 그곳에 현현해 계시기 때문이다. 신약 시대의 증거 장막은 곧 주님의 신약 교회를 상징하며, 그 안의 증거는 새 언약의 말씀이다. 그러므로 신약 시대인

843) 계 15:5-16:17.
844) 계 4-5장.
845) 계 8:3-5.
846) 계 11:19.

증거 장막은 오늘날 거짓된 이단들이 주장하는 것 같은 어떤 특정 사람(교주)이나, 특정 사상이 결코 아니다. 속아서는 안 된다.

죽음과 심판을 이기신 생명과 부활의 그리스도가 자신이 증거로 현현해 계시는 그 증거 장막의 성전에서 비로소 대재앙의 위임이 이루어진다. 맑고 빛난 세마포 옷을 입고 가슴에 금띠 띤 7재앙을 가진 7천사가 성전으로부터 나와서, 4생물[847] 중의 하나로부터 하나님의 진노가 가득 담긴 금대접 7을 받자, 하나님의 영광과 능력의 표징인 연기가 성전에 가득하게 되어 이 재앙이 마치기까지 감히 이 성전에 능히 들어갈 자가 없었다. 이제 그 어떤 기도로도 이 재앙을 돌이키게 하거나 멈추게 할 수 없음을 뜻한다.

16장 1-17절에서 7대접 재앙을 시행하라는 하나님의 큰 음성에 따라 7대접들이 차례로 쏟아진다. 7대접 재앙의 진술은 이전의 7나팔 재앙의 진술보다 더 발전된 내용과 의미를 담고 있다.

'첫째 대접'이 땅에 쏟아지니, 짐승의 표를 받은 사람들과 그 우상에게 경배하는 자들에게 악성 종기가 났다. 7나팔 재앙에서는 피 섞인 우박과 불로 인한 재앙이었으나, 여기서는 대기의 오염과 전염병에 의한 재앙이다. 7나팔 재앙에서는 땅과 수목의 일부분이 재앙의 대상

---

847) 요한계시록 4장에 나오는 4생물들은 아마 심판과 연관된 임무를 띤 것으로 짐작된다. 하지만 주도적으로 개입했는지는 의문이다. 인 심판에서 그들의 역할은 어린양의 주도적 행위에 대한 보조적 역할이었다. 어린양이 직접 인을 떼시자 그에 보조를 맞추어 그들은 각기 해당되는 말들을 불러내었다(계 6:1-8). 대접 재앙에서도 역시 보조적 역할이다. 하나님의 진노가 담겨진 대접을 7천사들에게 전달해 주는 보조적 역할이다(계 15:7). 심판의 주도적 역할은 역시 어린양 되신 그리스도의 몫이다. 악한 불신 세상을 향해 내리시는 심판은 바로 어린양이신 그리스도가 내리시는 그의 심판이다. 어린양은 대부분 4생물들과 또 많은 그의 천사들을 동원하여 악한 불신 세상에게 심판은 행사하시지만, 어떤 때는 그 자신이 직접 이 맹렬한 심판의 현장에 강림하시어 그의 심판을 진두지휘하신다. 재림 심판과 최후 심판이 바로 그것이다.

이었으나, 여기서는 땅의 특정 사람들 전부가 재앙의 대상이다. 하나님의 뜻에 도전한 애굽에 내려진 여섯째 재앙이 이와 유사했다. 모세가 화덕에서 재 두 움큼을 하늘에 날리자 애굽 온 땅의 사람과 짐승에게 붙어서 악성 종기가 생겼다.[848] 이와 유사한 일이 벌어진다. 땅에 창궐한 전염병이 짐승을 섬기고 따랐던 우상 숭배자들에게만 찾아가서 악성 종기를 유발시킨다. 욥의 고통에서도 짐작하듯이 이 종기는 일반적인 가려움 정도가 아니라 극심한 고통이 수반된 악성 종기이며, 아마 일반 약재로도 치료되지 않는 죽음의 형벌이다.

'둘째 대접'이 바다에 쏟아지매, 바다가 죽은 자의 피같이 되니 바다 가운데 모든 생물이 죽었다. 땅에 대기의 오염으로 전염병이 창궐하였듯이 바다도 오염되는데, 나팔 재앙에서처럼 부분적인 오염이 아니라 지구 바다 전체가 심각하게 오염되어 결국 모든 바다 생명체가 떼죽음을 맞게 되는 총체적 바다의 파멸을 뜻한다.

'셋째 대접'이 강과 물 근원에 쏟아지매, 피가 되었다. 땅과 바다 전체가 심각한 오염으로 파멸되는데 강인들 온전할 리 없다. 이 또한 강의 부분적 재앙을 말하는 나팔 재앙과 달리, 이것은 지구의 모든 강물이 오염되는 철저한 강의 파멸을 뜻한다. 강의 완전한 파멸은 곧 이 강물을 마시는 사람의 파멸을 예견한다. 하지만 이 재앙은 공의의 심판에 근거한다. 물을 차지한 천사와 제단은 '이 심판은 성도들과 선지자들의 피를 흘린 데 대한 어린양의 공의의 심판'임을 고백한다. 성도들과 선지자들을 핍박하고 살해한 불의하고 악한 모든 자들에게

848) 출 9:8-12.

이 재앙이 내려진다.

'넷째 대접'이 해에 쏟아지매, 해가 권세를 받아 불로 사람들을 태운다. 종말론적 재앙은 지구계를 넘어 우주계에까지 미치고 그것이 또다시 사람에게 큰 영향을 준다. 나팔 재앙은 천체가 어두워지는 정도의 부분적 재앙이었지만, 대접 재앙은 해가 뜨거워져서 사람을 불태워 죽일 정도의 완전한 재앙이다. 이 큰 재앙 가운데서 살아남은 자 중에는 자신에 대한 회개도 없고 하나님을 향해 영광을 돌리지도 않고, 오히려 하나님을 원망하며 비방하는 자들이 있다. 회개의 기회가 주어지지만 이마저 원망으로 바꾸어 버리는 미련한 자에게는 마지막 최후 심판이 기다리고 있을 뿐이다.

> 첫째부터 넷째까지는 자연계와 우주계를 통한 재앙이 초점인 반면, 다섯째부터는 영계(세력, 영)에 내려지는 재앙이 초점이다.

'다섯째 대접'이 짐승의 왕좌에 쏟아지니, 그 나라가 곧 어두워진다. 나팔 재앙에서 황충이 하나님의 인이 쳐지지 않은 불택자들에게만 고통을 주는 재앙을 내렸다. 이 황충은 요한계시록 13장의 두 짐승 중에서 첫째인 바다에서 올라온 짐승에 비유된다. 황충은 무저갱에서 올라왔고, 그 짐승은 바다에서 올라왔다. 무저갱이나 바다는 하나님 나라를 대적하는 악의 세력의 본거지를 뜻한다. 세상의 권세를 쥐고 있는 공중 권세 잡은 자(황충, 짐승)는 항상 하나님 나라와 복음의 권세를 대적하고 방해해 왔다.

역사적으로 이 짐승의 왕좌는 과거 바벨론, 메데-바사, 헬라를 비롯하여 요한 시대의 로마 제국을 의미하기도 하지만, 보다 영적인 의미로 하나님 나라와 복음의 권세를 대적하여 온 모든 시대의 악한 세상 제국(영적 바벨론)을 의미하는 것이다. 매 시대마다 강성하였던 세상 제국은 넷째 제국인 로마 제국 때 그리스도의 초림으로 인해 그 권세가 약화된다. 그러나 사탄이 준 권세를 힘입어 힘이 회복되어 (현재와 미래 시대로 나아가면서 강성하여) 감히 하나님과 하늘의 성도들도 비방하고 지상의 성도들도 싸워 이겨서는 세상을 다스리는 왕좌(권세)를 차지하지만, 완전한 왕좌가 아니라 심판 때까지 허용된 한시적 왕좌이다.

종말에 하나님은 세상을 지배하는 막강한 세상 제국(들)과 세상 권력(들)을 심판의 도구로 사용하신다. 다섯째 천사가 준비한 대접 재앙이 그 세상 권력의 중심부에 부어지자 즉시 제국들과 세력들이 어두워지는 이상 현상이 나타난다. 이 현상에 대한 구체적인 설명은 없지만, 재앙으로 '어두워진' 세상권력은 사람들에게도 어둠의 현상을 유발시킨다. 영육 간에 종기와도 같은 엄청난 고통을 겪게 하고, 그러나 주목적은 하나님을 비방케 하고 또 회개하지도 않게 한다.

이 얼마나 무서운 재앙인가. 지금도 이 어둠의 악한 세력들은 이 시대의 사람들에게 이상 현상을 일으키기 위해 혈안이 되어있다. 많은 사람들을 영육 간에 희귀병과 불치병으로 병들게 하고, 또 불신앙과 교만함이 극에 달해 있다. 대접 재앙의 징조이며 마지막 파루시아로 치닫고 있음을 깨달아야 한다.

'여섯째 대접'이 큰 강 유브라데에 쏟아지자, 강물이 말라서 동방에서 오는 왕들의 길이 예비되었다. 앞서 나팔 재앙에서 보여준 수없이 많은 마병대의 군대는 큰 강 유브라데를 넘어서 세상을 향해 진군하여 땅의 사람 3분의 1에게만 죽음의 재앙을 수행하였다. 나팔 재앙 때 이 강은 마르지 않았다. 하지만 여섯째의 대접 재앙은 이 마병대의 근원지인 유브라데에 직접 쏟아져서 강물을 마르게 하여 동방의 모든 왕들이 예루살렘(교회)으로 침공해 오는 발판이 되었다. 이것은 나팔 재앙과 같은 부분적 재앙이 아닌 전 인류적인 재앙이 초래케 됨을 예고한다.

나팔 재앙 때 마병대가 사용한 살상 무기는 '불과 연기와 유황'이었다. 요한계시록 13장 11-18절에서의 설명처럼, 거짓 선지자의 입에서 나오는 이단 교리와 우상 숭배에 대한 가르침이었다. 그런데 대접 재앙 때는 하나(거짓 선지자)의 영이 아니라 세 영이 나타난다. 훨씬 강력한 무기이다. 거짓 선지자뿐 아니라 용과 짐승의 입에서 나온 더러운 세 영이 이적을 행하여 천하 왕들을 꼬여서 큰 날에 있을 전쟁을 위해 그들을 아마겟돈으로 불러 모은다. 어떤 학자는 아마겟돈('므깃도의 산')의 므깃도(Megiddo)를 전쟁에서의 패배와 황폐의 '상징'으로 보며, 또 다른 이들은 이 므깃도를 최후의 전쟁이 일어날 장소로 보아서 아마겟돈[849] 전쟁을 문자적으로 해석하여 종말을 야기하는 핵전쟁이나 3차 세계대전 등으로 이해하는 이들도 있다.

그러나 요한 당시 교회의 영적 상황과 요한계시록 13장의 문맥을 통해 이해하는 것이 바람직할 것이다. 요한 당시 대부분의 교회들의 가장 큰 문제는 신앙의 도전이었다. 세속 문화의 도전이나 황제 숭배 사상의 강요도 심각했지만, 무엇보다 영지주의나 니골라당의 가르침

849) 모운스(Mounce, 1977:301-302)는 그의 책에서 아메겟돈에 대한 많은 지리적 주장들을 다루고 있다. 이 아마겟돈(Har-Magedon)은 므깃도(Megiddo)의 산이란 뜻인데, 실제 므깃도의 산은 존재하지 않는다고 한다. 그는 아마겟돈을 므깃도 근처의 언덕 지역으로 보는 견해를 최선책으로 생각한다. 브루스(Bruce)의 견해는 아마겟돈을 므깃도와 연관 짓지 않고 단지 '회합의 산'(the mount of assembly, 사 14:13)으로 언급한다. 흥미로운 제안으로는, 므깃도가 '자르다, 공격하다, 약탈하다'를 뜻하는 어근에서 그 뜻이 유래될 수 있다는 제안이다. 이 경우에 므깃도의 산은 곧 '약탈의 산'(멸망의 산, 렘 51:25)을 뜻하고, 그것은 곧 요한이 북방 팔레스타인에서의 전쟁이 아니라 로마에서의 전쟁을 기대했다는 것을 지적하는 의미라고 말한다.

과 같은 이단적 교리나 거짓 선지자들의 가르침이 가장 심각한 도전이었다. 13장 11-18절은 이런 이단 거짓 영들의 왕성한 미혹에 사로잡힌 짐승의 백성들(666)이 영육 간에 겪게 될 고단한 삶의 모습과, 이로 인해 당하게 될 교회(14만 4천)의 고난과 순교적 상황을 예견해 준다. 때문에 아마겟돈 전쟁은 마지막 날에 벌어지게 될 두 영계(하나님-사탄)의 최후의 결전을 뜻한다고 보아지며, 결국 거짓 선지자들의 이단 세력들은 주님 재림 때 백마 탄 자(그리스도)와 그의 군대에 의해 완전한 패망을 맞게 될 것이다.[850)]

"보라 내가 도둑같이 오리니 누구든지 깨어 자기 옷을 지켜 벌거벗고 다니지 아니하며 자기의 부끄러움을 보이지 아니하는 자는 복이 있도다"(계 16:15)는 말씀은 '벌거벗은 모습'과 같은 배교의 수치를 경계 삼아 주님 재림 때까지 종말론적 신앙을 사수할 것을 당부한다.

'일곱째 대접'이 공중에 쏟아지매, 큰 음성이 성전에서 보좌로부터 나서 이르되 "되었다" 한다. 마지막 대접은 공중에 쏟아진다. 여기서 '공중'을 일반적으로 지상의 공중으로 볼 수도 있겠으나 이후에 나타나는 주제가 바벨론의 심판이므로, 이는 어떤 영적인 암시를 내포한 것으로 보인다. 그것은 악한 영들의 거주지(엡 2:2)이며, 나아가 영적 바벨론으로 보아진다.

일곱째 대접 심판의 내용을 16장 17절 한 절로도, 또 16장 17-21절 전체로도 보아진다. 여타 다른 대접 심판들과의 동일한 문맥 구조의 형태를 따라서는 16장 17-21절 전체를 취하는 것이 무방하겠으나, 요한이 취하는 독특한 연결고리 형태의 사고 구조적 형태를 따라서는 16장 17절 한 절을 취하는 것이 더 타당하게 보인다. 어떻든지 16장

---

850) 계 19:11-21.

17-21절에는 일곱째 대접 심판과 또 그것에 대한 주제 진술이 겹쳐 있는 것이 사실이다. 또한 여기 성전에서 흘러나온 "되었다"의 의미에 대한 결정이 이 부분의 나머지를 해석하는 주요 역할을 한다.

일곱 번째의 재앙은 뒤이어 소개되는 주제 진술 (여기서는 바벨론 심판에 관한)을 통하여 17장 이후에 그것에 대한 장황한 설명이 첨부된다. 이것은 실제적 일곱 번째의 대접 재앙은 곧 바벨론 심판을 뜻하며, 그것을 통해 하나님의 완전한(7가지) 진노가 마무리됨을 암시해 주는 의미이다.

(2) 바벨론의 심판에 대한 환상[851]

환상의 시작과 심판에 관한 주제 진술[852] : 18절에서 성전으로부터 나오는 '번개와 음성들과 우렛소리'는 또 다른 국면의 큰 환상이 시작됨을 알리는 암시들이다. 특히 '큰 지진'에 대하여 시청각적 요소를 가미해서 드라마틱하게 전개한 주제-진술은, 이 환상의 주요한 암시들에 대한 관심을 증폭시켜 준다.

그 지진은, ① 역사 이래 경험해 보지 못한 큰 지진이다. ② 또한 만국에까지 그 영향이 미치던 큰 지진이다. 16장 19절에서 '세 갈래로 갈라진 큰 성'을 어떤 이는 '예루살렘'으로, 다른 이는 '로마'로 해석하나, 같은 절에서 그것을 '바벨론'으로 최종 해석해 줌으로, 이것은 지리적 의미가 아닌 영적 의미로서 둘 다 포함된다고 보인다. ③ 그 여파로 인해 각 섬도, 산악도 없어진다. ④ 이 엄청난 지진으로 인해, 무게가 한 달란트나 되는 큰 우박이 하늘로서 내리는 우박 재앙이

---

851) 계 16:18-19:10.
852) 계 16:18-21.

초래된다. ⑤ 이 우박 재앙으로 인해 사람들이 하나님을 비방한다.

그러나 이 지진을 지리학적 땅의 지진으로 보서는 안 된다. 여기 '지진' 이미지가 바벨론에 대한 '심판' 이미지로 전환되어 설명되어지는 17장 이후에서 그 이유를 알게 된다. 이것은 땅의 대지진과 같은 충격적이고 큰 영적인 대지진을 암시한 것이다. 마치 초자연적 재앙과 같은 것이며, 그러나 종교적이고 영적인 문제가 수반된 것이고, 또한 주님 재림의 징조와 관련된 이미지와도 유사하다. 결국 이 단락의 끝에는 주님의 재림 심판이 기다린다.

마태복음 24장 29절[853]에서 주님은 재림 직전의 징조에 대해 '환난 후에 즉시 해가 어두워지며 달이 빛을 내지 아니하고 별들이 하늘에서 떨어지며 하늘의 권능들이 흔들리리라'고 묘사하신다. 땅의 큰 지진과 같은 천체의 지진(변화)에 대한 말씀이다. 이것은 같은 단락(마 24:29-31)에서 하늘로서 구름을 타고 재림하시는 인자(그리스도)의 영광과 권능의 이미지를 부각시키는 배경적 이미지이다.

이 이미지는 요한계시록 6장 12-17절의 여섯째 인 재앙 때의 모습과 요한계시록 8장 12절의 넷째 나팔 재앙 때의 모습과 매우 유사하다. 차이점은 여기 요한계시록 16장은 땅의 변화에 초점을 두었고, 마태복음 24장 29절은 하늘의 변화에 초점을 두었다. 요한계시록 6장 12-17절에는 두 가지 요소가 모두 섞여 나온다.

16장 19절의 진술에서와 같이, 이것은 결국 전 시대에 걸쳐 하나님을 대적한 모든 제국들(큰 성, 만국의 성)에 대한 심판의 상징으로서 '큰 성 바벨론'이라 최종 지칭되며, 여기에는 기독교를 핍박하였던 유대교[854]도 당연히 포함된다. 큰 권세를 가지고 그동안 세상에서 그 위세

853) 동일한 내용을 담고 있는 간본문은 마가복음 13장 24-27절, 누가복음 21장 25-28절이다.

를 떨쳤던 세상 만국의 큰 제국들과 요새들이 무너진 것같이, 세상의 왕좌를 차지해 온 사탄의 왕국인 바벨론도 하나님의 진노의 대접(심판)으로 인해 무너지고, 결국 자취도 없이 망하게 될 것에 대한 주제 진술이다. 이후 17장부터 19장 전반부까지 바벨론의 멸망 이유와 배경 그리고 결말까지를 상세히 다루고 있다.

큰 음녀의 비밀과 그가 받을 심판[855] : 천사는 요한에게 바벨론이 받을 심판에 대해 말하면서 바벨론을 인격체로 묘사한다. 바벨론은 '많은 물 위에 앉아서 땅의 임금들과 땅의 사람들과 음행을 행한 '큰 음녀'[856]이다. 요한은 광야에서도 '음녀' 이미지를 목격하는데, 이전

854) 계 2:9, 3:9 등. 비단 서머나 교회와 빌라델비아 교회뿐 아니라, 요한 당시의 대부분 교회들은 밖으로는 세속의 유혹과 황제 숭배의 강요와 안으로는 동족인 유대교로부터의 핍박으로 인해 많은 박해와 어려움을 감내하고 있었다. 복음서에도 유대교는 끊임없이 예수님의 복음 사역을 방해하고 결국 예수님을 십자가에 죽게 한 일 등 장본인이었다. 사도행전과 서신서들에도 동일한 내용이 나타난다. 이들은 예수님의 승천 이후에도 주의 제자들과 교회를 향하여 수많은 도전과 핍박을 자행하였음을 보게 된다. A.D. 70년 로마에 의해 성전이 파괴되고 이방 나라들로 흩어지는 징벌 속에서도 그들은 지금까지도 여전히 그리스도의 통치를 거부하고 있지만, 언젠가는 아마 역사의 끝부분에서 그들은 특별한 회개를 통해 결국 그리스도의 통치 아래 들어오는 온전한 구원을 맞이하게 될 전망을 로마서의 빛을 통해 짐작하게 된다(롬 11:25-36).

855) 계 17장.

856) 계 17장. 여기에 나타나는 바벨론의 음행은, 에스겔서에 등장하는 이스라엘의 음행을 떠올리게 한다. 거기에 등장하는 음행의 두 자매들인 오홀라와 오홀리바는 북이스라엘과 남유다로 비유된다. 여호와 신앙을 버리고 이방 나라들의 우상을 받아들여서 타락한 모습을 비유한 것인데, 구약의 이스라엘을 영적으로 행음(타락)하게 한 장본인 역시 사탄이며, 사탄을 대표하는 영적 바벨론이다. 결국 영적으로 행음한 이 이스라엘을 향해 끓는 가마 비유를 통하여 하나님의 진노가 임하게 될 것을 예언한다(겔 21-24장). 구약에는 영적으로 행음한 이스라엘을 향한 심판의 도구로 바벨론이 사용된다. 하지만 역사적 바벨론 또한 하나님의 심판으로 다른 열국에 의해 멸망한다. 수많은 바벨론 제국들의 흥망성쇠는 시대적 종말의 때까지 진행하며 특히 세계를 지배한 영의 존재로 변신하여 영적 이스라엘인 신약의 교회를 핍박하여 오지만, 그 영적 바벨론(사탄) 역시 종국에 도래하는 주의 재림 심판을 통해 완전한 멸망을 고하게 된다(계 16:12-16, 17-19장).

보다 더 발전된 이미지이다. 그 몸에 하나님을 모독하는 이름들이 가득하고 7머리와 10뿔이 있는 붉은빛의 짐승을 타고, 붉은 옷과 보석과 음행의 도구들로 치장한 그 음녀의 이마에 '비밀이라, 큰 바벨론이라, 땅의 음녀들과 가증한 것들의 어미라'고 기록되어 있다.

음녀와 짐승은 공생의 관계로 보인다. 하나의 같은 목적을 위해 의기투합하였다. 하나님을 모독하고 대적하는 일에서 같았고, 성도들을 박해하고 살해하는 면에서도 같았다. 하지만 음녀가 짐승보다 서열이 높고 훨씬 잔인하다. 고혹한 자태 뒤에 감추어진 그녀의 잔혹한 성향에 대해 '성도들의 피와 예수의 증인들의 피에 취한 것'[857]이라고 천사도 평가했고, 요한도 크게 놀랄 정도였다. 하나님을 모독하고 성도(교회)들을 대적하는 목적으로 의기투합한 이들은 짐승의 빠른 기동성을 이용하여 마치 말처럼 그 세력을 빠르게 확장해 가는 모습을 보여준다.

천사는 요한이 본 이 특이한 짐승에 대해 [전에 있었다가 지금은 없으나 장차 무저갱으로부터 올라와 멸망으로 들어갈 자]라고 의인화하여 설명해 준다. 바벨론 제국의 예를 들어서 설명한 것으로 보인다. 로마 시대를 기준으로 볼 때, 바벨론은 이전에 존재했지만, 지금은 없고, 장차 (영적인 형태로) 나타나서 멸망받을 존재라는 설명이다. 이 부분의 보다 정확한 의미는 요한계시록 12-13장과 또한 19-20장의 문맥을 통해 종합적으로 그 의미를 결정하는 것이 바람직하리라 생각된다.[858]

---

857) 계 17:6.

858) 이러한 원리는 요한계시록 17장 10-14절을 해석하는 일에 있어서도 동일하게 요구되어진다. 이전의 암시들은 이후에 나타나는 해석들과 발전된 이미지로 인해 더욱 선명하게 밝혀진다. 요한계시록 2-3장에 나타나는 7교회의 문제점들(이단 사상, 세속 세력 등)은 요한계시록 9장의 황충과 마병대의 이미지와 요한계시록 12-13장의 용과 두 짐승의

요한계시록 12장의 배경을 통해 볼 때, 에덴동산 이래로 존재하였던 옛 뱀, 사탄은 그리스도의 초림으로 인해 심각한 타격을 입고 그 권세가 약화된다. 13장에서 용은 자기 대신에 분신과 같은 두 짐승(세상 왕<권세>, 거짓 선지자)을 내세워 교회와 영적 전쟁을 해나간다. 19장 후반부에 그리스도의 재림으로 인해 이 두 짐승은 사로잡혀 불못에 던져진다. 20장에서 그의 세력을 완전히 상실한 용은 무저갱에 천년간 감금된다. 천년 후 잠깐 무저갱에서 올라와 땅의 사람들을 미혹하여 반역을 꿈꾸지만 그마저 실패하여 결국 그도 그의 두 부하가 있는 불못에 던져져서 완전한 멸망을 고하게 된다.

요한은 이 짐승을 역사적 바벨론의 이미지를 도입하여, 결국 그리스도에게 참패한 사탄으로 설명한다. 이 짐승의 묘사에 대한 3가지 시점 즉 과거(전에 있었다), 현재(지금 없다), 미래(무저갱으로부터 올라와서 망하게 된다)의 구분은 '그리스도의 초림(재림)'에 근거하고 있다. 용은 그리스도의 초림 전에는 활발하게 존재해 있었다, 초림 이후 힘을 잃어 (로마시대인 지금은) 대신 두 수하들이 활동한다, 그리스도의 재림으로 무저갱에 갇히게 되지만 이후 잠깐 무저갱에서 올라와 이내 불못에 던져진다.

모든 시대(에덴동산부터 새 에덴 직전)를 종횡무진 넘나들었던 놀라운 활약상을 보여준 이 짐승에 대해 구원받지 못할 불신자들은 놀라게 되는데, 그들의 '놀라움'은 요한계시록 13장 8절의 배경에서 볼 때, '짐승을 경배하는 것으로 이어진 놀라움'이다. 이에 대한 천사의 예언은 참으로 적절하다.

이미지로 발전되며, 14장 6-12절에서 회개 촉구의 이미지와 16장 10-16절에서 심판의 이미지로 적용되다가, 17-18장에서 그것은 곧 (음녀) 바벨론이라는 최종 판결을 받게 된다. 결국 19장 11절-12장 10절에서 이들은 재림의 주님에 의해 완전히 패하고 멸망받는 것으로 결말을 본다. 이러한 점층법적 내용 전개는 요한의 독특한 7구조의 형태와 수많은 암시들을 통해 그 의미가 훨씬 발전된다.

> "땅에 사는 자들로서 창세 이후로 그 이름이 생명책에 기록되지 못한 자들[859]이 이전에 있었다가 지금은 없으나 장차 나올 짐승을 보고 놀랍게 여기리라" (계 17:8).

천사는 계속 요한에게 9-11절까지 짐승의 '머리'에 대한 설명을 준다. 이 짐승의 7머리는 여자가 앉은 '7산'이요, '7왕'이라고 한다. 구약의 산은 강력한 힘과 통치의 상징이며, 하나님의 현현의 장소이기도 했다. 구약 때에 하나님은 아브라함과 그 아들을 산으로 불러서 그 믿음을 확인했다(창 22:14). 또한 하나님은 모세를 산으로 불러서 이스라엘의 통치에 대한 제반 사항을 알려주었다(출 19장). 신약의 산은 신약 성도들이 그들의 믿음의 상태를 증명받는 영적인 심판의 장소를 뜻하며(히 12:18-24), 궁극적으로 믿음을 증명받은 승리한 백성들이 그리스도와 함께 다스릴 영원한 통치의 영역이다(계 14, 21-22장).

하지만 반대로 악한 영역을 가리킨 경우도 있다. 예레미야 51장에서 바벨론이 다른 여러 나라들을 멸망시켰으나 이제 하나님이 그 바벨론을 멸망시키실 것을 말씀하시며 바벨론을 가리켜 '멸망의 산'(destroying mountain, 렘 51:25)이라고 지칭한다. 그런데 이 '7산'을 음녀가 앉아 있다. 음녀의 강력하고 완전한 통치권과 통치 영역을 상징한다. 또한 천사는 이 머리를 '7왕'으로 묘사하며 5왕은 망하였고, 하나는 있고 다른 하나는 아직 이르지 않았으나 이르면 반드시 잠시 머무르게 될 것이며, 전에 있었다가 지금 없어진 짐승은 여덟째 왕이니, 7중에 속한 자이며, 그가 멸망으로 들어갈 것이라고 설명한다.

---

859) 계 17:8. 여기서 "……땅에 사는 자들로서 창세 이후로 그 이름이 생명책에 기록되지 못한 자들……"이라는 표현은, 요한계시록 13장에서 바다에서 올라온 짐승의 활약상을 묘사한 부분과 상당히 일치한다. "죽임을 당한 어린양의 생명책에 창세 이후로 이름이 기록되지 못하고 이 땅에 사는 자들은 (다 그 짐승에게 경배하리라)"(계 13:8).

어떤 학자들은 이 왕들을 로마의 황제들로 보고 역사적인 조합을 통하여 흥미로운 해석을 한다. 그들은 대체로 현재 있는 여섯째 왕을 '네로'나 혹은 '베스파시아누스' 황제로 보며, 일곱째 왕을 '갈바'나 '티투스'로 본다. 어떤 이는 여덟째 왕을 도미티아누스 황제로 보며 그에게 붙여진 '네로의 화신'이라는 별명으로 인해 여덟째 왕이지만 7중에 속한 자라는 해석을 내린다. 이러한 해석은 요한계시록을 로마 제국의 상황하에서의 성취로 보는 신학적 도식에서 비롯된 것이다.

하지만 계시-역사적인 측면에서 요한계시록은 보다 포괄적이며 전 시대적인 계시 역사관을 보여준다. 요한계시록 12-14장은 그리스도의 초림에서 최후심판까지 구속사적 흐름을 그 배경으로 담고 있다. 19-22장은 그리스도의 재림 이후 신천 신지의 세계를 그리고 있다. 이런 맥락에서 여기서의 7왕은 로마의 7왕으로 보기보다는 하나님께 대항한 세상의 제국들로 보는 것이 더 바람직하리라 보인다. 그러나 문자적인 7제국을 뜻하지는 않는다. 보다 영적이고 암시적인 의미일 것이다. 중요한 것은 여기서 묘사된 7왕들에 관한 3시점을 어떻게 보는가가 핵심일 것이다.

현재 시점을 기준으로, 현재 존재하는 제국(여섯째)은 '로마'가 틀림없다. 이미 망한 5제국들의 암시는 그리 중요하지 않게 보인다. 로마를 기점으로 그 이전에 망한 모든 불신앙적 세상 제국을 뜻한다. 문제는 전체 7중에서 로마가 여섯째라는 것에 어떤 암시를 주는 것 같다. 숫자 6은 '불완전과 불완성'을 암시한다. 그러면 '완전함'을 암시하는 일곱째 제국은 무엇인가?

천사의 증언에 의하면 '아직 이르지 않았으나 이르면 반드시 잠시 머무르는' 제국이다. 그 제국은 17장 8절과 20장 1-10절의 빛 안에서 그 실체를 짐작할 수 있다. 용은 주님의 초림으로 그 세력이 약화되었다가 재림을 통해 무저갱에 갇히게 된다. 하지만 천년 후 무저갱에서 놓이게 되지만 잠시 머무르다 이내 불못에 던져지게 된다. 17장 8절의 짐승에 대한 묘사와 11절에서의 여덟째 왕(전에 있었다가 지금은 없어진 짐승)의 묘사는 같다. 그리고 그 여덟째 제국은 7중에 속한 일곱째 제국과 흡사하다. 여덟째 왕의 이미지는 아마 일곱째 왕에 대한 보충적 설명으로 제시된 것 같다. 즉 그 일곱째 왕(제국)은 다름 아닌 '짐승'이며 '멸망받을 존재'인 '사탄의 제국'이라는 결론이다. 따라서 여기 7머리는 음녀(사탄)가 강력하게 통치하는 로마를 포함한 (물론 유대교도 포함) 세상의 모든 악한 제국(세력)들을 암시한다.

천사는 이어서 10뿔에 대한 설명을 준다. 뿔의 의미를 여기서도 왕으로 설명한다. 즉 왕과 같은 강력한 통치권을 가진 어떤 존재(세력)라는 암시이다. '아직 나라를 얻지 못하였으나 짐승과 더불어 한동안 왕처럼 권세를 받을 것'이라는 부가적 설명은 무엇인가? 이 뿔들은 통치의 영역, 즉 제국을 갖지 못했다. 그들이 가진 통치의 권세는 오직 짐승과 관련된 것이다. 요한계시록 12-13장의 빛 안에서 볼 때, 이들은 13장의 두 번째 짐승(땅에서 올라온)으로 짐작된다. 이들은 용의 권세를 받아서 백성들을 미혹하여 거짓 이단 사상을 전하는 거짓 선지자들인 것이다.

이들의 존재의 근원과 목적은 오직 짐승(사탄)으로부터 비롯된다. 그들은 자기들의 능력과 권세를 다시 그들의 주인인 그 짐승에게 돌려주는데, 그들이 이렇게 하는 중요한 이유가 있다. 그것은 어린양과 싸우기 위해서이다. 이 거짓 선지자들은 외형적으로 어린양과 비슷하게 흉내를 내고, 또 용과 같은 권세로 사람들을 미혹하며 어린양을 대적한다. 그러나 결정적으로 어린양은 '만주의 주요, 만왕의 왕'이시라는 점에서 차이가 난 거짓 선지자들은 결국 어린양이신 그리스도와

그리스도의 군대(부르심을 받고, 택하심을 받은 진실한 자들)에게 패하게 될 것이다.[860)]

천사는 계속해서 사탄 진영의 패전이 짙어가고 있는 모습을 보여준다. 그동안 물에 앉아서 백성과 무리와 열국들을[861)] 다스리던 음녀에 대해 본성상 질투와 시기를 느낀 짐승(제국들)과 10뿔(거짓 영들)은 사탄 진영의 우두머리(음녀, 바벨론)를 제거하기 위해 결탁하여 쿠데타를 일으키어 결국 음녀를 제거하고는 그 세상의 왕좌를 짐승이 차지한다. 이런 점에서 짐승과 음녀는 동격이다. 결국 이것은 세상의 열방들과 제국들의 흥망성쇠 이면에 역사하는 악한 사탄의 계략을 보여주며, 그러나 실제는 이 모든 이면에 역사하시는 하나님의 심판의 뜻이 숨어 있음을 말해 준다. 하나님은 세상 (짐승의 세력)을 심판하시려는 자신의 말씀이 응하기까지 그것을 허용하실 뿐이다.

바벨론의 멸망[862)] : 큰 권세를 가진 한 천사가 '큰 성 바벨론은 무너져 귀신과 더러운 영이 모이는 곳으로 황폐되었음'을 알려준다. 하늘로부터 나는 음성도 '바벨론의 죄가 하늘에 사무쳤고 또 그동안 자기를 영화롭게 하고 사치하였던 만큼 고통과 애통으로 갚아주게 될 것'을 말해 준다. 바벨론의 멸망에 대해 왕들과 상인들과 선원들이 애통해하지만, 바벨론을 위한 애통이 아니라 더 이상 값비싸고 사치스런 상품들을 팔지 못하여 손해를 보는 자신들을 위한 애통이다.

하지만 바벨론의 멸망으로 인해 언약 교회는 애통하지 않고 오히려

---

860) 계 17:12-14. 참고. 계 13:11-18, 19:11-21.

861) 물 위에 앉아서 세상을 다스리는 음녀가 가진 권세는 짐승의 권세와 다를 바 없다. 짐승 역시 사탄의 권세를 받아서 '각 족속과 백성과 방언과 나라를 다스리는 권세'를 받은 존재이다(계 13:7).

862) 계 18장.

즐거워한다. 이 심판은 결국 하나님의 언약 백성들과 교회를 위한 공의의 심판이기 때문이다. 큰 맷돌 같은 돌을 바다에 던진 한 힘센 천사[863]도 바벨론이 그와 같이 비참하게 던져져 멸망하게 될 것을 말하는데, 더 이상 그 성에서 풍류 소리나 맷돌 소리가 들리지 않고, 세공업자들도 보이지 않고, 등불 빛도 비치지 않고, 신랑과 신부의 음성도 들리지 않게 된다. 모든 세상 제국의 흔적이 그러하듯이, 역사가 지난 자리는 이전의 화려했던 흔적을 찾을 수 없다.

이렇게 철저히 바벨론(세상 제국들)이 파괴되는 이유는 영적인 원인에 기인한다. 바벨론이 만국을 미혹하여 땅 위에서 언약 백성들을 죽여 그 피가 성 중에서 발견되었기 때문이다. 주님의 언약 백성을 핍박한 역사적 바벨론을 하나님이 치셨듯이,[864] 주님의 언약 교회를 핍박하고 피 흘리게 한 영적 바벨론 역시 주님의 공의의 심판이 임하게 된다.[865]

바벨론 심판에 대한 영광과 기쁨의 찬송[866] : 바벨론 심판에 대하여 하나님께 '구원과 영광과 능력'을 돌리고 있다. 땅을 더럽게 한 음녀, 바벨론에 대하여 하나님은 참되고 의롭게 심판하심으로 자기 종들의 피를 갚으셨다는 것이다. 뿐만 아니라 24장로와 4생물도 하나님께 경배하여 아멘으로 화답한다. 이렇게 음녀 바벨론의 심판으로 인해 의로운 피의 보복을 갚게 된 신부인 교회는 전능하신 하나님의 통치와

---

863) 계 18:21. 여기서 이 힘센 천사는 마치 구약에서 '두루마리 책에 돌을 매달아서 유브라데 강에 던지는 것으로 바벨론의 멸망을 예언했던' 예레미야 선지자를 떠올리게 한다(렘 51:63).

864) 사 13:1-14:23; 렘 50-51장.

865) 계 16:18-19:10.

866) 계 19:1-10.

영광을 찬양하게 되고, 또 이제 비로소 신랑인 어린양(그리스도)과의 혼인 예식에서 정결한 신부로서의 준비가 이루어지게 된다.

거룩하신 어린양과의 혼인에 있어서 신부(교회)의 부정(죄, 옳지 못한 행실)은 결코 용납되지 않는다. 옳은 행실, 곧 믿음의 정절(거룩함과 깨끗함)이 신부가 갖추어야 할 최고의 덕목이다. 또한 이 혼인 예식이 기쁜 것은, 혼인 잔치에 초청받은 자들 역시 복되기 때문이다. 그리스도의 신부의 자격에 들지 못하더라도 그 자리에 초청받는 것만으로도 하나님의 복이 임한다. 죄를 심판하시고 이루신 하나님의 구속 역사를 깨닫는 자리에 참여하는 것이 진정한 축복이며, 신약의 주님은 그의 신부인 교회를 통하여 하나님의 복을 세상 가운데 전파하게 하신다. 교회가 세상 가운데 전하는 복의 선언과 복의 초청은 바벨론(세상, 사탄)의 심판과 구속의 완성을 이루신 하나님을 높이고, 또한 저들도 이 복되고 정결한 신부의 자격에 동참하게 하기 위한 기회의 제공이다.

왕 중 왕의 최후 승리와 신천 신지

구속사의 이면에는 왕권을 찬탈하려는 마귀와의 전쟁이 숨어 있다.867) 하늘 왕권을 노린 마귀는 하늘에서 쫓겨나자 땅의 왕좌를 차지하려 하여 왕 중 왕이신 그리스도의 초림을 방해하지만 그마저 실패하고, 이후에도 그리스도의 왕권을 이어받은 교회와 마귀의 부하들(짐승〈제국들〉, 거짓 영들)은 끊임없는 왕권 전쟁을 치르게 된다. 하지만 역사의 끝에 나타날 영적 바벨론의 멸망을 통해 진정한 그리스도의 왕권이 확립된다.

이 단락은868) 하나님의 대심판 이후에 펼쳐질 그리스도의 왕권 확

867) 계 12:1-15:4.
868) 계 19:11-22:21.

림에 관한 일련의 내용들을 보여준다. 왕 중 왕(king of kings)이신 주님은 이제 재림의 심판주로 강림하셔서 한시적으로 세상의 왕이 된 사탄의 세력을 징벌하심으로 자신의 왕권을 증명하신다. 주님은 또한 신실한 주의 백성들과 함께 천년왕국을 건설하시고 자신의 왕권을 실현하신다. 그리고 주님은 첫 창조의 모든 타락한 죄인들과 세상을 최후 심판하시고 도래하는 완전하고 새로운 하나님의 나라, 신천 신지를 통하여 자신의 왕권을 완성하시는 환상적인 모습을 보여준다.

그리스도의 왕권 증명 : 백마 탄 자의 최후 승리[869)]

19장 11절부터 요한이 본 또 하나의 새로운 '열린 하늘의 장면'이 소개되고, 그 장면은 계속 이어져 신천 신지를 향한다. 요한계시록에서는 큰 비전이나 큰 환상이 시작될 때, 그것을 지시해 주는 특징적인 표현들이 있다.

4장 1절	'하늘에 열린 문' 을 통한 환상의 시작(7인 심판)
8장 3-5절	'하늘에 제단(성전)' 을 통한 환상의 시작(7나팔 심판)
11장 19절	'하나님의 성전이 열리므로' 환상이 시작(7환상)
15장 5절	'하늘에 증거 장막 성전이 열리므로' 환상이 시작 (7대접 심판)
19장 11절	'하늘이 열린 것' 을 통한 환상 시작 (최후 승리, 신천 신지)

그러므로 19장 11절은, 이제부터 하나의 새로운 주제가 시작됨을 알리는 전환점(turning-point)의 역할을 한다. 열린 하늘에서 목격한 장면은 이전의 무거운 심판의 내용과 전혀 다른 소제가 등장한다.

---

869) 계 19:11-21.

충신(faithful)과 진실(true)이라는[870] 이름의 백마 탄 자가 공의로 심판하며 싸우는데 [눈은 불꽃같고 머리에는 많은 관들이 있으며, '하나님의 말씀'이라 칭하는 '피 뿌린 옷'을 입은] 십자가 지신 대속주의 모습이다. 그는 또한 [백마를 타고 그를 따르는 희고 깨끗한 세마포 옷 입은 하늘 군대[871]]를 거느렸고, [그의 입에서 나오는 예리한 검으로[872] 만국을 철장으로 다스리며,[873] 하나님의 맹렬한 진노의 포도

870) 계 19:11. '충신'(faithful)과 '진실'(true)은 주님의 본질과 주님이 이루신 복음 사역을 대표하는 성격이다. 주님은 하나님과 사람들에게 믿음의 관계였다. 성자 예수님은 성부의 바람인 구속 사역을 위해 십자가에 죽기까지 신실하게(faithful) 감당하였다. 또한 주님은 당신의 백성들을 아끼시고 사랑하시되 그들을 위해 자신의 목숨을 십자가의 제물로 내어놓기까지 신실하게 사랑하셨다. 하나님과 그의 백성들과의 이 모든 신뢰의 관계는 오직 그의 삶과 전하신 복음의 진실(true)에 근거한다. 그리스도의 진실하신 말씀과 삶은 곧 하나님과 백성들에게 신실하신 관계로 나타난 것이다. 신약성경은 십자가의 구속이 그것의 절정임을 말하고 있다(엡 2:1-10; 빌 2:5-8; 요 10장, 14:1-6, 15장, 17장; 롬 5-6장, 8:31-39; 계 1:5 등).

871) 계 19:14. 하늘 군대의 자격을 보여준다. 이들은 땅에 있을 때 바벨론의 미혹과 박해에도 불구하고 자신들의 믿음의 세마포 옷을 더럽히지 않고 믿음의 정절을 지킨 순교자들이다. 하늘에서도 '빛나고 깨끗한 세마포 옷을 입도록 허락받은'(계 19:8, 참조. 믿음의 시련을 이긴 사데 교회를 향해 '흰옷'을 입을 것이라고 한다. 이 흰옷은 순교자들이 입을 깨끗한 세마포 옷의 상징일 것이다(계 3:4-5). 또 하나님의 인이 쳐진 14만 4천 역시 '흰옷 입은 자들'로서 이들은 큰 환란 가운데 어린양의 피에 그 옷을 씻어 희게 하였기 때문이라고 말한다(계 7:9-17). 이들은 주님 재림 때 주님의 군대로 발탁되어 하늘에서 주님이 입혀주신 그 희고 깨끗한 세마포 옷을 군복 삼아 입고서 자신들을 살해한 땅의 원수들을 징벌하기 위해 용맹스러운 용사들로 임하게 된다. 신약에서 재림과 관련하여 예수님이 말씀하신 본문들에는(마 24:29-31; 막 13:24-27) 구름 타고 오시는 권능의 재림주가 '천사들'을 동원하여 구원받을 땅의 백성들을 모은다고 말씀하신다. 요한계시록의 실제적 하늘 군대는 아마 하늘의 천사들과 또 하늘의 순교자들이 함께 이 무리에 동참할 것을 보인다. 이때 천사들은 나팔을 불며 땅의 언약 성도들을 모으고, 순교자들은 재림주와 함께 심판의 전쟁에 임하게 될 것이다.

872) 계 19:15. 주님은 초림하여 지상에서 복음 사역하실 때에도, 입의 권능이 탁월하시었다. 입으로 전하시는 말씀으로 수많은 제자들을 삼으시고, 시험하는 마귀도 물리치시고, 병자들을 고치시고, 물로 포도주를 만드시고, 심지어 죽은 나사로도 살리신 능력의 입술의 권능을 행하심으로 하나님 나라를 든든히 세우셨다. 이제 재림하실 때에는 심판의 권능을 가지셨으므로 재림 시 그의 대적들을 향해 선포하시는 말씀의 권능은 가히 예리한 검과 같이 대적들을 심판하시는 심판의 도구가 되는 것이다. 이 재림 전쟁에서 사용되는 유일하고 강력한 무기는 단 하나뿐이다. 그것은 실제 칼이나 어떤 다른 살상 무기가 아닐 것이다.

주 틀을 밟는[874]] 심판주의 모습을 가졌으며, 결정적으로 [그 옷과 다리에 '만왕의 왕이요 만주의 주'[875]라는 이름]을 가지신 분이다.

왕 중 왕이신 그가 초림 때 인간의 몸을 입고 이 땅에 오셔서 하나님 나라의 복음을 증거하시고, 제자들을 불러 교회의 기초를 세우시고 결국 언약대로 십자가에 피 흘려 죽으셨지만, 죽음(땅의 왕)의 권세를 깨뜨리시고 부활하심으로 대속 사역을 이루신 만왕의 왕이며, 세상 끝에 그의 승리한 군대를 거느리고 다시 오셔서 모든 악한 거짓 왕들(세상 임금들)과 마귀의 세력들(악한 영들)을 심판하시는 왕 중 왕이신 예수 그리스도이시다.

심판주의 재림 때 공중의 새들은 심판의 도구로 사용된다. '하나님이 개최하신 큰 잔치'[876]인 심판의 잔치에 모여든 새들은 세상의 왕

오직 주님의 우렛소리와 같으신 우렁찬 심판의 음성만으로 저들을 무서움과 두려움에 떨게 하기에 충분한 무기가 된다. 이 주님의 입술의 권능은 주의 교회에도 동일하게 갖게 된다. 교회를 해하려는 대적들을 향한 교회의 기도와 당당한 복음 증거는 저들의 핍박을 막아내고 오히려 벌하는 '불'의 역할을 한다(계 11:5).

873) 계 19:15; 시 2편. 특히 시 2:9; 계 12:5.

874) 계 19:15. 계 14:8-10, 17-20, 16:19, 18:3.

875) 계 19:16. 여기 '만왕의 왕, 만주의 주'라는 표현은, 요한계시록의 핵심 주제인 '그리스도의 왕권'(kingship)을 세상 가운데 선포하며 드러내는 요한의 중요한 신학적 표현이며, 요한계시록 전체에 두루 퍼져 있다(계 1:5-6, 2:26-27, 3:21, 5:5,10, 11:15-18, 12:5, 14:1, 15:3-4, 17:14, 19:6, 11-16, 20:4-6, 11-15, 21:22-27, 22:1-5).

876) 계 19:17-18. 여기 '하나님의 큰 잔치'에서 벌어지는 사건은 마치 구약 에스겔 38-39장을 연상케 한다. 하나님은 이스라엘을 대항하여 일어난 마곡과 그 연합국을 하나님의 놀라운 기적으로 무찌르게 하신다. 이때도 공중의 새들과 짐승들에게 마곡과 연합국들의 시체와 피를 먹게 하는 심판의 큰 잔치가 벌어지게 될 것을 에스겔 선지자를 통해 보여주는데, 이는 당시 바벨론에 포로로 잡혀 있는 이스라엘의 상황을 보여주며, 장차 하나님이 기적적인 방법으로 이스라엘을 바벨론의 포로에서 구원해 주실 것을 보여주신 것이다. 참된 계시는 한 시대나 세대에만 국한되지 않는다. 시대를 초월하고 관통하여 먼 미래를 내다보는 역사성과 비전을 내포한다. 에스겔과 다니엘의 묵시는 당시의 문제에 대한 암시뿐 아니라 먼 미래에 그리스도의 초림과 재림으로 이루어지고 완성될 하나님 나라의 완전한 승리를 예견케 한다. 결국 다니엘과 에스겔과 스가랴의 묵시는 구약 당시뿐 아니라 신약 시대에 요한에게 이어져서 최종적인 그리스도의 파루시아(παρουσία)를 향하게 한다. 구약 시대에 하나님과 하나님의 언약 민족을 대적하고 괴롭힌 대적 세력들에게 임해져 왔던 '하나님의

들, 장군들을 비롯하여 모든 심판받을 자들의 살을 배불리 먹게 된다. 왕의 맹렬한 진노의 심판에는 세상의 지위 고하나 출신 성분을 막론하고 그 누구도 예외가 없다. 주의 재림(parousia) 때까지도 하나님의 구원과 그리스도의 통치를 거부하고 세상 왕의 통치 아래 살던 교만하고 악한 자들에게는, 마치 죽은 사체 위에 공중의 새들이 모이듯이 이미 죽음이 예고된 심판만이 기다릴 뿐이다. 재림의 시기가 가까이 오자, 불안한 마귀의 세력들은 땅의 왕좌를 지키기 위해 땅의 세력들을 모은다. 짐승과 땅의 임금들과 그들의 군대는 그리스도와 그의 군대와 더불어 마지막 일전을 벌인다.[877)]

하지만 짐승과 거짓 영은 결박되어 산 채로 유황불 못에 던져진다. 거짓 왕들이 거짓으로 판명이 난다. 또 거짓 짐승을 따랐던 땅의 임금들과 모든 대적들이 재림 주의 입의 권능, 우레와 같은 말씀의 권능에 의해 죽음의 심판을 받는다. 가짜 왕에 속은 세상의 어리석은 군왕들과 대적들이 주님의 권능의 말씀의 힘[878)]에 의해 완전히 초토화된다. 드디어 그리스도가 왕 중 왕으로 증명된다. 그런데 19장의 심판 장면에서 악의 수장인 용(사탄)의 모습이 나타나지 않는다. 어떻게 된 것인가? 이 의문과 긴장은 다음 장으로 이어져서 마지막 해결을 본다.

그리스도의 왕권 실현 : 천년 왕국과 최후 심판[879)]

4장 이후부터 지금껏 요한은 쉼 없이 대심판과 파루시아를 향해

큰 잔치'는 결국 신약에 이르러 그리스도의 초림으로 세워졌고, 재림으로 완성될 하나님의 언약 교회를 핍박하고 방해하던 지금까지의 모든 사탄의 세력들에게 임하는, 최종적이고도 완전한 심판의 잔치로 그 종말을 고하게 한다.

877) 계 19:19. 계 16:12-16.

878) 계 19:21. 주님의 입의 권능-복음(생명, 심판) (계 1:16, 2:16, 19:15). 교회의 대적자들을 향한 교회의 입의 권능-복음의 강력한 선포나 변론 '불'로 표현됨(계 11:5).

879) 계 20:1-15.

곧장 달려왔다. 그리고 숨찬 이 파루시아의 여정은 결국 신천 신지의 품에 안겨 안식을 얻게 될 것이다. 요한계시록의 핵심은 파루시아에 있고 이것은 복음서와 서신서들의 핵심 주제와도 같다. 성경에서 계시되는 파루시아의 핵심 의미는 최종 파루시아를 통해 악의 세력들은 징벌되고 언약의 성도들은 보상을 받는 것이다. 19장 11절부터 20장까지가 파루시아의 심판과 보상을 보여주는 하나의 단락이다. 따라서 20장의 사고 구조를 19장의 연장선에서 보아야 할 것이다. 19장 이후 21장에 나타나는 주요 전환 지시문의 역할 역시 이 논리를 지지한다. 19장 11절 이후에 나타나는 '또 내가 보니'(19:17a, 19a, 20:1a, 20:4a, 20:11a, 21:1a, 2a)의 지시문들은 해당 본문들의 의미에서 볼 때 완전히 새로운 국면의 전환을 뜻하는 것이 아니다. 동시간대 긴 드라마의 여러 단막들을 위한 동일 전환 지시문으로 보인다.

주님의 재림으로 인해 그동안 교회를 핍박하고 세상을 미혹해 오던 짐승과 그를 따르던 악한 세력들이 패망되었다. 그리고 이어서 악의 수장인 용이 사로잡혀 결박당한다.[880] 이때 용은 과거에 용맹무쌍했던 그 용이 아니다. 에덴동산의 범죄 이후 수많은 세월 동안 용이 저질렀던 범죄 전력은 막강했다. 수많은 제국들을 손아귀에 흔들었고, 전쟁과 살육을 일삼았다.

심지어 감히 거짓 왕인 그가 참 왕(True-King)이신 그리스도까지 시험하고 그의 왕권에 도전하였다. 그의 수하들을 통해 주님의 교회와

880) 계 20:1-3. 여기서 용이 결박당함을 그리스도의 초림에 의한 사탄의 세력의 약화로 이해하는 견해도 있다. 하지만 본 단락은 보다 큰 단락(19-20장) 안에서 살펴보아야 하고, 그럴 때 그리스도의 초림이 아닌 그리스도의 지림 심판의 문맥에서 이해하는 것이 더욱 바람직하리라 여겨진다. 계시-역사적 관점에서 볼 때에도, 여기서 용이 결박당함은 사탄의 세력의 약화 정도가 아니라, 이 장면은 사탄의 세력(힘)에 대한 완전한 제압이며 결박을 보여 준다.

세상을 미혹하여 세상 사람들을 포로 삼고 신실한 성도들을 살해하도록 교사했다. 한때 하늘의 온 천사들을 선동하여 그중에 3분의 1이나 되는 천사들을 미혹해서 자신의 수하로 삼았던 막강 천사 킬러였다. 그런 그가 하늘에서 파견된 한 천사에 의해 결박될 정도로 그 힘이 쇠약해졌다. 앞선 왕 중 왕과의 전쟁에서 그의 군사들을 모두 잃었다. 무슨 힘이 남았겠는가. 사로잡힌 용은 성부의 섭리로 아직 유황불 못에 던져지지 않고 대신에 무저갱(밑이 없는 지옥)에 던져져서 천년간 갇히게 되며 다시는 예전처럼 만국을 미혹치 못하게 되는데, 그 후에는 잠깐 놓이게 된다는 것이다.

앞의 재림 전쟁을 통해 품었던 몇 가지 의문이 있었다. 악의 우두머리로서 하나님의 백성들을 많이 괴롭혔고 그리스도의 왕국에 수없는 도전을 일삼았던 용에게 하나님은 반드시 심판하실 것을 성경은 말씀하였는데, 구속사적으로 중요한 이 파루시아의 현장에 왜 그가 보이지 않는 걸까? 혹 그 자리에 용이 없었는가? 아니면 하나님의 깊으신 다른 섭리가 있는 것인가? 다른 의문은 20장 1-3절과 관련해서, 하나님은 용을 결박하시고 왜 곧장 그를 유황불 못에 던지지 않으실까? 왜 그 자리에서 끝장을 내지 않고 또 다른 긴장을 불러오게 하실까? 용에게 주어진 어떤 역할이 남아 있음을 짐작하게 하는 이런 일련의 물음들은 결국 이어지는 천년 왕국과 용의 일시적 반란을 통해 그 답을 찾게 된다.

파루시아의 영향력은 참으로 대단하다. 재림 심판의 여파는 다시 천년의 심판으로 이어진다. 그런데 긴장과 환희의 심판이다. 한쪽은 긴장으로 지나고 다른 쪽은 기쁨과 행복으로 지난다. 용의 부하들은 이미 유황불 못에 던져졌고, 용도 무저갱에 결박되어 천년을 긴장과 형벌로 보낸다. 하지만 언약의 성도들은 승리한 그리스도의 왕국에서 왕 중 왕이신 그리스도와 함께 왕으로서 천년을 지낸다.

여기서 천년을 문자적 의미로는 쉽게 수긍되지 않는다. 요한계시록에서 일곱 대심판을 말한다고 해서 문자적인 7번의 심판을 뜻하는 것이 아니듯이, 666이나 14만 4천의 숫자 역시 문자적인 의미를 뜻하는 것이 아니듯이, 숫자 1000도 문자적 의미가 아닌 상징적 의미로 이해해야 옳을 것이다. 이 숫자는 완전수이며 어떤 기간을 의미하기 때문에, 특히 그리스도의 왕권과 관련한 문맥이기 때문에 '그리스도의 왕권 통치가 완전하고 완벽하게 실현되어지는 어떤 기간'일 것으로 보아진다.

그런데 이 왕국의 시민은 어떤 심사와 절차에 의해 주어지게 된다. 20장 4절에는 심판의 권세를 받았던 자들이 나타나는데 이들은 아마 하늘의 24장로들로 보이며 문맥의 내용으로 보아 이들에게 부여된 심판의 기능은 형벌의 심판이 아닌 어떤 자격 심사의 판단으로 보인다. 하지만 이들이 어느 정도 심사의 권세를 행하였더라도 최종 승인은 역시 그리스도에게 있을 것이다.

당신의 왕국에 들어올 특별 시민을 뽑을 최종 권한은 왕국의 주인이신 왕 중 왕에게 주어져 있을 것이다. 이 왕국의 특별 시민이 될 자격은 두 부류이다. '예수와 하나님의 말씀을 증언하다가 목 베임 당한 순교자들과 짐승과 우상을 섬기지 않고 짐승의 표를 받지 않은 믿음의 용사들(순교자)'[881]이다. 아무나 들지 못하는 까다로운 조건이고 그러기에 이 왕국에서 특별 시민으로 누릴 충분한 특권이 부여된다. 주님은 이들의 영혼을 살려서 이 '지상 왕국'으로[882] 불러내실 때 아마

881) 계 20:4. 이들은 또한 요한계시록 6장 9-11절에 등장하는 '죽임 당한 영혼들'과 동일 인물일 것이다. 이들은 땅의 원수들을 심판하여 자신들의 피값을 갚아 달라고 대주재께 간청하자 흰 두루마기(부활)와 쉼(안식)을 약속받게 된다. 이들에게 주어진 약속의 보장은 결국 천년 왕국의 특별 시민으로 둘 다 보상받게 된다.

왕국의 형편에 적합한 부활체의 몸을 입게 하실 것이다.[883] 그리고 왕처럼 다스리는 특권을 부여하실 것인데, 세상 왕과 달리 제사장적 왕이다.

제사장적 왕의 모습은 '거룩'이 핵심이다. 이 왕국의 분위기 또한 거룩 자체이다. 지상에서 재림 심판으로 사탄의 세력이 거의 멸절되었고, 자신들 역시 부활체로 변화되어, 거룩하신 주님과 함께 지내는 이곳은 곧 거룩한 교회의 모습이고, 완전한 천국의 모델이다. 모든 구원받은 그리스도인들이 이런 제사장적 왕의 혜택을 누리지는 못한다. 자격을 갖춘 순교자들만 그리스도와 함께 그의 사랑하시는 성('예루살렘 성전'과 같은 어떤 공간적인 의미일 것이다)에서 거룩한 제사장으로 살고, 나머지 구속 받은 일반 성도들 즉 재림 심판 때 천사들의 나팔 아래 모여든 성도들(그리스도 안에서 잠자던 하늘 성도들과 재림 당시 살아 있던 땅의 성도들로서 재림 때 부활한)[884]은 그들의 진영에서 따로 모여 지내게 될 것으로 보인다.[885]

오직 그리스도의 법으로 통치되며 하나님과 그리스도만 섬기게 되

---

882) 계 5:9-10. 특히 10절에 "그들로 우리 하나님 앞에서 나라와 제사장들을 삼으셨으니 그들이 땅에서 왕 노릇하리로다……." 주님이 지상으로 강림하셔서 땅의 악한 세력들을 징벌하시는 것이 맞는다면, 지상 심판 이후 이어지는 천년 왕국의 장소 역시 지상이 맞을 것이다. 지상 재림과 지상 왕국을 분리해서 볼 이유도 또 과하게 영적으로 볼 이유도 없다. 주님은 땅의 심판을 경고해 오시다가 드디어 재림으로 땅에 오셔서 땅의 악을 실제로 심판해 나가신다(재림 심판-천년 심판-백보좌 심판). 심판을 통해 첫 땅(하늘)의 완전 정화와 정결이 이루어져 신천 신지가 도래하기까지 주님의 주요 거주지는 지상일 것이다.

883) 계 20:6. 이것은 '첫째 부활'이다. 이 부활의 참여자는 주님이 행하시는 최후 심판 때의 '둘째 사망'(불못, 영원한 사망)에 들지 않는다. 둘째 사망은 오직 둘째 부활자들에게만 주어진다(계 20:11-15).

884) 살전 4:15-17.

885) 요한계시록 20장 9절에서 근거를 찾게 된다. 여기서 '성도들의 진'은 일반 성도들의 거주지이며, '사랑하시는 성'은 왕 중 왕 그리스도와 제사장적 왕인 특별 시민들이 거주하면서 땅의 백성들을 다스리는 곳으로 보아진다.

는 이 거룩한 왕국(교회) 아래에서 두 그룹들은 그리스도의 특별 은총 가운데 복된 시간을 지내며 완전한 천국과 같은 새로운 질서와 체계를 경험하게 될 것이다. 그런데 이 특별한 축복의 시간 끝에 또 하나의 긴장이 도사리고 있다. 심판 단락에서는 계속된 긴장의 연속이다.

천년의 기한이 다하자 사탄이 옥에서 놓이게 된다. 그러고는 땅의 백성들을 미혹하기 시작한다. 또 하나의 문제가 시작되지만, 동시에 큰 의문이 해소된다. 남겨진 사탄의 역할이 밝혀진다. 하나님은 이 마지막 사명을 위해 그를 살려두신 것이다. 재림 심판 때 그를 불못에 던지면 이 사명은 누가 하겠는가! 요한계시록 17장 15-18절에서 '음녀(용)가 수하인 짐승과 열 뿔에 의해 버림받고, 하나님의 말씀이 응하기까지 그 자리를 짐승이 차지하리라'는 말씀의 암시 역시 이것을 목적하고 있다. 주님 재림하실 때에는 저들의 자중지란에 의해 용이 실각되고 짐승이 악한 나라의 주인이었고, 그 결과 짐승과 거짓 영이 불못에 던져졌다.

이렇게 용이 재림 심판 때 멸망당하지 않고 살아남은 것은 하나님의 뜻이 응하게 하기 위한 섭리였음을 짐작하게 되고, 하나님의 말씀(뜻)이 현실로 응하게 된 사건이 '곡과 마곡의 전쟁'이다. 사탄이 미혹한 사방 백성, 곡과 마곡은 누구인가?

에스겔 38-39장에는 이스라엘 민족을 멸하려는 마곡의 왕 곡(Gog)에 대한 하나님의 심판에 대하여 예언한다. 따라서 이 곡과 마곡은 하나님을 대적하는 악한 세력을 상징한다. 그런데 곡과 마곡의 백성은 어떻게 주의 재림 때 심판받지 않고 살아남았을까? 하나님의 섭리에 의해 용을 죽이지 않고 이때를 위해 살려두었듯이, 아마 이들도 이때를 위해 살려두었을 것이다. 어쩌면 이들은 주의 재림 때 불었던 천사들의 구원 나팔 아래에도 모이지 않았고 또 짐승의 편에도 가담하지 않았던 기회주의자들일지도 모르겠다. 이들은 천년을 지나면서 이웃 그리스도의 왕국에서 복된 삶을 누리는 왕국(교회) 시민들을 보면서 부러워하고, 또 어쩌면 자신들도 동참할 기회를 모색했을는지도 모른다.

하지만 아무리 그곳에 들어가고 싶어도 그곳은 그들이 들어갈 수 있는 환경과 여건이 되지 못한다. 부활의 몸을 가진 거룩한 하나님의 백성들만이 들어갈 수 있는 곳에, 부활을 입지도 못했고 여전히 세속의 삶을 살던 기회주의자요 실상 불신앙인인 그들에겐 더 이상의 구원의 기회가 주어지지 않을 것이다. 남은 것이라고는 하나님에 대한 원망과 불평만 가득하게 되고 그것은 그들을 향한 마지막 심판을 재촉할 것이다. 이들을 미혹한 사탄의 권세가 엄청나서가 아니라 사탄의 작은 미혹의 불씨에도 확 달아오를 정도로 이미 하나님에 대한 감정의 골이 깊어져 있는 것이다.

사탄의 지휘로 급속히 그 세력이 불어난 이들은 곧장 성도들의 진(camp, 거주지)과 나아가서 왕 중 왕(그리스도)과 거룩한 제사장 왕들이 지내는 사랑하시는 성(교회, 예배 처소)을 포위한다. 그렇다고 천년 왕국의 교회가 무너지지 않는다. 왕 중 왕 그리스도는 그의 왕국의 시민들을 끝까지 보호하사 결국 새 예루살렘의 온전한 백성으로 들어가게 하신다.[886] 천년의 그림자 보상이 아니라 완전한 구원, 완전한 보상이 주어진다. 하지만 천년 왕국의 교회를 둘러싼 수많은 적들은, 아무리 그들의 숫자가 많고 그 기세가 강성한들 바벨론이 순식간에[887] 멸망하였듯이, 하늘에서 내려진 불에 의해 그들은 한순간에 잿더미가 된다. 어쩌면 이것은 곧 불어닥칠 마지막 심판 때의 불심판을 예견한

886) 계 21:1-22:5.
887) 계 18:8, 17.

것인지도 모른다. 소돔과 고모라 성에 내려진 하늘의 불이 실제였듯이, 곡과 마곡에 내려질 하늘의 불 역시 실제로 내려질 것이다.

드디어 사탄의 최후가 도래한다. 마지막 도전에 실패한 사탄이 갈 곳은 이제 한곳밖에 남지 않았다. 한때는 그의 수하들이었으나 배신의 깊은 상처를 주었던 짐승과 거짓 선지자가 이미 가 있는 그곳, 유황불못이다. 악인들이 받게 될 심판은 거의 불심판이다. 그곳에서 그들 모두는 영원토록 괴로움의 형벌을 받게 된다. 더 이상 사탄의 역사는 기록되지 않고 마침표가 찍어진다.

용과 그 세력들의 종말이 고해지자, 또 다른 심판이 시작된다. 이 심판은 분명 이전의 그리스도의 재림 심판과 구별되며 크고 흰 보좌에 앉으신[888] 왕 중 왕 그리스도에 의해 시행되는 권능의 심판이다. 그리스도의 권능에 놀라 첫 하늘과 땅이 그 앞에서 사라진다. 지구와 우주의 대변혁이 일어난 것이다. 마지막 심판 때의 천체 변화에 대해 묘사한 여러 본문들이 있다.[889] 요한계시록 14장 17-20절에 묘사된 마지막 심판은 불심판으로 진행될 것을 예견하며, 베드로후서 3장 6-13절에도 마지막 종말 때 하늘과 땅(물질)이 불에 타서 풀어지고 녹아져서 없어지게 될 것으로 묘사한다.

---

888) 계 20:11. 이 그리스도의 큰 보좌는 20장 4절에서의 24장로들의 보좌와 대조를 이룬다. 아무리 24장로들의 화려한 보좌인들 어찌 그리스도의 크고 흰 능력의 보좌에 비교되겠는가. 더욱이 그리스도의 보좌는 사람의 생사를 판결하고 나아가 사망과 음부마저 불못에 던져버리는 권능의 심판의 보좌이다. 복음서에서 주님은 이 보좌를 '자기 영광의 보좌'라고 말씀하신다(마 25:31).

889) 이사야 64장 1-7절에서 이사야는 현 이스라엘의 위기 가운데 주의 강림을 요청하는 기도를 통하여 먼 미래를 내다보며 주님의 완전한 심판의 강림을 바라보게 한다. 이때 묘사되는 강림의 장면은 산들의 진동과 불을 통한 심판에 대해 예견이다. 마태복음 24장 29-31절의 감람산 강화에서의 인자의 강림의 모습은 주님 재림의 장면을 뜻하는 것으로 보이지만, 재림 징조로서 묘사되는 '천체의 진동과 변화의 모습'은 최후 심판의 징조를 연상하게 하는 묘사이다.

종합해 볼 때, 하늘과 땅이 그냥 사라진 것이 아니라 그리스도의 심판의 권능으로 인해 발생한 엄청난 불(열)에 의해 타서 순식간에 없어지게 될 것을 묘사한다. 지구가 엄청난 불(열)에 의해 순식간에 타 없어지는데, 지구 안에 살아남는 생명체들이 존재할 리 만무하다.

하지만 이 가운데도 택함 받은 천년 왕국의 교회는 하나님의 특별하신 보호로 안전할 것이다. 주님 재림 이후부터 이미 부활체를 입고 있었기에 곡의 전쟁 때 하늘에서 내린 땅의 지역적 불심판에도 상하지 않은 그들은 마지막 이 엄청난 전 지구적(우주적) 불심판에서도 상하지 않고 안전하게 보호받게 될 것이며, 그들의 왕이신 그리스도가 행하시는 최후 심판의 자리에도 서지 않고 하나님이 예비하신 곳에서 곧 다가올 새 예루살렘에 들어갈 준비를 하고 있을지도 모르겠다.

하지만 하나님의 불택자들의 결과는 다르다. 재림 때나 천년 왕국 시작 전에 부활하지 못하여 여전히 사망의 자리에 누워 있는 자들[890]이 있고 또 좀 전에 곡의 전쟁에서 하늘의 불로 죽음을 맞이한 자들[891]이 있다. 이들에 대한 처리가 20장 12-13절의 핵심이다. 그런데 마태복음 25장 31-46절에서 주님은 양과 염소 비유를 통하여 마지막 심판 때의 구원과 심판의 모습을 보여준다. 비유이지만 실제성을 가진 중요한 말씀이다. 여기서 양과 염소는 택자와 불택자의 상징이다. 하지만 요한계시록 20장의 마지막 심판 때의 자리에는 불택자만 보인다. 따라서 마태복음 본문의 의미는 요한계시록의 보다 넓은 상황(천년 왕국 교회)에서 그 의미가 취해져야 할 것으로 보인다.

천년 왕국의 교회는 이미 구원의 자리에 들어있는 양들이며, 그러나 양의 그룹에 들지 못한 모든 염소들(죽은 자들)에 대한 심판이 요한계시

---

890) 계 20:5.
891) 계 20:9.

록의 본문이다. 염소들, 즉 죽은 자들은 바다와 사망(음부)으로부터 부활되어 주님의 심판대 앞에 선다. 이들의 부활은 택자들의 첫째 부활에 비교하여 둘째 부활에 해당된다. 첫째 부활한 자들(재림 때, 천년 왕국 때)은 하나님의 언약과 믿음에 의한 부활이요 생명이 주어진 부활체로의 부활이며, 둘째 심판이 주관하지 못하는 영생의 부활이다. 그러나 둘째 부활은 자기 행위에 따른 부활이며 불순종과 불신앙에 의한 부활이고 권능의 왕 앞에서 잠시 잠깐의 부활체를 입겠으나 곧 불못에 던져질 영원한 형벌의 부활인 것이다. 둘째 부활한 불택자들은 자신들의 행위(불신앙과 불순종)에 따라 결국 불못 즉 둘째 사망에 던져져서 완전한 종말을 고한다.

앞서 밝힌 바처럼 첫째 부활에 참여한 천년 왕국 교회는 둘째 사망(불못)이 이들을 주관하지 못하므로 이 심판의 자리에 나타나지 않는다.[892] 왕 중 왕의 심판은 여기에서 그치지 않는다. 그동안 죽은 자들의 거처였던 사망과 음부마저도 불못에 함께 던져버린다. 완전하고 깨끗한 정리이며, 신학적으로 '온전한 정결과 정화'가 이루어진다. 더 이상 그 어느 곳에도 악하고 더러운 영들이나 사람이나 심지어 공간마저 찾아볼 수 없다.

그리스도의 왕권 완성 : 새 하늘과 새 땅의 도래[893]

더럽고 악한 모든 것이 완전히 사라져 버린 공간이 순간 완전히 새로운 공간과 영역으로 변해 버린다. 새 하늘과 새 땅이 도래한 것이다. 신천 신지의 새 질서에는 구질서가 사라지고 없다. 에덴동산 이후 사탄의 계략에 의해 죄로 오염된 첫 창조 영역의 대표인 '첫 하늘과

892) 계 20:6.
893) 계 21:1-22:5.

첫 땅'이 존재하지 않는다. 뿐만 아니라 요한계시록에서 죽음과 사망의 영역을 상징하는 '바다'[894]도 존재하지 않는다. 사탄도 죄인도, 죄도 사망도 존재하지 않는 그곳에 완전히 새로운 질서가 도래한다. 마치 신부가 신랑을 위해 단장한 것 같은 아름다운 새 예루살렘, 즉 '하나님 나라의 완전한 교회'가 하나님이 계신 거룩한 하늘 보좌에서 내려온다. 구약에서 예언되고[895] 신약의 초림에서[896] 시작된 '임마누엘의 약속'[897]이 드디어 새 예루살렘의 도래를 통하여 완벽하게 실현된다.

그동안 신약의 언약 교회는 새 예루살렘의 그림자였다. 심지어 그리스도의 특별한 '복과 거룩'(보상)을 경험하는 천년 왕국의 교회도 이 완벽한 새 예루살렘의 그림자에 불과하다. 이 완벽한 하나님 나라의 교회에 나타나는 특징들, 즉 하나님과 하나님의 백성의 완벽한 연합과 조화의 은총들은 실은 하나님보다 하나님의 백성에게 더 많은 유익과 혜택이 보장되어진다. 눈물이나, 사망이나, 애통이나, 죽음이나, 아

894) 계 21:1. 최후 심판이 도래하자, 바다(사망과 죽음의 상징)는 그동안 자식처럼 품고 있었던 죽은 자들의 영혼들을 최후 심판의 자리로 내뱉는다. 자식 같았던 '죽은 자들'이 불못의 형벌을 받자, 죽은 자들의 어미와도 같은 '바다' 또한 불못에 던져져서 멸망을 고한다(계 20:13-14).

895) 사 7:14, "보라 처녀가 잉태하여 아들을 낳을 것이요 그 이름을 임마누엘이라 하리라."

896) 마 1:21-25, 28:16-20.

897) 계 21:3, "……하나님의 장막이 사람들과 함께 있으매 하나님이 그들과 함께 계시리니 그들은 하나님의 백성이 되고 하나님은 친히 그들과 함께 계셔서 (그들의 하나님이 되신다)." 임마누엘은, '하나님이 우리와 함께하신다'이다. 이 임마누엘의 의미에는 하나님의 언약의 두 가지 핵심 내용을 담고 있다. 1) 그들이 하나님의 백성이 된다. 2) 하나님이 (친히 그들과 함께 계셔서) 그들의 하나님이 되신다. 이미 예언된 임마누엘의 약속은 그리스도의 초림으로 시작하여 십자가와 부활로 '확립'되고, 나아가 제자들과 주의 교회를 통한 복음 증거로 인하여 세상 가운데로 점점 '확장'되어 간다. 종말의 여정 가운데 수많은 환란 가운데서도 복음을 지킨 언약 백성(교회)들로 인해 임마누엘의 약속은 '성숙'되어 가고, 재림과 천년 왕국의 '보상'(그림자)을 통하여 종국에는 새 예루살렘의 모습으로 변화되어 임마누엘의 '완전한 실현', 즉 교회와 하나 된 하나님의 현현을 경험하게 된다.

픈 것이 다시는 이들에게 있지 않으며, 생명수 샘물을 마음껏 마시게 되며, 하나님의 자녀의 온전한 상속자가 된다.

구약의 이사야 선지자도 65장 17-25절에서 하나님의 새 하늘과 새 땅의 비전을 바라본다. 이 부분은 일차적으로 이스라엘의 구원을 예언한 것이지만 나아가서 궁극적인 미래의 구원을 내다보게 하는 예언이다. 거기에서 이사야가 묘사한 새 예루살렘의 백성들이 누리게 될 혜택들은 여기 요한의 환상에서 나타난 것들과 상당히 유사한 면을 발견하게 된다. 이사야와 요한의 성령이 같은 성령이며, 두 계시 모두 같은 종말론적 계시-역사성을 가지고 있기 때문이다. 결국 주님의 언약 성도들은 복음 안에서 그리스도가 베푸시는 영적이고 육적인 혜택을 누리게 되지만 아직 완전하지는 못하다.

하지만 천년 왕국 교회에서는 이와 거의 유사한 복을 누리다가, 새 예루살렘에 이르러 그리스도 왕권의 완전한 통치로 인해 100%의 유익을 경험하게 될 것이다. 이 완벽한 혜택과 보상은 오직 첫째 부활을 경험한 자들, 재림과 천년 왕국을 통하여 그리스도의 통치의 실현을 경험한 천년 왕국 교회에게만 주어지며, 둘째 사망(불못)에 던져진 자들에게는 결코 해당되지 않는다.

21장 9절-22장 5절에는 새 예루살렘의 내외적인 모습이 자세히 묘사된다. 천사는 새 예루살렘을 '어린양의 신부와 거룩한 성'[898]으로 묘사한다. 완전한 교회의 내적인 특징은 '정절(정결)과 거룩'이다. 참된 교회는 그리스도가 베푸시는 혜택을 누릴 뿐만 아니라, 왕이시며 신랑되신 그리스도에게 신부의 정절(정결)과 거룩을 보여야 할 의무도 주어진다. 새 예루살렘의 외적인 모습은 보석처럼 빛나고 영광스럽다.[899]

898) 계 21:9-10.
899) 계 21:11.

진정한 내면의 정절과 거룩은 또한 밖으로 그 아름다움과 영광의 빛을 발산케 한다.

12-21절에는 이 성의 외형적 형태[900]에 대해 묘사하면서 묵시적 암시를 주고 있다. 즉 성곽은 신약의 12사도를 상징하고, 12문은 구약의 12지파를 상징한 것이므로, 이 성은 곧 신구약 성도 전체를 뜻하는 것이다. 또한 이 성의 모양이 정육면체인 것은 열왕기상 6장 20절에 묘사된 예루살렘 성전의 지성소를 뜻하는 것으로서, 이는 새 예루살렘 성 자체가 곧 지성소의 기능과 역할을 한다는 암시이다. 교회가 곧 지성소(Holy of holies)이다. 거룩하신 하나님의 현현이 나타나고, 거룩한 언약 성도들이 모여서 거룩한 예배와 찬송을 거룩하신 하나님과 어린양 그리스도에게 드리며, 성도의 거룩한 교제가 이루어지는 거룩한 교회이다.

성곽(기초석)과 12문은 각종 보석들과 진주들로 꾸며져 있고, 이 성과 그 길은 정금으로 되어 있다. 성곽의 기초석이 성문들에 비해 훨씬 아름다운 보석으로 꾸며진 것처럼, 구약과 신약의 기초로 이루어진 복음의 교회는 왕 중 왕 그리스도의 초림으로 세워진 신약의 가치와 영광이 훨씬 뛰어나며, 그러므로 참된 교회와 온전한 복음은 정금과 같이 영광스럽고 변하지 않는 영원한 속성을 가진다.

22-27절에는 성 안의 모습을 묘사하는데, 성 안에 성전이 보이지 않는다. 하나님과 어린양이 곧 성전이기 때문이며 하나님의 영광으로 인해 성이 항상 환하다. 참된 교회는 완전한 거룩과 완전한 영광을 소유한다. 왕이신 그리스도의 복음의 빛은 모든 만국인들을 비추고 수용하기에 부족함 없이 넉넉하고 완전하다.[901] 하지만 이 역시 어린

900) 겔 40:1-42:20. 에스겔 선지자는 예루살렘 성전 측량에 대한 환상을 보며, 43-47장에는 예루살렘 성전의 영광에 대해 예언하고 있다.

양의 신부들에게만 주어지는 혜택이요 보상이다.

22장 1-3절은 수정같이 맑은 '생명수 강'에 대한 묘사이다. 이 생명수 강은 하나님과 어린양의 보좌로부터 나와서 길 가운데로 흐르며 강 좌우에는 생명나무가 12가지 열매를 맺고, 잎사귀는 만국을 치료하는 생명의 치료제이다.[902] 교회의 생명은 하나님과 그리스도의 말씀에서 비롯되며, 또한 그 복음의 말씀이 만국을 치유하고 구원 열매를 온전히 맺게 하는 원동력이다.

결국 새 예루살렘은 하나님의 백성들이 비로소 하나님의 얼굴을 대면하며[903] 지낼 수 있는 영원한 임마누엘의 현장이 되며, 또한 천년 왕국의 그림자를 지나서 왕 중 왕 그리스도와 함께 영원한 왕국 시민의 영광과 복을 실현하는 진정한 복음의 왕국[904] 즉 그리스도의 왕권의 완성을 보게 된다.

그러므로 오늘날 신약 교회가 꿈꾸어야 할 참된 교회의 모델상은 천년 왕국 교회가 아니다. 천년 왕국 교회는 단지 그림자에 불과하다. 환란을 이기고 심판을 지나 천년 왕국 교회로서의 은총을 누리다가 결국 도래한 완전한 새 예루살렘의 교회를 경험하며 맛보게 될 것이다. 교회 속에 실제로 임하신 완전한 하나님의 현현을 눈과 눈으로 대면하면서, 그 완벽하고도 황홀한 임마누엘을 경험하면서 '복된 시간, 완전한 구원, 영원한 하나님의 나라'를 누리게 될 것이다. 요한이 보았던 이 완전하고도 거룩한 참된 교회는 신약의 교회를 지나 하나님

901) 계 21:24, 26; 사 60:1-3.
902) 겔 47:1-12. 에스겔 선지자가 본 예루살렘의 영광스런 축복이 요한을 통해 새 예루살렘의 비전과 축복으로 완성된다.
903) 계 14:1-5; 히 12:18-24.
904) 계 20:4-6, 11:15-18.

이 정하신 구속사의 완성의 시점에 도달할 때 실제로 드러날 것이다.

결 론[905)]

마지막 결론에 이르러 요한은 그리스도의 재림에 대한 주제를 환기시킨다. 요한 당시 고난당하던 그리스도의 교회(성도)들의 문제들(세속화, 이단)로부터 출발한 이 서신은 그리스도의 재림을 바라보며 소망과 위로를 갖게 한다. 그들의 현실은 비록 로마(세상) 왕의 통치 아래 핍박 가운데 살고 있지만, 왕 중 왕이신 그리스도께서 재림하실 때는 대적들이 심판을 받고, 왕을 따르는 왕의 백성들에게는 위로와 복을 주시는 그날이 속히 오기를 그들은 무엇보다 학수고대하였을 것이다. 그러므로 요한의 격려는 이 예언의 말씀을 지키라는 종말론적 신앙의 명령으로 이어진다. 종말론적 재림 신앙을 굳게 하라는 것이다.

이러한 신앙의 격려는 네 번의 경고와 함께 더욱 강조된다. 결국 믿음이 관건이요, 영적 전쟁이기 때문이다.

첫째는 천사의 경고[906)]: (1) 이 예언의 말씀을 인봉치 말라. (2) 불의하고 더러운 자는 그대로 행하게 하고, 의롭고 거룩한 자도 그대로 의를 행하고 거룩하게 하라(악한 때가 되어 재림이 가깝다).

둘째는 주님의 경고[907)]: (1) 행한 대로 갚아준다. (2) 자기 두루마리를 빠는 자들이 복이 있다. (3) 악한 자들, 우상 숭배자들은 심판을

905) 계 22:6-21.
906) 계 22:10-11.
907) 계 22:12-16.

받게 된다. 이 분은 누구인가? ① 알파 오메가, 처음과 나중, 시작과 마침이신 분. ② 예수. ③ 다윗의 뿌리요 자손이며 곧 광명한 새벽별이다.

셋째는 성령과 신부의 경고[908]: 듣는 자도 오라. 목마른 자도 오라. 원하는 자는 누구든지 값없이 생명수를 받으라(믿음과 영생의 자리로 나아오지 않는 자들을 향하여).

넷째는 요한의 경고[909]: (1) 누구든지 이 예언의 말씀들 외에 더하면, 하나님이 두루마리에 기록된 재앙들을 그에게 더하실 것이요, (2) 제하여 버리면, 하나님이 두루마리에 기록된 생명나무와 거룩한 성에 참여함을 제하여 버린다.

결론적으로 "내가 속히 오리니"라는 표현이 3회(7, 12, 20절)나 나타난다. 즉 요한은 그의 독자들을 향하여 '왕의 귀환을 간절히 꿈꾸며 기다리는 언약의 성도, 소망의 성도, 왕의 백성들로 살아야' 함을 반어적으로 강조한다. 왕의 백성들의 동일한 화답은 한 가지이다. 아멘 주 예수여 오시옵소서! 마라나타(Our Lord has come). 그리하여 영원토록 우리를 다스리시고, 우리와 항상 함께하소서! 영원한 왕, 임마누엘 주 예수여…….

3. 요한계시록 구조

1:1–1:20 "내가 본 일" – 과거

908) 계 22:17.
909) 계 22:18-19.

1:1–8	서론
1:9–20	왕 중 왕, 예수 그리스도의 계시
2:1–3:22	**"이제 있는 일" – 현재**
2:1–29	에베소, 서머나, 버가모, 두아디라 교회를 향한 말씀
3:1–22	사데, 빌라델비아, 라오디게아 교회를 향한 말씀
4:1–22:21	**"장차 될 일" – 미래**
4:1–5:14	심판주 하나님과 어린양
4:1–11	심판주 하나님과 특별한 존재들
5:1–14	봉인된 책과 어린양
6:1–19:10	대심판에 대한 예언
6:1–8:2	**일곱 인 심판**
8:3–15:4	**일곱 나팔 심판**
8:3–11:18	일곱 나팔 심판
11:19–15:4	일곱 환상들과 설명
15:5–19:10	**일곱 대접 심판**
15:5–16:17	일곱 대접 심판
16:18–19:10	바벨론의 멸망
19:21–22:21	**최후 승리와 신천 신지**
19:11–21	백마 탄 자(왕 중 왕)의 최후 승리
20:1–15	천년 왕국과 최후 심판
21:1–22:5	신천 신지와 새예 루살렘
22:6–21	결론

요한계시록 계시의 연계성과 점진성

1:1-20	계시 시작		그리스도	
2:1-3:22	7교회	지상 교회		
4:1-5:14	하늘 환상	천국	어린양	
6:1-8:2	7인 심판		어린양	심판
8:3-11:18	7나팔 심판	천사		심판
11:19-15:4	7환상	초림	14만 4천	용, 짐승
15:5-16:17	7대접 심판	천사		심판
16:18-19:10	바벨론 멸망			심판
19:11-21	재림 심판	지상	부활	심판
20:1-10	천년 심판	왕국 교회	첫째 부활	용
20:11-15	최후 심판			둘째부활
21:1-22:5	새 예루살렘 교회		왕 중 왕	영원

천년 왕국과 종말에 대한 4가지 주요 주장들

기존에 알려져 있는 4가지 학설(주장)들을 요약하였으며, 독자들마다 또 요한계시록을 이해하는 관점들마다 각기 다른 주장들을 펼칠 수 있을 것이다. 개혁주의적인 관점에 서 있는 교회와 성도들은 나머지 주장들에 대해 단지 참고할 정도이지 숙고할 사항은 아니다.

1) 무천년설(Amillennialism)

성경의 예언과 숫자에 대해 대부분 영적이고 풍유적인 해석에 기초한 이 주장은 다음과 같다.

"문자적이고 실제적인 지상의 천년 왕국은 없으며, 주님 초림부터 재림 직전까지 현재의 교회 시대가 바로 영적 천년 왕국이며, 그리스도는 하늘에서 그의 성도들과 함께 다스리고 계시며 땅에서의 성도들(지상 교회)도 영적으로 그 다스림에 동참한다. 현재의 삶에서 성도들이 겪는 일반적인 시련은 존재하지만 특별한 7년 대환란은 없다. 요한계시록 20장의 사탄의 결박은 사탄의 능력의 제한이며 그리스도 초림 때 성취되었다. 요한계시록 20장 4절은 영적인 부활이고, 5절은 (신자와 불신자의) 육적인 부활이다. 그리스도의 재림은 한 번 일어나고, 이 때 모든 신자와 불신자들이 같이 심판받기 위해 부활한다. 실제적인 휴거는 없으며, 재림 때의 부활을 의미한다 등."

이것이 주요 주장들이다. 풍유적 해석은 초기 헬라와 헬레니즘(필로, Philo) 시대 때 문자의 보다 깊은 의미를 연구하기 위해 자주 사용된 방법이다. 그러다 A.D. 2세기 말 애굽의 알렉산드리아 학파에 의해 본격적으로 기원이 되었다. 이 학파에 속하지는 않았지만 어거스틴(Augustine)도 이 방법을 적극 채택하였고, 특히 알렉산드리아 학파의 대표주자인 오리겐은 "성경은 하나의 큰 풍유(allegory)이며 문자적으로 해석될 수 없다"고 말함으로 오리겐과 어거스틴 둘 다 무천년설을 주장하였다.

이후 이 주장은 루터와 칼빈에 의해 지지를 받았으며, 현대에서는 아브라함 카이퍼, 벌코프, 벌크아우워, 헨드릭슨, 영, 보스 등과 미국의 웨스트민스터 신학교가 여기에 동조하였고, 한국에서는 대부분 개혁파 보수주의 신학 계통이 이 주장을 따른다. 예언서에 등장하는 숫자적이고 상징적인 부분들에 대한 지나친 독단들과 부풀려진 상상들을 차단하고(예, 공중 휴거나 이중 재림, 666 등의 난잡한 해석들) 계시사적이고 구속사적 측면에서의 탁월한 해석과 설명을 주는 것은 사실이다. 하지만 '예언서는 풍유적으로 나머지 서신들은 문자적으로 해석함으로' 일관적이지 못하다는 비판과 함께, '너무 영적(풍유적)으로 해석하는 나머지 그리스도의 재림조차도 문자적인 실제의 재림이 아니라 영적인 재림의 결론에 도달할 수 있다'고 지적한 래드(G.E. Lsdd)의 견해도 일리 있어 보인다.

2) 후천년설(Postmillennialism)

천년 이후 재림설인 이 주장은 다음과 같다.

"그리스도의 초림부터 재림까지 절반은 현재 교회 시대이고 교회 시대 끝부분에서 복음이 세상 가운데 활발하게 확장되어 결국 재림 전까지 절반정 도 왕국 시대가 도래할 것이며 그 끝에 주님이 재림하여 심판하신다는 견해이다. 특별한 대환란은 없으며 일반적인 고난이 있을 뿐이고, 신자와 불신자가 주의 재림 때 같이 부활하여 심판 받으며 그리스도의 재림은 단회적이다."

주장의 동조자는 하지, 워필드, 스트롱 등이다. 이 주장을 발전시킨 휫비(Daniel whitby)는 "인간의 역사가 (복음이 승리할 동안인) 천년의 황금기에서 절정을 이룰 때까지 세상은 훨씬 좋게 발전하게 될 것"으로 전망하였다. 그는 복음의 설교가 세상을 점차 개선해 나가서 결국 세상은 천년 왕국이라고 고려할 정도의 아주 좋은 상태로 바뀔 것이며, 이 황금기는 주님이 그의 승리한 교회에 보상하시고 구원을 완성하실 그리스도의 재림으로 절정에 도달할 것이라고 생각하였다.

이러한 견해는 불행히도 18-19세기의 많은 보수주의 학자들에게 채택되었고, 동시에 성경에 상응하는 생물학적 진화를 낙관적으로 바라본 자유주의 학자들에게 특히 큰 호응을 얻게 되었다. 그러나 과연 세상은 미래로 갈수록 점점 좋아지고 있는가? 저들이 말하는 '개선'의 근거는 무엇인가? 성경에서 전도와 선교의 구절들은 복음 전파에 대한 사명적인 명령이지 세상이 반드시 복음화된다는 결과론적 의미가 아니다. 미래로 말세로 나아갈수록 오히려 세상과 사람들의 영적이고 도덕적 상태는 더욱 악하게 변해갈 것을 성경은 보여준다(마 24:9-14; 딤후 3:1-5, 13, 4:3-4; 약 4:13-5:6; 벧후 2:1-3:7; 계 6:3-17, 9:20-21, 13장, 16-18장).

3) 역사적 전천년설(Historical Premillennialism)

이 주장은 다음과 같다.

"그리스도께서는 천년 왕국 전에 지상에 한 번 재림하신다('공중 맞이', 살전 4:16-17와 동시에 일어남). 7년 환란은 일정한 종말 기간이 아니라 신약 시대 전체이며, 천년 왕국은 현재 교회 시대와 또한 미래(재림 전까지) 모두 포함된다. 14만 4천 명은 신약 시대의 구원받은 모든 성도들이고 요한계시록 11장의 두 증인도 교회로 보며 그들이 예언하는 날인 1,260일간도 신약 시대의 전 기간으로 본다.

요한계시록 13장에 등장하는 짐승은 (종말에 등장하는 단일적인 적그리스도가 아니라) 인류 역사상 존재했던 모든 적그리스도들이며, 요한계시록 20장의 첫째 부활자는 (순교자의 부활이 아니라) 주 안에서 죽은 모든 신자들의 부활이고, 그 나머지 죽은 자들의 부활은 불신자들의 부활이며 천년 왕국의 끝에서 사망에서 일어나 심판받을 둘째 부활이다. 영적 이스라엘인 교회는 유대인이나 불신자들과 함께 환난을 통과하며, 환난 후에 그리스도께서 재림하시고 성도들은 주님을 영접하기 위해 휴거되며 함께 지상에 내려와 천년 왕국(문자적 천년이 아님)을 건설하지만, 그리스도는 하늘에서 통치하신다.

천년 왕국 후에 둘째 부활자들에게 최후 심판을 행하신 그리스도는 신천 신지와 함께 만물을 새롭게 변혁하여 하나님의 구속 사역의 최종 완성을 본다."

이 견해는 초대 교회 때 파피아스, 이레니우스, 터툴리안 등의 교부들이 가졌던 견해이기 때문에 '역사적' 전천년설이라고 불린다. 현대에 와서는 벵겔, 고데, 랑게, 알포드, 잔(Zahn), 에릭슨, 더글러스 무, 래드(Ladd) 등의 학자들이 이 견해를 취하였고, 한국에서는 박형룡, 박윤선 박사(하지만 화란 계열의 신학을 공부한 그들의 제자들은 무천년설을 따름) 등이 이 견해를 따랐다.

4) 세대주의적 전천년설(Dispensational Premillennialism)

이 주장은 다음과 같다.

"주님의 재림은 이중 재림이다. 한번은 7년 대환란 전에 택자들을 불러서 하늘로 데려가기 위함이다. 둘째는 7년 대환란 후에 지상에 재림하는 것이다. 부활은 공중 휴거 때 교회가 부활하고, 지상 재림 때 구약 성도들이 부활하고, 천년 왕국 끝에 불신자들이 부활한다. 7년 대환란 끝에 지상 재림한 그리스도는 공중 휴거된 교회와 부활한 구약 성도들과 함께 지상에서 문자적 천년 왕국을 건설한다. 또한 교회와 이스라엘 사이는 완전히 구분되며, 7년 대환란은 유대인의 회복 기간이고, 교회 시대는 7년 환란 전까지이며 환란 전에 교회는 공중 휴거된다."

이 주장에 있어서 특징은 유대인들이다. 구약 시대의 메시아 왕국은 유대인들에 대한 언약이므로 천년 왕국은 유대인들의 언약을 성취하기 위해 존재한다는 것이 세대주의의 주장이다. 이 위험하기 짝이 없는 주장은 처음에 영국의 존 넬슨 다비가 주창하였고, 스코필드가 이 견해를 정립하였다. 왈부어드, 라이리, 스코필드, 펜터코스트 등의 학자들과 미국의 댈러스 신학교가 이 주장의 가르침을 따르는 대표적 신학교이다. 한국에서는 이 주장에 동조하는 오순절 계통의 수많은 교회들과 목회자들이 넘쳐나며, 안타깝게도 시중에 나온 요한계시록에 관한 상당한 책들이 이 부류에 속한 것들이다.

이들의 가장 두드러진 주장은 (1) 세상에서 일어난 어떤 특징적인 인물, 사건, 현상들과 관련하여 요한계시록을 적용하려 든다(666을 교황 혹은 EU대통령 혹은 컴퓨터, 바코드 등으로 해석). 요한계시록의 본문은 대부분 상징적이고 암시적인 내용들이며, 666의 의미 결정은 적어도 요한계시록 13장과 17-19장의 본문들 속에서 파악해야 하는데, 거기에는 '세상을 미혹하는 영적인 존재'(세력)로서 파악되며 현상적인 어떤 것들로 보기에는 너무 현실에 짜 맞춘 위험한 해석이다. (2) 환란 전 휴거설이다. 환란을 통과하지 않는다는 환상적인 매력은 동시에 요한계시록의 본말을 흐리는 치명적인 독소이다. 요한계시록은 분명히 '성도들이 환란을 당하고(그러나 주님의 특별한 보호하심으로 환란을 이김) 환란을 통과하는 것'을 가르치며, 다른 책들에도 동일한 가르침이 많이 나타난다(히 10:19-12:29; 벧전 4:12-19; 벧후 3:1-14 등).

초림에서 종말까지 연대기적 도표

초림[성육신한 임마누엘]	구유의 왕	하나님 나라의 시작
-유년기	어린 왕	하나님 나라 준비
-사역기	유대인의 왕	하나님 나라 선포
*제자 부르심	왕의 제자들	부름 받은 하나님 나라
병자 고침, 이 적들		치유하는 하나님 나라
5천 명, 4천 명 먹이심		더해가는 하나님 나라
-고난/죽음	고난의 왕	고난받는 하나님 나라
부활, 승천	승리의 왕	승리한 하나님 나라
-약속한[성령의 임마누엘]	마가 다락방	기도하는 하나님 나라
-오순절(성령)	예루살렘 교회	조직되는 하나님 나라
*바울, 바나바	안디옥 교회	선교하는 하나님 나라
1,2,3차/로마	언약 교회들	확산되는 하나님 나라
-중세 시대	가톨릭	변질되는 하나님 나라
-종교 개혁	개혁교회	개혁하는 하나님 나라
-현대 시대	복음(보수)주의 -자유주의	도전받는 하나님 나라
-포스트모던 시대		
물질, 세속, 이단	언약 교회 [사탄의 세력]	미혹되는 하나님 나라
-환란 시대	사탄의 세력 [언약 교회]	환란받는 하나님 나라
*인-나팔-대접		인내하는 하나님 나라
재림[심판의 임마누엘]	심판주(왕 중 왕)	구원받는 하나님 나라
-천년 심판	왕 중 왕[사탄 결박]	결박된 사탄의 나라
*천년 왕국	천년 왕국 교회	부활한 하나님 나라
*사탄 반란	왕국 교회[곡, 마곡]	보호받는 하나님 나라
-최후 심판	왕 중 왕[지옥 백성]	심판받는 지옥 권세
*사라진 첫 하늘, 첫 땅		
완성[완전한 임마누엘]	왕 중 왕	
*도래한 신천 신지	새 예루살렘(교회)	완성된 하나님 나라

신약성경의 연대기적 분류

	책제목	기록연도	기록장소	저자
1	데살로니가전서	51-52	고린도	바울
2	데살로니가후서	52-53	고린도	바울
3	갈라디아서	55-56(48-49)	에베소/마게도냐	바울
4	고린도전서	56-57	에베소	바울
5	고린도후서	57-58	마게도냐	바울
6	로마서	57	고린도	바울
7	마가복음	58-65	로마	마가
8	에베소서	60-61	로마	바울
9	골로새서	60-61	로마	바울
10	빌립보서	60-62	로마	바울
11	빌레몬서	60-62	로마	바울
12	야고보서	60-62(48-49?)	예루살렘	야고보
13	누가복음	60-67	가이사랴/로마	누가
14	사도행전	60-67	로마	누가
15	디도서	63-65	마게도냐(그리스)	바울
16	디모데전서	64-65	마게도냐	바울
17	디모데후서	67(늦가을)	로마	바울
18	베드로전서	64-65	로마/바벨론	베드로
19	베드로후서	65-67	로마	베드로
20	마태복음	60-69	안디옥	마태
21	히브리서	60-69	예루살렘/로마	(아볼로?)
22	유다서	60-69(67-69)	팔레스타인 근처	유다
23	요한복음	60-80	에베소	사도요한
24	요한일서	90±	에베소	사도요한
25	요한이서	90±	에베소	사도요한
26	요한삼서	90±	에베소	사도요한
27	요한계시록	95-96	밧모 섬	사도요한

신약성경의 핵심 언약 주제 진술

1. 복음서 : (임마누엘) 왕의 복음의 생애 성육신한 임마누엘 : * 왕의 탄생 - 왕국의 시작 - 왕국 복음 전파 * 대속의 왕(고난과 죽음) * 승리의 왕(부활과 승천)
2. 사도행전 : (성령의 임마누엘) 세상으로 확장되는 왕의 복음 오순절 성령의 임함으로 세상을 정복해 나가는 왕의 복음 : * 예루살렘 교회 : 베드로 중심의 예루살렘 지역 복음 선포 - 유대 지역의 복음 확장 - 사마리아 지역의 복음 확장 * 안디옥 교회 : 바울의 1, 2, 3차 선교 통한 소아시아, 마게도냐 지역 등의 복음 확장 - 로마(땅 끝)까지 복음 확장
3. 로마서 : 교리적 왕의 복음 믿음으로 구원과 성화에 이르게 하는 왕의 복음
4. 고린도전후서 : 능력의 왕의 복음 세상 나라와 우상들과 싸워 이기는 하나님 나라
5. 갈라디아서 : 교리적 왕의 복음 율법에서 자유케 하는 왕의 복음
6. 에베소서 : 풍성한 왕의 복음 하나님 나라의 풍성한 축복들과 거룩한 사명들
7. 빌립보서 : 기쁨의 왕의 복음 왕이신 그리스도 안에서 누리는 복음의 기쁨
8. 골로새서 : 탁월한 왕의 복음 하나님 나라의 머리이신 그리스도의 탁월하신 사역들 하나님 나라의 몸인 교회의 탁월한 사명과 거룩한 삶

9. 데살로니가전후서 : 종말론적 왕의 복음 하나님 나라의 종말론적 복음의 삶
10. 디모데전후서 : 목회적 왕의 복음 하나님 나라의 조직과 복음 증거의 사명
11. 디도서 : 목회적 왕의 복음 하나님 나라의 올바른 지도자와 질서 세우기
12. 빌레몬서 : 품성적 왕의 복음 빌레몬과 오네시모의 사랑과 용서와 순종과 섬김
13. 히브리서 : 우월한 왕의 사역 구약보다 우월하신 구원의 왕, 그리스도의 탁월한 대제사장적 사역
14. 야고보서 : 실천적 왕의 복음 행함(실제적 믿음)으로 구원에 이르게 하는 복음
15. 베드로전후서 : 소망의 왕의 복음 왕이신 그리스도를 소망하며 고난을 이기는 왕국 백성
16. 요한일,이,삼서 : 품성적 왕의 복음 일서 - 왕국 백성의 성품 : 사랑의 사귐 이서 - 왕국 백성의 성품 : 진리, 사랑 삼서 - 왕국 백성의 성품 : 섬김, 겸손
17. 유다서 : 변증적 왕의 복음 이단들을 꾸짖고 변증하는 왕의 복음
18. 요한계시록 : 최후 승리의 왕의 복음 다시 오실 왕 중 왕의 계시 세상에서 고난당하나 보호받는 하나님 나라(언약공회) 심판 받는 사탄의 나라 완전히 승리한 왕국(새 예루살렘)의 도래 영원한 임마누엘의 현현

참고 문헌

■ 저서

권성수. 《성경 해석학》 . 서울: 총신대학교출판부. 1991.

박형용. 《신약성경 신학》 . 수원: 합동신학원. 1991.

배기만. 《The New Covenant in Hebrews 12. Potchefstroom: PU for CHE》 . (Thesis-M.Th.). 2000.

______ 《히브리서의 새 언약》. 서울: 영문출판사. 2008.

송영목. 《신약 주석(문법적, 역사적, 성경 신학적 관점에서 본)》 . 서울: 쿰란출판사. 2010.

■ 역서

거스리, D. 《하나님, 인간과 세계》 (이중수 역). 서울: 성서유니온. 1987.

골즈워디, G. 《복음과 하나님의 나라》 (김영철 역). 서울: 성서유니온. 1984.

듀 토잇, A.B. 《신약 정경론》 (권성수 역). 서울: 엠마오. 1988.

디이슨, H. 《신약개론》 (권혁봉 역). 서울: 생명의말씀사. 1974.

래드, G.E. 《복된 소망 재림과 휴거》 . 서울: 영문출판사. 1993.

모리스, L. 《신약신학》 (박용성 역). 서울: 기독교문서선교회. 1990.

브루스, F.F. 《신약사》 (나용화 역), 서울: 기독교문서선교회. 1978.

스투워트. D/ 피, G. 《성경 해석 방법론》 (김의원 역). 서울: 기독교문서선교회. 1987.

윌콕, M. 《요한계시록》 (정옥배 역). 서울: 두란노서원. 1988.

하젤, G.F. 《신약 신학: 현대 논쟁의 기본 이슈들》 (권성수 역). 서울: 엠마오. 1994.

해리슨, E.F. 《신약 개론》 (정성구 역). 서울: 세종문화사. 1984.

■ 논문집, 기타 주석집

〈개혁 신학과 교회〉. 고려신학대학원 교수 논문집 통권26호. 천안: 고려신학대학원. 2012.

〈신약 연구〉. 한국복음주의신약학회 학회지 6권 2호, 서울: 한국복음주의신약학회. 2007.

〈신학과 목회〉. 신학 포럼 논문집, 천안: 고려신학대학원. 2012.

칼빈 주석집.

박윤선 주석집.

호크마 주석집.

그랜드 주석집.

■ 외국 저서

Bruce, F.F. *1 and 2 Corinthians*. In *NCB*. London: Oliphants. 1971.

__________. *The Epistle to the Hebrews*. In *NICNT*. Grand Rapids: Eerdmans. 1975.

__________. *The Epistle of Paul to the Galatians*. In *NIGTC*. Vol. 2. Exeter: The Paternoster Press. 1982.

Calvin, J. *Commentaries on the Epistle to the Hebrews*. Edinburgh: Calvin Translation Society. 1853.

Coetzee, J.C. *The Canon of the New Testament*. Orkney: EFJS. 1995.

__________. *Route Map to the Books of the New Testament*. Orkney: EFJS. 1995.

__________. *Hermeneutics and Exegesis of the New Testament*. Orkney: EFJS. 1997.

Du Toit, A.B. *The Canon of the New Testament*. (In: Du Toit, A.B.

(ed.). GNT (1). Pretoria: N.G. Kerkboekhandel. pp. 77–272.) 1979.

Dunnill, J. *Covenant and Sacrifice in the Letter to the Hebrews.* Cambridge: Cambridge University Press. 1992.

Guthrie, D. *New Testament Introduction.* Downers Grove: Intervarsity Press. 1990.

Hendrujsen, W. *The Covenant of Grace.* Grand Rapids: Baker Book House. 1978.

Jordaan, G.J.C. *Covenant in the New Testament. Unpublished diktaat.* Potchefstroom: PU for CHE. 1996A.

________. *Postmodernism in Hermeneutics – a cul de sac?* Unpublished diktaat. *Potchefstroom*: PU for CHE. 1996B.

________. *Overview of the history of the New Testament science.* Unpublished diktaat. Potchefstroom: PU for CHE. 1996C.

________. *Scriptural Viewpoint as decisive factor in Scriptural Interpretation. Unpublished diktaat.* Potchefstroom: PU for CHE. 1996D.

Kline, M.G. *The Structure of Biblical Authority.* Grand Rapids: Eerdmans. 1972.

KüMMEL, W.G. *Introduction to the New Testament.* London: SCM Press. 1991.

Mounce, R.H. *The Book of Revelation.* Grand Rapids: Eerdmans. 1977.

Ridderbos, H.N. *The Epistle of Paul to the Churches of Galatia.* London: Marshal, Morgan & Scott, LTD. 1954.

Thiessen, H.C. *Introduction to the New Testament.* Grand Rapids: Eerdmans. 1958.

Van Gemeren, W.A. *The Progress of Redemption*. Grand Rapids: Zondervan. 1988.

Van Rensburg, J.J.J. *Die Ontleding van Sintaktiese Struktuur in die Griekse Nuwe Testament*. Potchefstroom: PU for CHE. (Thesis–D.Th.). 1980.

Vanderwaal, C. *Search the Scriptures. St.Catharines*: Paideia Press. 1979.

N.T. Society of Reformed Church in South Africa. *Guide to the New Testament*. Vol.1–6. Halfway House: NGKB 1983.

■ 사전

Kittel, G. (ed.). *Theological Dictionary of the New Testament*. (trans. G.W. Bromiley.) Vol. 2. Grand Rapids: Eerdmans.1982.

Liddell, H.G. & Scott, R. (eds.). *Greek–English Lexicon*. London: Clarendon Press. 1968.

Louw, J.P. & Nida, E.A. (eds.). *Greek–English Lexicon of the New Testament based on Semantic Domains*, first South African edition, Vol. 1 & 2. Cape Town: Bible Society of South Africa. 1989.

Van Gemeren, W.A. *New International Dictionary of Old Testament Theology & Exegesis*. Vol. 2. Grand Rapids: Zondervan. 1997.

왕의 복음
The Gospel of the KING

2013년 2월 25일 인쇄
2013년 3월 5일 발행

지은이 | 배기만
발행인 | 이형규
발행처 | 쿰란출판사

주소 | 서울특별시 종로구 이화동 184-3
TEL | 02-745-1007, 745-1301, 747-1212, 743-1300
영업부 | 02-747-1004, FAX / 02-745-8490
본사평생전화번호 | 0502-756-1004
홈페이지 | http://www.qumran.co.kr
E-mail | qrbooks@gmail.com
qrbooks@daum.net
한글인터넷주소 | 쿰란, 쿰란출판사

등록 | 제1-670호(1988.2.27)

책임교열 | 김향숙

값 17,000 원

ISBN 978-89-6562-425-7 93230